北海道
蝦夷地
隠岐
鳥取
出雲
伯耆
丹
島根
因幡
但馬
対馬
石見
美作
備後
岡山
兵庫
長門
安芸
山口
広島
備中
備前
播磨
壱岐
周防
摂
筑前
福岡
淡路
大阪
長崎
佐賀
香川
讃岐
和泉
豊前
肥前
筑後
愛媛
徳島
伊予
和歌山
大分
高知
阿波
熊本
豊後
土佐
肥後
宮崎
日向
鹿児島
薩摩
大隅

概論 日本歴史

佐々木潤之介／佐藤 信／中島三千男
藤田 覚／外園豊基／渡辺隆喜……【編】

吉川弘文館

はじめに

日本史の概論・概説はどうあるべきなのか、そもそも概論・概説は成り立ちうるのだろうか。そのような問題に、割り切った解答を出すことはできないながらも、日ごろ歴史研究や教育にいそしんでいる者として、概論・概説は必要であると考える私たちは、新たな世紀を迎えようとしている現在の時点で、できるだけコンパクトな日本史の概論・概説を刊行することとした。

一般に現代の社会でさまざまに生起する事柄について、それを適切に理解し対処していくためには、歴史的考察が必要であることはいうまでもない。ことに最近の大学での教育・研究は、現実的な社会的要求に応じて、ますます専門化し細分化しつつある。そのことは同時に、それらの全体像を見通すために、特殊性や個別性をこえた総合的理解・研究をもいっそう必要不可欠なものとしている。物事の歴史的な把握と、そのための歴史的な知識なしには、そのような総合的な理解はありえない。私たちは、一般の歴史学習や大学での歴史教育で、どのような歴史的事実と経緯が学ばれねばならないだろうかと考えた。そして、それを概論の形にまとめることとしたのである。

本書を刊行するにあたっては、とくにふたつのことに留意した。ひとつはいうまでもなく最近の研究成果をできるだけ生かすことである。日本史学はアジア太平洋戦争の戦後におおきく変わった学問分野のひとつであるが、その後とくに一九七〇年代以降、国家史・社会史・民衆史・地域史・生活史・女性史・技術史などの各分野での研究がさかんになって、日本史研究はさらにその様相を変えつつあるといわれている。本書では、このような経緯のなかで積み重ねられてきた研究成果を組み込んだ概論として記述することに最大限の努力を払った。ふたつには、とくに大学生に対する教育的配慮である。ことに高等学校のカリキュラムとの関係で、日本史を高校で履修しない学生が大学に進学するようになってからすでに久しい。いまや高等学校で日本史についての一定の知識を習得したことを前提に、大学での日本史教育を考えることができなくなった。本書は、そのような状況に応じた教育・学習のための日本史概論はどうあるべきかということをもふまえつつ執筆したつもりである。

しかしながら、かぎられた紙数でまとめることを趣旨とした本書は、とりあげる歴史上の事柄を厳選せざるをえず、重要な史実についてもごく簡単にしか記述できなかったし、さらにこのような概論にはおさまりきれない貴重な研究成果も少なくないことを痛感している。

右のような趣旨に沿った概論を世に送り出すために、私たちはそれぞれの専門分野について執筆した原稿を、関連する執筆者たちのあいだで熟読し、検討しあい、大幅な書き換えなどもおこないながらまとめた。しかし、執筆者それぞれの歴史の考え方やまとめ方と特徴はできるだけ生かすように配慮した。それは研究者としての個性と、時代分野ごとの研究のあり方の特色とを尊重しようとしたことの結果である。あらかじめ読者諸賢のご理解をいただきたい。

また、本書を執筆するにあたってふまえたおおくの研究の一部を参考文献として各時代ごとに掲げたが、それはほんらい挙げるべき文献の九牛の一毛にすぎない。幸いにも現在では、さまざまのかたちでの歴史学の研究史整理や文献索引の資料が整っているし、時代や問題ごとの論集や史料集などの文献集もおおく出版されており、歴史の知識をひろげ探求するための豊かな情報を提供してくれている。それらの資料によって、歴史への関心を深められることを期待し、本書がそのための基礎的な歴史知識や歴史理解の書として、歴史研究の手掛かりのために役立てば幸いである。

私たちは、本書が大学における歴史学習の教材としてはもちろん、歴史を愛好する人びとの参考書として、生涯学習の場などでもひろく利用されることを期待している。

二〇〇〇年三月

執筆者一同にかわって

佐々木潤之介

目　次

Ⅲ　近　世

IV 近代

V　現　代

Ⅰ 古代

平城宮朱雀門（1998年復元）

平城京の入口の羅城門をくぐり、メインストリートの朱雀大路を4キロメートルほど北に進むと、平城宮正門の朱雀門がその雄姿を内外に誇示していた。おおくの外国使節が通った朱雀門は、国家的な儀礼がおこなわれる場でもあった。

古代史研究は、最近大きく進展している。その理由には、新たな考古学的な発掘調査成果がもたらされたこと、現代世界の動向をふまえて新しい歴史の見方が取り入れられたこと、そして新しい史資料の発見・研究が進んだことなどがあげられる。

かつては存在を疑われた旧石器時代の遺跡が多数見つかるとともに推定年代が大幅にさかのぼり、縄文時代の安定的な定住生活をうかがわせる集落遺跡や、弥生時代のクニの姿を彷彿とさせる環濠集落遺跡が発見され、古墳時代の五世紀の銘文を持つ刀剣に大王と地方豪族との関係が示されるなど、新しい発見はこれからもさらにつづくだろう。古代宮都の発掘では、平城宮や平城京そして長屋王邸宅の発見が、古代の都市や貴族・民衆の生活の具体像を豊かにした。境界を越えた人びとの交流が注目され、近代の国民国家が見直されるのにともない、古代の日本列島が律令国家の一元的な世界ではなく、蝦夷や琉球の歴史世界などと多元的に展開したことがあらためて注目され、「日本」とか「天皇」が七世紀代に歴史的に形成された存在であることも再確認されてきている。

また、新資料の発見とともに、列島の各地域それぞれの古代史を再構成することが進められている。古代史料としては、大量に発見される木簡などの出土文字資料が、つぎつぎと新知見をもたらし、文献史料の描かないおおくの人びとや地域の古代世界を明らかにしてきた。さらに、文献史料の研究もあらためて見直され、新展開しつつある。こうした動向を受けて、遺跡・遺物をふくむ多様な古代の歴史資料を総合的にとらえる視角が重要になってきたといえる。

さまざまな歴史資料と向き合いながら、それを批判的に検討し、歴史情報をできるだけ正確に読みとり、古代史像をたえず客観的にとらえなおすことが、あたらしい古代史を学ぶ者に求められているのである。

一　古代国家の成立

1　原始の日本列島

旧石器から縄文へ　約四〇〇万年前、地質学でいう第三紀の終わりごろに人類は誕生し、つづく第四紀に猿人から原人・旧人・新人①と進化していった。第四紀更新世②（洪積世）の氷河期には、海面が低下して日本列島は大陸と地続きとなり、北や南からマンモスやナウマン象などとともに人類も列島に移動してきたとみられる。約一万年前からの完新世（沖積世）になると、海面が上昇して日本列島は今のようになった。列島でみつかった更新世にさかのぼる化石人骨には、新人段階に入ってからの静岡県の浜北人や沖縄県の港川人などがある。これらの人骨は、身長が低くて顔が幅広く立体的な南方系の古モンゴロイド③であり、その形質は縄文時代人に受けつがれる。弥生時代・古墳時代になると、朝鮮半島からおおくの人びとが渡来して混血を繰りかえし、身長が高く面長の顔をもつ北方系の新モンゴロイドの特徴がみられるようになる。こうしてしだいに日本人の形質が形成されていった。

人類が金属器を発明する以前の石器時代は、打製石器をもちいた更新世の旧石器時代と磨製石器や土器をもちいるようになる完新世の新石器時代とに分けられる。日本列島における旧石器文化④は、岩宿（いわじゅく）遺跡（群馬県）の更新世の関東ローム層（赤土）から相沢忠洋（ただひろ）によって打製石器が発見されて、その存在があきらかになった。その後、後期旧石器時代とよばれる三万年前

①猿人はアウストラロピテクス、原人はホモ・エレクトス、旧人・新人はホモ・サピエンスという。

②約二〇〇万年前からの新生代第四紀は、更新世と約一万年前からの完新世とに分けられる。

③モンゴロイドは、コーカソイド・ニグロイド・オーストラロイドと並ぶ蒙古系人種。黄色の皮膚、黒い直毛、細い目などを特徴とする。

④日本の旧石器時代は先土器時代ともよばれる。

から一万年前に属する遺跡が列島の各地から多数みつかっている。旧石器時代には、ナイフ形石器・尖頭器・細石器などを槍先につけて大型獣の狩猟がおこなわれ、人びとは定住せずに小集団で食料を求めながら移動生活をしていた。

約一万年前に気候が温暖化し、海面が上昇して日本列島が形成され、動植物相が変化するとともに、縄文時代（約一万二〇〇〇年前〜約二三〇〇年前）がはじまる。縄文文化の特徴は、中・小型獣を狩猟するための弓矢や食料煮炊き用の土器の使用、そして磨製石器の出現にある。縄文土器は、低温で焼いた褐色の土器で、縄をころがした文様をもち、草創期・早期・前期・中期・後期・晩期に時期区分される。縄文時代の生業は、狩猟・漁労や植物食料採取であり、自然環境に即した生活をしていた。⑤この時代には、産地のかぎられる黒曜石・翡翠が広域に分布するなど、広域な交換も存在した。

竪穴住居に数名の一世帯が住み、数世帯があつまって集落を営んだ。集落は台地や微高地上に立地し、中央の広場を竪穴住居群が円形にとりかこみ、水場・墓地・貯蔵穴やゴミ捨て場が付属した。集会所・作業場と推測される大規模な竪穴住居が存在することもある。海進した当時の海岸付近に営まれた集落では、安定的な食料である貝などのゴミ捨て場⑥が貝塚遺跡として今日にのこり、加曽利貝塚（千葉市）などおおくの遺跡が知られる。自然条件に左右される不安定な生活段階に応じて、自然に対する呪術的な信仰がひろくみられ、円形に複数の巨木を立てた遺跡、女性の生命生産力を象徴する土偶、男性を象徴する石棒などの遺物や、抜歯の風習、そして死者埋葬の際の屈葬などが知られる。

弥生時代の社会　縄文時代の終末期には朝鮮半島から水田稲作農耕が北部九州に伝わり⑦、紀

⑤東日本で縄文晩期に栄えた、亀ヶ岡式土器に代表される亀ヶ岡文化は、サケ・マスの豊かな漁獲を背景にしていた。

⑥貝塚の貝層からは、貝殻だけではなく、魚骨・獣骨・果実核などが見つかり、当時の食生活や自然環境が復元されている。

⑦縄文時代終末期の水田跡が板付遺跡（福岡市）などで見つかっている。このほか、中国南部から直接また

元前三世紀ごろには西日本で水稲耕作を基礎とする社会が成立し、急速に東北地方にまで農耕文化がひろまった。その背景には、大陸で紀元前三世紀に秦・漢という強力な統一国家が生まれた影響があった。農耕とともに鉄器・青銅器など金属器の使用も伝えられ、農耕生産を基盤とした弥生時代社会へと変化した。弥生時代には農耕生産による富の蓄積の上に、共同体のなかに階層差が生まれ、祭祀を担う支配者が形成されるとともに、共同体間の戦争が展開するようになった。紀元前三世紀から紀元三世紀までを弥生時代と称し、前期・中期・後期に区分している。弥生土器は、縄文土器よりも薄く堅く、文様をもたず赤色を呈しており、壺形土器がおおい。鉄器では、農具の鉄器化が進み、生産力が向上した。青銅器には、祭器として銅鐸・銅剣・銅矛・銅戈などがあり、近畿中心の銅鐸文化圏、北部九州中心の銅剣・銅矛・銅戈文化圏に二分する説があったが、神庭荒神谷遺跡⑧（島根県斐川町）や加茂岩倉遺跡⑨（島根県加茂町）で大量の銅剣・銅鐸や銅矛が出土し、青銅祭器の分布と変遷は再考されつつある。

弥生時代には、竪穴住居数棟から数十棟によって構成される定住的な集落が営まれ、農耕収穫物を収める高床倉庫も建てられた。戦いにそなえて濠に囲まれた環濠集落や丘陵上に位置する高地性集落もひろく出現した。集落近くには共同墓地が営まれ、甕棺や石棺・木棺による埋葬がおこなわれたが、しだいに有力な副葬品をもつ埋葬が生まれ、首長ら少数のための墓として墳丘墓⑩が発達していった。

『漢書』地理志⑪は、「それ楽浪海中に倭人あり。分かれて百余国となる。歳時を以て来たり献見す」と、前漢が朝鮮半島に設けた楽浪郡に向けて、分立した倭の諸小国が遺使したことを記している。また『後漢書』東夷伝⑫には、五七年に倭の奴国が朝貢して後漢の光武帝から印綬を

は南西諸島を経由して、水稲耕作技術が伝えられたとする説もある。なお、水稲農耕の伝播年代をさらに五〇〇年ほどさかのぼらせる説も出されている。

⑧三五八本にのぼる大量の銅剣が出土し、あわせて銅鐸も出土した。

⑨三九点にのぼるこれまで最多の銅鐸が出土した。

⑩方形周溝墓（ほうけいしゅうこうぼ）や四隅突出（よすみとっしゅつ）墓などをふくみ、次第に共同墓地から離れて首長の個人墓となっていく過程を示す墳墓。

⑪一世紀後半に後漢の班固らが撰した前漢王朝の正史。

⑫南朝の宋の范曄（はんよう）が撰した後漢王朝の正史。

授けられたこと、一〇七年には倭国王帥升らが後漢に生口⑬を献上したこと、そして二世紀の半ば以降倭国が大いに乱れたことが記されている。光武帝が奴国王に与えた印綬は、博多湾の志賀島（福岡市）から出土した金印⑭である。先進文物を入手しみずからの地位を高めるため中国に朝貢した倭の諸小国の様子は、弥生時代中期から後期の環濠集落として知られる吉野ヶ里遺跡⑮（佐賀県）などにうかがうことができる。

邪馬台国連合　中国では、三世紀初めに後漢が滅んで魏・呉・蜀が鼎立する三国時代を迎える。『三国志』魏書東夷伝倭人条⑯（魏志倭人伝）には、この三世紀前半ごろの倭の様子が詳しく記されている。二世紀末に乱れた倭国では、卑弥呼を女王として共立し、ようやく邪馬台国を中心とした三〇国ほどの小国連合にまとまったという。卑弥呼は呪術をよくしたといい、祭政は未分化であった。卑弥呼は二三九年に魏の皇帝に遣使し、親魏倭王の称号や銅鏡一〇〇面などの賜物をえている。卑弥呼が没すると、径百余歩の大きな塚墓を造り百余人の奴隷が殉葬されたが、後継の男王には国中が服さず、卑弥呼の娘の壱与を立ててようやく収まったという。

魏志倭人伝には、社会的に大人と下戸の身分差があることや衣食住・生業などについての記載がある。しかし、邪馬台国に至る方位・距離の記載がそのまま信じられないこともあって、邪馬台国の位置が近畿地方か九州地方かという論争が長くつづいている。近畿説は、前期古墳から出土する三角縁神獣鏡⑰を魏から賜与された銅鏡と関連させてとらえるなど、古墳の発生が近畿中心であることを重視する。一方九州説は、邪馬台国連合とのちの倭王権との時間差をみる。統一国家形成過程にかかわるこの論争は、古墳の発生が三世紀後半にさかのぼると考えられるようになったことなど、今後の発掘調査成果による実態の解明が期待される。

⑬奴隷。

⑭「漢委奴国王（かんのわのなのこくおう）」の印文をもつ。天明四（一七八四）年に発見された。

⑮濠・土塁に囲まれた大規模な環壕集落で、大型掘立柱建物・墓地・高床倉庫群などもみつかっている。

⑯晋の陳寿が撰した三国時代の正史。

⑰裏面に神獣の文様をもち、周縁の断面が三角形状を呈する銅鏡。

交流の展開　弥生時代には、水稲耕作、文化の輸入のほかおおくの渡来人が列島に渡ったという東アジア地域との交流や、物資の遠距離交易にみられる列島内での交流が盛んになった。倭国が乱れて諸国が攻撃しあったと記され、防御施設を備えた環濠集落・高地性集落⑱の遺跡にみられるように、小国やその連合間の戦争も、交流の一形態である。農耕の収穫が蓄積されるようになった弥生時代には、縄文時代にはなかった本格的な戦争が展開した。こうした多様な交流の展開のなかで、小国やその首長間の統合や階層的構成が築かれ、つづく古墳時代の倭王権へと展開していった。

本州・九州・四国で農耕生産を基盤とした弥生時代社会が展開したのに対して、寒冷な北海道では続縄文文化、温暖な沖縄など南西諸島では貝塚文化と呼ばれる、地域の自然環境に適した食料採集文化がつづいていった。この後、日本列島の文化は三者に分かれて進行していく。北海道ではさらに九世紀ごろから狩猟・漁労に重点をおいたまま擦文土器に代表される擦文文化へと移行するなど、本州・九州・四国を中心とした古代史の歩みとは別の歴史が展開した。

2　倭王権の伸長

古墳と倭王権　三世紀後半から四世紀初めに、弥生時代後期の墳丘墓とは隔絶した大規模な墳丘をもつ首長の単独墓として、前方後円墳などの古墳が各地で出現する。前方後円や前方後方という墳形や、竪穴式石室・呪術的副葬品といった埋葬法の画一性から、支配者としての各地の首長たちが政治的連合を形成したものとみられる。そして出現期の古墳としては奈良県の箸墓古墳が最大規模であるなど、この政治的連合の中心は近畿地方にあった。五世紀には連合

⑱山や丘陵の頂上部に営まれた、濠や土塁などの防御施設をもった集落遺跡。

の盟主は大王（おおきみ）を称し、中国から倭王と認められていることから、この政治的連合を倭王権とよぶ。古墳の墳形や規模は、倭王権の大王と地方豪族たちとのあいだで結ばれた政治的な連合ないし従属関係を表示する意味をもった。

三世紀後半から七世紀の古墳時代は、前期・中期・後期に区分される。前期には竪穴式石室に棺を納め、三角縁神獣鏡や玉類などの呪術的・祭祀的遺物の副葬がおおく、埋葬された豪族たちの司祭者的性格がうかがえる。中期には、墳丘規模が巨大化する⑲とともに副葬品として武器・馬具がおおくなり、被葬者の軍事的性格が濃くなる。後期には、追葬が可能な構造である横穴式石室がひろまり、小規模な円墳が密集して営まれる群集墳（ぐんしゅうふん）がおおくなる。群集墳は、豪族の下で成長した有力家族層が営んだものと考えられる。

前期古墳には、出現期を代表する奈良県の箸墓古墳や、三角縁神獣鏡をおおく出土した京都府椿井（つばい）大塚山古墳、奈良県黒塚古墳などが知られる一方、岡山県や福岡県にも出現期の有力古墳が存在する。中期古墳では、最大規模をもつ大阪府の大山（だいせん）（仁徳天皇陵）古墳（墳丘長四七八メートル）は、五世紀の大王陵と考えられる。また地方でも、岡山県・群馬県・京都府北部・宮崎県南部などで大規模な古墳が営まれており、倭王権の政治連合における地位がうかがえる。後期には、群集墳の盛行にみられる社会構造の変化のなかで、地方古墳が近畿のそれに比して小規模化し、地方豪族の倭王権への服属化がうかがえる。

古墳時代には、豪族と民衆とのあいだの支配・被支配関係が明確化し、豪族たちは集落からはなれて豪族居館を営んだ⑳。民衆の集落は、数棟の竪穴住居ないし平地住居㉑と一〜二棟の高床倉庫および雑舎からなっており、複数の大家族があつまって村々を形成していた。

⑲墳形としては、前方後円墳前方部がしだいに幅・高さを増して発達していく。

⑳豪族居館は防御用の濠に囲まれ、大型掘立柱建物や倉庫群などから構成されている。

㉑東日本では九世紀ころまで竪穴住居を中心としたが、西日本から平地住居が広まっていった。

倭の五王　中国では四世紀初めから北方民族の侵入を受けて南北朝時代となり、周辺地域への支配力が後退して、東アジア諸国が勃興した。中国東北部から朝鮮半島にかけて、高句麗（こうくり）・百済（くだら）・新羅（しらぎ）などが国家形成を進めた。四世紀後半には高句麗の南下を受けて、百済・伽耶（かや）や倭は高句麗と戦うこととなり、高句麗広開土王碑（こうかいどおうひ）㉒は、三九一年に倭が半島南部に進出したことを伝えている。こうした国際情勢の下で、諸国はみずからの優位の獲得をめざし競って中国に遣使した。

『宋書（そうじょ）』倭国伝㉓には、五世紀に讃（さん）・珍（ちん）（彌）・済（せい）・興（こう）・武（ぶ）とつづく倭の五王が、中国南朝に朝貢し、国際社会や国内支配における有利な展開をはかったことが記されている。四七八年の倭王武から宋の順帝への上表文では、皇帝に対して臣従しつつ、「封国（ほうこく）は偏遠（へんえん）にして藩を外に作（な）す。昔より祖禰（そでい）躬（みずか）ら甲冑（かっちゅう）を擐（つらぬ）き、山川を跋渉（ばっしょう）して寧処（ねいしょ）に遑（いとま）あらず。東は毛人（もうじん）を征すること五十五国、西は衆夷（しゅうい）を服すること六十六国、渡りて海北を平ぐること九十五国」と書いている。列島内外における自らの立場を主張した文ではあるが、五世紀に倭王権が勢力を伸長させて、各地の豪族たちとの関係を形成していった過程がうかがえる。倭王武は、その系譜から、『古事記』『日本書紀』が伝える「雄略（ゆうりゃく）天皇」㉔にあたる大王（おおきみ）である。

ところで埼玉県埼玉（さきたま）古墳群の稲荷山古墳から出土した鉄剣銘は、「辛亥（しんがい）年」（四七八年）の年代表記につづけて、祖先のオホヒコからヲワケに至る八代の豪族の系譜と、代々「杖刀人（じょうとうじん）」の首として大王に仕えてきたこと、そしてヲワケが「獲加多支鹵（わかたける）大王」の「治天下」を助けたことが記されており、大王と地方豪族との関係が示されている。㉕熊本県の江田船山古墳出土鉄刀銘にも「獲加多支鹵大王」の名がみえ、大王が九州の地方豪族とも結びついていた。ワカタ

㉒高句麗の広開土王（好太王）の功績を顕賞するために五世紀初めに立てられた石碑。今中国の鴨緑江沿いの輯安県にある。

㉓梁の沈約（しんやく）が撰した南朝の宋王朝の正史。

㉔日本風おくり名はワカタケル。「雄略」の中国風おくり名は八世紀につけられたもので、「天皇」号も七世紀代に形成された。

㉕ヲワケを近畿の中央豪族とみる説も有力だが、その場合も出土地の東国豪族と大王との関係が示されていることに変わりはない。

ケル大王は、「雄略天皇」にあたる大王、すなわち倭王武であった。こうして、五世紀後半には大王をいただく倭王権を中心として、関東から九州にわたる地方豪族をふくみこんだ政治体制が形成されていったのである。

大王権力の伸長　近畿地方の中央豪族たちによっていち早く形成された、倭王権を代表する大王と地方豪族との関係は、しだいに支配・服属関係に移行し、大王権力が拡大していった。五世紀後半には関東から九州にわたる支配権を充実させた倭王権の支配のしくみは、氏姓制度とよばれる。豪族たちは氏（ウヂ）とよばれる政治・社会組織に編成され、㉖氏は氏上が氏人を統率しながら氏独自の職掌で王権に奉仕した。大王はカバネ（姓）を与えて氏々を把握し、地名を氏の名とした中央有力豪族には臣、職掌を氏の名とした有力な伴造的豪族には連、有力地方豪族には君、地方豪族には直のカバネが与えられた。カバネの実例としては、五世紀の島根県岡田山一号墳出土太刀銘の「各（額）田部臣」が古い。中央では臣姓豪族から大臣、連姓豪族から大連が任じられて王権の政治中枢を担い、軍事・財政・祭祀・外交や文書行政などの王権の各職掌はそれぞれの伴造氏族によって担われ、さらに新しい知識・技術を伝えた五世紀末からの渡来人たちが品部として王権に編成されたという。㉗

大王権力伸長の過程では、地方豪族の反乱も伝えられている。『日本書紀』にみえる筑紫国造磐井の乱は、五二七年に九州の筑紫君磐井がおこした大規模な戦いであった。磐井は、倭王権への臣従をきらい、新羅とも結んで外交権を掌握しつつ、国家形成をめざした。大王側の大軍が二年がかりで制圧し、北部九州にミヤケ（屯倉）を設けることになった。こうした抵抗を排しながら、大王権力は五～六世紀を通して関東から九州にわたる支配権を確立していった。

㉖氏は、血縁関係をふくむが、擬似的血縁など他の要素とともに構成された。

㉗品部は楯部（たてぬいべ）・玉作部（たまつくりべ）など特殊な手工業技術をもち、伴造に管掌された。

倭王権の直轄民的性格をもつ子代（こしろ）・名代（なしろ）や、直轄領的性格をもつミヤケが各地に設定され、地方豪族たちは六世紀には国造（くにのみやつこ）制に編成されていった。国造は、在地での統治権を認められる一方、子弟・子女を舎人（とねり）・采女（うねめ）として大王のもとに出仕させ、地方の特産物を貢進し、ミヤケの管理をおこない、また国造軍を統率して倭王権の軍事行動に参加するなどした。

大陸文化受容の波　五世紀には、大陸や朝鮮半島との交渉のなかで人的な相互交流も進展し、朝鮮半島からおおくの渡来人が倭に渡り、新しい技術や文化を伝えた。とくに漢字文化の受容はこのころから本格化し、渡来人の一部は史部（ふひとべ）として編成されて、王権の文書事務や外交を担った。六世紀には引きつづき儒教や医・暦などの進んだ文明が伝えられ、六世紀半ばには、インドから中国・朝鮮半島に伝わった北方系の仏教が、百済から公式に倭にもたらされた㉘。仏教の受容をめぐっては、倭王権内部で物部（もののべ）氏や中臣（なかとみ）氏が反対し、仏教導入をはかった蘇我（そが）氏と対立したが、六世紀末には蘇我氏が物部氏を倒して仏教受容が大きな流れとなった。このように、大陸文化の受容と在来文化の混交によって古代文化が形成されていった。

蘇我馬子（うまこ）は、はじめて本格的伽藍（がらん）をもつ飛鳥寺（あすかでら）（法興寺）を五九六年に完成した㉙。在来の掘（ほっ）立柱（たてばしら）建物の技法とは違う、基壇上の礎石（そせき）の上に柱を立てて屋根に瓦を葺（ふ）く礎石建物の建築技法が用いられ、造営には百済からの技術者が参加した。飛鳥寺の発掘調査では、塔心礎（しんそ）から古墳の副葬品と類似の遺物が出土し、在来信仰と混交するかたちで仏教が導入されたことがうかがえる。蘇我氏、大王や厩戸王（うまやど）（聖徳太子）ら王族による仏教受容を受けて、諸氏族も近畿地方などに相次いで寺院を建て、飛鳥の仏教文化は急速に花開いた。

㉘実際には渡来人によりそれ以前から仏教が伝えられていたとみられる。

㉙飛鳥寺の伽藍配置は、塔を中心に北・東・西に三金堂が配される形式で、高句麗の古代寺院と共通する形式であった。

3　古代国家への歩み

東アジアの動向と飛鳥の朝廷　中国において五八九年に隋が南北朝を統一し、強大な帝国を築いて、高句麗など周辺地域に進出しはじめると、東アジアは激動の時代を迎えた。蘇我馬子は、五八七年に対立する物部守屋を滅ぼし、五九二年には大王（崇峻天皇）を暗殺するなど、政治権力を掌握する。そして王位継承の危機にあたり、前大王の后が推古女帝として即位した。この推古天皇の時代には、国際的緊張を背景に、大臣の蘇我馬子を中心に、推古の甥の厩戸王（聖徳太子）も力を合わせて㉚国家組織の形成が進められた。六〇三年には冠位十二階、翌六〇四年には憲法十七条が定められたという。冠位十二階㉛は、個人に対し冠位を与えて、氏族単位で構成されてきた王権組織を再編成することをめざしており、憲法十七条㉜は、諸豪族たちに国家的な官僚としての自覚を求める内容であり、王権のもとに官司制の政治機構が形成されることに対応している。

また、『隋書』倭国伝㉝によれば、七世紀の倭には中国の牧宰㉞のような「軍尼」（クニ、国か）、里長のような「伊尼翼」（イナギ、稲置か）があり、一〇伊尼翼が一軍尼に属するという地方組織が存在した。七世紀前半には、このように中央官司機構と地方組織の整備・編成が進められた。

また、中国との外交が再開され、遣隋使が派遣された。六〇七年には遣隋使小野妹子が渡った。『隋書』倭国伝によれば、隋への国書には「日出づる処の天子、書を日没する処の天子に致す。つつが無きや、云々」とあり、倭の五王時代とはことなり皇帝に臣属する形式をとらないものへと変化した。ただし国書は隋の煬帝によって無礼とされている。㉟遣隋使とともに渡っ

㉚『日本書紀』は皇太子となり執政したと記すが、『上宮聖徳法王帝説（じょうぐうしょうとくほうおうていせつ）』には蘇我馬子とともに天下の政治を助けたとあり、馬子と対立したわけではない。厩戸王は早くから聖人視されて聖徳太子と呼ばれるようになる。

㉛儒教の徳目を称した大徳・小徳・大仁・小仁・大礼・小礼・大信・小信・大義・小義・大智・小智の一二等からなる。なお蘇我氏などは与える対象となっていない。

㉜厩戸王の作という。民衆に対するものではなく、豪族たちに規範を示した内容をもつ。

㉝唐の魏徴らが撰した隋王朝の正史。

㉞地方官。

㉟隋が高句麗侵攻を図っていたことから、こうした国書がとがめられなかった。

た高向玄理・南淵請安・僧旻などの留学生・留学僧は、のちに新知識を伝えて七世紀半ば以降の政治や律令国家形成に大きな影響を与えた。中国で六一八年に隋が滅んで唐がおこり、急速に強大な中央集権国家を確立すると、倭は引きつづき遣唐使㊱を派遣して新しい唐の文明の吸収をはかり、東アジアの新動向に応じて中央集権的国家体制の早急な構築をめざした。

推古天皇の時代から、奈良盆地南部の飛鳥の地に大王の王宮がつぎつぎに営まれた。当時は、厩戸王（聖徳太子）が飛鳥から離れた斑鳩の地に斑鳩宮を営んだように、有力な王族や中央豪族㊲は大王宮とは別にそれぞれ邸宅を構えていたが、大王宮が集中してつぎつぎに営まれ、また王権の官司機構がその近辺に整備されて、飛鳥の地には都としての姿が出現しはじめ、やがて中央集権的国家体制のもとで本格的宮都が営まれる段階へと進んだ。

大化改新　唐が高句麗に侵攻して東アジアが動乱するなかで、高句麗・百済・新羅の三国や倭では、国際的緊張に応じた集権的体制を形成して国内を統一することが課題となった㊳。倭では、蘇我氏中心の集権体制をめざした蘇我入鹿が、有力王族であった厩戸王の子の山背大兄王を滅ぼしたが、豪族層の反発も少なくなかった。蘇我蝦夷・入鹿の専権に対して、有力王族の一人中大兄皇子は、蘇我倉山田石川麻呂や中臣鎌足とともに王族中心の集権体制をめざして蘇我本宗家の打倒をはかり、六四五年に乙巳の変を起こして、蘇我蝦夷・入鹿を殺した。

変後孝徳天皇㊴が即位し、中大兄皇子は皇太子となり、阿倍内麻呂を左大臣、蘇我倉山田石川麻呂を右大臣、中臣鎌足を内臣、旻と高向玄理を国博士として新政権が構成された。

『日本書紀』には、六四六（大化二）年正月条に「大化改新の詔」が発せられ天皇を中心とした公地公民制などの政策が宣言されたと伝える㊵。しかし、詔の文章には後の大宝令や中国

㊱最初の遣唐使は六三〇年に犬上御田鍬（いぬがみのみたすき）らが派遣された。
㊲王権を構成する有力な中央（畿内）豪族は、国政の合議にあずかって大夫（まえつきみ）と呼ばれた。
㊳高句麗では、大臣泉蓋蘇文が六四二年に国王を殺して権力を集中、百済では義慈王が専制権力を集中した。新羅では、女王のもとで王族の金春秋が貴族会議も重視しながら権力を集中した。
㊴軽（かる）皇子。古人大兄皇子・中大兄皇子とならぶ有力王族で、中大兄の叔父にあたる。
㊵詔は、(1)公地公民制、(2)中央・地方行政組織の編成、(3)戸籍・計帳・班田収授制や五十戸一里制、(4)新しい租税制などの四ヵ条について、整然と律令制への志向を示す。しかし、文飾が加えられていることとともに、そのまますぐには実施できない内容をふくんでいる。いずれにせよ七世紀後半の過程を通して律令制が確立

古典による潤色があり、そのまま信じることはできない。孝徳天皇の大化年間におこなわれた諸改革政策を大化改新として位置づける説が有力であるが、六四六年の段階でどのような改革がめざされたかについては、なお議論がつづいている。ただし、蘇我氏本宗家が滅び、有力な大王位継承候補であった古人大兄皇子や有間皇子、そして右大臣蘇我倉山田石川麻呂らがあいついで滅ぼされる㊶という政治的推移のなかで、中大兄皇子の政治権力や王権が処分しうる経済基盤が急速に増大したことはたしかであり、中央集権国家への歩みが段階的に進められた。

孝徳天皇の時代に地方行政区画の「評」（こほり）が各地に設置され、地方支配組織が整備されたことは、地方豪族たちが中央から派遣された惣領に申請して新しい評を設けたという『常陸国風土記』の記事などから裏付けられる。地方豪族層の支配力をとりこみながら、中央集権的な地方編成が進められていったのである。

中央集権化への歩み　朝鮮半島では、唐と新羅が結んで六六〇年に百済を滅ぼし、六六八年にはさらに高句麗を滅ぼした。この後、新羅が唐に朝貢しながらも半島での支配権を確立していくが㊷、この間㊸、倭は百済復興をはかる旧百済勢力を支援して六六三年に大規模な援軍を送り、唐・新羅連合軍と白村江で戦い、大敗した（白村江の戦い）。この白村江の敗戦による対外的危機をテコとして、中央集権化政策がさらに進められた。対外防衛のために、大宰府では水城や、百済からの亡命将軍の指導のもとで大野城・基肄城などが造られ、さらに北九州・瀬戸内の各地に朝鮮式山城が営まれた。また六六四年の甲子の宣㊹で豪族領有民を確認して豪族層の編成を進めた。中大兄皇子は六六七年に都を近江大津宮に移して即位（天智天皇）し、六七〇年には最初の戸籍である庚午年籍を作成して姓の確定にあたった。

していった。

㊶古人大兄皇子は六四五年の乙巳の変後吉野にのがれたが攻め殺され、有間皇子（孝徳天皇の皇子）は六五八年に捕えられて絞殺され、蘇我倉山田石川麻呂は、六四九年に攻められて自害した。いずれも謀反の疑いにより、中大兄皇子の意を受けて滅ぼされたものである。

㊷百済・高句麗滅亡後、朝鮮半島の支配権をめぐり新羅と唐が暗然と対立したことが、倭の対外的危機を薄めることになった。

㊸日本海沿岸に六四七年に渟足柵（〔ぬたりのさく〕新潟市）、翌年磐舟柵（〔いわふねのさく〕新潟県村上市）を置いたことにつづけて、六五八年・六六〇年に阿倍比羅夫（あべのひらふ）が水軍を率いて日本海側を北上して各地の蝦夷たちと交渉をもったことは、朝鮮半島の緊張に対応した措置でもあった。

㊹『日本書紀』に、「氏上・民部（かきべ）・家部

六七二年に天智天皇が亡くなると、天智の子の大友皇子と天智弟の大海人皇子とのあいだで大王位継承をめぐって壬申の乱がおきた。大友皇子は近江朝廷を主催していたが、大海人皇子は舎人たちの活躍でいち早く東国の軍事動員に成功して戦いに勝利し、翌年飛鳥浄御原宮で即位（天武天皇）した。壬申の乱は東国など広範囲の地方豪族をまきこんだ大戦乱であり、近江朝廷側の有力中央豪族の没落によって、権力を集中した天武天皇中心の中央集権的国家体制の形成にはずみがついた。「天皇」号ができたのも天武天皇（ないし持統天皇）の時代と考えられている。

天武天皇の時代には、天智天皇のときに把握した豪族領有民を廃止し、㊺土地・民衆に対する国家支配を進めるとともに、官人の位階や昇進制を定めて官僚制の形成をさらに進めた。六八四年には八色の姓㊻を定め、天皇中心の新しい身分秩序のもとに豪族たちを編成した。また、律令や国史の編纂に着手し、㊼唐の都長安にならった本格的な宮都藤原京の造営をはじめた。しかし、それらの完成をみずに没し、皇后の鸕野皇女が皇位を継いで即位（持統天皇）した。

天武天皇がはじめた律令の編纂や藤原京の造営は、持統天皇に引きつがれて事業の完成をみた。六八九年には飛鳥浄御原令が施行され、翌六九〇年には令に従った戸籍庚寅年籍が作成された。そして六九四年には、飛鳥の地から藤原京への遷都がおこなわれた。藤原京は、それまでの一代ごとの大王宮とは異なり三代の天皇の都となったこと、宮の周囲に条坊制をもつ京を設定して有力な王族・中央豪族たちを集住させたこと、そして瓦葺き礎石建ちの大極殿など中国風の宮殿建築を導入したことなど、新しい中央集権国家を象徴する宮都であった。こうして中央集権的な律令国家体制が確立していった。

（やかべ）等の事を宣（のたま）う」と記される。

㊺『日本書紀』に、六七五年「甲子の年に諸氏に給わりし部曲は、今より以後皆除（や）めよ」と詔が記される。私地私民を収公するかわりに、一定の民戸（封戸（ふこ））からの租税収入を豪族にわりあてる食封（じきふ）の制も、このころに確定されてくる。

㊻真人（まひと）・朝臣（あそみ）・宿禰（すくね）・忌寸（いみき）・道師（みちのし）・臣（おみ）・連（むらじ）・稲置（いなぎ）の八種で、天武天皇から中央諸氏族に対して賜与された。

㊼国史編纂の完成は遅れて八世紀の『古事記』『日本書紀』へとつながっていった。

飛鳥・白鳳文化　七世紀前半に、王宮が営まれた飛鳥地方を中心に、蘇我氏や王族によりひろめられた仏教中心の文化を飛鳥文化とよぶ。蘇我氏による飛鳥寺（法興寺）や、舒明天皇創建と伝える百済大寺、㊽厩戸王（聖徳太子）創建の四天王寺・法隆寺（斑鳩寺）などの寺院が建ちはじめ、氏族結合の象徴として古墳造営にかわって寺院建立はひろまっていった。寺院の伽藍建築は、礎石建ち・瓦葺きの新技法による大陸風建物であった。仏像彫刻では、鞍作鳥の作といわれる法隆寺金堂釈迦三尊像のように、中国北朝様式を受容している。また、百済の僧観勒が暦法を伝えたり、高句麗の僧曇徴が彩色・紙・墨の技法を伝えたというように、㊾飛鳥文化は百済や高句麗をへながら中国の南北朝時代文化の影響をおおく受けたものであった。

飛鳥文化につづく七世紀後半から八世紀初頭にかけての文化を、白鳳文化とよぶ。天武・持統天皇の時代を中心として、律令国家の確立をめざした生気ある若々しい文化であり、新羅を経由して初唐文化の影響を受けつつ、やはり仏教文化を基調にしている。天武天皇による大官大寺・薬師寺の創建にみられるように、仏教興隆は国家的に推進され、地方豪族も競って寺院を建立して、白鳳寺院の分布は急速に展開した。彫刻では興福寺仏頭㊿などがおおらかな表情を伝え、絵画では法隆寺壁画にインドや西域の影響、高松塚古墳壁画に高句麗壁画の影響が指摘される。また宮廷における中国的教養の受容を受けて、貴族たちは漢詩文を作るようになり、一方和歌もこの時期に形式をととのえた。(51)

この時代には、中央集権的国家組織の形成に応じて中央・地方に大量の官人群を養成することが求められ、中央だけでなく地方豪族もふくめて、漢字文化と中国儒教思想の受容が広範に進み、(52)古代文化に大きな影響を与えた。

㊽大王宮の百済宮（くだらのみや）にともなう王権寺で、飛鳥の吉備池廃寺（きびいけはいじ）の巨大な基壇遺跡が百済大寺と推定されている。

㊾六〇二年に、観勒が暦本や天文・地理・遁甲・方術の書をもたらしたといい、六一〇年に高句麗王から送られた曇徴は、儒教の経典や絵の具・紙・墨の製作に精通していたという。

㊿もとは飛鳥の山田寺に伝わったもの。

(51)この時代の漢詩文や和歌は、大津皇子らの作詩や柿本人麻呂（かきのもとのひとまろ）らの作歌などが、『懐風藻』『万葉集』にそれぞれ伝えられている。

(52)地方豪族による漢字・儒教文化の受容は、那須国造碑（なすこくぞうひ）栃木県）などの金石文や各地出土の七世紀木簡によって確認される。

二　律令国家の形成と展開

1　律令国家の形成

戦争と内乱　高句麗（こうくり）遠征の失敗をきっかけとして隋（ずい）は亡び、かわって唐が中国大陸を統一した。これは東アジア世界全体に大きな変動をもたらした。唐は高句麗討伐をめざしてまず高句麗と結ぶ百済（くだら）を討とうとし、百済と対立する新羅（しらぎ）が積極的に唐と結びつく。これに対して朝廷は、約二〇年ぶりの遣唐使を六五三（白雉（はくち）四）年に派遣する一方で、瀬戸内海に面した難波宮（なにわのみや）から内陸の飛鳥へと都をもどし、防衛の動きをつよめた。六六〇（斉明六）年、唐と新羅の連合軍によって百済は亡んだ。朝廷は救援の大軍を送ったが、六六三（天智二）年の白村江（はくすきのえ／はくそんこう）の戦いに敗れ、四世紀からつづいた朝鮮諸国への軍事介入の歴史①はおわりをつげる。その後、亡命百済王族は百済王氏（くだらおうし／くだらのこにきしうじ）②として臣下にくみこまれた。これによって天皇はいわば幻の「百済」を属国とする小中華帝国③の君主になったともいえよう。

天智（てんじ）朝では、水城（みずき）④・山城（やまじろ）を築いて外敵への備えをかため、一方で内政の改革がはかられた。六六四（天智三）年の甲子（かっし）の宣（せん）では、冠位二十六階の制定、大・小・伴造（とものみやつこ）の氏上（うじのかみ）と民部（かきべ）・家部（やかべ）⑤の認定がおこなわれ、六七〇年にはほぼ全国的な戸籍（庚午年籍（こうごねんじゃく））もつくられた。これらは支配層の氏（うじ）組織を朝廷が公的に登録し人民の所属をはっきりさせたものである。

六七二年、皇位継承をめぐって壬申（じんしん）の乱がおこり、天智天皇の弟の大海人（おおあま）皇子が天智の子の

①高句麗の広開土王碑（こうかいどおうひ）には「辛卯年」（三九一年）の倭の朝鮮出兵が記されている。九ページ参照。

②義慈王の子善光王を祖とする。一族は八～九世紀前半にかけて要職につき、女性も桓武・嵯峨の後宮で勢力を持った。

③自国を中心に周辺地域・民族を「蕃夷（ばんい）」としてしたがえる中国の伝統的国家観のミニチュア版。

④大宰府防衛のため六六四（天智三）年に造られた。

⑤豪族の支配下にあった朝廷未掌握の民。民部＝部曲は六七四（天武四）年に廃止、律令制下では公民となる。家部は氏賤（氏所有の奴婢）にあたるか。

大友皇子に勝利して天武天皇となる。その結果、大友側についた旧来の大豪族の勢力はよわまり、「大君は神にしませば……」とうたわれる強大な権威を得た天武は皇后（のちの持統天皇）とともに、天皇を中心とする中央集権化をおしすすめた。部曲（民部）廃止と食封制、⑥八色姓⑦の制定によって畿内豪族を中心に官人化のしくみがととのい、皇子も臣下と同じように位を与えられて、⑧すべての上に立つ天皇の地位の超越性がはっきりした。「天皇」が正式の君主称号となるのもこのころらしい。⑨つづく持統朝の飛鳥浄御原令において、律令国家の骨格はほぼできあがった。

律令官制と天皇　律令は中国で長年にわたりねりあげられた統治技術の結晶である。日本はそれを学びとって国家体制を急速につくりあげることができた。律は刑法、令は行政法にほぼ相当する。天智朝の近江令（体系的法典だったかどうかは不明）から浄御原令をへて大宝元（七〇一）年の大宝律令で完成し、それを修正した養老律令がその後ながく基本法となる。日中の社会は現実には大きく異なっていたので、律令制定は、社会の実状にあわせて法を作りかえる一方で、逆に法にあう新しい国家・社会のありようをてさぐりしていく過程でもあった。大宝二年の遣唐使ははじめてそれまでの「倭」にかえて「日本」の国号を称し、年号も大宝以後は継続してつかわれた。独自の律令・年号の制定は、⑩日本の王が中国皇帝から冊封される存在ではなくなったことを示す。

律令官制のもと、官人は位に応じて中央・地方の官職につき（官位相当制）、封戸や位禄など⑪によって、国―郡―里（五〇戸）の画一的な地方行政組織を通じて公民からすいあげた租税の分配にあずかる。中央の太政官で国政審議にかかわる議政官（大納言以上。のち中納言・参議を新

⑥一五ページ参照。

⑦一五ページ参照。

⑧六八五（天武一四）年の冠位四十八階で、草壁皇子以下、天武の皇子たちに位が授けられた。諸王位の初見は六七五年。

⑨近年、奈良の飛鳥寺南方の飛鳥池遺跡から天武～持統朝ころの「天皇」と記した木簡が出土した。

⑩唐によって国王に任命（冊封）された新羅では、独自年号を皇帝太宗にとがめられ唐の年号にしたがった（『三国史記』真徳王二年）。まとまった律令の制定もおこなわれなかったらしい。

⑪封戸は三位以上に規定数の戸の調庸全額と租の半分（のち全額）、位禄は四・五位に布などを支給する。旧大夫層に相当する四位は九世紀初まで封戸を得ていた。

設）の多くは大夫層⑫の伝統をひく畿内有力豪族で、天皇―太政官が全体として諸司百官を統括した。地方では、中央から国司が派遣され、その下で在地の豪族が郡司に任じられて直接の人民支配にあたった。官制の上では郡司の地位はごく低いが、律令国家の現実の支配は共同体首長に由来するかれらの伝統的支配権の上になりたっていた。

五位以上が貴族で、六位以下とは権力・収入・特典におおきなへだたりがあった。五位以上の子・孫が有利な位につく蔭位の制⑬は、はじめは伝統的な畿内有力豪族が律令制下の貴族へ転身するささえとなった。しかし、五位以上は勅授であり、天皇に密着して昇進した貴族は高位を子孫で独占できることになる。こうして、奈良時代後半から平安初期にかけて氏族の勢力交替がすすむ。皇位の直系継承はまだ定着しておらず、有力な皇族や貴族に対抗するためには天皇の側でも特定貴族との密着、ささえあいを必要としたのである。王権が天皇だけでなく太上天皇・皇后をふくむ複数の権力核よりなることも⑭、この時代の政治の動きを複雑にした。

貢納と力役　律令身分制は良（官人・公民）と賤⑮よりなる。良は天皇からあたえられた姓をもち、賤はもたない。良は天皇に仕え、賤は直接にはその主人に仕えるのである。良賤身分秩序の頂点に立つ天皇（と親王・諸王）は姓をもたない。官人は官職によって天皇に仕え、公民は各種の課役をになう。田の広さによって稲を納める租、年一〇日の労働（歳役）のかわりに布・塩などを納める庸、布・糸を中心に各地の特産品を納める調のほか、力役としては一定日数を地方で使役される雑徭、里ごとに二人が都に送られ雑用をする仕丁⑯、三人に一人がとられる兵士役などがあり、出挙⑰も実際には租税の一つだった。租のほかは成人男子にかかる人頭税だが、内容的には男女の労働の産物である。⑱生産労働の中心は公民で、奴婢は人口の数％以

⑫一三ページ参照。

⑬五位以上の子・孫に一定の位階を与える制度。親王の子は従四位下、一位の嫡子は従五位下など。三位以上は孫にもおよぶ。

⑭二一・二四ページ参照。

⑮陵戸（りょうこ）・官戸（かんこ）・官奴婢（かんぬひ）・家人（けにん）・私奴婢（しぬひ）の五種。五色（ごしき）の賤ともいう。王族・豪族の隷属民を中国の賤民制にならって制度化。

⑯国ごとに一〜四人の成人女子を徴発する女丁の制もあった。

⑰春に種もみを貸し、秋に利息（通常は一〇割）付きで返させる。もともとは農業再生産のための給付。

⑱『日本書紀』崇神一二年九月条に「男の弭調（ゆはずのみつき）、女の手末調（たなすえのみつき）」。弭調は獣肉・皮などの狩猟生産物。手末調は絹・布などの手工業生産物。

下だった。

租(タチカラ)は収穫を神にささげる初穂貢納に由来し、地方に蓄えて救貧などにあてられた。調(ミツキ)は朝廷への服属を示す貢納物で、集団で生産されるものもおおく、郡司にひきいられた公民自身の手で都に運ばれ、官人への給与や国家組織運営の財源となった。庸(チカラシロ)は仕丁などの生活費を郷里から送るもので、雑徭(クサグサノミユキ)はかつて地方巡行の大王をもてなした労力負担に由来するなど、律令租税制度には、古くからの共同体的性格が色濃くのこっている。海の幸・山の幸の食物をささげる贄(ニヘ)は律令には規定がないが、荷札木簡⑲をみると奈良時代にも大事な貢納物だったことがわかる。社会的分業と流通の未発達ななかで、天皇・官人の生活に必要な品々と労働力はそのままのかたちで租税として集められたのである。

なりたちも由来もさまざまな貢納を、画一的な個人別の律令租税制へとつなげるためには、人民を地域ごとに一律にとらえる戸籍制度の整備が必要だった。奈良時代の戸籍のいくつかが現在ものこり、⑳平均二〇～二五人前後の戸の構成がわかる。ただし戸は班田収授および租税・兵士をとりたてる単位だったので、そのためにととのえられた面がつよく、㉑実際の家族そのままではない。

長屋王の変　神亀六(七二九)年、左大臣長屋王が謀反の罪で、妻の吉備内親王、王子たちとともに自殺においこまれた。王夫妻の邸宅跡(奈良市)が近年発掘され、「長屋親王宮」「吉備内親王御所」「大贄」といった木簡が出土して、夫妻と王子たちが皇位にきわめて近い特別の地位にあり、そのゆえにのぞかれたらしいことがあきらかになった。ときの天皇聖武は天武

⑲都に租税として送られた荷物につけた木簡。「若狭国遠敷郡小丹生郷三家人波泉調塩一斗」「参河国幡豆郡折嶋海部供奉六月料御贄佐米楚割六斤」など。

⑳大宝二(七〇二)年の三野国・筑前国・豊前国・豊後国、養老五(七二一)年の下総国戸籍などがある程度まとまって奈良の正倉院に残っている。

㉑戸籍をみると一戸あたり成人男子三～五人、つまり一戸一兵士となるように編成された様子が読みとれる。封戸のためにも一戸の課口(租税負担人数)を平均にする必要があった。

嫡系だが、母宮子は新興氏族藤原氏の出身である。傍系継承の伝統㉒と母方血筋を重視する当時の社会通念からみて、天武の孫で、天智の子を母とし、文武・元正天皇の姉妹である吉備を妻とした長屋王の尊貴さは、聖武に劣らない。光明子（藤原不比等の子）が生んだ皇太子の死の翌年に変がおこり、その半年後に光明立后が実現したことは、この変の背景をよく物語る。皇后には天皇とならびそれを代行する執政権があり、立后によって、藤原氏および藤原氏にささえられた聖武の権力はよりたしかなものになったのである。㉓

木簡からは、律令の規定ではわからなかった王族財産の実態も明らかになった。六〜七世紀の権力争いを通じて勝者に蓄積された膨大な土地・財産は、律令国家成立後も有力な王族がもちつづけていたのである。長屋王の変で没収した財産は、王権と王権に密着した氏族の経済基盤をつよめた。変後の天平三（七三一）年には藤原四兄弟がそろって議政官となり、孝謙天皇の即位後は光明皇太后の信任をえた藤原仲麻呂が、光明の皇后宮職の後身である紫微中台を拠点に勢力をのばす。藤原広嗣の乱㉔（天平一二年）、橘奈良麻呂の変㉕（天平宝字元年）、恵美押勝（藤原仲麻呂）の乱㉖と淳仁天皇廃位㉗（天平宝字八年）などのあいつぐ政変は、強大な国家支配体制のうえに立つ王権をだれがにぎるか、そこにどう密着するかをめぐっての、権力内部での争いだった。

墾田永年私財法　律令制のもとでは、国家が土地を支配し熟田（耕作可能な田）を管理する。班田収授制によって六歳以上の男女は熟田を口分田として与えられた。口分田班給には、国家が最低限の再生産を保証する面と耕作割当ての両方の意味がある。律令施行後まもなくから口分田は不足し、耕地の拡大をもとめて養老六（七二二）年には良田百万町の開墾計画が立て

㉒天皇位の継承は記録のたしかな六世紀（継体）以降でみると兄弟継承が主である。一般豪族の族長位も九〜一〇世紀以降までかなり広い範囲での傍系継承だった。

㉓変ののち、長屋王邸あとには光明のための皇后宮職（こうごうぐうしき）がおかれた。

㉔玄昉（げんぼう）、吉備真備（きびのまきび）を天皇側近から除くことを求めて北九州で挙兵。敗れた広嗣は斬殺。

㉕廃太子の道祖王を擁して仲麻呂を除こうとし失敗。

㉖光明の死で後ろ盾を失った押勝が、劣勢挽回をはかり孝謙上皇と道鏡（どうきょう）に対して起こした。押勝は近江に逃れ敗死。

㉗仲麻呂に擁立された淳仁天皇を退位させ、孝謙がふたたび即位（称徳天皇）。淳仁は配流先の淡路で死す。

られた㉘。翌七年には三世一身法㉙で期限つきで墾田の保有を認め、天平一五（七四三）年の墾田永年私財法で、身分による限度額（のち撤廃）を設けたうえで永年私有を認めた。豪族・農民の開墾意欲を刺激して耕地の拡大をはかり、口分田と墾田の全体を国家が把握する体制がととのったのである。

墾田永年私財法は、かつては公地公民制の崩壊とみなされていた。しかし、そもそも班田収授制の手本である唐の均田制㉚では墾田も把握できるしくみだった。永年私財法によってはじめて既墾・未墾をふくむ全耕地の掌握が可能となり、国家の土地支配はむしろ一段と深まったとみることができる。天平一四年の班田図㉛はその後の田図の基準となった。

2　律令国家の成熟と展開

都宮と朝政の変化　古代最後の女帝称徳（孝謙）天皇の没後、皇統は天智系の光仁—桓武天皇にうつる。百済系渡来氏族を母とする桓武は、中国風の王権祭祀である郊祀㉜の礼をおこない伊勢神宮を再編整備するなど、新王朝創始の意識をもって王権の確立につとめた。延暦三（七八四）年の長岡遷都、ついで延暦一二年の平安遷都で都は古くからの有力氏族の地盤をはなれ、同時に水陸交通の便宜は増すことになった。淀川水系につらなる長岡への遷都で、瀬戸内海に面した難波京は廃止統合され、複都制㉝はおわる。

天皇の住む内裏を中心に諸官衙のあつまる宮（大内裏）と、碁盤目状の条坊をそなえ官人貴族の集住する京域よりなる中国風都城は、藤原京でできあがった。かつては各豪族の宅で外交・財政などの政務を分けておこなっていたが、これで官僚制による中央集権的政治運営の場

㉘全国的統一的な条里制（じょうりせい）地割の施行もこのころにはじまるらしい。

㉙新たな溝池による開墾は三世（本人・子・孫）まで、旧溝池による開墾は一身（本人のみ）。

㉚成人男子一人の受田額一〇〇〇畝は占田限度額で、農民の開墾した田は受田の中に繰り込まれ、官人身分に応じた限度内の開墾田は永業田として世襲だった。

㉛郡ごとに条里によって一条一巻で作成。口分田・墾田などの田地種類と所有者・損荒などを記す。

㉜天子が冬至に都の南郊で天帝と王朝の始祖を祀る中国の儀礼。桓武は延暦四年に河内国交野で初めておこない、六年には昊天上帝と光仁を祀った。

㉝複数の都をおく中国の制度にならい、六八三年、難波を副都とした。飛鳥—藤原—平城と遷る主都とは大和川・淀川水系でつながれ

がととのったのである。

前期難波宮―藤原宮―平城宮―長岡宮―平安宮と、七世紀後半以降の諸宮の発掘調査㉞がすすみ、朝政の変化がみえてきた。推古朝の小墾田宮では大殿の前の広場（朝庭）で重要政務がおこなわれていた。藤原宮では国家儀式の場である大極殿が政務のおこなわれる内裏内で独立し、平城宮では内裏と大極殿は別空間になる。さらに長岡宮になると、内裏は大極殿・朝堂院の東に完全に分離し、平安宮でもかわらない。官司機構がととのうにつれて、日常の政務は諸官司にゆだねられ、天皇はごくかぎられた国家儀式のときだけ大極殿に出ていくことになる。その一方で重要な国政審議は上級貴族（公卿）と太政官実務官人（弁官・外記㉟）が内裏内にはいっていって天皇の側近くでおこなうという新たな朝政のしくみが、平安宮で形成されるのである。

征夷と蝦夷社会　東北地方に住む蝦夷は化外の民（王化の及ばないもの）とされていた。六五九（斉明五）年の遣唐使は蝦夷の男女二人を高宗に献じている。律令国家は積極的に蝦夷支配をすすめ、おおくの城柵が東北地方各地におかれた㊱。近年の発掘調査で、これらの城柵は防衛・戦闘のためだけではなく国府に似た構造の行政施設でもあることが明らかになっている㊲。支配に服した蝦夷の一部は俘囚として内地に送られ、逆に東国を中心とする内地の民が柵戸として移住させられ開墾にあたった。城柵では蝦夷に対する饗給もおこなわれ、帰順をすすめた。こうした中央勢力との接触で蝦夷社会では急速な農耕化と階層分化がすすみ、内部には政治的支配層が生まれつつあった。律令国家はかれらの一部を支配組織にくみこみ、版図を広げていったのである。

宝亀一一（七八〇）年、郡司に任じられていた伊治呰麻呂が反乱をおこし、蝦夷支配はたて

ていた。

㉞難波宮跡は大阪市法円坂地域所在。後期は聖武朝の宮で、前期が孝徳朝のものか天武朝のものか議論がある。藤原宮跡は橿原市の通称大宮土壇付近。京域は近年の発掘で従来の想定より広大な条坊施行があきらかになってきた（大藤原京説）。長岡宮跡は京都府向日市。発掘で京域が確認されつつあり、短期間だが造都はすすんでいたらしい。平安宮跡は現在の京都市街地の地下。部分発掘と古図のつきあわせで解明されつつある。

㉟弁官は狭義の太政官（議政官）と八省・諸国の間の上申・下達を処理、外記は少納言のもとで文書の作成や行事の遂行にあたる。

㊱七世紀中ごろの渟足柵・磐舟柵、八世紀前半の出羽国設置、陸奥国多賀城（たがじょう）の築造。

㊲多賀城はほぼ方八町の不整形の外郭内に約一〇〇メートル四方の政庁地区があ

なおしをせまられる。蝦夷社会の支配をめぐり、成長しつつある在地勢力と中央勢力が正面衝突することとなったのである。唐が衰退し新羅との緊張がゆるむという国際関係の変化[38]も、蝦夷に大規模な軍事力をふりむけることを可能にした。延暦八（七八九）年、征夷軍は首長阿弖流為のひきいる軍に大敗するが、その後、坂上田村麻呂が登用され、ようやく延暦二一年、蝦夷社会の中心地である北上川中流域に胆沢城を築き、反乱はほぼ鎮圧された。

「軍事と造作を停め百姓を安んずべし」[39]とする藤原緒嗣の進言によって、以後の征討は中止され、蝦夷の内民化がすすむ。元慶二（八七八）年の出羽俘囚の乱が鎮められたのちは、蝦夷社会内部に台頭した豪族は国家支配の末端につらなり、特産物の「馬・沙金」の献上などを通じて中央王臣家とも結びつきつつ成長をとげ、一一世紀以降、安倍氏・清原氏、そして奥州藤原氏の勢力確立[40]にいたる。

蔵人所の成立　平城天皇は、弟の嵯峨天皇に譲位後も平城旧宮で詔をくだし、「二所朝廷[41]」の状態が生まれた。持統以来、太上天皇（上皇）は天皇と同じ権能をもち、孝謙と淳仁の間にも対立があった。それが鋭いかたちであらわれたのである。弘仁元（八一〇）年、上皇が平城遷都をくわだてるにいたって、嵯峨は上皇側近の藤原仲成・薬子の兄妹を討ち、平城上皇は出家して皇権の分裂は解消された（薬子の変）。のちに嵯峨は弟の淳和天皇に譲位すると内裏をでて後院[42]にうつり、国政には直接関与しなかった。以後、公的には天皇一人が皇権を代表することとなる。

平城との対立のなかで嵯峨は近臣を蔵人頭に補し、機密文書や訴訟をあつかわせた[43]。新設の蔵人所は、宮廷調度・文書の保管とともに、天皇の命令をただちに伝え、内蔵寮をはじめ

る。城南方には直線道路による街区や国守館も確認されている。

㊳新羅とは外交上の対立がたえず、藤原仲麻呂による征討計画がたてられたこともあった。しかし新羅国内の抗争もあって、宝亀一〇年を最後に新羅からの遣使はおわった。

㊴『日本後紀』延暦二四年一二月。軍事は征夷、造作は平安京の造都事業をさし、労役負担の重さを指摘したもの。

㊵五四ページ参照。

㊶太政官の外記局官人が交替で平城旧宮にもつめた（『類聚国史』巻六六）。

㊷天皇が譲位後に居住する別宮。付属の荘園などを管理する。

㊸藤原冬嗣（ふゆつぐ）と巨勢野足（こせののたり）。のち、蔵人頭には左右近衛府（このえふ）中将・左右大弁が並び補せられる例となり、天皇はかれらを通じて律令制諸官司の機能を掌握した。

とする宮中財政の主要部分をにぎるなど、しだいに機能を拡大させていった。奈良時代には女官が天皇の命令のとりつぎをしていたが㊹、重要事項のとりつぎは蔵人がおこなうようになる。嵯峨のときにおかれ京中警察の任にあたった検非違使も㊺、蔵人と同じく律令官制にはない、天皇の宣旨で任命される職である。平安前期には諸官司が整理・再編され、日本の社会に対応した国家のしくみが作りだされていった。『弘仁格式』『内裏式』などが作られて儀式・法制がととのい、『新撰姓氏録』㊻がまとめられたのもこのころである。

私的支配の進展　平安時代にはいるころから造籍・班田はしだいに実施困難となる㊼。九世紀末までは何度か実施がこころみられるが、やがてまったくおこなわれなくなった。没落した農民は在地有力者のもとに労働力として吸収され、階層分化がすすむ。前豊後介中井王㊽のように、前任国司の権威を背景に私営田領主化するものもあらわれた。これに対して国家の側では、弘仁一四（八二三）年、大宰府管内九ヵ国で実施された公営田㊾、元慶三（八七九）年の畿内五国四〇〇〇町の官田設定など、在地有力者である「力田の輩」に経営管理をゆだね、その収益を調庸未進・出挙利稲の補塡や官人給与などにあてる政策をうちだし、公民支配の衰退による中央財政の悪化に対応しようとした。

畿内官田はその後、要劇料（多忙な官職に対する特別給与）・番上料（勤務手当）として中央諸官司に分割され、諸司田化する。律令制本来の、画一的租税制によって全国の公民から集めた貢納物を官・位に応じて全官人に分配し各官司の運営にあてるという中央集権的財政機構が解体し、重要諸官司ごとの経済基盤がつくられていくのである。天皇家でも、大規模な勅旨田㊿の設定、親王・内親王への賜田などで私的所領を広げ、これらは後院によって管理された。また

㊹令制では後宮十二司の一つ内侍司（ないしのつかさ）の長官である尚侍（ないしのかみ）が「奏請・宣伝」（勅を請い、伝えること）をする（後宮職員令）。

㊺衛門府（えもんふ）の警察権と弾正台（だんじょうだい）の糾弾権を統合して成立。一〇世紀以降さらに権限を拡大する。

㊻京・畿内居住の氏族の系譜をまとめたもの。一一八二氏が天皇を祖とする皇別、神々を祖とする神別、渡来系の諸蕃に大別され、渡来系は約三割を占める。

㊼延喜年間の「阿波国戸籍」や「周防国戸籍」は女子の数が極端におおい（『平安遺文』一）。課役のがれのためで、戸籍に記されない浮浪人も増えていった。

㊽任期終了後も現地に留まって私経営を展開し、百姓を苦しめた（『続日本紀』承和九年八月）。

㊾良田一万町余を徭丁に耕営させて、穫稲から佃功・

天皇に密着した一部の貴族・官人は、国家機構と天皇の権威をよりどころに墾田買得・開発による荘園の形成をはかった。在地の側にも課役負担をのがれ私経営をさらに展開しようとする欲求があった。両者が結びついて、それぞれの私的経済基盤を広げていくのである。

こうして律令国家は、私有の進展と私的支配の展開に応じた新たな国家体制[51]へと転換する。

藤原北家の台頭　承和の変[52]をへて天安二（八五八）年、清和天皇が九歳で即位した。史上初の幼帝である。外祖父藤原良房（藤原北家の冬嗣の子）は天安元年太政大臣に任じられ、天皇にかわって政務をになっていたが、貞観八（八六六）年の応天門の変[53]ののちは、勅によって正式に「天下の政を摂行」（摂政）した。幼帝の出現は、このころには天皇の地位が国家機構上の君主として制度的に確立し、個々の天皇の資質・能力を必ずしも要しないものとなったことを示す。冬嗣は嵯峨上皇の近臣として勢力をのばし、良房は上皇の皇女源潔姫を妻として準皇親の位置にあった。嵯峨上皇の治世に王権の権威は強大化したが、上皇の死後、良房は幼少の天皇の外戚・摂政としてその権威をわがものとし、権力を掌中にしたのである。承和の変・応天門の変で伴氏・橘氏・紀氏らが没落し、以後は、藤原北家と嵯峨源氏[54]が太政官の要職を占めるようになる。

良房の養子基経も妹高子（清和皇后）の生んだ陽成天皇のもとで摂政となったが、元慶八（八八四）年、行動に問題のあった天皇に譲位をせまり、かわって当時五五歳の光孝天皇（仁明皇子）を擁立した。光孝は太政大臣基経に万政を頒行することを命じ、ついで即位した宇多天皇も万機を「太政大臣に関白し[55]、然してのちに奏下せよ」と詔した（関白の語の初見）。しかし基経は「宜しく阿衡[56]をもって卿の任とすべし」という勅答をあえて問題とし、関白の詔を重ねて

租料・調庸料などを引いた約一〇〇万束を官に納める。

[50]天皇の勅旨で設けられ、国司が雑徭や雇役労働力で開発・運営した。不輸租田。

[51]研究上、これを律令国家段階と区別して王朝国家体制とよぶ。

[52]仁明（にんみょう）天皇が即位し、淳和の子の恒貞（つねさだ）親王が皇太子に立つが、承和九（八四二）年、謀反のかどで廃され、仁明の子で冬嗣の外孫である道康親王が皇太子に立ち即位（文徳天皇）。

[53]平安宮の応天門が炎上し、はじめ左大臣源信（みなもとのまこと）に疑いがかかったが、のち、大納言伴善男（とものよしお）の放火とわかり、善男は流罪。

[54]嵯峨が皇子女に源姓を与え臣籍に下し、以後の各天皇もこれにならった。平安中後期には摂関につぐ勢力をほこる。武士化した源氏の代表格が清和源氏。

[55]「関（あずか）り白（もう）す」、つまり、政治万

賜った。外戚の立場にない基経が成年の天皇のもとでも執政権をもつためには、強引な手段で天皇にその地位を確認させる必要があったのである。良房・基経にはじまる摂政・関白は、まだこの段階では詔勅によって太政大臣が帯びる職務であり、確立された地位ではなかった。

3　古代の社会と文化

史書の編纂と学芸　国家の体制がととのうにつれ、それまでの歩みをふりかえる動きがおきてくる。壬申の乱後、天武天皇は史書編纂にとりかかり、その後、和銅五（七一二）年に『古事記』、養老四（七二〇）年に『日本書紀』が完成した。『古事記』は諸氏の伝える帝紀・旧辞[57]を天皇の側から再構成した歴史物語である。推古天皇までで終わり、漢字を使っての和語・和文の表記にさまざまな工夫がこらされている。『日本書紀』は編年体[58]でまとめられた漢文の歴史書で「日本」の国の由来を対外的にも示すねらいがあった。持統天皇末年までをふくみ、中国の典籍から語句や文章を借りてきた部分も少なくない。こうした違いはあるが、どちらも天皇による統治の正当性と神代に由来する神聖性、朝鮮諸国への歴史的優越が強く主張されている。[59]正史[60]の編纂はその後もつづき、国家体制の転換期を迎えた一〇世紀初頭でおわる。

律令国家は文書で運営され、官人には漢字・漢学の素養が必要だった。教育機関として中央に大学、地方諸国に国学[61]があり、儒教・書・算・律令などの教育をおこなった。近年、地方の官衙遺跡から『論語』の一部を記した木簡が発見されるなど、地方社会への文字と学問の浸透がうかがえる。

『万葉集』には、伝承歌もふくめた七〜八世紀の和歌（やまとうた）が音・訓の漢字（いわゆる

端の諮問にあずかること。

[56]中国古代の高位。「阿衡」は位だけで職掌はないとして、基経は政務をみなかった。

[57]帝紀は天皇の系譜的記録、旧辞は物語伝承。原型は六世紀中ごろにまとめられたとみられる。

[58]中国の歴史書の形式の一つで、年月の順に記事を並べる。

[59]天照大御神の神勅による天孫降臨、国譲り神話、神功皇后の「三韓（朝鮮）征伐」の物語など。

[60]朝廷の手になる編年体の歴史書。『日本書紀』『続日本紀』『日本後紀』『続日本後紀』『日本文徳天皇実録』『日本三代実録』で、六国史と総称する。収載記事の最後は仁和三（八八七）年。

[61]大学は五位以上の子孫、国学は郡司子弟をおもな対象とする。

[62]百済救援軍の士気高揚の歌とされる額田王（ぬかたのおおきみ）の「熟田津（にぎたづ）に船乗りせむ

万葉仮名）で記されている。文字化による影響に漢詩文の詩趣の摂取もくわわり、和歌は集団的で呪術的な口承歌から個性的な文芸としての歌へと変化した。[62]

婚姻と家族　古代の婚姻は妻問婚といわれる。男女どちらか（ツマ）の求婚のよびかけ（トヒ）ではじまり、結婚後も夜だけの通いがつづく。通いがとぎれると婚姻消滅＝離婚である。夫婦の結びつきはゆるやかで、家族の経済単位としての機能はとぼしい。村や親族のまとまりが経済的にもおおきな意味をもっていた。子どもが生まれて何年かすると同居することがおおいが、そのときに夫方・妻方・新処のどこに住むか明確な婚姻居住規定[63]はなかったらしい。子どもは母方で育つことがおおく、成人後も母方の親族との関係は重要だった。七世紀末以前に作られた系譜のおおくは「黒売刀自…（中略）…大児臣に娶して生む子長利僧」（「山の上碑」[64]）のように父母を明記する形式で、当時の双方的親族関係の特色をよく示している。

律令制は父系を原則とし、政治的地位も父から息子へとうけつがれた。また、律令国家組織は男性が公をになうという原則で貫かれている。しかし母方親族とのつながりの強さや、夫婦別産、女性が経済力・経営権をもつといった特質はかたちをかえながらもつづいた。九世紀ごろから夫婦の結びつきはより強くなり、家族も経済的な単位としてのまとまりをみせてくる。[65]それまではなかば独立して存在していた皇后の居処が内裏内部に定まるのは八世紀末、一夫多妻の貴族社会で摂関家の正妻の地位がはっきりしてくるのは九世紀半ばごろである。勅旨田の設定にもみられる天皇家の家産の形成、王臣家による私的支配の進展など、新しい時代の動きは家族・婚姻の変化とも深くかかわっていた。

神と仏　仏教は、七世紀後半には全国にひろがった。[66]おおくは豪族の氏寺だが、奈良時代に

と月まてば潮もかなひぬ今はこぎいでな」（巻一、八番）は前者の、孤独な心情を歌い上げた大伴家持の「うらうらと照れる春日に雲雀（ひばり）あがり情（こころ）悲しも独りし思へば」（巻一九、四二九二番）は後者の代表歌といえよう。

[63] 通常、夫方居住が優勢な社会では父系、妻方居住が優勢な社会では母系の親族組織が形成される。

[64] 国特別史跡。群馬県高崎市所在。「辛巳年」＝六八一（天武一〇）年のもの。

[65] 地方豪族および新たに成長しつつある上層農民層の私経営の中心には、家長（イヘギミ）と家室（イヘノトジ）とよばれる夫妻の経済活動があった。

[66] 『扶桑略紀』（ふそうりゃくき）の「天下の諸寺五四五ヵ所」との記載は発掘でもほぼうらづけられる。

はいるころから仏教はしだいに民衆にもひろまっていく。僧尼令は勝手な民間布教を禁じている。しかし行基は「妄に罪福を説き、朋党を合せ構え」[67]として弾圧されながら、橋を架け池を造るなどの社会事業をとおして教えをひろめていった。行基のもとには開墾意欲にもえる京周辺の豪族・上層農民や従来の共同体の枠からはみでた人びとがあつまり、仏への結縁をもとめて「知識」（寄進者）として力をだしあった。聖武天皇は天平一三（七四一）年に国分寺創建の詔、天平一五年には大仏造立の詔を出す。「一枝の草、一把の土」による造立参加のよびかけ[68]に、行基も弟子たちをひきいてくわわった。仏教の力をかり、すべての民を「知識」とすることによって、社会の新たな結集をはかろうとしたものといえよう。[69]完成間近の大仏の前に聖武は「三宝（仏・法・僧）の奴」としてひざまずいた。天皇の地位は、もはや神話による正当性だけでは充分でなく、普遍的で絶対的な仏の権威によるささえを必要としたのである。

古くからの神々は山・川・雷などの自然神が中心で、地域ごとにさまざまな神がまつられていた。大陸から伝わった道教・陰陽道の要素をとりいれ、仏教からの影響も受けながらしだいに一つの体系がつくられていったのである。律令国家は皇祖神アマテラスを祀る伊勢神宮を頂点にすえて全国の神々を序列化し、神祇官に登録した官社[70]に豊かな稲の実りを願って幣帛を班つ祈年班幣の制[71]をととのえた。しかし平安時代ともなると、神主たちが幣帛を受けとりにこない、受けとった酒をその場で飲み干してしまう[72]など、律令神祇支配の体制はゆらぎはじめる。

都城の形成も古くからの信仰を変化させた。京跡や地方官衙遺跡から出土する人形[73]は、本拠地をはなれて都市に住む人びとのあいだで個人的災厄をはらう信仰がもとめられたことを示している。神の性格も自然神から人格神へと変化し、平安時代には個人の霊魂が祟りをなすとす

[67]『続日本紀』養老元年四月。

[68]『続日本紀』天平一五年一〇月。

[69]『東大寺要録』によると、材木の「知識」だけでも延べ五万人以上にのぼる。

[70]一〇世紀前半に成立した『延喜式』によると全国で三一三二座。この下には登録されない膨大な数の村々の社があった。

[71]二月四日の祈年祭（としごいのまつり）に、布・刀・酒などの神への供え物（幣帛）を下賜する。「年」とは稲の実りのこと。

[72]延喜一四（九一四）年の三善清行（みよしきよゆき）「意見封事十二箇条」（『本朝文粋（ほんちょうもんずい）』）。

[73]形代（かたしろ）ともいう。紙や木で人の形をつくり、名前や祓（はらい）の内容を書き、海・川に流す。

る御霊信仰が盛んになる。⑭

仏教にも新しい動きがはじまる。国分寺の僧だった最澄は、比叡山で山岳修業ののち、延暦二三（八〇四）年の遣唐使船で中国に渡り、天台の教えを学んだ。帰国後は桓武の信任のもと、比叡山に延暦寺をたて天台宗を開く。同じく山岳修業をへて最澄とともに入唐した空海は、新しい密教の体系をもちかえり、嵯峨の後援をえて高野山に金剛峯寺、平安京に教王護国寺（東寺）をもうけて真言宗を開いた。天台宗でもその後円仁が本格的な密教の体系をもちかえる。⑮ インドで発展した密教は、あらゆる教えを総合し呪術祈禱を重んじる宗教体系である。両宗は加持祈禱で天皇や貴族の世俗的要求に応えて勢力をつよめる一方で、地方社会にも積極的に教えをひろめていった。仏教が日本の社会に浸透するためには、神々への信仰をとりこむ必要があった。神が神の身であることを厭い仏への帰依をもとめる動き⑯は八世紀半ばごろからみられたが、平安時代にはさらにすすみ、神社には神宮寺を設け、寺院には鎮守神が祀られ、神仏習合の体系がかたちづくられていく。

外交と交易　奈良時代の外交は遣唐使に代表されるが、新羅・渤海との関係も見落とせない。どの国とも、政治的緊張と文化輸入・交易がふかくかかわっている。六六三年の白村江敗戦後、百済故地の支配をめぐって唐と新羅が対立したことから、日本との関係修復は早くすすんだ。新羅とは六六八年に国交回復、唐とも戦後の処理交渉をへて、大宝二（七〇二）年からは大規模な遣唐使が数次にわたって派遣される。⑰ 造船・航海技術の未熟さから漂流事故が絶えなかったが、留学生・僧侶も交え水夫や通訳をふくめてときには五〇〇人をこえる一行が海を渡り、遠くイスラムやインドの影響も受けた唐の文物・制度をもちかえった。奈良時代の天平文化に

⑭御霊会（ごりょうえ）の初見は貞観五（八六三）年で、疫病鎮めのために政変にたおれた六人の御霊の読経供養が都の神泉苑（しんせんえん）でなされた。

⑮真言宗の東密（とうみつ）に対して台密（たいみつ）という。

⑯神身離脱（じんしんりだつ）という。多度神宮寺の例が著名（「多度神宮寺縁起并資財帳」『平安遺文』一―二一）。『日本霊異記』下―二四話にも、近江国の多賀大神が、前世での罪報によってサルの身を受け神となったとして、「この身を脱れんために」僧に読経供養を頼むという話がある。

⑰任命されただけで渡航しなかったこともあり、数え方には諸説あるが、寛平六（八九四）年の菅原道真の任命まで、総計一九回。

みられる広い国際性、仏教芸術の華やかさ、平安前期の弘仁・貞観文化における漢文学の隆盛、宮廷儀礼の唐風化、密教芸術の展開など、どれも中国との交流なしには考えられない。この時代、国境を超えた普遍的文化圏が中国を中心につくられていたのである。また、東アジア国際秩序のなかで日本の地位を確立することも、遣唐使派遣の重要な意義の一つだった。[78]

新羅に対しては日本は朝貢形式をもとめたので、対等を主張する新羅と外交をめぐる衝突が絶えなかった。新羅は唐との関係が修復されると対等外交の主張を正面におしだし、日本との緊張がたかまる。藤原仲麻呂による新羅征討計画が仲麻呂の死で挫折したあと、新羅国内の混乱もあって八世紀末には両者の公式の交渉はとだえた。しかし、遣唐使派遣が二〇年前後に一度であるのに対し新羅との交渉はきわめて頻繁で、日本の貴族たちは新羅使一行のもたらす墨・調度品などの新羅特産品や唐・南西アジアの物品を争って買いもとめた。[79]遣唐使一行が皇帝からの下賜品や交易を通じてもちかえることのできる品目には厳重な制限があったので、日常的な海外文物の流入経路としては新羅との関係が欠かせなかったのである。公式の交渉がとだえてからも、新羅商人の活動はさらにひろがった。[80]唐王朝の衰退もあって遣唐使は九世紀末におわりをつげるが、以後も、中国商船の来航や日本からの僧侶の渡唐は盛んで、日中の民間交流はむしろ活発に展開していった。

渤海（ぼっかい）は高句麗の遺民が朝鮮半島北方に建てた国である。八世紀前半には唐・新羅と対立関係にあったため、日本との交渉をもとめて朝貢形式で来朝した。唐との関係が改善された八世紀後半には対等関係をもとめるようになり外交儀礼をめぐる衝突がおきるが、交易目的での来朝はつづき、貂（てん）・虎などの毛皮や海産物がもたらされた。また、遣唐使の交通路として渤海を経

⑱唐宮廷での正月の朝賀の儀で、遣唐使大伴古麻呂は新羅と席次を争い、「古（いにしえ）より今に至るまで新羅の日本国に朝貢すること久し」と主張した（『続日本紀』天平勝宝六年正月）。はじめは東側第一席に新羅、西側第二席に日本だったが、この抗議により、新羅使は西の第二で吐蕃（チベット）の下、日本使は東の第一で大食（サラセン）の上へと入れ替えられた。

⑲天平勝宝四（七五二）年の新羅使節は七〇〇人余で来朝した。正倉院に残る「買新羅物解」（ばいしらぎぶつげ）は、彼らから購入予定の品物を書き上げて朝廷に提出した報告書で、具体的な品目がわかる。香料・薬・染料などには東南・南西アジア産のものが少なくない。

⑳新羅・唐・日本の間ではば広い海上貿易をくりひろげた張宝高（弓福）は、円仁の『入唐求法巡礼行記』

由することもあり、七五五（天平勝宝七）年の唐の安禄山の変の情報がいち早く伝わるなど、政治的意味も無視できない。渤海が滅亡する一〇世紀初めまで交流はつづいた。[81] 以後、外交と交易が一体となった東アジア諸国家間の関係はいったんおわりをつげる。

にもみえ、有名。

⑧1渤海使の来朝は三十数回、日本からの遣渤海使も送客使を中心に一〇回以上を数える。

三　摂関政治と地方社会

1　摂関政治の展開と外交・文化

延喜・天暦の治　天皇親政の理想的時代として後代に讃えられた一〇世紀前半の醍醐・村上天皇の治世は、古代国家の一大転換期であった。唐衰亡をはじめとする国際環境の大変動や富豪層の台頭などによる古代社会の変質といった時代の変化をまえに律令制的支配の矛盾が噴出していた。父宇多天皇から国政改革を引きついだ醍醐は、藤原時平①と協力して班田の励行を命じたり、国史（『日本三代実録』）や格式（『延喜格式』）の編纂をおこなうなど律令制の再建につとめた。しかし、そうした努力にもかかわらず、班田農民の浮浪・逃亡はあとをたたず、調庸の未進・粗悪化が進行し、班田制の維持がますます困難となり、律令制の衰退はだれの目にもあきらかとなった。②この延喜・天暦期（九〇一〜五七）に、六国史、三代格式、皇朝十二銭③といった律令制下の国家的事業がすべて終焉したことは、きわめて象徴的である。

延喜・天暦期は飢饉・疫病が続発し、盗賊・放火・殺人などの犯罪が激増した。醍醐・村上両朝のあいだにはいる朱雀天皇の時代には、天慶の乱がおこるなど地方支配も混乱した。それにもかかわらず、後世この時期が「聖代」と意識されたのは、④荘園整理令など後代に引きつがれる政策がうちだされ、その後の国制の基礎がかたちづくられた時代だったからである。それは文化の面でも同様であり、最初の勅撰和歌集である『古今和歌集』が編まれたように、そ

①藤原北家の嫡流。基経の子。宇多天皇譲位後、菅原道真とともに、醍醐天皇の政務の後見を任された。
②延喜一四（九一四）年に、参議三善清行が醍醐天皇の諮問に応えた「意見封事十二箇条」は、課丁（かちょう）の減少など律令制の衰退を具体的に記している。
③本朝十二銭ともいう。村上朝の天徳二（九五八）年発行の乾元大宝は、皇朝十二銭の最後となった。
④延喜・天暦期を「聖代」とする用例は一〇世紀後半からみえるが、当初はおもに摂関体制の下で昇進がおさえられた文人貴族らが、文人出身でも公卿になれた当時を理想化する文脈でのべられている。

の後の文化の流れ・規範がつくられた時代でもあった。

摂関政治の展開　清和・陽成・光孝・宇多四代の天皇のあいだ、摂政・関白などとして専権をふるった藤原基経が亡くなると、宇多天皇は藤原氏の力を警戒し、菅原道真ら文人貴族⑤を登用して対抗させた。しかし、基経の子時平は妹の穏子を醍醐天皇のもとに入れ、延喜元（九〇一）年に道真が失脚すると、⑥国政の主導権を握った。同三〇（九三〇）年、穏子の生んだ朱雀天皇が即位すると、幼少であったため時平の弟忠平が摂政となった。そして、天皇が成年に達すると、忠平は関白となり、村上天皇の時代もみずからの死まで引きつづきその地位にあった。摂政・関白の制度的わくぐみはすでに基経の時代にだいたいできており、忠平は良房・基経の先例によって摂政や関白になったとされる。⑦

忠平の没した天暦三（九四九）年から村上天皇が没した康保四（九六七）年まで天皇親政がつづくが、忠平の子師輔の娘安子が村上天皇とのあいだに生んだ冷泉天皇が即位すると、師輔の兄実頼が関白となった。これ以後、天皇の幼少時には摂政、成人後は関白として、外祖父など天皇の外戚が政務をみる慣例が生まれることになる。また、実頼の代の安和二（九六九）年におこった安和の変で左大臣源高明が中央政界から追放されると、⑧藤原氏以外の者が天皇の外戚になる可能性が事実上絶たれることになった。これ以後、藤原氏内部で摂関の地位をめぐる暗闘がくりひろげられることになる。⑨

冷泉天皇の弟円融天皇と兼家（師輔の子）の娘詮子とのあいだに生まれた一条天皇が即位すると、外祖父の兼家は摂政となり、このときに摂関が太政大臣など律令官職を超越した地位として確立されることになった。また、これ以降、摂関が藤原氏の長者になることが慣例化し

⑤学者出身ながら阿衡の紛議以降、宇多天皇の信任をえ、右大臣にまで昇進した。

⑥道真は謀反の讒言により大宰権帥（ごんのそち）に左遷され、失意のうちに当地で没した。死後、時平ら関係者が急死したことで、怨霊となった道真の祟りと恐れられ、天神として祭られた。

⑦忠平のときが摂政・関白の制度的確立期という見方が有力であったが、近年の研究では忠平時代は前代の踏襲にすぎないとされる。

⑧高明の娘は村上天皇の皇子為平親王妃であり、有力な東宮候補者である親王とその外戚である高明を排除するための藤原氏の陰謀であったとされる。高明は、大宰権帥に左遷された。

⑨円融天皇の関白の地位をめぐる兼通・兼家兄弟の争いや、一条天皇の時代の道長と甥の伊周（これちか）との争いは有名である。

た。そして、この兼家の子道長は藤原氏内部の抗争を勝ちぬき、娘の彰子・嬉子が後に天皇となる三人の皇子を生む幸運などもあり、ずばぬけた権勢を築き栄華をきわめた。以後、摂関となるのは道長の嫡流（御堂流）に限定されることになり、摂関家が確立した。

道長の子頼通は後一条・後朱雀・後冷泉三代の天皇の外伯父として関白となったが、頼通とその弟教通が後宮に入れた娘たちは皇子を生まなかったため、天皇との外戚関係がとぎれてしまうことになる。治暦四（一〇六八）年、後朱雀天皇を父とし、禎子内親王を母とする後三条天皇が即位することで、摂関政治の時代は幕を閉じた。

摂関政治体制　摂関政治期においては、摂関が天皇をないがしろにして専権をふるったかのようなイメージがつくられたこともあったが、実際に天皇の政務を代行できたのは天皇幼少時の摂政だけであり、幼少の天皇の時期はすくなかった。むしろ、関白・内覧⑩の地位についた藤原氏の氏長者がミウチ⑪として成人の天皇の政務を協調的に補佐していた時期が大部分であった。摂政が天皇の政務を代行するにしても、慣例が重視された当時にあっては⑫、先例を無視した勝手な決定を下すことはできなかった。また、国政審議⑬は太政官の最高幹部である公卿⑭によりなされたが、議題提案権や最終決定権はあくまでも天皇にあった。

摂関は天皇をないがしろにしたわけではないが、権勢をふるったのは事実である。それは、摂関が天皇とともに官吏の任命権を掌握していたこともおおきい⑮。そのため、受領などの官職につきたい中下級貴族は、摂関に服従・奉仕した。また、私領の保全をはかる官人・百姓たちも、受領層貴族に威光のある摂関に荘園寄進をおこなった。こうして、莫大な土地や財物を手にした摂関は政治的にも経済的にもおおきな力をもつことになったのである。

⑩内覧は、関白に準じる職掌・地位で、天皇への上奏文書や天皇の発給文書にあらかじめ目を通して、天皇の政務を補佐した。

⑪ミウチとして外戚が天皇の後見役になったのは、当時は招婿婚（ムコ取り婚）のため、天皇といえども母の実家（外戚）で養育されていたためである。天皇の生母も国母と称され、大きな発言力をもった。

⑫政務や儀式の先例は、口伝や教命として伝えられたり、また日記に書きとめられたり、儀式書（故実書）としてまとめられたりした。

⑬天皇の御前（清涼殿）で開かれる御前定と左近衛陣（紫宸殿東北廊の南面にあり、本来は近衛官人の詰所）で開かれる陣定（じんのさだめ）があった。

⑭官でいうなら大臣、大・中納言、参議の者をさし、位でいうと三位以上の上級官人をさす。

⑮官職の任命は春と秋の除目（じもく）でおこなわれ、

このころには、律令制的官制はほとんど形骸化し、国政の実務は、地方は受領、中央は諸所⑯によってになわれることになった。摂関（内覧も含む）は、蔵人を通して諸所を統括したとされる。また、摂関家の確立した道長のころには、諸貴族の家の格式（家格）がほぼ定まり⑰、家格ごとに昇進の限度などが慣例化され、専門的な知識・能力を要する官職などは特定の家柄によって世襲されるようになった⑱。

一〇世紀以降の外交　九〇七年の唐滅亡後、中国は五代十国の長い分裂期をへて、九六〇年に成立した宋朝により、九七九年に再統一された。また、新羅を倒した高麗が九三六年に朝鮮半島を統一した。高麗は宋の中国全土制覇以前の九六三年にいち早く入貢したが、日本は宋のみならず、五代十国期に来日し国交をもとめた呉越国、隣国の高麗、そして渤海を滅ぼした契丹（遼）ともいっさい国交を開くことをしなかった。このため、一〇世紀以降の摂関政治期の外交は「鎖国的」とか「孤立主義」と評されることがおおいが、国家間の通交が断絶した状況は一四世紀末ごろまでつづくのであり、この時期のみの評価としては不当である。

日本の朝廷が新たな国交を結ぼうとしなかったのは、東アジアの動乱の影響が国内の治安悪化をひきおこすことを避けるためであったとか、異国・異国人をケガレたものとして忌避する観念がひろまったためであったとか説明される。しかし、この間においても民間貿易はむしろ活発におこなわれているのであり、また奝然・寂照・成尋など仏教の聖跡を巡礼するために中国に渡った僧侶が公的な使節に準ずる役割をはたしており⑲、以上のような説明だけでは不十分であろう。日本が一〇世紀以降一四世紀末に至るまで新たな国交をあえて結ぼうとしなかったのは、この時期の中国諸王朝が唐朝が形成したような強力な国際秩序を確立できなかったと

その最終決定は天皇幼少時は摂政が、天皇が成人ならば関白の助言をえながら天皇がおこなった。年給という一種の売位売官制度も、摂関がかなり自由に人事を動かすことを可能にした。

⑯平安時代に発達した令制外官司。その代表格が蔵人所で、御厨子所、進物所などのように某所という名称なので諸所と総称される。

⑰一一世紀前半までに公達・諸大夫・侍という家格が成立し、公卿昇進可能な公達は忠平子孫の藤原氏と宇多以降の源氏にほぼかぎられた。受領層貴族は諸大夫にランクされ、公卿昇進はほとんど不可能であった。

⑱弁官の史は小槻氏、外記は中原氏が世襲した。また、家学との関連で医博士は和気・丹波氏、陰陽博士は安倍・賀茂氏に独占された。

⑲永観元（九八三）年に天台山・五台山巡礼のため入宋した奝然は、宋の皇帝に謁見して、「職員令」「王年代記」を献じた。

いう点に最大の理由があると考えられる。朝貢（ちょうこう）体制や冊封（さくほう）体制などの国際秩序⑳を復活させた明（みん）朝の下で、日本が国際社会に復帰したことの意味は重視されなければならない。

摂関政治期の文化　当該期の文化は「国風（こくふう）文化」と称されることがおおい㉑が、それは平安時代前期の「唐風（とうふう）文化」に対する呼称で、文化全般における和風化という特徴㉒をもって名づけられたものである。しかし、注意しなければならないのは、遣唐使廃止などにより中国文化の影響が薄れたため和風化したものではないし、けっして「唐風文化」と対立的な性格のものでもないということである。遣唐使派遣が事実上おわった承和（じょうわ）年間（八三四〜四七）以降、中国商船が頻繁に来日して、遣唐使時代以上に中国の文物をもたらすようになり、平安前期より摂関期の方が中国文化の影響が浸透・拡大していたのである。㉓和風化とは、そうした中国文化の十分な吸収・咀嚼（そしゃく）をもとに、日本人の理解しやすく、感性にあったものにアレンジされたことを意味する。また、和風化にともない、中国文化が否定されたわけではなく、文化の規範として「唐風文化」の時代と同様に尊重された。

この時期の文化を考える上で、浄土教（じょうどきょう）など宗教の影響は無視できないが、平安京における都市社会の成熟も、日本的な自然観・美意識の形成に影響を与えたものとして重要である。㉔また、都における貴族たちのこうした文化活動を経済的にささえた受領の存在を忘れてはならないであろう。受領層貴族は文化創造の中心的存在でもあり、㉕かれらをひとつの身分・階層として固定したのは摂関政治体制であった。

摂関期の文化は、あくまでも都中心の貴族文化であったが、院政期にかけてその文化の流れは庶民や地方にも及んでゆくことになる。

⑳朝貢体制などが機能している時期は、国家間の通交のみが認められ、私的な海外通交は禁じられた。

㉑美術史などの分野では、藤原文化などともいう。

㉒具体的には、仮名文字による和歌・物語文学・日記文学、和風書道、大和絵、十二単（じゅうにひとえ）などの和風装束、寝殿造などの和風建築などの発達・盛行などである。

㉓女流文学の代表作である紫式部の『源氏物語』や清少納言の『枕草子』には、『白氏文集』をはじめとする中国文学のエッセンスがちりばめられている。

㉔雅（みやび）とは、鄙（ひな）びに対するもので、都ないし宮廷で育まれ洗練された美意識を示す用語と考えられる。都市生活は、自然を客観的にとらえることを可能にしたといわれる。

㉕この時代の文学を主に担ったのは男女ともに受領層貴族で、紫式部も清少納言も文人受領の娘であった。

信仰の展開　阿弥陀仏への帰依により極楽浄土に往生し、そこで悟りをえようとする浄土教の思想自体はすでに奈良時代には日本に伝えられていたが、一〇世紀以降、その教えは多くの人びとの心をとらえ、浄土信仰が盛んとなった。その背景には、あいつぐ飢饉・疫病・戦乱といった当時の社会の混乱が末法思想㉖という仏教的終末観に結びつけて考えられたことと、末法の世に苦しむ人びとを念仏により救済しようとした空也㉗ら民間布教者の活躍があった。また、天台宗の学僧源信（恵心僧都）が著した『往生要集』㉘や慶滋保胤の『日本往生極楽記』㉙などは、貴族らに愛読され、浄土信仰のよりどころとされた。浄土教の盛行をうけて、阿弥陀仏や阿弥陀堂㉚、来迎図㉛など浄土教美術が風靡した。

従来の国家仏教の流れをひく天台・真言両宗も、鎮護国家の法会をおこなうばかりでなく、加持・祈禱など密教の修法により現世利益を望む貴族層の信仰を集めた。密教の修行僧が吉野金峰山や紀伊の熊野山などの霊山にこもったこともあって、日本古来の山岳信仰と仏教・道教・儒教などが融合して、修験道という特異な山岳宗教が生まれた㉜。金峰山や熊野山は、皇族や貴族が参詣（御岳詣・熊野詣）するほど篤く信仰された㉝。また、仏教と神道の習合もすすみ、本地垂迹説㉞が唱えられた。政治的事件で非業の死を遂げた人物（御霊・怨霊）が疫病などの祟りをなすとして、その霊を慰めようとする御霊信仰も、一〇世紀以降ますます盛んとなった㉟。

当時の貴族は俗信・迷信のたぐいも深く信じており、陰陽道㊱の思想から物忌㊲・方違㊳をおこなったり、日本独特のケガレの観念から出産や死などを極度に忌み嫌うなど、生活習慣に大きな影響をあたえていた。

㉖釈迦入滅後、正法、像法の時代をへて、仏教がおこなわれず、国が乱れる末法の世になるという思想。一〇五二年から末法に入ると考えられていた。

㉗「市聖」と称された。

㉘極楽往生に関する仏典を集め、念仏往生の方法を具体的に示した書。

㉙極楽往生した人の伝記を集めた往生伝の最初のもの。

㉚代表的なものは、藤原頼通が建てた平等院鳳凰堂。

㉛阿弥陀仏が極楽に導くため来臨したさまを示した絵。

㉜修験者＝山伏は、蔵王権現や不動明王を本尊とした。

㉝藤原道長は御岳詣をし、法華経などの経筒を埋納した。

㉞仏（本地）が仮に姿を変えて現れたのが神（垂迹）であるという仏神同体説。

㉟菅原道真を祭る北野神社が建てられたり、八坂神社の祇園祭が盛大化した。

㊱中国の陰陽五行説が日本で変容・発達した方術の類。

㊲家に籠もり、慎むこと。

2　地方支配の転換

延喜の荘園整理令　延喜二（九〇二）年、醍醐天皇は延喜新制とよばれる一連の国政改革の法令を発布した。そのなかに、有名な延喜の荘園整理令がふくまれている。ここには、当時の朝廷が直面した政治・社会問題が端的に示されている。すなわち、院宮王臣家[39]とそれに結びついた富豪層らによる私的大土地所有の展開である。両者の結託は九世紀後半から顕著となり、富豪層がみずからの田地・舎宅を院宮王臣家に寄進・売与するというかたちですすめられた。

こうした私領（荘園）拡大の動きは墾田の収公をまたげ、口分田の不足化、劣悪化をもたらし、班田収授を困難にした。そのため、政府は当初禁断する方針であったが、その動きを封じることができず、この延喜の荘園整理令において条件つきで容認するよう方針をあらためたのである。[40]しかし、この年の班田が最後のものとなったように、荘園の増大をおしとどめることはできなかった。

院宮王臣家と富豪層の結合は、私有地拡大にのみみられるものではなく、さまざまな面で従来の地方支配を困難にする問題を生みだした。富豪層は「王臣家人」と称して納税を拒否するなど国務を対捍し、田宅や調庸を奪うなどの部内騒擾を引きおこした。また、院宮王臣家が「王臣家人」としての富豪層や私領とのかかわりから国司・郡司をへることなく直接的に在地社会へ介入するようになったため、郡司ら在地首長層の伝統的支配秩序を破壊することになった。こうした事態と並行して、班田農民の偽籍・逃亡増大による籍帳支配の形骸化が進行したこともあり、[41]九世紀末から一〇世紀にはいると郡司ら在地首長の権威をもとにおこなわれて

㊳外出の際、吉方の家に一泊し、方角を変えること。

㊴院とは上皇・法皇・女院をさし、宮とは東宮・親王・三后（皇后・皇太后・太皇太后）をさし、王臣とは諸王・廷臣の三位以上（四・五位を含むこともある）の貴族をさす。

㊵その条件とは、元来荘園（私領）としてその由緒・伝来が書類上証明されており、諸国の行政のさまたげとならないものにかぎって私的領有を認めるということであった。

㊶延喜二（九〇二）年の阿波国板野郡田上郷戸籍では、調庸を負担する男性人口が極端に少なく、出生・死亡などの記載がないなどさまざまな不備がみられる。

いた従来の地方支配のシステムを維持することができなくなった。㊷

国司から受領へ　律令制的地方支配システムがいきづまりをみせはじめた九世紀後半以降、中央政府は諸国行政の統括者である国司の官長（国守、守の不在の場合は国介）の権限と責任を強化する国司制度の改革をすすめた。この結果、国司の官長は一定の租税（官物）の中央政府への納入を義務づけられる以外、その国内行政にかんするほとんど全権を委任されることとなった。任国に赴き、前任者から国務の全権を受領した者としての意味で、これ以後国守（介）を受領と称するようになる。任国内での強力な権限をもつことになった受領は、いちいち中央政府の指示をうけずとも、地方社会の実情にあわせて現実的な施策をとることができるようになったのである。㊸

このような国司制度の改変にともない、衰えた郡司にかわって郡の行政機能を国司が吸収するかたちで国郡行政機構の再編がおこなわれた。一〇世紀の国衙には税所（租税・官物の徴収）・調所（調庸・雑役などの徴収）・田所（国図の管理、田地の認定）・細工所（器物製作）・検非違所（治安警察）・健児所（軍事・警察）・厩所（馬の管理）などの「所」と総称される官衙が付置され、富豪層ら在地の有力者を「国雑色人」として国衙権力にとりこみ、受領が京から帯同した子弟・郎党らとともに「所」の運営にあたらせる体制（在庁官人制）㊹がつくられた。

人から土地へ　律令制的な租税収取のシステムは郡司ら在地首長の伝統的支配力に依存するものであったので、旧来の郡司らが没落した以上、受領らは新たな租税収取体系を構築しなければならなかった。班田もおこなわれず、籍帳も形骸化したため、部内の検田をおこない、公田と免田㊺（荘園）との区別をあきらかにして、その結果を国衙の土地台帳㊻に登録した。そし

㊷郡司の支配力の急速な衰退は、郡衙が一〇世紀以降、遅くとも一一世紀初めまでになくなってしまうという考古学的知見によっても裏付けられている。

㊸こうした国々の実情に即した受領らの施策は、国衙の慣習法となり、「国例」とよばれることになる。

㊹「所」の実務にあたった現地の役人を在庁官人といい、国衙機構が在庁官人に分掌される体制のこと。受領が任国不在の場合は、目代（もくだい）が派遣され、在庁官人を統括した。

㊺租税の全部ないし一部を免除された田。

㊻一般に基準国図と呼ばれ、最後の班田図にその後の変化を書き込んだもの。

て、農民らの経営の実態に即したかたちで公田を名（みょう）という租税徴収の単位に編成し、名ごとの納税責任者を負名（ふみょう）[47]として把握する体制（負名体制）をつくりあげた。

これにより、賦課基準が人身別から田率（段別）に転換（人頭税から土地税へ転換）することになり、税目もかわった。すなわち、名（みょう）ごとにその面積に応じて官物[48]と臨時雑役[49]という二種類の地税を徴収する租税収取体系に転換したのである。

受領の実態　上にのべた新しい租税の税率決定権は、受領が掌握していた。受領は「定数」として定められていた数量の租税を中央政府に納入することを義務づけられていたが、「定数」以上の徴収分は受領の私腹を肥やすことになった。一任中に巨富を築く受領も少なくなく、国司の任は一種の利権とみなされるようになり、[50]中央政府の枢要なポストから排除された中下級貴族の競望するところとなった。私費を献じて朝廷の行事や造営事業を代行した功績で国司などの官職に任じられたり、位階を授けられたりする成功（じょうごう）[51]などの売位売官の制度が生まれたのは、国家財政が逼迫していたこととあわせて、国司などの官職の利権視がつよまったためである。官吏の任免権を握っていた摂関家に対し受領らが奉仕したのも、同じ理由で考えることができるであろう。

こうした受領ら中下級貴族（受領層貴族）と朝廷・摂関家との関係は、一面では利権的癒着という負の部分をもつが、受領らの経済力が国家運営をささえ、為政者の権力基盤を強化したという一面もあったことも忘れてはならないであろう。すくなくとも、受領らの地方から吸収した富が中央の朝廷・貴族を潤し、華やかな貴族文化の生成に寄与したことは疑えない事実である。

㊼公田の耕作・租税納入を請け負った者は、田堵（たど）とよばれ、その経営規模により、大名田堵、小名田堵などと称された。
㊽租と出挙利稲の系譜をひく税目、所当官物ともいう。
㊾雑徭・交易雑物などの系譜をひくとされる税目。当初は人別ないし人身別賦課であったが、しだいに田率賦課に移行した。
㊿在京のまま得分のみをえる遥任（ようにん）国司が、平安中期以降増大した。
(51)成功により重ねて同一の官職に任じられることを重任（ちょうにん）という。

3　武士と荘園

天慶の乱　九世紀末から一〇世紀前半にかけて、受領襲撃などもともなう激しい争乱が全国的に続発した。それは、国政改革をおしすすめようとした受領の部内支配の強化に対する富豪層ら在地勢力の反抗であった。中央政府は、こうした争乱鎮圧のため軍事指揮官としての押領使や追捕使(52)を任命・派遣した。桓武平氏の祖高望王とその一族、小山・足利氏らの祖藤原秀郷(53)などは延喜初年の坂東の反乱の際に押領使に任ぜられ、また後に天慶の乱をおこす藤原純友(54)は承平年間に瀬戸内海賊の追捕を命ぜられ、それぞれ勲功・武名をあげた者たちで、乱鎮圧後もそのまま現地に土着し、その名声・武力によって彼の地の治安維持・紛争解決を期待される存在となった。ここに、武士（「武芸之輩」）が誕生したのである。

天慶二（九三九）年、東西で時をあわせるかのように平将門の乱と藤原純友の乱（両乱あわせて「天慶の乱」という）がおこった。将門は、平高望の孫、鎮守府将軍良持の嫡子で、坂東においてその武力（「武芸」）をたのみとされる存在であったが、常陸国における受領と有力負名との紛争に介入したことをきっかけに反乱をおこした。常陸・下野・上野の国府をつぎつぎに襲い、ついには「新皇」と自称し、坂東の独立をはかった。純友は伊予国に土着後、その地の治安維持に重きをなしていたが、海賊を平定したときの仲間の要請でかれを抑圧した備前国司を襲撃し、天慶四（九四一）年、大宰府での戦いに破れるまで瀬戸内海沿岸で暴れまわった。

将門の坂東独立の夢は下野国押領使藤原秀郷・常陸国押領使平貞盛(55)との合戦に破れることでついえ、純友の野望も追捕海賊使小野好古(56)・源経基(57)らの奮戦のまえにはばまれた。しかし、こ

(52)一〇世紀以降、盗賊・叛徒平定のため諸国に置かれた令外官。最初は臨時のものであったが、一〇世紀中葉以降、常置された。押領使と追捕使の違いは明確ではないが、設置された地域に違いがみられる。

(53)魚名流藤原氏といわれ、俵（田原）藤太と称する。将門の乱平定の功により、従四位下・下野守に任じられ、北関東に大勢力を張った。子の千晴は左大臣源高明の侍となったが、安和の変で隠岐国に配流された。

(54)長良流藤原氏の良範の子とも、伊予前司高橋友久の子で良範の養子ともいわれる。伊予掾（じょう）のとき、伊予守紀淑人とともに海賊追捕に活躍した。

(55)国香の子で、将門とは従兄弟だったが、父国香を殺されたため敵対していた。

(56)祖父は篁（たかむら）で、弟は三蹟の道風（とうふう）で、好古自身も歌人として有名。参議や大宰大弐を勤めたため、野宰相とも

の天慶の乱は政府・貴族に深刻な衝撃を与え、武士に対する処遇を改善させる契機となった。政府は、武士の勲功賞に対する期待に応えるべく、以前には与えなかった五位の位階を授けたり、中央の武官に補任するなど、その地位の引きあげをおこなった。この対応は、武士に対する政府の優遇策ということだけでなく、武士の武力に着目した政府・貴族が中央における紛争解決・治安維持に武士を利用しようというねらいもあったと考えられる。(58) 地方においても、受領の下に武士の武力の有効利用がはかられ、国内の有力武士を押領使・追捕使に任命し、国内武士を動員する体制がかためられることになった。(59)

荘園の増大　一〇世紀後半から一一世紀前半にかけて、諸国の在地勢力が受領（国司）の悪政・暴挙を政府に直訴し、解任を求める事件（国司苛政上訴）が頻発した。これは、国内武士を配下に組織化した受領がその武力を背景にいっそう収奪をつよめたため、富豪層を中心に在地勢力が結束して反抗したものである。その最も有名なものが、永延二（九八八）年に尾張国の郡司・百姓らが国守藤原元命の暴政を訴えた事件である。その訴状（「尾張国郡司百姓等解文」）には、三一ヵ条にものぼる元命の悪行が書きつらねてあるが、その中心にあるのが極端な租税の増徴にあることはまちがいない。この時期、摂関政治体制の確立にともない、摂関家に対する多額の経済的奉仕を受領が負担することになったり、また永宣旨料物制、(60) 料国制、(61) 行事所・蔵人所召物制(62)など国家事業における必要経費を受領に直接確保させるシステムが形成されたこともあり、受領の単なる私的な利欲だけで収奪が強化されたわけではなかったと考えられる。そのことは、こうした国司苛政上訴が全国的に発生していることや、受領側からも負担返上要求が増大していることからもうかがわれる。

野大弐とも称する。

(57)清和天皇の皇子貞純親王の子で、清和源氏の祖。天慶の乱においては、将門追討の征東副将軍となり、純友の乱征討でも活躍した。応和元（九六一）年、源朝臣を賜姓されて臣籍降下した。その子満仲は、安和の変で謀反を密告し、その功績で昇進するとともに、摂関家との結びつきを強めた。

(58)朝廷は滝口の武士や衛府官人・検非違使などに任じたり、貴族は侍として身辺警護にあたらせたりした。

(59)寛仁三（一〇一九）年の刀伊（とい、沿海州の女真族）の入寇の際は、大宰権帥藤原隆家の指揮の下、九州の武士団が動員され、刀伊を撃退した。

(60)御斎会（ごさいえ）や仁王会（にんのうえ）などの恒例の国家的仏事で必要とされる経費を、特定の国に負担させる制度。天禄元（九七〇）年からはじめられた。

(61)斎院禊祭料（けいさいり

在地勢力は、国司の悪政を訴える一方、収奪の対象となる公田の耕作を放棄し、荘園に逃げこんで作人[63]になったり、未開の原野の開拓にむかった。開発された私領は収公されそうになると、開発領主によって権門勢家に寄進され荘園化（寄進地系荘園）されることになった。[64]このため、公領は荒廃化し、荘園拡大の動きがふたたびつよまることとなった。中央の大寺社は、こうした在地勢力の動きを積極的に利用して、一一世紀初めごろから荘園獲得にのりだし、一一世紀半ばごろから不輸・不入の権[65]を政府に認めさせていった。

荘園整理と後三条天皇　このような危機に際し、政府と受領は在地勢力を公領に引きもどすべく、収奪の緩和、耕作者の優遇などの改革をおこなった。一〇四〇年代ごろに定められた公田官物率法は、それまでの受領の恣意的な収奪を制約するため、中央政府が基本税率を「段別見米三斗」と全国一律に固定化したもので、この制定により国司苛政上訴が鎮静化したとされる。受領らも荒廃公田を耕作した者には租税を減免したり、荘園化した田地を検田して収公したりするなど、公領の復興をはかった。また、新開地が荘園化するのを防ぐためには、新開地を別名という名とは別の収取単位として認定して税率を優遇し、その開発領主を新たな行政単位として再編された郡・郷・保の長（郡司・郷司・保司）に任命して国衙の支配下にくみこもうとした。

　こうした公領復興の努力の一方で、受領のなかにはその任期のおわりがせまると一転して私利追求のために、権門の田地に対し租税の免除を認めて荘園化（国免荘）したり、収公した田地や任期中に確保した私領をみずから荘園にして摂関家などに寄進したりする者もおり、荘園の削減は容易ではなかった。とりわけ、大寺社や摂関家の荘園は受領らの介入できないもので

ょう）のように特定官司の恒例行事用途を確保するため、それを国から直納させる制度。

(62) 臨時の大行事の費用を諸国にわりあて、随時進上させる制度。なお、行事所とは、摂関期以降、朝廷の臨時の諸行事を遂行するため太政官内に設けられた組織。

(63) 荘園内の田畠の請作をした作人は、年貢・公事などを荘園領主に納入した。

(64) 所領寄進といっても、開発領主は預所（あずかりどころ）や下司（げし）などの荘官として所領の実質的支配権を留保し、収益の一部を得分として寄進した貴族・寺社（荘園領主）に貢上するという、いわば名目的な寄進であった。寄進は受領による収公・租税徴収を逃れるために権力者の保護を得るのが目的だったので、最初に寄進を受けた貴族・寺社（領家）の力が不十分の場合は、さらに上級の権力者（本家、その多くは皇族や摂関家）に再寄進

あり、国衙行政の大きな妨げとなった。そのため、受領らは政府や天皇に働きかけて、新立荘園の停止を命ずる法令の発布をしばしばもとめた。受領の申請に応えるかたちで長久元（一〇四〇）年、寛徳二（一〇四五）年、天喜三（一〇五五）年と相次いで荘園整理令がだされたが、整理事務が以前同様国衙に任されていたためにおのずと限界があり、むしろ整理を逃れるために大寺社や摂関家への荘園寄進を激化させることにすらなった。[66]

しかし、後三条天皇が即位すると、その翌年の延久元（一〇六九）年に荘園整理令を発し、荘園の証拠文書の審査をする記録荘園券契所を太政官内に設けるなど中央政府主導のもとに荘園の削減を徹底しておこなった。この結果、大寺社や摂関家の荘園も大幅に整理されることとなったが、[67]その一方で認定された荘園は公領同様に公的な性格をもつことになった。すなわち、荘園も公領も同じく土地台帳で把握され、一国平均役[68]などの国家的賦課の対象となる中世的土地制度（荘園公領制）が生まれることになったのである。

武門の台頭　一〇世紀末以降全国的に土地開発が大々的におしすすめられたが、その開発者（開発領主）たちはそれぞれの事情により郡司・郷司・保司など国衙支配の末端に連なったり、権門の荘園の荘官となったりして、国衙や権門の権威をもとにしだいに所領の領域的支配者（在地領主）へと転化していった。そして、領域支配をすすめる過程で隣接する在地領主とのあいだで紛争が生じたり、領域内の農民の抵抗がつよまったりしたため、それらの対処として在地領主は武装化（武士化）し、さらに地方の有力武士と主従関係を結び、武士団を形成していった。地方の武士団は反乱鎮圧に動員されたので、その際中央から派遣された清和源氏や桓武平氏などの武門の棟梁とのあいだにも主従関係がつくられていくことになった。

された。

[65]不輸とは租税の全部または一部を免除される特権で、不入とは検田使など国使の入部を拒否できる権限。

[66]摂関家領荘園の大半は、この荘園整理令が相次いでだされた時期（頼通の時代）に形成されたという。

[67]石清水八幡宮領を例にとると、全部で三四ヵ所のうち一三ヵ所が整理された。

[68]内裏造営・大嘗会・伊勢神宮式年遷宮などの国家的事業や行事のため、その必要経費を原則として荘園・公領の区別なく一律に賦課したもの。

[69]高望王の曽孫、陸奥守忠頼の子。反乱を起こすも、源頼信の家人であったため、

天慶の乱後も、坂東では将門の同族の桓武平氏が土着化し、勢力をふるっていた。平忠常は[69]、房総三国に大きな影響力をもち、国司の命にも服さず、長元元（一〇二八）年には安房国司を殺害し、反乱をおこした（平忠常の乱）。この征討に成功したのは源経基の孫の頼信で、これにより武名を高め、坂東のおおくの武士を従者化し、源氏の東国進出の基礎をつくった。頼信の子頼義とその子義家は奥州の豪族安倍氏の反乱（前九年の役、一〇五一～六二）を鎮定し、さらに義家はその後奥州で有力化した清原一族の内紛に介入して清原氏を滅ぼした（後三年の役、一〇八三～八七）[70]。この二つの戦闘を通じて、義家と動員された東国武士とのあいだの主従関係は強化され、また義家は全国的に名声を高め、武門の棟梁としての地位を確固たるものにすることになった[71]。

義家に院昇殿[72]を認めざるをえないほど源氏の武門としての台頭はめざましいものであったが、かえって朝廷の警戒をまねくことになり、源氏はしばらく冷遇される。それに対して、伊勢・伊賀に所領を展開していた平氏が、荘園寄進などによって院（上皇・法皇）との私的関係を結ぶことで重用されることになる。院政期を通じて、源氏も平氏も院や摂関家の武力として利用されながら、武家政権をひらくべく実力を養ってゆくのである。

戦わずして降伏した。京都に護送される途中に病死した。千葉氏・上総氏の祖。

⑳義家の勢力拡大をよしとしない朝廷は、後三年の役後義家を奥州から切り離した。そのため、義家に協力して清原氏の内紛に勝ちのこった藤原清衡が奥州全土を支配することになった。以後、奥州藤原氏は平泉を拠点に三代にわたり栄華を誇った。

㉑義家の武門としての声望の高まりは、当時朝廷が制止しなければならないほど義家に対し全国から荘園の寄進が集中したことに示されている。

㉒義家は、承徳二（一〇九八）年に白河院御所の殿上の間へ昇ることを許された。

II 中世

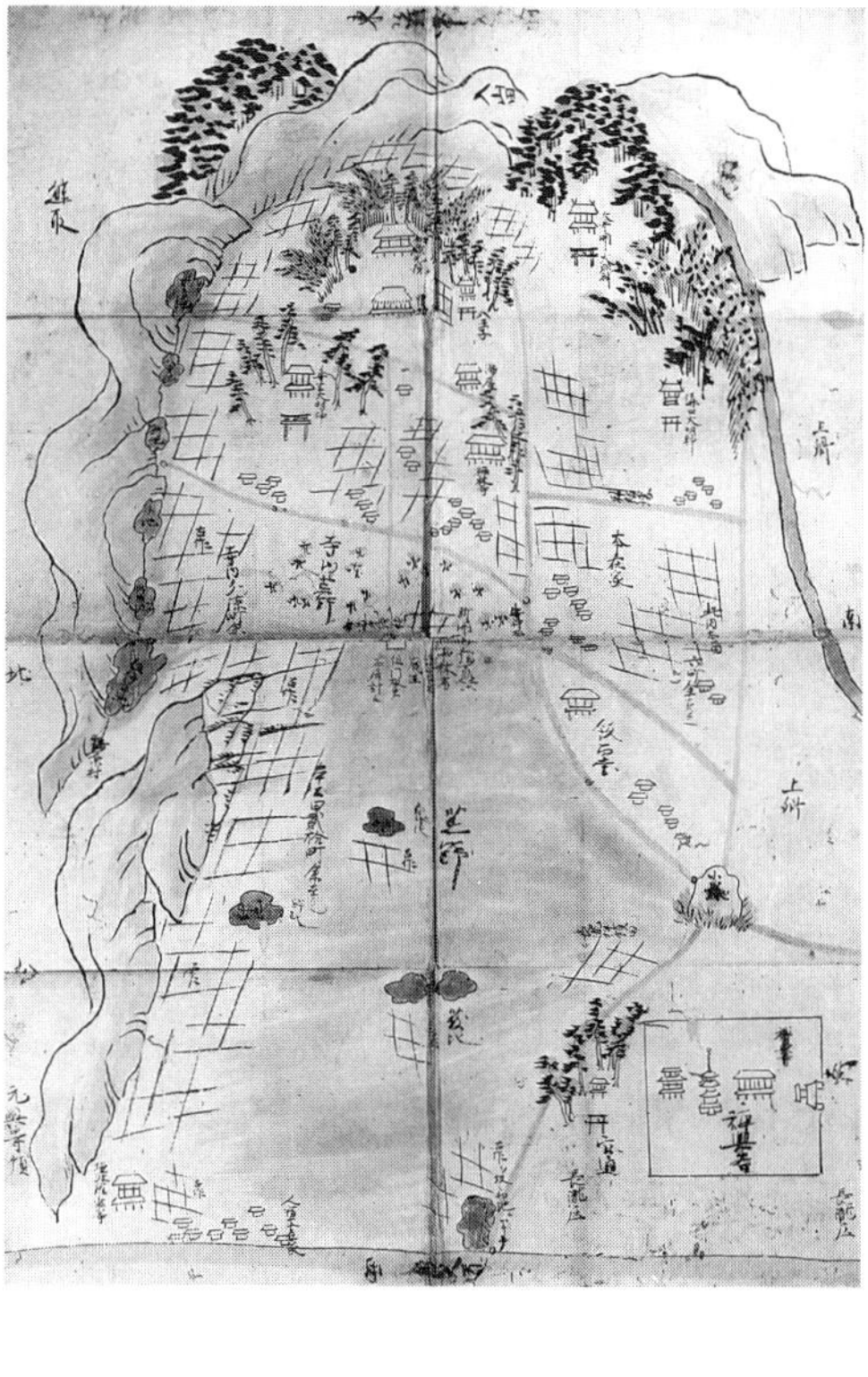

和泉国日根荘日根野村絵図
（宮内庁書陵部蔵）

日根野荘は、鎌倉期から戦国期までつづいた荘園。絵図は正和5（1316）年に作成されたもので、寺院・在家・耕地・灌漑用水あるいは未開の荒野の様子などがうかがえる。

中世史の時代区分については、政治・経済・社会・文化など、見方によって諸説あるが、ここでは政治史の区分にしたがって、一一世紀末の院政の開始から一六世紀末の戦国大名の時代までを、その範囲とする。

鎌倉時代は、京都の公家政権と鎌倉の武家政権が並びたって、二重に全国を支配した。承久の乱によって、両者の勢力関係は大きく変化し、寛喜の大飢饉をへて、鎌倉幕府は武家政権の自立宣言というべき関東御成敗式目を制定する。しかし公家政権も、なおその実質を保っていた。やがて二度にわたる蒙古襲来は、得宗専制の拡大、異国警護の強化、徳政の政策、悪党集団の活動など、国内政治にも緊張を生み、幕府滅亡の大きな要因ともなった。

南北朝・室町時代は、半世紀に余る権力の分裂と内乱の時代をへて、京都を拠点とした室町幕府が、公家政権の権能を大きく吸収し権力を強めた。将軍足利義満は中国にも強い関心をよせ、明の皇帝から日本国王という東アジア独自の地位を得て、勘合貿易を推し進めた。諸国の守護も荘園公領を侵蝕し、国人の被官化や独自の税制を通じてその領国を形成した。また各地方では、国人・侍・百姓と呼ばれた人びとが、それぞれの村や荘園ごとに「惣」という自立した集団を創り出し、さらに地域や郡や国ごとの一揆に結集して、相互の解決をはかり、幅広く共同の利害を追及した。民衆の力量の高まりと、今につづく日本の伝統文化の開花は、この時代の大きな特徴である。

戦国時代は、応仁・文明の乱による首都壊滅と権力の地方分散を機とする。内戦の中から登場した戦国大名は、次第に一揆の勢力を吸収し、自力救済を否定する喧嘩両成敗法を核心にすえた分国法を制定し、自らを領国の利害と安全を保証する「公儀」—公権力と位置づけ、地域権力を形成したが、競合する周囲の大名と、激しい領土紛争をくり広げた。その一方、一揆が国郡を支配し、経済発展の中核としての自治都市が登場した。さらに三浦の乱や寧波の乱がおこり、ヨーロッパ勢力が進出して東アジアの伝統秩序を揺るがし、統一権力形成の動因となった。

一　中世社会の成立と展開

1　院政の成立と平氏の台頭

白河院政の開始　延久四（一〇七二）年に父後三条天皇の跡を受けて即位した貞仁(さだひと)親王（白河天皇）は、応徳三（一〇八六）年に子の善仁(よしひと)親王（堀河天皇）に譲位して上皇となり、朝政の後見を開始した。このいわゆる院政(いんせい)の開始という事態は、白河の父後三条が、天皇家の血統を白河より濃厚に有する実仁親王と輔仁(すけひと)親王（いずれも白河の異母弟）への皇位継承を望んでいたことに、白河が対抗した結果生じたものであった。

白河の院政開始が中世の始期に位置づけられるのは、後三条の政策を発展させたかれが新たな政治秩序の基礎を築くことに成功したからである。具体的にその政策をのべると、荘園整理令の発布と延久の例にならった天永二（一一一一）年の記録荘園券契所(きろくしょうえんけいじょ)の設置があげられる。また堀河が没した嘉承二（一一〇七）年ごろを境に、有力寺社権門の強訴(ごうそ)（要求貫徹闘争）への対処を白河が積極的におしすすめた結果、院御所議定(いんのごしょぎじょう)①が国政の重要事項をあつかうようになったことも特筆される。

白河はみずからが宗教界の秩序の総攬(そうらん)者となるべく、いわゆる六勝寺(ろくしょうじ)②の最初となる御願寺(ごがんじ)③の法勝寺の造営、大規模な仏像建立や仏教法会(ほうえ)の主催などに力をいれた。承徳三（一〇九九）年に仁和寺宮覚行（白河皇子）に親王位を授けたこと（法親王(ほっしんのう)制のはじめ）や殺生禁断(せっしょうきんだん)令の発令な

①院御所に召された公卿が行う議定。院御所には六条殿・大炊殿・高松殿など平安京内に存在するものや、白河殿・鳥羽殿など平安京の周辺に位置するものがあった。

②法勝寺・尊勝寺・最勝寺・円勝寺・成勝寺・延勝寺など、勝の字を共有する六つの寺の総称。いずれも天皇・上皇・女院の御願寺である。

③天皇・上皇をはじめとする皇族の発願で建てられ、かれらのために祈禱をおこなう寺院。

ども、白河の仏教政策基調を反映したものであった。

白河院政の人的基盤　白河院政をささえた人的基盤にはまず、院司など院庁④の構成員に組織された中級貴族層の存在があげられる。かれらは摂関期においては摂関家におさえられがちな存在であったが、朝廷政務の遂行にとって不可欠の文筆実務能力や、受領の地位がもたらす莫大な財力で院に奉仕し、その勢力をつよめた。さらに白河は、国政上重要な役割をはたすようになっていた武士団を積極的に登用し、権力基盤にこれをくみいれた。その結果とくに目覚ましい勢力台頭をとげたのが桓武平氏であり、平正盛・忠盛父子は海賊追捕や寺社強訴対策などでの活躍により院から破格の寵愛をえて、朝廷内部での地位を急速に上昇させていった。

院権力と荘園公領制　院政期にみられた最大の社会経済史的変化は、荘園公領制の確立である。一一世紀半ばごろの奥羽地方における摂関家領荘園の急増にはじまり、荘園の支配権や年貢得分を寄進して院宮王臣家や有力寺社などの中央権力との結びつきをえることで所領支配の安定化をめざす在地勢力により、日本各地でいわゆる寄進地系荘園の立荘が展開する。その場合、所領の寄進者は、その荘園の下司⑤に任命されるというかたちで、在地での権利を確保することが一般的であった。能登国・若狭国・伊賀国の大田文⑥などの分析から、その動向のピークは一二世紀であったことが確認できる。所領の寄進は、伊勢神宮の神官や摂関家に臣従する有力武士などさまざまな媒介者を通じてなされ、その結果、一つの所領の上に重層的な権利関係が存在するという、中世の土地制度上の特質があらわれてくる。それら諸権利は職と総称され、理念的には、本家職⑦―領家職⑧―預所職⑨―下司職・公文職⑩―年貢負担の直接の責任者である名主職―直接耕作者である作人職、と体系化しうる荘園制の支配構造が成立したので

④上皇・女院の家政を処理する機関。平安前期の宇多上皇の時代にすでに成立しており、以後しだいにその機構は拡充整備されていった。

⑤現地で荘園支配の実務に携わる荘官の一つ。在京する荘園管理者の「上司」に対する呼び名。

⑥中世、主に鎌倉期に作成された、国ごとの総田地の名称・面積・所有関係とその由緒などを記載した文書。図田帳とも呼ばれる。国守が国衙機構を動員して作成したものと、幕府の命を受けた守護が在庁官人を動員して作成したものの二種がある。荘園整理の実施、一国平均役や幕府御家人大番役賦課のための基準として作成された。

⑦荘園領主のうち領家の上位に位置した権門勢家で、具体的には天皇家・摂関家もしくはその御願寺などが相当した。

⑧荘園領主のうち本家の下位に位置した権門勢家で、

ある。

荘園とはされなかった所領（公領または国衙領）もまた、知行国制⑪を通じて実質的には天皇家・摂関家などの私領となり、その支配構造も荘園のそれと同質のものになる。その意味で、院政期に確立した土地制度は荘園公領制と表現されるのである。

そして、この荘園公領制こそが院権力の最大の物質的基盤だったのであり、院はみずからが最大の荘園保有者にして最大の知行国支配者であった。院近臣となった貴族や武士など院を中心とする支配層は、経済的には荘園・知行国の重層的支配体系に組織された存在であり、院は預所・下司などの荘園所職や受領の任命権を媒介としてかれらを組織し、そこからえられる膨大な富が、院による大規模な寺院建築などを可能としたのである。

院政支配と中世社会秩序の確立　大治四（一一二九）年の白河没後、他に政治的対抗勢力のない状況下、鳥羽上皇の院政が開始される。鳥羽院政は、白河院政末期にみられた立荘促進の方向性をより明確にし、有力院司の力をえて「院中沙汰」と称される院庁組織を基盤とした政務裁定のあり方を確立するなど、白河の政策基調を継承発展させるものであった。

白河・鳥羽二代の院政の時代に、日本社会の基本骨格として荘園公領制の全国的ネットワークが完成し、天皇家・摂関家など貴族諸家・武家の棟梁家、さらには寺家・社家などの宗教勢力までふくめ、家格の秩序に裏づけられた中世を一貫する身分秩序が確立する。一方、そのわくぐみのなかで、所領や家の継承をめぐる紛争は多発し、社会のなかでの武力が占める比重がますなか、はげしい武力闘争の要因も生みだされてきた。

院政期に成立した新たな身分的秩序の問題としては、さらに非人・河原者⑫などの語でよばれ

実際には本家が存在しないこともあった。本家であれ領家であれ、荘園の支配権を掌握する場合、本所とよばれた。

⑨荘園領主の代官として荘園支配をおこなった荘官。時に領家が相当する場合もあった。

⑩荘園の現地で主として文書に関わる実務に携わる荘官。

⑪特定の国から得られる官物などの収益の確保を、院・公卿・寺社に保障する制度。知行国を与えられたものを知行国主と呼び、知行国の公領の領有者としての立場を得た。

⑫京都賀茂川の河原に住んでいた賤民。

る、いわゆる被差別身分の問題をあげることができる。一一世紀にははやくも検非違使庁に従属した平安京の河原者の存在が確認され、また一二世紀になると清目（ケガレの除去）を職掌として醍醐寺に従属した餌取⑬のような身分があらわれてくる。非人は総じて共同体的秩序から疎外された身分と規定することができ、斃牛馬の処理、処刑や禁獄などの刑罰、呪術的芸能、さまざまなケガレの清目などを固有の職掌とし、また生活の場としての宿を形成していた。非人身分成立の前提の一つに、律令体制下の斃牛馬処理にたずさわる職能民を想定することも不可能ではないが、本質的には被差別民としての非人身分は、殺生をきらう仏教的倫理観が普遍化し、ケガレの忌避が先鋭化した中世社会固有の状況が生みだしたと評価すべきものである。この非人身分をもあわせて、古代以来の官職位階制、武士団にとくに顕著にあらわれた主従制、天皇家・寺社の組織する供御人⑭・神人⑮、荘園公領制の職秩序が、中世的社会身分秩序の骨格総体をなすものであり、院政期にその全貌があらわれたのである。

保元・平治の乱　藤原忠実⑯がその子泰子の鳥羽天皇入内問題をめぐって白河院と対立し、内覧を罷免されて宇治に隠遁した保安元（一一二〇）年の事件以降、院と摂関家の対立という構図がみえはじめる。そして、久安六（一一五〇）年に忠実が氏長者を子の忠通からその弟頼長に交替させ、さらに忠実が摂政職の譲渡をせまって忠通に拒絶されるという事件以降、摂関家内部の勢力争いが表面化し、また天皇家内部でも、同母弟の後白河の即位をめぐり崇徳上皇が父鳥羽への不満をつのらせていた。

　鳥羽上皇の庇護を受け、ありあまる学識を発揮しながら朝政を領導した藤原頼長は、夭折した近衛天皇を呪咀したとの嫌疑を受けた久寿二（一一五五）年ごろより立場を悪化させ、兄忠

⑬鷹の餌となる獣肉の供給に従事した者で、牛馬の屠殺を専業としていた。

⑭天皇の食料や日常品の貢納を義務付けられ、その代償として他の課役免除・関所通行権・営業権などを認められた人びと。

⑮神社に雑役を奉仕する下級神職で、朝廷・荘園領主・幕府などからの課役を免除されていた。

⑯関白藤原師通の子。一一世紀末から一二世紀初めにかけての関白・摂政・藤原氏長者。白河上皇とは良好な関係をつづけ、長くその院政を支える存在であった。

通にかわって摂政位につく目論見にも失敗する。一方、皇位継承をめぐり後白河天皇と崇徳上皇の対立もはげしさをましていた。これらの対立図式にさらに武家棟梁（とうりょう）家内部の勢力争いもくわわった。

保元元（一一五六）年七月に鳥羽上皇が没すると、ついに武力闘争が勃発する。崇徳上皇と頼長の側には源為義（みなもとのためよし）・平忠正（たいらのただまさ）らが、一方後白河天皇と忠通の側には源義朝（よしとも）・平清盛（きよもり）といった武士が結集した。七月一〇日に京中で両者が衝突した結果は後白河側の一方的勝利となり、⑰乱後、崇徳は配流（はいる）、為義・忠正らは斬首され、後白河を中心とする新たな朝廷秩序が成立する。後白河はただちに新制⑱を発し、荘園領主・知行国主の上位に位置する全国土の支配権を有しあらゆる社会勢力に君臨する専制的立場を宣言した。また同時に乱は、強固に組織された武力集団の支持によってのみ王権の支配が可能であることを明確にし、ここに「武者の世」（『愚管抄（ぐかんしょう）』⑲）が本格的に到来することとなったのである。

すぐれた実務能力を有し、後白河親政および院政（後白河は保元三年に二条天皇に譲位して院政を開始）の下で急速に権勢を高めた人物に藤原通憲（みちのり）（信西（しんぜい））⑳と藤原信頼（のぶより）㉑がいる。信西が清盛に接近したのに対抗して信頼は義朝と結び、さらに二条天皇周辺の勢力とともに天皇親政を志したことから、朝廷にふたたび深刻な武力闘争の火種が生じた。そして平治元（一一五九）年一二月、清盛が京をはなれた機に乗じて信頼はついにクーデターを決行し、後白河を幽閉、信西を自害に追いやる。だがただちに帰京した清盛によって信頼の覇権は打ち破られ、信頼は処刑、義朝は逃走中に殺害される。乱の結果、清盛一門は唯一の武家棟梁家となりその権勢が確立した。仁安二（一一六七）年に従一位太政大臣となった清盛は、翌年出家、朝廷要職に配された一門

⑰藤原頼長は戦いのなかで矢傷を受け、奈良に逃れた後まもなく没した。

⑱平安・鎌倉期、天皇・院の意志により発せられた成文法で、多くは禁制の形式を有する。鎌倉期には幕府の発するものもみられ、これを武家新制と呼んで天皇・院の発した公家新制と区別している。この他に貴族諸家が出した家中新制や寺家の出した寺辺新制がある。

⑲天台座主慈円が著した歴史書。承久二（一二二〇）年成立。「道理」を基本理念に置いて、日本の歴史の流れを叙述する。

⑳当時第一級の学者で、多くの書物を著わしたが、藤原南家という低い家格の出のため、官位昇進の面では不遇であった。

㉑鳥羽上皇の近臣藤原忠隆の子。後白河の寵愛を受けて急速な官位昇進を果たし、信西の反発を買った。

の長として、また天皇家外戚（清盛の子徳子が後白河の子高倉に入内し、後の安徳天皇を生む）として朝政の実質的な頂点に立ち、いわゆる平氏の時代がはじまることとなった㉒。

奥州藤原氏　前九年の役・後三年の役とつづいた奥州の戦乱は、この地域を拠点とする新たな領域権力を生みだした。前九年の役で源頼義に背き斬首された藤原経清の子清衡（きよひら）がその担い手である。藤原秀郷流の正統を自称した清衡は、後三年の役での戦功により源義家から奥六郡の内の南三郡（胆沢（いさわ）・江刺・和賀）の領有を認められ、後には北三郡をもその支配下に収めた。当初江刺郡豊田館に拠点を置いた清衡は、一一世紀末ころ磐井郡平泉（ひらいずみ）に移り、以後この地を中心に、基衡・秀衡・泰衡と、計四代約一〇〇年にわたってつづく藤原氏の奥羽支配が展開する。奥州藤原氏は、豊富な金（きん）の力を背景として、直接に京都との政治経済的結合を強めるとともに、北方地域との交易を活発に進めた。その経済力の大きさと文化の独自性は、中尊寺や毛越寺（もうつじ）の寺院建築などに見ることができる。

流通経済と商業　中世の社会基盤が荘園公領制であることは、ともすれば中世の経済の問題として土地制度や農業のみにわれわれの注目をあつめがちだが、荘園公領制と有機的に結びついたかたちでの商業取引と流通経済の問題を無視することができない。すなわち奥羽の荘園の年貢に現地での産出が不可能な品がみられるように、荘園年貢自体に交換経済によってえられたものがみられ、年貢の催促・運搬・決済などの諸局面で日吉神人（ひえじにん）㉓のような商業経済の専従者の介在を確認することができ、荘園公領の年貢官物の納入自体が商業流通の基本形態となっていたのである。また日宋貿易㉔などの商業活動を通じた平氏勢力の積極的な富の集積が、中国銭（宋銭）の日本への大量の流入をもたらし、貨幣経済の発達をもたらすこととなった。院権力、

㉒平氏の支配は基本的に既存の官職体系と荘園公領制に依拠したものであったが、武家棟梁としての立場から、平氏家人（けにん）を中心とした有力武士団を諸国ごとに組織して内裏大番役（〔だいりおおばんやく〕諸国の平氏家人などの武士が輪番で京上し内裏の警固にあたる役）を勤めさせたり、荘園公領の治安維持にあたる新たな職制として地頭（じとう）を設置しはじめたりするなど、後の鎌倉幕府支配体制の前提となる「武家政権」としての要素もみられた。

㉓日吉神社に隷属して諸役の奉仕に従事した集団。近江の坂本・大津を拠点に活発な商業・金融活動を展開した。

㉔一〇世紀末から一三世紀後半にかけて、九州の博多や越前の敦賀に来航した宋商人を媒介に展開した貿易。日本からの輸出品には砂金・真珠・水銀・硫黄・日本刀などが、日本への輸入

さらに後には鎌倉幕府が貨幣流通統制の法令をしばしば発したのも、以上のような状況に規定されたものだった。

流通経済が荘園公領制の存在を前提としていたために、畿内およびその周辺地域と日本列島諸地域とを結ぶルートが、農業生産物・商品などの物流の主軸に位置づけられた。その結果、陸上交通にくわえて海上交通の役割がおおきくなり、東海・関東・陸奥への太平洋海運、北陸・出羽への日本海海運、中国・四国・九州への瀬戸内海海運が、すでにこの時代にかなりの発展をみせていた。また、商業取引の結節点として、平安京・大宰府・諸国国衙・平泉などの政治行政の拠点（鎌倉期には鎌倉も）が重要な役割をはたした。

2　武家政権の確立

反平氏闘争の勃発　急速にその栄華を誇ることとなった平氏は、官職や荘園公領制などの利害をめぐって後白河上皇やほかの貴族勢力との軋轢（あつれき）をまし、また国衙在庁（こくがざいちょう）の地位や荘園所職（しょしき）に基盤をおきながら在地社会で領主支配を展開していた諸国武士団のなかにも、平氏を頂点とする主従制的支配秩序からとりのこされた勢力の不満が蓄積していた。鹿ケ谷（ししがたに）の変㉕は、平氏への不満が本格的に表面化した最初の事件となった。孤立の度をつよめる平氏は、治承三（一一七九）年一一月に後白河院政の停止と院に近い公卿層の大量解官（げかん）という挙にでて、事実上の「平氏政権」をうちたてる。一方、翌治承四年、高倉天皇の皇子である安徳天皇即位により皇位継承の望みをたたれた以仁王（もちひとおう）（後白河の皇子）が、源頼政（よりまさ）とともに平氏打倒の挙兵をよびかける令旨（りょうじ）㉖を諸国の武士や大寺院に発し、全国規模の内乱（治承・寿永の乱）がはじまったのである。

品には香料・絹・陶磁器・書籍・薬・筆墨などがあった。

㉕治承元（一一七七）年に後白河とその近臣である俊寛（しゅんかん）・藤原成親等が、俊寛の山荘の鹿ケ谷において平氏打倒の謀議をめぐらした事件。多田行綱の密告により謀議は未然に発覚し、関係者は過酷な処断を受けた。

㉖皇太子・親王・三后・女院の発給する文書の形式。

治承四（一一八〇）年八月、平治の乱後に配流された伊豆で以仁王の令旨を受け兵を挙げた源頼朝(みなもとのよりとも)は、源氏嫡流としてのその権威を利用して領主権力の維持拡大をめざす関東武士団の支持をえて、またたくまに南関東に覇権を確立、一〇月鎌倉に拠点を定め、一一月には和田義盛(よしもり)を侍所別当(さむらいどころべっとう)[27]に任じる。内乱の真っ直中に幕府支配の足場が築かれたのである。

平氏の滅亡と頼朝の政権樹立　平氏は、治承四（一一八〇）年六月に福原遷都を断行（同年一一月に還都）、翌治承五年には、父清盛・兄重盛(しげもり)の没後の一門を率いていた宗盛(むねもり)を畿内および周辺諸国の惣官職(そうかんしき)につかせるなど、自立性の高い軍事政権の道を模索しはじめる。

頼朝同様に以仁王の令旨を受けて信濃に挙兵した源義仲(よしなか)は、北陸道を攻めのぼり、寿永二（一一八三）年七月西国に敗走した平氏にかわって平安京にはいる。しかし粗暴な軍事力にたよるその支配基盤はもろく、たくみな政治力で反平氏勢力をあやつる後白河上皇との対立をふかめ、寿永三年正月の征夷大将軍位獲得もむなしく、頼朝の遣わした源義経(よしつね)・範頼(のりより)の兵に破れ、近江国粟津の地で討ち死にする。

後白河上皇が新たな政治のパートナーに選択したのは頼朝であった。後白河は寿永二年一〇月に東海道・東山道の支配をゆだねる宣旨(せんじ)を頼朝に発し、かれのえた権力基盤を公認するとともに、大量の平家没官領(もっかんりょう)をあたえて幕府財政基盤の確立を助けた。頼朝もまた全国的規模の軍事支配体制づくりにむけて後白河との交渉を利用し、対立関係にはいった義経に後白河が頼朝追討令を発したことへの責任追求を突破口に、文治元（一一八五）年、諸国の守護(しゅご)・地頭(じとう)設置[28]を実現する。このときに頼朝のえた権限の一つの兵粮米(ひょうろうまい)徴収は公家・寺社の反対により翌年停止され、また地頭設置についても謀反(むほん)人とされた義経・源行家(ゆきいえ)の所領に限定され、守護の

[27]侍所は御家人の統率と軍事指揮を職務とする幕府機関で、別当はその長官にあたる。

[28]地頭は本来「現地」を意味し、転じて荘園・国衙領の年貢官物徴収・土地管理・治安維持などを行う職を示す語となった。基本的に守護は国単位、地頭は荘園・国衙領単位に設置されるものだが、このとき置かれた地頭の一類型として、国単位に置かれた国地頭が存在したとする有力な学説があり、守護職との関連を含めていまだ議論は決着していない。

職権も謀叛人・殺害人の追捕、京都大番役の催促（いわゆる大犯三箇条）㉙に限定されるものの、永続的な幕府支配の骨格がこの守護・地頭設置によって保証されたのである。

鎌倉幕府の確立　文治元年平氏勢力を長門国壇ノ浦で壊滅させた頼朝は、地域的軍事政権として鎌倉に対抗するだけの勢力を有した奥州藤原氏を文治五年に滅ぼし、建久元（一一九〇）年に上洛して権大納言・右近衛大将に任命され朝廷支配層の一員にくわわるとともに、京中および諸国の治安警察権を朝廷より認められ、頼朝とその家人たち（御家人）の軍事力の国家的位置づけを明確なものとした。後白河上皇没後の建久三（一一九二）年には、頼朝は征夷大将軍㉚の地位を獲得し、ながく武家支配の象徴となる「将軍」の名目が成立する。また幕府は、建久四年ごろより、伊勢神宮遷宮費用の確保や平家によって焼かれた東大寺大仏再建の勧進事業㉛など朝廷財政の面でもおおきな役割をはたすようになった。

鎌倉幕府の支配機構は、侍所や守護といった軍事・警察分野以外でも整備がすすめられ、寿永三（一一八四）年には頼朝家家政を司る公文所㉜（後に政所㉝へ発展）が京下りの実務官人大江広元を長官（別当）に迎えて設けられ、また同じころ、訴訟受理実務を担当する問注所が、やはり朝廷実務官僚の三善康信を長官（執事）としておかれた。建久二年に、家人所領安堵の文書を頼朝下文から頼朝政所下文に統一してきりかえたことは、幕府支配の基盤を将軍政所におく方策のあらわれであった。

初期鎌倉幕府における権力闘争　さまざまな機構にささえられながらも、頼朝の時代の幕府の意志はあくまで頼朝個人の意志として示された。頼朝の専制支配を基調とする幕府の体制は、将軍候補を擁立した御家人集団同士のはげしい権力闘争を引きおこす危険性をはらむものだっ

㉙鎌倉・室町幕府における守護の職権の三箇条を総称したもの。後には夜討・強盗・山賊・海賊など多様な内容を含むようになった。語自体は必ずしも鎌倉初期に成立したとはいえず、中世後期に守護検断の対象として重大犯罪の象徴にされた放火・殺人・盗みの三箇条がさかのぼって用いられた可能性もある。

㉚征夷大将軍の居所を幕府と呼び、これが転じて武家政権を指す語となった。

㉛主に、寺社の修造や法会の開催のための費用を捻出する手段として、仏との縁を結ぶ代償に広く金銭の奉納を求めること。

㉜家政機関において公文（文書）の作成・管理などを担当した部局。

㉝平安中期以降、三位以上の廷臣に設置が許された家政機構。頼朝家の政所設置もこの原則によっている。

た。正治元（一一九九）年に頼朝が没し、長子頼家が跡をつぐと（将軍就任は三年後の建仁二年）、権力闘争はたちまち現実のものとなり、同年の梶原景時の鎌倉追放（翌年景時は殺害）、建仁三（一二〇三）年の頼朝の弟阿野全成の謀反、比企能員の反乱と頼家の長子一幡の謀殺、頼家の出家と頼家の弟千幡（実朝）の将軍位継承などの事件がつづく。

幕府権力の構造矛盾を解消させる最初の試みが、正治元（一一九九）年における頼家の親裁停止と北条時政など有力御家人一三名の合議制の成立であった。しかし、将軍位をめぐる血なまぐさい権力闘争の根は依然たたれなかった。㉞実朝が建保四（一二一六）年ごろより幕政への積極姿勢をみせはじめ、権力基盤である政所拡充をおこなうと、幕府内部の対立は一層緊迫し、承久元（一二一九）年頼家の遺児公暁が、実朝を鶴岡八幡宮において殺害するという事件が発生する。この事件は表面的には源家一族の家督争いであるが、その背景には北条義時あるいは三浦義村の謀略が想定される。

承久の乱　このころ朝廷では、後鳥羽上皇が和歌などの芸能を通じて源実朝と深く結びつき、間接的な幕政介入をめざしていた。また武芸にも深い関心をもつ後鳥羽は、武士団への統率力をえて、かつての後白河のような国政の主導権を発揮しようとした。その後鳥羽にとって実朝暗殺は大きな衝撃であった。摂関家出身の三寅（九条頼経）を将軍に迎え、公武の融和をはかる幕府の努力にもかかわらず、後鳥羽は幕府打倒の意思をかためることとなった。

摂津国長江・倉橋両荘㉟の地頭罷免要求への幕府の拒否回答といった出来事などを直接の契機に、後鳥羽は承久三（一二二一）年五月、父時政失脚後の幕政の中心にあった北条義時追討の宣旨を発する。後鳥羽がたのみとした武力は、西国に基盤をもつ上皇直属の武士や大番役勤

㉞合議制推進の中心にいた時政自身が、元久元（一二〇四）年に頼家を幽閉先の修善寺で殺害、翌元久二年には妻牧の方とともに平賀朝雅（ひらがともまさ）の将軍擁立をくわだて失敗、伊豆に隠退している。

㉟両荘は、後鳥羽上皇の愛妃亀菊の保有する荘園であったと伝えられている。

仕・京中警護のために在京していた御家人であった。幕府はただちに遠江国以東一五ヵ国の御家人に動員令を発して京への進撃を開始し、六月には早くも宇治川の防衛線を突破して入京した幕府軍は、後鳥羽方を完全な敗北においこんだのである。

乱後、幕府軍を率いた北条泰時・時房は六波羅に常駐して、従来の京都守護㊱の職制を継承した強固な京・西国支配体制を築く（六波羅探題㊲の成立）。幕府が後鳥羽方より没収した西国を中心とする三〇〇〇ヵ所以上の所領には新たに地頭㊳がおかれ、西国での幕府支配権は飛躍的に増大した。乱の結果、国政の主導権は完全に幕府に移ることとなった。

執権政治の成立　北条時政の後の幕府執権となった北条義時は、政所別当にくわえ、建保元（一二一三）年に挙兵、敗死した和田義盛のもっていた侍所別当の地位をも手にし、幕府内における地位をさらにたかめた。

元仁元（一二二四）年に北条義時が、翌嘉禄元（一二二五）年に大江広元と北条政子が没すると、有力御家人の合議に裏づけられた安定的幕政秩序構築にむけた制度面の整備が急速に進展する。その担い手は、義時につづく執権北条泰時であった。かれが執権に就任した元仁元年の翌年嘉禄元（一二二五）年には、一門の長老北条時房が執権を補佐する連署㊴の地位につき、有力御家人の最高合議機関である評定衆㊵がおかれる。さらに、理非にもとづく合議裁決のための基準として御成敗式目（貞永式目）五十一ヵ条が、貞永元（一二三二）年泰時を中心に制定される。武家による最初の本格的成文法であるこの御成敗式目は、以後ながく武家法の模範としての位置を保ちつづける。泰時の執政期に幕府の体制は、将軍専制政治より執権政治という新たな段階へ移行したと評価することができる。また同じころ公家政権の実権を握っていた九条

㊱幕府成立とともに北条時政が任じられたのに始まる。

㊲賀茂川の東にあり、かつて平氏の本拠地であった六波羅の地に置かれた幕府機関の長。平安京の守護、朝廷権力の監視、西国地域の軍事支配や裁判などを職務とし、執権北条氏の一族が任じられた。

㊳この時新たに置かれた地頭に対しては、旧来の慣行がない場合、その給分として、十一町ごとに一町の給田畠・段別五升の兵糧米などの基準（新補率法）を適用することが定められた。そのような地頭を新補地頭と呼ぶ。

㊴幕府発給文書である関東下知状・関東御教書（みぎょうしょ）に執権とともに連名で署名することから、このように称された。

㊵評定衆の構成員には、北条氏一門のほか、大江氏・清原氏などの文筆官僚や三浦氏・佐々木氏などの有力御家人がいた。

道家（鎌倉将軍頼経の父）は、幕府との協調路線に立ちながら、訴訟制度の整備など朝廷の政務機構の刷新をおしすすめた。

武士団の構造と所領経営　幕府御家人のおおくは開発領主の系譜を引く武士であり、平安時代の後半ころより、自力で所領開発を展開し、代々定着した土地の名を名字として名のるようになった。この時代の武士団の所領の継承は分割相続が原則であったが、所領をえた庶子の分家は自立しきることはなく、一門の長である惣領（そうりょう）の統制下に置かれた。幕府の御家人支配は、惣領制とよばれるこの武士団の組織原則を通じておこなわれ、京都大番役（きょうとおおばんやく）・鎌倉番役などの諸役は、惣領より、分家した庶子に割り当てられていた。

荘園もしくは国衙領の現地支配にあたる武士団は（御家人の場合は通常地頭として）、農業に適し交通の要衝である地に館（たち）を構え、周辺に堀や溝を作り塀や垣をめぐらして、これを所領経営の拠点とした。館の内部や周辺には諸役を免除された領主の直営地（佃（つくだ）・門田（かどた）・正作（しょうさく）などと称された）を持ち、下人（げにん）・所従（しょじゅう）などと呼ばれた隷属民や一般農民にこれを耕作させ、領域内の一般農民経営に対しても、種子や農料の下行・耕作地の割り当て、灌漑（かんがい）施設の整備などの勧農行為によって統制をおこなっていた。

地頭の支配は時に過酷なものとなり、一般百姓の生活に大きな打撃を与え、直営田耕作の負担や年貢運搬などの諸雑役に酷使されたために、百姓が集団的に耕作地を放棄し逃散（ちょうさん）[41]することも珍しくなかった。建治元年（一二七五）に寂楽寺（じゃくらくじ）領紀伊国阿弖河（あてかわ）荘の百姓が地頭湯浅氏の横暴を領家に訴えた際に作成した自筆の仮名書き訴状[42]は、地頭の支配の暴力性を生々しく語るものとして著名である。

[41]史料上には「山野に交わる」などと見え、一定の手続きをふまえるかぎり、行為自体は非合法とはされなかった。

[42]『高野山文書』の中に収められている。

また地頭の現地支配が荘園領主と対立することもしばしば見られ、その根本的解決手段として、一定額の年貢請負を条件に荘園の現地経営の全権を地頭に委ねる地頭請（じとううけ）や、土地そのものを地頭と荘園領主とのあいだで分割する下地中分（したじちゅうぶん）がおこなわれた。

3　鎌倉後期の政治と社会

北条時頼の権力確立　仁治元（一二四〇）年に連署（れんしょ）北条時房が、そして仁治三年に執権北条泰時が没した。つぎの執権北条経時（泰時の孫）は病弱で、寛元四（一二四六）年には早くも弟時頼（ときより）に執権職を譲った。このような状況下、執権北条氏に対抗する勢力が将軍頼経周辺に形成されはじめ、寛元四年には頼経に近い名越光時（なごえみつとき）㊸が、時頼の追放をくわだて失敗する事件がおきている。

当初権力基盤の弱体だった時頼は、地位の強化をめざして断固たる措置をつぎつぎにとる。まず手はじめに寛元四年、頼経㊹を、北条一門とその被官（ひかん）㊺の勢力および有力御家人三浦氏の支持を背景に京都へ追放する（宮騒動）。さらに翌宝治元（一二四七）には、三浦泰村・光村父子を攻め、これを滅ぼしてしまう。このいわゆる宝治合戦の結果、幕府支配層のなかに北条氏に対抗しうるだけの勢力は消滅し、将軍が政治的主導権を発揮する現実的基盤は失われることとなった。

このころ公家政権内では、早世した四条天皇の跡を受け幕府のあとおしにより仁治三（一二四二）年に即位した後嵯峨天皇を、そのわずか四年後の寛元四年に後深草天皇に譲位させるなど、幕府の意向を無視する九条道家の動向があらわれていた。時頼の眼は朝廷にもむけられ、

㊸名越氏は義時の次男朝時に始まる北条氏の一流であるが、しばしば一門の嫡流と対立する動きを見せた。

㊹寛元二（一二四四）年に将軍職を子の頼嗣（よりつぐ）に譲って「大殿（おおとの）」となっていた。

㊺北条氏の家督被官は特に御内人（みうちびと）と称された。これは、北条氏の権力増大にともなう尊敬表現であり、代表的なものに、尾藤氏・平氏・長崎氏などがいた。

同年道家を失脚においこむ。道家についで公家政権を総攬することとなったのは後嵯峨上皇であった。寛元四年後嵯峨院庁におかれた評定衆(ひょうじょうしゅう)㊻は、院政期の院御所議定の伝統を継承しつつも、直接には幕府評定制にならったものだった。

執権政治の変容　強固な権力を確立した北条時頼は、その支配の安定のために御家人層の支持獲得にのりだす。宝治元（一二四七）年に、それまで六ヵ月であった御家人の京都大番役の勤務期間を三ヵ月に短縮したり、建長元（一二四九）年に評定衆を補完する訴訟裁定機構として引付方(ひきつけがた)㊼を設置したことなどがその具体的あらわれであった。建長三年には第五代の将軍藤原頼嗣を京都に追放し、翌建長四年、後嵯峨院の第一皇子宗尊(むねたか)親王を将軍に迎え（皇族将軍の誕生）、御家人結集のための新たな権威づくりに成功する。しかしこのころ幕府の実質的意志決定の場は、執権と御内人たちの寄合(よりあい)の場へ移行していた。康元元（一二五六）年時頼は三〇歳の若さで出家し、一門の長時（義時孫）に執権職を譲る一方で、㊽時頼は引きつづき実権を掌握しつづけた。もはや執権職の地位そのものの意味は希薄となり、北条氏一門の長（得宗(とくそう)㊾）が幕府政治の中心に位置する時代が訪れたのである。

得宗権力の政治　弘長三（一二六三）年に時頼が、さらに翌文永元（一二六四）年に長時が没すると、若年の時宗を盛りたてるべく、一門の長老である政村(まさむら)が連署から執権に就任し、文永三年には引付制が廃止され、執権・連署が直接に「重事(じゅうじ)」を決裁する制度が導入された。急速な得宗への権力集中は、ついに将軍宗尊を謀反の嫌疑で京都に追放する事件を発生させる。しかし一方で得宗権力は、幕府権力の基盤たる御家人層に対するさらなる保護政策をだしつづけねばならなかった。文永元年に判決の過誤から御家人を救済するための越訴(おっそ)奉行の職を新設

㊻構成員と合議の実施日が明確に定められた点に特質があり、以後の公家裁判制度の中核に位置付けられた。

㊼当初は三番方、後には五番方（一時七番方）に分かれて、各番ごとに置かれた頭人の指揮の下、主として所領相論の訴訟審理にあたった。

㊽時頼の後継者である時頼の子時宗の成長までの中継とされた。

㊾鎌倉幕府執権北条氏家督の地位またはそこに就いた人をさす語。義時の法名に由来すると広く理解されてきたが詳細は不明。幕府政治の展開のなかで、北条氏一門の長の政治的地位が卓越した結果、後発的に成立した語である。

し、北条氏一門の金沢実時と時宗の外戚安達泰盛[50]をこれに任命したことや、翌文永四年に越訴奉行が廃止された代替措置として徳政令[51]を発し、困窮する御家人の保護のために、売却・質入れ所領の無償返還と以後の所領移動を禁じたことが、その模索のあらわれであった。この時期の幕府には、全国規模の流通を掌握し商業・金融活動を積極的に展開することで一般御家人層との経済格差をひろげていた得宗と御内人の勢力が、御家人一般の利益保護を基調とした政治をになわねばならないという矛盾が存在した。具体的にはその矛盾は、御家人全体の利害を代表する安達泰盛と御内人の中心的存在であった平頼綱の対立となってかたちにあらわれた。

文永・弘安の役　一二〇六年にテムジン（チンギス・ハン）がモンゴル諸民族を統一して成立させたモンゴル帝国は、周辺諸国への膨張政策を展開し、日本もその渦にまきこまれることとなる。一二六〇年にモンゴルの皇帝となったフビライ（世祖）は、国交を求める国書を、すでに服属させていた高麗の使者を通じて日本に発し、国書は文永五（一二六八）年に大宰府に到着する。朝廷は返書を発しようとする準備を進めたが、幕府はことごとくそれに反対し、結局国書はにぎりつぶされてしまう。おりしも文永七年高麗でモンゴルに対する三別抄（高麗の常備軍）の反乱がおこり、日本が反乱支援の要請を受ける事態が発生する。

以上のような状況によりモンゴルの日本侵攻を不可避と判断した幕府は、文永八年鎮西に所領をもつ御家人に対して防備のための下向を命じ、翌年には軍事動員の賦課基準整備を目的とする大田文作成を諸国に指示した。同じころ守護職の大規模ないれかえもおこなわれている。

文永一一年一〇月、三万人以上の元（この三年前にモンゴルの国号となる）・高麗連合軍は対馬・壱岐などの各地を蹂躙し、筑前に上陸する。これに対し幕府は、非御家人・本所一円地（本来

[50]安達氏は配流中の頼朝に仕えて以来の名家であったが、景盛（泰盛祖父）の娘が北条時氏室となり、経時・時頼を産んでから代々北条氏との姻戚関係を保ちつづけた。

[51]徳政とは、本来は異常現象の発生時に災厄を回避するために施された臨時の仁政を意味する語であったが、中世においては、公武を問わず広い意味での画期的政治改革をさす語となった。本質的にその内容は限定されるものではないが、実際には神事・仏事の興行や訴訟制度の整備、あるいは失った所領の無償返還の保証が主たる内容となった。

幕府の権限のおよばない所領）住人への動員令を発して臨戦体制を強化した。長期の遠征の疲労や軍勢内部の意見対立などの事情から、このときの侵攻は短期間でおわったが、再度の侵攻に備え、幕府は九州諸国に異国警固番役[52]を命じ、博多湾一帯に石築地[53]を構築するなどの防備体制強化にのりだすとともに、元の使者を処刑して強硬姿勢を示した。そして弘安四（一二八一）年五月に高麗の東路軍が対馬・壱岐に来襲、さらに六月志賀島に攻めよせる。七月には元の江南軍が肥前平戸で東路軍に合流し、総勢四四〇〇艘・一四万人が態勢を整えた。まさに日本の軍勢が圧倒されるかにみえたとき、突然の暴風雨の襲来により、閏七月遠征軍は壊滅的打撃を受け敗走した。

徳政政策の展開　非常事態への対処のなかで幕府の全国支配は一層強化され、従来の御家人制のわくをこえた広範囲の対象への軍事指揮や諸国寺社の造営などの新たな統治課題が幕府に背負わされることとなった。弘安七（一二八四）年に没した時宗の後継者北条貞時をささえ、この時期の幕政をになっていた安達泰盛は、御成敗式目にも匹敵する質量を備えた「新御式目」三十八ヵ条を定め、新たな政治改革の基調を明示した。得宗の指導性を強固にするとともに幕府の基盤としての御家人層保護をめざすべく、泰盛は訴訟制度の改革、諸国一宮[54]・国分寺の興行、関東御領[55]の経営強化、倹約の励行など一連の徳政をおしすすめていったのである。

しかし理想主義的であまりに性急な泰盛の政治改革は反発を招き、とくに平頼綱など御内人の不満を募らせた。弘安八年一一月頼綱は、泰盛がその子宗景を将軍につける陰謀をめぐらしているとして、一挙に泰盛一族を滅ぼしてしまう（霜月騒動）。その結果幕府の実権は頼綱に握られ御内人の勢力が台頭する。だが、このような勢力地図の変化は自己の立場をめぐる得宗貞

[52]本文でもふれた文永八（一二七一）年の九州に所領を持つ御家人への下向命令にはじまり、建治元（一二七五）年に九州各国の御家人が番役として博多湾沿岸の警固にあたることが定められ、制度として確立したもの。以後、南北朝初期にいたるまで持続。

[53]元軍の襲来に備えて博多湾沿岸に築かれた石塁。現在もその遺構を見ることができる。

[54]中世諸国の神社で国内第一の社格を認められたもの（二宮以下の序列がある場合も多い）。古代以来の古い由緒や国衙機構と深い関係を持つ神社が選ばれた。

[55]鎌倉幕府の将軍を本所とする荘園の総称。幕府財政の基盤であったが、鎌倉後期になるとその多くが得宗領化した。

時の危機感の因ともなり、正応六（一二九三）年頼綱は貞時によって討ちとられる（平禅門の乱）。主導権をとりもどした貞時は、殺到する訴訟の処理をするべく、永仁五（一二九七）年、越訴停止と売却・質入れされた御家人所領の無償返還を柱とする徳政令を発した（永仁の徳政令[56]）。

鎌倉後期の公家政権　朝廷でも、弘安年間ごろ安達泰盛の影響を受けた治天の君[57]亀山上皇による徳政政策がすすめられていた。亀山上皇は、文永九（一二七二）年に没した父後嵯峨上皇の跡を受け、文永一一年より院政を開始していた。だが後嵯峨の遺志が不明確だったために、皇位継承権の確保をめぐり亀山上皇は兄後深草上皇との対立を深めた。亀山上皇の系統は大覚寺統[58]、後深草の系統は持明院統[59]とよばれ、それぞれ、八条院領[60]・長講堂領[61]と称される大規模所領群を財政基盤としていた。両統の対立には幕府権力が深くかかわっており[62]、霜月騒動後の幕府内勢力の変動により、亀山の子後宇多天皇は後深草の子伏見天皇への譲位を余儀なくされ、皇位は持明院統の側ににぎられる。伏見天皇もまた、幕府の徳政に呼応して訴訟制度改革を断行している。だが平禅門の乱後の情勢変化を契機に大覚寺統はふたたび勢力を取りもどし、正安三（一三〇一）年には亀山の孫後二条天皇が即位をはたした。

農村社会と産業の発達　鎌倉時代を通じて、農業生産におけるおおくの面で発達が見られた。米の品種が改良され、鍬・鋤・鎌などの良質の農具が普及するようになり、肥料では従来の人糞尿にくわえて刈敷（草を土の中に埋めて腐らせたもの）や草木灰（草木を焼いて作ったもの）が用いられた。また耕作において水車や牛馬も利用されるようになった。その結果生産力の上昇が果たされ、畿内・近国では麦や荏胡麻（灯油の原料）を裏作とする二毛作が普及し、その結果、下人・所従のなかから、自立した農民へ成長するものもあらわれた。ただし、この時代の農業生

[56]本来鎌倉御家人所領のみを対象とするものであったが、一旦手放した所領の回復を当然視するこの時代の慣行に基盤を持つ法令であったため、広く社会一般への影響力を有した。

[57]朝廷政治を主導する天皇家の家長のこと。その立場に天皇がある場合を親政、上皇がある場合を院政と呼んで区別するが、鎌倉時代以降はその実質的相違はなくなる。

[58]嵯峨にあった大覚寺が亀山上皇の御所であったことにちなむ称。

[59]後深草の系統が代々里内裏に用いた持明院殿にちなむ称。

[60]鳥羽上皇の皇女八条院暲子の所領の総称。彼女の没後の伝領の過程でその規模は増大した。

[61]後白河上皇の御所六条殿内にあった持仏堂の長講堂に寄進されたものに始まる所領群。

[62]文保元（一三一七）年、幕府の調停により両統間の

産も気候変動と自然災害がもたらす影響をまぬがれることができず、寛喜二（一二三〇）年から翌年にかけて大飢饉が発生したことなどに示されるように不安定状況を無視することができない。

農村社会では、領主に公事（くじ）[63]を納める必要上、農作業の副業としての家内労働により、生糸・絹布・麻布・紙・染料・灯油・筵（むしろ）・桶などさまざまな品物が生産されていたが、公事として納入された残りは、市場で他の品物と交換された。やがてこれら手工業品は商品として流通するようになり、荘園に定住したり各地をまわって生活する専門の手工業者もあらわれた。街道や港湾など陸上交通・水上交通の要衝では月三回程度の定期市（三斎市〈さんさいいち〉）が開かれ、京都・奈良・鎌倉のような都市では常設の小売店（見世棚〈みせだな〉）が登場し、同業者の組合である座（ざ）が結成された。商業の活発化は貨幣経済の発達をもたらし、膨大な宋銭が流通していたことが、近年の中世遺跡の発掘によりあきらかにされている。その結果、貨幣取り引きや貸し付けをおこなう業者（借上〈かしあげ〉）があらわれ、決済を手形で代行する為替（かわせ）の制度が利用され、それに専門に従事する問丸（といまる）が、交通の要地で商品の中継と運送をおこなっていた。

後醍醐天皇の討幕計画と鎌倉幕府の滅亡　所領の分割相続と金融資本の圧迫により困窮の度をつよめる御家人が増加し、また既成秩序から排除された勢力から悪党（あくとう）[64]・海賊活動に走るものがあらわれ、その鎮圧のための軍役賦課がさらに一般御家人層を圧迫するという悪循環も発生した。また、武士により既得権を奪われた公家・寺社勢力も不満をつのらせており、先にのべた皇位継承の問題もかさなって、諸階層の不満がほとんどすべて幕府（実態としては得宗〈とくそう〉周辺）に集中する構図が明確になってきた。その対処にあたるべき幕府の実権は、貞時の没後、後継

皇位継承原則に関する協議がなされたが（文保の和談）、結果は不調に終わった。

[63] 年貢や官物以外に、荘園・国衙領の住人に賦課された雑多な諸役の総称。

[64] 鎌倉後期以降、幕府・朝廷・荘園領主の支配秩序に対して敵対的行動を取り、蜂起をおこなった集団。その行為を仏神にさからう悪行ととらえる観念を前提に、訴訟用語として使用されたもので、南北朝中期には語の用例は消滅する。

者の幼い北条高時を補佐する御内人の筆頭長崎円喜と高時の外戚安達時顕がにぎっていたが、その統治能力は乏しく、奥州での安藤氏⑮の内紛の処理に失敗するなど失政が目立ち、また権力内部の争いもたえなかった。

大覚寺統の後醍醐天皇は、元亨元（一三二一）年に後宇多院政を継いで親政を開始し、北畠親房や日野資朝・俊基などを登用して、記録所を中心とする訴訟制度整備、諸国新関停止、物価統制、供御人の組織化など積極的政治をすすめていた。しかしその皇位は不安定であり⑯、後醍醐は幕府の影響力を排して皇位継承権を掌握するべく、実力で幕府に対抗する道を選択した。最初の討幕計画は正中元（一三二四）年に未遂のまま発覚して鎮圧され（正中の乱）、楠木正成⑰などの力をえてなされた元弘元（一三三一）年の蜂起も失敗し、翌年後醍醐は隠岐に流される（元弘の乱）。しかし、さまざまな階層の得宗専制支配に対する反発は後醍醐の討幕理念に結集した巨大なうねりとなり、諸国での幕府打倒の戦いははげしさをました。得宗権力に反旗を翻した足利高氏（のちに尊氏と改名）の六波羅攻撃、得宗権力に反発して上野で兵をあげた新田義貞の鎌倉攻撃により、元弘三［正慶二］（一三三三）年、幕府は約一世紀半の歴史に幕をおろして滅び去ったのである。

⑮安東氏とも。奥羽の豪族安倍氏を本姓とする津軽の武士団。蝦夷を出自と称する立場を背景として、幕府から蝦夷地支配を委ねられ、また得宗被官として北条氏所領の経営にあたった。

⑯後宇多は、後醍醐の兄後二条天皇の兄邦良親王の即位を望んでおり、後醍醐は大覚寺統のなかにあっても中継ぎの立場にあった。

⑰河内国を根拠地とする武士。出自は未詳だが、得宗被官であった可能性もある。後醍醐は、律僧文観（もんかん）を介して彼との結びつきを持った。

二　内乱と一揆の時代

1　南北朝の内乱

南北朝時代　南北朝時代とは、狭くは、九州から上洛した足利尊氏が建武三［延元元］（一三三六）八月、持明院統の光厳上皇・光明天皇（北朝）を擁立し、同年一二月に京都を脱出した大覚寺統の後醍醐天皇（南朝）が吉野に入ったときから、①室町幕府の主導によって南北両朝（後亀山天皇と後小松天皇）の講和が成立する明徳三［元中九］（一三九二）年までのあいだをいう。なお、広くは、鎌倉幕府の滅亡以後や、元弘元（一三三一）年の元弘の乱以後をふくめる場合もある。

南北朝の対立　鎌倉幕府の滅亡によって、公武をあわせて政権の座についた後醍醐天皇は、ほんの二年余り政権を維持したにすぎない。幕府滅亡とともに、武士たちの所領をめぐる争いが頻発したが、後醍醐は適切な処理ができなかったので、おおくの武士たちは不満をつのらせた。後醍醐は、自らが政治・軍事のすべてを一元的に把握しようとしたが、主従制にもとづく武士の軍事行動の原理をまったく理解していなかった。

後醍醐の建武新政に対する武士たちの不満を察した足利尊氏は、建武二（一三三五）年、鎌倉で挙兵し西上した。翌三年二月、敗れて九州へ落ちのびたが、九州・瀬戸内の軍勢を率いた尊氏は、五月に湊川の合戦で楠木正成を破り、八月には光厳の弟光明を皇位につけた。その

①建武三［延元元］年一二月、後醍醐天皇は吉野に逃れたため、いわゆる南北朝の対立となり、建武政権は消滅した。南朝ははじめから劣勢であった。建武四［延元二］（一三三七）年から翌年にかけて新田義貞（にったよしさだ）の率いる北国勢がまず没落し、やがて北畠顕家（きたばたけあきいえ）の率いる奥州軍も壊滅し、さらに暦応二［延元四］（一三三九）年には、後醍醐天皇が吉野で病死した。こうして尊氏の挙兵からわずかのあいだに南朝は大きな打撃をうけた。

一一月には、後醍醐から光明に神器が渡され、その直後、尊氏は建武式目一七ヵ条を定めた。室町幕府の実質的な開設にあたっての施政方針である。

観応の擾乱　足利尊氏は、暦応元（一三三八）年、征夷大将軍となり、名実ともに幕府の首長の地位につく。自らは軍事指揮や恩賞授与など武士に対する主従制的な支配権をにぎったが、弟の足利直義（ただよし）にも、全国の政務や裁判を統括する権限を与えた。そのため、幕府の権力は分裂・競合して、一種の二頭政治（二元政治）となった。そのことが、やがて尊氏の執事高師直（こうのもろなお）と直義との対立をうみ、内乱をひきおこすことになる。

貞和五（一三四九）年、直義が師直を執事から追放すると、師直は武力によって直義を引退させるなど、両派の亀裂は決定的となった。直義は観応元（一三五〇）年、師直に追われて九州にいた養子（尊氏の子）の足利直冬（ただふゆ）と呼応して挙兵し、尊氏・師直の軍と武力衝突した。そして、尊氏軍を圧倒して南朝と講和し、師直を殺した。しかしその後、南朝と和睦した尊氏は、直義を関東に追いつめ文和元（一三五二）年、鎌倉で殺した。こうして幕府内の紛争は、一応決着がつけられた。この騒乱を観応（かんのう）の擾乱（じょうらん）という。②

観応の擾乱によって、動乱期の社会矛盾が表面化されることとなった。荘園を侵略して領主的発展を遂げようとする国人（こくじん）領主層と、荘園制的秩序を維持しようとする寺社権門層との対立や、一族内の惣領（そうりょう）と庶子（しょし）との対立、悪党や百姓たちの台頭などが、それである。③さまざまな階層において、鎌倉幕府のような古い秩序の存続を願う直義側の勢力と、尊氏・師直側のような旧来の秩序を破壊し、新しい変化を願う勢力とが対立する構図ができあがった。

悪　党　鎌倉後期ごろから活発となった悪党の活動は、一三世紀半ばから一四世紀半ばに最

②足利一門はじめ守護・国人（こくじん）クラスをもまきこみ、全国各地の武士たち、あるいはその一族が、両派に分かれて争いをくりひろげた。

③国人は、「国衆（くにしゅう）」ともよばれた在地領主の呼称。系譜的には、鎌倉期以来の地頭の系譜をひくものと、南北朝期以降、在地で領主制を形成しつつある荘官層たちがある。かれらは在地に根を張り、庶子や村落上層民などを家臣化するとともに、幕府や守護などの上位権力に対抗しながら、百姓とのきびしい対立などのため、相互に地域的な連帯や団結を固めた。

高潮となった。悪党という呼称は、はじめ荘園支配を破壊する集団に対して使用されたが、やがては、反幕府的行動をとるものすべてをさすようになった。その勢力は、鎌倉末期には幕府・守護でも手に負えないほどに成長していった。

初期の悪党は、博奕や小盗を業とし、だれにでも雇われては、裏切りを平気でおこなう一〇人から二〇人ほどの小さな集団であった。④しかし、やがて交通の要衝の地や有力寺社の拠点荘園にあらわれ、「吉キ馬ニ乗リ列リ、五十騎・百騎打ツツキ」（『峰相記』）といわれるように、五〇騎・一〇〇騎という大集団にふくれあがり、騎馬による行動力も向上した。その連帯・結合の範囲はときに数ヵ国にわたるほどになった。そして幕府の禁令や討伐軍の派遣にもかかわらず、悪党蜂起は頻発し、荘園などをはげしく侵略した。⑤

内乱期の百姓たち　建武元（一三三四）年、若狭国太良荘（福井県小浜市）では五九名もの百姓たちが、一味神水して、地頭代脇袋氏の非法一三ヵ条を荘園領主の東寺に訴えて、排斥しようとした。⑥領主直営田の経営に酷使されたため、百姓たちの作稲が不熟となってしまったとか、百姓たちに京上夫・城郭構築などの重い労働夫役をかけたり、百姓の在家を破壊し、百姓名を押領するなど、数々の悪行をおこなっていると、はげしく告発している。

一四世紀の中ごろ、太良荘には、公文などの有力名主層に指導され、農民である散田作人層までも含みこんだ「惣百姓」の結合が成立していた。百姓の訴えや要求などは、惣結合の場で相談し、連署起請文＝百姓申状にまとめて、荘園領主につきつけられた。

中世後期の村落では、百姓たちも一味同心して、風水旱損などの災害によって収穫が減った年には年貢の減免を求め、洪水などで壊された堤・溝の修理にかかった経費として井料を年貢

④鎌倉末期の時代世相を描いた同時代の播磨の地誌『峰相記（みねあいき）』は、悪党の具体的様相を、「柿帷（かきかたびら）ニ六方笠ヲ着テ、烏帽子袴ヲ着ス、人ニ面ヲ合セス」、「異類異形ナルアリサマ、人倫ニ異ナリ」と記している。「人間」を象徴する烏帽子袴を着用せず、「非人」が着る服の色として定着しつつあった柿色の衣を着していたことは、奇異の念をあたえた。「異類異形」とは、常識的には考えられないことがらを表現する。

⑤後醍醐天皇は倒幕行動の軍事力として、在地の反幕府的勢力＝悪党・野伏らを積極的に活用した。天皇を援けた楠木正成・名和長年らの行為は、すべて悪党的武士団としての行動といえよう。幕府の大軍に囲まれた楠木正成の拠る千早城を救援したのは、「案内者ノ野伏共」（『太平記』）。つまり、その土地の地理を熟知した在地の侍・名主・百姓

から控除させるなど、領主にさまざまな要求を出し、村どうしで山野や用水を争った。⑦

2　室町時代の政治と社会

幕府の統治体制　室町幕府は、奥羽二国と大和をのぞく六十余ヵ国に守護を置いた。駿河から長門までの地域を将軍が統治し、東国を鎌倉公方が、九州を九州探題が、それぞれおさめるかたちをとり、その統轄のもとで守護が国々を支配していた。幕府成立期の守護のおおくは、足利氏一門や有力武将で、かつての北条氏得宗専制下の守護制度を継承したものであり、後醍醐の建武政府も、国司と守護を併置していた。

鎌倉府　鎌倉府は、室町幕府が鎌倉に置いた東国の統治機関で、そのはじまりは、建武政権の地方統治機構であった。

そのはじまりは、足利直義のときで、貞和五（一三四九）年、足利義詮（尊氏の子）にかわって弟の基氏が、その任につき諸権力を行使したのが制度上のはじめといわれている。しかし、義詮の時期に鎌倉府は成立していたのである。その後、観応の擾乱中の文和元（一三五二）年正月に鎌倉にはいった尊氏は、直義方についた基氏を追放した。しかし、翌年七月の尊氏の上洛にともない、基氏が鎌倉公方に返り咲き、この子孫が代々跡を継いだ。幕府からの命令指示は、原則として鎌倉府を通じて施行された。東国の幕府という性格をもち、多少の変動はあるが、おおよそ関東八ヵ国と伊豆・甲斐（一時は陸奥・出羽を含む）を管轄地域とした。ここの主は鎌倉公方（関東公方）と称され、その下に関東管領とよばれる政務を統轄する職が置かれて、おおむね上杉氏が継承した。

たちであった。

⑥一味神水とは、中世における団結の作法の一つである。鎌倉後期以降とくに畿内の村落でおおくみられ、村民が「一味起請文（いちみきしょうもん）」を書いて、それを焼いた灰を神水に混ぜ、皆がその神水を飲んで団結を神に誓う。

⑦山野の利用の場合、草木を供給源としている肥灰が重要になり、薪炭などの商品生産がさかんになると、用益権の帰属をめぐって紛争が頻発した。近江国葛川荘は、青蓮院を本所とし、比叡山無動寺を領家とする山間荘園で、薪・炭・材木の生産が主要産業であった。鎌倉期以降、山野の領有をめぐって近隣の伊香立荘・木戸荘などと抗争をつづけていた。文和五（一三五六）年には、幕府領の山城国久多荘とのあいだに境相論が発生し、やがては弓箭の合戦となった。久多方は幕府権力を、葛川方は比叡山の権威を背景に、はげし

九州探題　足利尊氏が東上したあとの九州では、一色範氏が九州幕府軍の最高指揮者となった。そのような役割の者を、しばらくは鎮西管領とか鎮西大将軍などといい、のちには九州探題とよんでいる。南北朝期の九州は、九州探題と、南朝方の出先機関である征西将軍府との対抗関係を主軸にして展開するが、前半は一色氏が、後半は今川了俊（貞世）の支配が及び、征西将軍府の勢力が及んだのは、主としてそれが大宰府に置かれていたころである。

一色氏につづいて斯波氏経・渋川義行が九州探題になるが、そのころの南朝勢力は、九州では勢威を誇っていた。九州に足を踏み入れることもできなかった渋川義行のあとをうけて、応安四（一三七一）年に今川了俊がその任につき、二五年にわたる九州経営を通して、南朝勢力や少弐氏を圧倒して、幕府の九州支配を安定させた。

室町幕府の九州統治機関である九州探題は、建武三［延元元］（一三三六）年、一色範氏が任ぜられて以来、永禄二（一五五九）年、大友義鎮が任ぜられるまで、名目的にせよ二〇〇年以上の長きにわたって存続した。少なくとも、南北朝初期の一色範氏から後期の今川了俊をへて、応永期（一三九四～一四二八）の渋川満頼・義俊ごろまでは、室町幕府の九州支配のかなめの役割を果たしている。

守護の職権　室町期の守護は、鎌倉期の守護がもっていた幅広い権限をうけつぎ、さらに使節遵行権や、荘園・公領の本年貢（のちには下地そのもの）の半分を、軍事費として管轄下におく半済の権限をも付与された。⑧これが応安元（一三六八）年、管領細川頼之の出した「応安の半済令」で、これによって武士の得た権益は大きかった。ただし、この半済は、禁裏仙洞料所（皇家領）・摂関家領・寺社一円仏神領を対象としないので、皇家・摂関家・顕密・五山

く戦った。

　また、応永一五（一四〇八）年、山城国上久世荘の百姓たちが、旱魃のために桂川が干上がって大損亡になったとき、早稲（わせ）・晩稲（おくて）など収穫期の異なる稲を植えて不作に備えていたが、それでも凶作を回避することができなかったと、領主の東寺に訴えている。

⑧幕府による所務相論の判決・下地押領の排除命令などを、現地で執行する権限を使節遵行、あるいは下地遵行という。

　半済の本来の意味は、年貢・公事などを半分納入すること。文和元（一三五二）年、室町幕府が近江・美濃・尾張三ヵ国の本所領荘園の年貢半分を兵粮料所として一年をかぎって軍勢に預け置いたのを半済令の初見とする。

寺社などの大荘園領主の利益を保護するとともに、守護・国人層らの荘園侵略をある程度限定するという機能も果たすこととなった。また、役夫工米・大嘗会米以下の一国平均役（寺社造営役）などの役のおおくは大田文・図田帳や家屋の棟数に応じて賦課されたので、段銭・棟別銭の名でよばれたが、康暦二［天授六］（一三八〇）年ごろからは、幕府・守護がその賦課の主導権をにぎることとなった。さらに一五世紀の半ばには、守護が独自の段銭（守護段銭）を、各領国内で恒常的に賦課するようになる。これは、領国全域に守護の支配権が浸透する契機となった。

幕府権力が相対的に安定してくると、有力守護が京都に常駐することが慣例となった。本拠地の国の守護所には、守護代や小守護代が置かれ、郡には郡代（郡奉行）なども置かれた。この守護所は、それぞれの地方の中枢都市として発展し、納入物を保管する倉庫群や守護所に仕える職人の工房、あるいは役人・職人の住居などがたちならんだ。地方の有力国人領主も、それぞれの本拠地に小城下をつくった。

日本国王足利義満　応永元（一三九四）年、足利義満は将軍職を辞し、太政大臣に任ぜられた。その後、応永八（一四〇一）年、義満は明の建文帝に、「日本准三后道義、書を大明皇帝陛下に上る」との文言ではじまる国書を、僧祖阿、博多商人の肥富に託して送った。翌年、明は冊封使を遣してきて、義満を「日本国王源道義」に任じた。ここに明との冊封関係が成立し⑨、これを機に、朝鮮・琉球も義満を国王と自動的に認めることとなった。その後、四代将軍の義持の代の応永一八（一四一一）年、明の永楽帝の使節を追い返して、日明国交を断絶し、国王号を取り下げるなどの出来事もあったが、まもなく国交は再開された。

⑨冊封とは、中国皇帝が周辺諸国の王に爵位や暦などを授けること。一五世紀の初頭、明の永楽帝は、甥の建文帝を倒して帝位についたが、即位後まもなく建文帝による朝鮮国王・日本国王冊封を再確認し、両国との関係は安定した。東アジア諸国間の関係は、明の皇帝を君、諸国の王を臣として結ばれる冊封（朝貢）関係を中核としながら、各国家が領域外との交通関係を独占することを建前とした。

冊封体制の下では、皇帝および諸国の王のみが外交に参加する資格をもち、かれらが派遣した正式の使節であることを証明する通交証明として、明の皇帝から「勘合(かんごう)」が交付された。日本の勘合船（勘合符を携えた交易船）は、応永八（一四〇一）年から天文一六（一五四七）年までの約一世紀半に一九回、明に渡航した。

幕府の制度　観応の擾乱の後、およそ四〇年にわたって、細川・斯波両氏が交代で管領をつとめ、将軍を補佐する体制がつづいたが、足利義満は、応永五（一三九八）年に初めて畠山氏から基国(もとくに)を管領に任命し、ここに三管領の家格が成立した。いずれも足利氏一門である。一方、侍所は、検断や御家人統制の任に当たり、山城国の守護職も兼ねて強大な権限を握っていた。しかし、管領制が確立すると、その権限は洛中の検断（主として治安警察）にかぎられるようになった。⑩

足利義持の時代には、政務決定のあり方が、前代の将軍専制から合議制へと変化し、幕府の重要案件は重臣会議の審議をへる、という慣行が定着していった。こうして、義満・義持の時代は、幕府の体制が比較的安定してきている。しかし神籤(みくじ)により将軍に就任した六代の義教(よしのり)は、神意で選ばれたという意識からか、最初から神秘主義と親裁を志し、年とともに専制化の傾向を強めた。⑪その義教が赤松氏に殺され、八代将軍の義政が無力であったため、内紛を招き、応仁・文明の乱をひきおこすなど、幕府体制は大きく弱体化していくこととなった。

正長・嘉吉の一揆　正長元（一四二八）年、「日本開闢(かいびゃく)以来、土民蜂起これ初めなり」といわれた史上最初の徳政一揆が、畿内の各地で連鎖的に蜂起した。⑫自立を強める村落が連携して組織化し、やがてそのおおくが京都におしよせるようになった。大和国では守護権をもつ興福

⑩一般には「三管領四職」として、山名・京極・一色・赤松の四家から侍所の所司が任じられたといわれているが、義満時代に土岐（とき）氏（美濃の守護）が侍所にしばしば補されているので、五職家と称すべき家格が成立していた。

⑪家督の決定は衆議に従うことが広くおこなわれており、将軍の後継者指名にも適用された。正長元（一四二八）年、危篤状態の義持は、護持僧満済（まんさい）に、家督決定を衆議に委ねることを遺言した。これによって、前例のないくじびき（神判）によって将軍が決定することとなり、石清水八幡宮の神前で引いたくじの結果、後継は義教と決定した。中世社会において、このくじによる決定は、神判＝神意の表明であり、神意がでた以上は、絶対的に従うという考えであった。

⑫徳政は、人びとに恩徳を施す政治、特別の仁政をお

寺が、馬借一揆の力におされて、大和一国内に徳政令を発布した。また、侍所の赤松満祐が京の土一揆鎮圧に力を注いでいるころ、領国の播磨で百姓たちが、武士を追放して自分たちの国をつくろうと土一揆をおこした。

嘉吉元（一四四一）年には、正長の土一揆をうわまわる大規模な一揆が発生した。京都周辺の民衆が蜂起し、洛中の諸口をふさぎ、酒屋・土倉などの高利貸を襲い、借書の破棄や質物の取返しなどを強行したので、幕府は初めての徳政令を発布せざるをえなかった。侍所の軍勢も、数万の民衆をおさえられなかったのである。

動揺する東と西　応永二三（一四一六）年、関東管領を罷免された上杉氏憲（禅秀）は、鎌倉公方足利持氏に対して大規模な反乱をおこし（上杉禅秀の乱）、これ以後、鎌倉公方は東国の安定をとりもどすことができない状態となった。この乱を、幕府のたすけによって鎮圧した持氏は、永享一〇（一四三八）年こんどは自ら幕府に叛き、将軍義教や関東管領上杉憲実のために討たれた（永享の乱）。基氏の子孫によって継承されてきた鎌倉府の崩壊といえよう。これ以後関東では、上杉氏が実権を握ることとなった。その後、永享一二年、足利持氏の遺子を奉じた下総の結城氏朝は、関東管領上杉憲実および幕府と対戦した（結城合戦）。これは永享の乱をはるかにうわまわる戦いであったが、翌年、氏朝は敗北した。この二つの乱によって、将軍義教は足利持氏一派を一掃したかにみえたが、嘉吉元（一四四一）年、義教は、赤松満祐に謀殺された（嘉吉の乱）。山名氏ら諸将はただちに赤松氏を討った。山名氏は、それ以前の明徳二（一三九一）年、一一ヵ国の守護職を有する氏清らが足利義満に討たれたために（明徳の乱）、その勢力が大きく減退していたが、これを機に勢いをもちなおした。

こなうこと。中世後期においては売買・貸借の契約を破棄すること、つまり債権債務の破棄や売却地取りもどしを意味するようになり、その徳政を求めて一揆がおこった。

国人一揆　南北朝・室町期の国人は、所領を一円化し地侍などを被官にすることによって、村落を支配しようとした。このため、百姓とのあいだには年貢の収奪などをめぐっての争いがおこり、それに抵抗する百姓や町人の逃亡なども頻発していた。さらに、国人同士の対立や守護との争いもおおく、国人の所領支配は不安定なものであった。そこで国人たちは、守護などの外からの支配に抵抗し、所領支配を強固なものとするため、たがいに協力しあって、問題の処理をはかろうと国人一揆とよばれる地域的な連合を形成した。⑬国人一揆は、守護の支配に抵抗したり、百姓・家人・下人などの逃散を禁止し人返しを規定するなど、かれらの支配秩序を維持するための盟約などを結んだりした。

農業技術の発達　南北朝期以降、稲の収穫後に麦を蒔くことや、麦などの穀物を二回栽培する農法がより一層広がった。灌漑排水技術や肥培技術も進んで、二毛作の可能性を大きく広げた。応永二七（一四二〇）年に来日した朝鮮回礼使宋希璟は、こうした日本農業の発達ぶりに驚き、目にした摂津国の様子を、「日本の農家では、秋に水田を耕して大麦・小麦をまき、翌年の初夏にそれを刈りとり、そのあとに苗を植えて秋のはじめに稲を刈りとる。そのあとにまた木麦（蕎麦）をまいて、冬のはじめに刈りとる」、「耕地は一年三たび穀を刈る」とのべている。また、永享元（一四二九）年、来日した朝鮮通信使朴瑞生も、朝鮮の揚水車は人力回転であるのに、畿内の農村では自転の揚水車を使って水田へ水を汲みあげていると感心している。⑭

もともとは荘園領主が掌握していた灌漑用水の支配・管理権も、時代とともに様子が異なってきた。たとえば一三世紀の中ごろ、領主の高野山（金剛峰寺）は、紀伊国荒川荘の用水管理権を掌握していたが、応永二〇（一四一三）年には用水設備費を負担して、大井堰の築営を有

⑬弘治三年（一五五七）一二月、毛利元就は一一名の安芸国人と三ヵ条の盟約を結んだ。戦争時の動員に際して、軍勢の狼藉を制止すること、陣払い（撤兵）の禁止、特別の場合の「狼藉」（略奪）行為許可は「衆儀」（皆による評議）による、という。申し合わせの連署形式は、いわゆる傘型連判であり、相互に対等の形をとっている。しかし、この盟約はその成立の時期からみて、もはや実質的には対等のものではなく、元就の主張を承認したものであった。ただ、それをなお対等平等の形式でしか表現できなかったところに、戦国大名毛利氏と国人とのあいだの結びつきの特徴があった。

⑭水稲耕作は、苗作の設定－苗の育成－田おこし－代掻（しろか）き－田植え－除草－刈入れ－天日（てんぴ）による乾燥－脱穀－籾摺（もみす）りという手順で行われた。「ゆい」とい

力百姓層の指導する村落の手にゆだねている。

地方市場の発展　農村と近隣の市場との関係がしだいに密接となり、百姓たちは、穀物・豆類などの畠・山畑の特産物を市場で換金したり、生産用具や生活に必要な日用品を求めることもおおくなった。

鎌倉期に成立していた大小の地方市場のなかには、瀬戸内海交通路の要衝を占めていた小早川(こばやかわ)氏の本拠地の安芸国沼田荘(ぬたのしょう)の本市・新市などのように、南北朝期に急にその規模を拡大したところもある。⑮そこには、給田(きゅうでん)を与えられた紙漉(かみすき)・番匠(ばんしょう)・白皮造(しらかわづくり)・皮染(かわぞめ)などの手工業者が集まって生業を営み、生産諸物資の一部を小早川氏に貢納していた。永享五（一四三三）年ころには、その市場在家(ざいけ)の合計は四五〇軒・土蔵一軒を数えた。小早川氏はまた、永享一二年には朝鮮貿易にも乗りだしている。

3　中世後期のアジアと日本

琉球王国　一四世紀末ころ、沖縄本島には北山（山北）・中山(ちゅうざん)・南山（山南）の三つの王権（三山）が分立していたが、一四世紀末・一五世紀はじめには、これら三山は、明とのあいだに個別に国交を確立させていた。⑯当初、明が三山から得たものは、馬や硫黄(いおう)といった軍需物資が主であったが、一四世紀末ころから、染料の蘇木(そぼく)（丹木）・胡椒(こしょう)・乳香など東南アジアの産物が含まれるようになった。

一四二〇年代末ころ、中山王の尚巴志(しょうはし)が三山を統一し琉球王国を建国した。統一王朝は中国人の私貿易商と結び、たがいにはげしく競合しながら中継貿易によって大きな交易利潤を得て

われる協業は、田植え期などには、不可欠なものであった。

⑮暦応三（一三四〇）年と文和二（一三五三）年の二度にわたって小早川氏は、置文（おきぶみ）と市場禁制（きんせい）を発布し、被官人の市場居住を禁止して、惣領家による市場の直接管理をすすめている。その掌握する市場は、発展をつづけ、応永初年（一三九四）ころには、本市のほかに新市を分出する。

⑯これは、明による琉球の国際的認知を意味する。「山」とは、島あるいは国を意味する言葉と思われる。北山は今帰仁（なきじん）城、中山は浦添（うらそえ）城、南山は大里（島尻大里、しまじりおおざと）城をそれぞれ拠点にした。

富を蓄積した。日本で応仁・文明の乱がおこったころ、琉球でも内戦がおこり、第一尚氏王朝が滅び、第二尚氏王朝が成立した。この王朝の三代の王尚真（しょうしん）（在位一四七七〜一五二六）は、支配制度などの整備につとめるとともに、奄美諸島から先島（宮古・八重山）までを支配領域とする統一国家としての体制を確立したので、この時期は「琉球の黄金時代」といわれている。

琉球は、朝鮮・日本・中国などの東アジアと、シャム・マラッカ・パタニなどの東南アジアを結ぶ交易ルートの要として、中継貿易を展開し、一五・一六世紀のアジア史に重要な位置を占めた。⑰琉球は朝鮮とも外交関係をもっていた。しかし、一五一一年にはポルトガルがマラッカに進出しアジア貿易に乗りだしたので、琉球の活躍の場はせばまった。一六世紀半ば以降、琉球の東南アジア貿易は衰退の一途をたどり、一五七〇年のシャム渡航を最後に断絶する。

日明貿易　日本の遣明船は、当初は幕府が主体であったが、やがては守護大名や大寺社の船も加わるようになった。主な輸入品として、銅銭・生糸・絹織物・薬種・書籍などがあり、輸出品としては刀剣・工芸品・銅・硫黄などがあげられる。しかし、勘合貿易は寛正元（一四六〇）年以降、大内氏＝博多商人と細川氏＝堺商人との争奪の対象となってしまい、ついに大永三（一五二三）年、日明貿易の拠点である明の寧波（ニンポー）で両氏は衝突した（寧波の乱）。乱後、明は日本の入貢をきびしく規制し、やがて、勘合貿易は大内氏の独占するところとなった。⑱天文二〇（一五五一）、大内氏が滅亡すると、遣明船の派遣はおこなわれなくなった。しかし、私貿易はいっそう活発となり、倭寇（わこう）の活動もさらに活発化することになった。

朝鮮との通交　李氏朝鮮は、日本との通交のため倭寇の取締りを求めた。一四世紀末に、その取締りを日本に要求した朝鮮は、日本との通交貿易を制限つきで許可した。それらの交易を

⑰琉球船は中国商品を日本・朝鮮・東南アジアに売ったのち、それぞれの国の特産品を調達して琉球に帰り、さらに自国産の物品をくわえて中国に輸出した。

⑱天文七（一五三八）年に第一八次・三隻を、同一六（一五四七）年に第一九次・四隻を派遣したが、これが勘合貿易の最後となった。

管理統制する役割を対馬の宗(そう)氏に与えた。一四一九（応永二六・世宗元）年、朝鮮は倭寇の根拠地をたたこうとして対馬を襲撃する事件があったが（応永の外寇）、一六世紀半ばにいたり朝鮮への通交権はほぼ宗氏に独占されるにいたった。貿易品として、日本から銅・蘇木・硫黄・漆器などが輸出され、朝鮮から木綿・大蔵経・仏具などが輸入された⑲。

日本の拠点であった対馬では、永正七（一五一〇）年、朝鮮側の交易の統制を強めようとすることに不満をつのらせた朝鮮半島南辺の三浦の倭人たちは、対馬島民の援けをえて武力蜂起をおこしたが、敗れて追放された（三浦の乱）。その後、一五一二年の壬申約条によって対馬と復交し、一港のみ開港したが、日本人が定住することは禁止された。

倭　寇　倭寇とは、中国の海禁政策のもとで形成された東アジアの私貿易・海賊集団であって、民族・国境を越えて連合していた。一四世紀後半以来、これらの集団が人や物や技術の交流の主役になっていった。一三五〇年以降、朝鮮半島で活発化した倭寇は、対馬・壱岐や北部九州などを拠点とする日本人や朝鮮人を主力とした。それから一五世紀はじめにかけて、朝鮮半島・山東半島などを中心として、私貿易や略奪行為などをおこなっている（前期倭寇）。

その後、一六世紀のはじめから半ばにかけて、倭寇の活動は最盛期をむかえた。中国の沿岸部などで私貿易をおこなっていた中国人の武装商人団がその大半を占め、西日本の人びとも加わっている。かれらによる私貿易は、ポルトガル人のアジア貿易と結びついて、さらに活発化した。九州の諸大名たちの中には、中国と私的な交易をすすめるため倭寇の活動を利用し、かれらを領内にまねく者もあらわれた。一六世紀半ばにいたり、明の攻撃により大きな打撃をうけたかれらは、大船団を率いて中国大陸沿岸・朝鮮半島南端を襲撃した。一五五五年を頂点と

⑲室町期に朝鮮から大量に輸入していた木綿は、一六世紀にはいると関東以西のほぼ全域で栽培されるようになった。それまで主として絹織物や麻布を用いていたが、吸湿・保温・耐久性などにすぐれた木綿は、衣料として短期間に普及していった。さらに、筵帆（むしろほ）にかわった船の木綿の帆は速力を増し、大型帆船の登場を促した。また鉄砲の火縄としても用いられた。

なお、日朝間の交易の拠点となったのは三浦（さんぽ）であった。ここは、朝鮮半島南辺に一五世紀初頭以来形成された倭人の居留する都市で、乃而浦（ないじほ）など三つの港の総称である。また、東南アジアの産出品である蘇木や胡椒などは、日明・日朝貿易には不可欠のものであったが、これらは琉球が中継し、さらに日本の諸勢力が、明や朝鮮に中継貿易をおこなったものであった。

するこの倭寇活動を、明の元号により「嘉靖の大倭寇」(一五二二〜二六)という。倭寇の頭目としては王直(一五五七年以降)や徐海が知られている(後期倭寇)。

一六世紀後半にいたり明の弾圧策や、一五六七年の海禁令の緩和などにより、倭寇の活動は次第にしずまり、豊臣秀吉が天正一六(一五八八)年に海賊停止令⑳を発したことなどによって、その活動は収束することとなった。その間、日本・中国・アジア各地の商人たちが、台湾・ルソン(フィリピン)などに舞台を移して交易をおこなった。

鉄砲伝来　天文一一(一五四二)年、明の五峰すなわち倭寇の首領である王直の船に乗って、シャムから種子島に漂着したポルトガル人が鉄砲を伝えた。かれらは同じ船でシャムへ帰り、翌四三年ふたたび王直の船で種子島へやってきて、島民たちに砲底を塞ぐ鉄砲製造技術を伝授した。その技術は、堺や根来などをへてまたたく間に全国に伝わった㉑。

北方交易　北方は、中世において人間世界とは異なる異界との境界領域と考えられていたが、現実は北方諸民族が活躍する世界であった。北方交易に重要な役割を果たしたのが津軽安東(安藤)氏で、蝦夷地往来の拠点としてさかえた十三湊(青森県市浦村)を本拠地として活躍した。蝦夷島はアイヌ民族の居住地であるが、鎌倉時代に安東氏が蝦夷管領の代官職として、蝦夷島を統治していることになっていた。室町時代に、安東氏は「日の本将軍」と称するようになるが、「日の本」は太陽の昇る東の果ての意味で、安東氏の支配する日本国の北辺ないし蝦夷地をさしていた。

十三湊は、蝦夷島渡海の起点であるとともに、日本海沿岸航路を通じて畿内方面へとつながっていた。一四世紀から一五世紀の十三湊は、「夷船・京船群集」とか「北国又は高麗の船も

⑳刀狩令と同時に発令された豊臣政権の法令で、海の刀狩令ともよばれる。海の盗賊行為に対する成敗権(せいばいけん)=海の平和の豊臣政権による掌握の体制を意図する。東アジア外交を視野においた、唐船・黒船をも含む海賊行為の停止令はくりかえし発動された。豊臣政権にとって海賊停止令の貫徹は、ただ海民の掌握をめざす国内政策であるだけではなく、海の支配権=海の平和令にもとづき、いっさいの東アジア外交の基礎として位置づけられていた。

㉑江戸時代以前では「鉄炮」の字が用いられている。日本に鉄砲を伝えたのは、ポルトガル人ではなく、倭寇であるとする説もある。王直は仲立ちではなく、鉄砲伝来の主人公という。倭寇は禁制品の硝石や硫黄を重要な交易品としたが、鉄砲も一緒に取り扱ったという考えである。

御入」といわれるほどの繁栄ぶりで、安東氏の海上活動やアイヌの交易活動を基盤に、環日本海地域の交易・文化圏が成立していた。

コシャマインの蜂起　一五世紀半ばころには、和人の居住地域は渡島(おしま)半島の各地におよんでおり、アイヌとの混住が進んでいたとみられる。長禄元（一四五七）年、東部アイヌの首長コシャマインが蜂起して、志濃里館(しのりだて)（志苔館）・箱館(はこだて)をはじめ、渡島半島南端の和人の居留地を攻めた。安東政季(まさすえ)は本州に逃走したが、コシャマインは蠣崎季繁(かきざきすえしげ)の客将武田信広（蠣崎＝松前氏の祖）に倒された。しかし、アイヌと和人との戦いは、その後も断続的にくりかえされた。

一五五〇年（一五五一年とする説もある）、安東氏が主導して、松前の蠣崎季広と西部の首長ハシタイン、東部の首長チコモタインの三者のあいだで、それぞれの支配領域と交易方法がきめられ、講和条約が結ばれて一世紀におよぶ戦争状態に終止符が打たれた。この際、蠣崎氏はハシタインとチコモタイン両者に年々「夷役」として、松前商人からの徴収分の一部を贈ることがきめられた。その後、豊臣政権になると秋田（安東）実季は蝦夷地との関係を断たれて出羽の一大名となり、蠣崎（松前）氏は安東氏の配下から自立して、蝦夷地唯一の大名としての地位を確立した。

4　戦国大名の時代

戦国時代　ふつう政治史のうえでは、応仁元（一四六七）年にはじまる応仁・文明の乱から永禄一一（一五六八）年に織田信長が足利義昭を擁して入京するまで、あるいは天正元（一五七三）年、義昭が追放されて室町幕府が滅亡するまでの約一世紀をさす。地域差もおおきく、関東の戦国は享徳三（一四五四）年の享徳の乱までさかのぼる。また終期は、九州では天正一五（一五八七）年、関東では同一八年の豊臣秀吉による征圧までとされる。

この時代は、中世的な党・座・一揆など、さまざまな結合体が、戦国大名権力によって解体・吸収されていく過程であった。戦国大名権力は、これら一揆的な勢力とのはげしい対抗のなかで成立してくる。

享徳の乱　関東の支配体制は、鎌倉公方と管領を二つの頂点としていた。その支配は、公方は関東中心部の鎌倉時代以来の伝統を有する守護家に、管領上杉氏は中小国人層に支えられていた。

足利成氏（しげうじ）は、父持氏のあとをついで鎌倉公方となると、享徳三（一四五四）年、関東管領上杉憲忠（憲実の子）を暗殺した。幕府は成氏討滅に動いたが、このことは、関東に足利・上杉をめぐる争乱の時代をよび、二四年間にわたる享徳の乱の幕開けとなった。

まもなく成氏は鎌倉を追われて、下総の古河（こが）を本拠とすることになった（古河公方）。小山（おやま）・宇都宮氏などの豪族層の支持を得た成氏は、利根川を境として関東東北部を支配したが、その西南部には関東管領の上杉氏を中心とした秩序も成立した。やがて、文明一〇（一四七八）年、成氏と上杉方のあいだで和睦が成立し、同一四年には成氏と室町幕府とのあいだにも和睦が成立した。

応仁・文明の乱　関東の享徳の乱とともに戦国時代の到来を告げる応仁・文明の乱が、首都京都を戦場にして勃発したのは、応仁元（一四六七）年のことであった。[22]この乱の直接の原因は、畠山・斯波両管領家、有力守護家などの家督争いや将軍継嗣問題であった。しかし、その

㉒守護大名・国人領主などの有力武将が諸国から動員された。『応仁記』は、東軍（細川勝元）は一六万一五〇〇〇余騎、西軍（山名持豊＝宗全）は一一万六〇〇〇余騎と伝えるが、その数はおおすぎて疑わしい。はげしい戦いがくりひろげられ、京都の大半が焼失した。当初は東軍が優位であったが、有力大名である大内政弘が上洛して西軍に加わるにおよんで、両者の勢力は拮抗し持久戦がつづいた。

背景には相次ぐ周辺地帯の飢饉と徳政一揆などで、深刻な社会の矛盾が首都に集中していたという状況があった。

都の戦乱は、以後一一年ものあいだにもわたった。そして国内を二分した大乱も、文明五（一四七三）年に、西軍の山名持豊と東軍の細川勝元の両将が相次いで死去すると、しだいにおさまり、結局は東軍の畠山政長・細川政元（勝元の子）方が勝利して、山名氏の勢力は衰えた。しかし、やがて政元は、政長を追放し、斯波・畠山両家は没落、細川氏が管領を独占することとなった。㉓

応仁・文明の乱後、将軍義尚は、近江の六角氏を討って将軍の権威を高めようと試み、そのあとをうけた義材（義尹・義稙）も、その権威の確保につとめた。細川政元が不慮の死をとげて後、永正五（一五〇八）年、一時将軍職をおわれていた義尹（義材と改名）が大内義興に擁立され、細川政元の養子高国の支持を得て入京し、将軍義澄は近江国に逃れた。義尹は義澄にかわって再度将軍になり、細川高国が管領、大内義興が管領代に就任した。

一向一揆　加賀国守護の富樫政親は、弟の幸千代と家督相続をめぐって戦いをつづけていた。幸千代が浄土真宗高田派と、政親は高田派に対抗する一向宗（本願寺派）と結んだ。政親は、文明六（一四七四）年に幸千代方を国中から追放することに成功した。しかし、守護政親も一向宗を中心とする圧倒的な一揆勢に敗れて、長享二（一四八八）年に自刃した。一揆勢は、富樫泰高やその子稙泰を守護に擁立したが、加賀は実質的には、一揆が国を支配するようになり、「百姓ノ持タル国ノヤウニナリ行キ候」といわれるほどであった。この一揆支配の体制はおよそ一〇〇年近くつづき、天正八（一五八〇）年、織田方の柴田勝家勢に敗れ崩壊した。㉔

㉓応仁・文明の乱の余震のつづく文明一七（一四八五）年冬、山城国では守護畠山政長派と義弟畠山義就派が戦っていた。これに対抗して、南山城三郡の「国人」と「土民」は集会を開き、国一揆を催した。つまり、百姓たちが、地侍たちを中心に団結して、両畠山軍に撤退を要求し、八年間にわたって山城国一揆はつづけられた。

㉔自治的な支配体制を「惣国」といい、一揆が国を支配することを「惣国一揆」という。近江甲賀郡の山中氏らが結成した郡規模の一揆（自らは「郡中惣」と称している）や、紀伊の雑賀衆と国人湯河氏の両者、および伊賀などで惣国一揆が成立している。これらは国制上の一国とはかぎらず、西岡や甲賀では一郡、山城国では三郡の規模である。

隣の越中国でも文明一三（一四八一）年、富樫政親の依頼をうけて浄土真宗の瑞泉寺を焼き討ちしようとした人びとに対して、一向一揆が蜂起して礪波郡に一揆の支配をうちたてた。さらに永正三（一五〇六）年には、加賀・能登・越中・越前で一向一揆がたちあがり、越中では一国全体ではないが、一揆の国持体制を実現した。

その後、畿内でも、天文元（一五三二）年六月、細川晴元は、山城国の下五郡守護代・郡代である三好元長を討ったとき、本願寺証如に応援をたのんで、摂津・河内・和泉国の一向一揆を動員した。[25] 翌月、一向一揆は、大和でも興福寺の坊舎を焼き、さらに国人越智氏の城を攻めている。これに対して細川晴元は、一転して一揆にたいして弾圧をおこなった。また京都では、有力な町衆を中心に法華衆徒が結集して、法華一揆が結成された。このような事態をみた証如は、天文四（一五三五）年に晴元と和睦した。

戦国大名　戦国大名のあり方は多様であって、一概にのべることはできないが、その権力の形成には、大きく分けると二つの途がある。守護大名（もしくは守護代）から戦国大名化したものと、国人領主などが守護大名を倒して戦国大名化した場合であるが、後者の場合も事実上の守護権行使・継承との関連で理解すべきである。

守護段銭は戦国大名に継承されたが、地域あるいは大名によって継承の仕方が異なった。伊勢新九郎（北条早雲）にはじまる北条氏の場合、検地を契機として貫高制が施行され、領国内すべての土地の貫高に応じて賦課額を決定し、段銭を収取する制度を確立した。[26] また、守護家の島津氏では、室町期の公田数（大田文記載田数）が、そのまま継承され機能しているが、領国内すべてにはゆきわたっていない。

[25] このときの一向一揆勢を、公家の山科言継は二一万騎であると記し、「天下はみな一揆のさまなり」と、その威力に恐れをなしている。

[26] 土地の価値を銭貨の量（何貫文の土地として貫文単位）で表示することを貫高という。

戦国大名とは、数郡あるいは一国ないし数ヵ国の規模の所領を、領国として一元的に支配するものである。はげしい領国内の争乱をへて、家臣団統制や領国支配のために分国法（戦国家法）を制定したり、検地をおこなって貫高制を採用したりして、給恩を宛行って軍役体系を完成させた。㉗その一方、競合する周囲の大名とのあいだに、はげしい領土紛争の争乱をくり広げた。㉘なお戦国大名の検地は、可能なかぎり村の抵抗をおさえて、おおくの検地増分をうち出そうとしていた。そしてその増分をかれら領主層が収取するために、新しい農民支配の体制がつくり出された。

戦国大名と家臣団　たとえば、戦国大名の一つの代表例ともみられる毛利氏㉙の家臣団についていえば、系譜によって親類衆・譜代（近臣）・国衆・外様に分けることができる。

親類衆は毛利氏の庶家を主体とし、南北朝期に分出されたものである。譜代は毛利氏直属の被官や中間、あるいは周辺の小豪族で、早くから毛利氏に臣従し、軍役をはじめとする種々の公役をつとめ、代官や諸奉行にも任命された。国衆はもともと、安芸・備後の両国で毛利氏と対等なつきあいをしていた豪族である。国衆の協力で勢力を拡張した毛利氏は、かれらを真の意味での家臣にすることに気をつかい、その統制に苦労する。外様は、主としてこの両国以外の大内・尼子両氏関係の旧臣が降って毛利氏の家臣となった者であった。

城下町と楽市・楽座　戦国大名は、周辺の村々の市町から商人や手工業者を移住させて城下町をつくった。それらの戦国城下町は、家臣団や直属手工業者などの居住する場所と、その地域の流通経済圏の中枢としての市場をなかに取りこんだ市町部分からなっていた。この城下町を中心に、領内に分布する市場などを通じて戦国大名は、職人・商人を編成し、流通を統制し

㉗永正三（一五〇六）年の検地がはじめてと思われる北条氏の場合、当主の代替りの際に、郷村を単位に検地（田畠の面積、年貢納入責任者の調査）をおこなって、土地の支配を徹底した。検地によって確定された面積に、一段（三六〇歩）あたり田＝五〇〇文、畠＝一六五文を乗じて、それぞれの分銭を算出し、合計高が出された。これによって年貢の大幅な増徴が実現され、さらに検地増分によって、地侍層を大量に家臣団に編成していくこともできた。

伊達氏も、天文七（一五三八）年に検地をおこなって段銭帳を作成し、各家臣ごとに知行目録をつくった。所領を貫高であらわし、それを基準にして軍役をかけ、段銭なども定めた。検地により貫高制にもとづく知行制を実現した伊達氏は、分国法を定めることによって、さらに戦国大名としての性格を強めていった

㉘戦国争乱の要因としては

ようした。戦国時代のおおくの市は、月に六回開かれる定期市（六斎市）であった。なお、戦国時代以前においては、専売権は各地の市場に属していた。

この時代は、新宿・新町・寺内町など民衆を中心とした新しい町の創出期でもあった。大名もその繁栄を求めて、古い市座の特権を否定（楽座）し、検断や課役を免除（楽市）した。堺や博多はこうした都市の典型である。

分国法　戦国大名の支配は、大名と家臣団（在地領主・地侍など）との主従関係を軸にしたが、そのあいだに給恩としての土地を介在させて、その土地にみあう量の軍役を負担させるなど、統一的な知行制をしいた。領内統治の基本法としての分国法は、領国内での自力救済権の行使を否定する喧嘩両成敗法を核心として、裁判権の集中をはかるとともに、現実に直面した問題を公平に処理するために具体的な問題に即して定められた。おおくの分国法は、大名個人に従属するものではなく、大名権力を構成する重臣たちとの共同の意思として定められたものであったから、大名をも規制する性格をもつものであった。なお、分国法は一般に、(1)大名による家臣の統制、(2)家臣相互の争いの裁定、(3)農民の支配、の原則を内容とするとされる。

技術の発展　戦国時代は、冶金技術、治水・築城技術、織物技術などの諸技術が飛躍的に発展した時代であった。治水灌漑の整備は村落支配のかなめであったから、たとえば、伊達氏は分国法「塵芥集」（八四～九一条）で、用水・堤などの修理・維持等々について意を注いでいる。また、武田信玄が築いた信玄堤で採用された「霞堤」といわれる工法は、すぐれた治水技術であった。これらの技術は近世に継承され、大河川の治水が可能になって、平野部の大規模な耕地が開発されるようになった。

土地のいろいろな権利をめぐる争いがあげられる。土地にはまず耕作権があり、その上に名主職・作職などの加地子収取権があり、さらに年貢・公事などの収取権があった。農民闘争などによって領主の年貢・公事などの収取権が減少したため、かれらは他領の押領や加地子の収得でそれを補おうとした。一方、在地でも年貢よりも加地子の方がおおいという状況もうまれる場合もあった。惣村を主導し加地子の収取権を集積した地侍層らは、領主支配や百姓らの抵抗に対抗するため、かれらの権利・地位を保証してくれる権力を求めていた。こうした在地での矛盾対立関係が武力の衝突をうみ出し、その過程のなかで武力の体系化がすすめられた。

㉙毛利氏の先祖は大江広元で、相模国毛利荘を本拠とする鎌倉御家人。承久の乱後、安芸国吉田荘の地頭職に補任されたが、その一族

戦国争乱の激化にともない、畿内を中心に石積みの大きな城が、都市の大がかりな造成をともなって、つくられるようになった。とくに石垣の築造技術は、穴太（穴生）積といわれ、織田信長の安土城をはじめとして大坂城など、織豊期から近世初期にかけての城郭築造を手がけた石工の穴太衆はよく知られている。

鉱山と織物　一六世紀の半ばころ、金・銀鉱山や鉛・銅の鉱山の開発がすすんだが、それには採鉱・製錬などの鉱山技術の大陸からの導入が大きな役割を果たしていた。大永六（一五二六）年に石見銀山（大森銀山）で鉱石の採掘がはじまり、天文二（一五三三）年に朝鮮伝来の灰吹法という銀の製錬方法が導入され、やがてこの技術は各地の金銀山に波及した。

天文一一年、但馬の生野銀山が発見されると、まもなく灰吹法が石見銀山より伝えられた。また、佐渡の鶴子銀山は、同一一年に発見されている。武田信玄のときにさかんに掘られた甲斐の黒川金山は、金山衆といわれる自立した「山師」の集団によって稼業されていた。

戦国大名は、金銀を入手することに腐心した。西国大名や織田信長・豊臣秀吉らは、良質で大量の銀を求める中国や朝鮮の私貿易船や南蛮船に、大量の銀を輸出した。

日本銀の大半は輸入の決済、あるいは輸出商品として外国に流出していった。それは一五四〇年代から急増したといわれる。そして日本銀の輸出量の増大が、大量の中国生糸の輸入をもたらし、それを原料とする西陣織をはじめとする絹織物業がさかんになった。

水　運　中世において、荘園領主への貢納物の輸送をもとに発達をとげてきた水運は、畿内方面へと結ぶ求心的な構造を特徴としていた。一四世紀前期ごろまでには、海路による全国的な連絡が可能となり、一五世紀半ばころには、各地に港湾都市が発展しはじめた。遠隔地から

が移住してきたのは南北朝期であった。毛利氏は、元就の兄興元のころに安芸国の有力な国人領主に成長し備後国にも進出した。弘治元（一五五五）年の厳島合戦で陶晴賢（すえはるかた）を破った元就は、山陽・山陰筋を領国下に組みこんでいった。

の大量の商品や軍需品の搬入のためと、海路から他領を侵略するために、戦国大名は海運を支配し、水軍をととのえた。

惣　村　畿内近国を中心として形成された惣村は、室町から戦国時代へとすすむにつれて、自治的性格をさらに強めていった。[30]年貢・公事の地下請（じげうけ）を実現するとともに、仏神事や祭礼なども村の年中行事として人びとが主体的に取り組むようになった。さらに、従来は荘園領主などがおこなってきた井手溝、すなわち水路や堰（せき）や池などの灌漑設備の維持や管理も、自力でおこなうようになった。

惣村は、村びとの総意として種々の取り決めをおこない、功労者には褒美を与え、村の秩序を乱す違反者に対しては、惣村としての処罰権を行使した。また、自らの村でおきた事件・紛争は自らが解決しようとし、自力救済の風潮がいっそう強まった。たとえば、村びとの一人が殺された場合、その犯人の捜査から逮捕や処罰までをその村の人びとがおこなった。村落自身が、逮捕から処罰までおこなう自検断（じけんだん）は、同一村落内だけでなく他の村落の人びとに対してもなされるにいたった。山野の領有権をめぐる境相論や用水などをめぐる水論・漁場をめぐる争いなど、村落間の争いがおこった場合にも、相互の交渉が必要とされた。それは、しばしば近隣の村落の合力をえており、ときには双方が武装して惣村同士が合戦におよぶ場合もあった。このように、惣村は、守護不入および自検断の権利を特徴とするが、これらは領主との闘い、および自力解決の努力とによって勝ちとったものであった。

あるべき領主像　中世の村においては、四季折々の生産の周期に対応して、つねに仏神を仲介として、村と領主との共同世界がかたちづくられていた。ほぼ一年を通じて、村から領主の

㉚文亀・永正のころ（一五〇一～二一）の和泉国日根野荘において、入山田荘内の四つの村のそれぞれが、祭礼や検断の基礎単位となっていた。村が基礎的な単位として、日常の生活では機能しているが、その村が荘域をこえて地域社会のなかで行動するときには、惣荘という枠で登場しており、村と村が領主支配の領域をこえて、さまざまな場面で協力関係を築いている。惣荘は、村が荘をこえた在地社会のなかで協力関係を結んだり、相論をおこす場合の枠であるが、それは荘の鎮守（ちんじゅ）や政所が、地域の秩序を維持するために実効性のある機能を現実に有していたことにもとづいている。

もとへは、公事(くじ)としていろいろな供物(くもつ)が上納された。それらの公事に対して、領主は下行(げぎょう)・振(ふる)舞(まい)をおこなった。正月におこなわれる吉書(きっしょ)は、仏神を媒介にした領主―農民関係のあるべき姿を示してくれる。

鎌倉期から戦国末期の全国にみられる正月吉書の文言は、(1)たがいに神社仏事を興隆すること、(2)領主は耕作のための用水路や池・堤などを維持すること、(3)百姓は年貢以下を未進なく納めること、の三ヵ条にほぼ集約されている。毎年のはじめに、領主の義務として勧農(かんのう)を、村の義務として貢納の約束を、更新していたのである。これにもとづいて領主は、村にたいして寺社給田や井料免などを控除しており、仏神を媒介とする領主支配は、村々とのあいだで互酬性の世界に立脚してなりたっていたとみられる。現実には、領主と村とのあいだには、きびしい対立もみられたが、吉書にみられる領主と村の関係は、一方では領主の恣意的な支配を規制していた。

三　中世文化の展開

1　中世前期の文化

(1)　中世文化の特徴

中世文化と仏教　中世文化の全般的特徴として、つぎの三点をあげることができる。まず第一は、仏教が中世の文化体系の中心となったことである。神仏習合や本地垂迹説①の展開によって神は仏の化身として仏教の中に包摂され、天台や真言宗で山王一実神道②や両部神道③の教説が発達した。仏教・神道・儒教を一体とみる三教一致論によって儒教も仏教に包含されており、仏教の五戒④と儒教の五常⑤との一致が説かれている。また仏教と和歌との交流は、和歌や文学を仏道修行の妨げとする狂言綺語観⑥から、仏道と歌道の一致を説く和歌陀羅尼論⑦への転換をもたらした。そして藤原俊成『古来風体抄』のように天台宗の教理に則った歌論も登場し、中世の勅撰和歌集では新たに釈教歌が部立てされて、仏教についての歌が和歌の一ジャンルとして確立した。実際、中世の延暦寺が顕密諸宗はもとより農学・土木・薬学・兵法・天文学・和歌・儒学まで教える一種の総合大学であったように、寺院は中世的知識体系の集約点であり、中国の文化技術を地域社会に定着させる結節点でもあった。

　天皇の権威も仏教によって粉飾された。天皇は「金輪聖王」⑧「十善の君」⑨と荘厳され、即位灌頂⑩のように即位儀礼に仏教的要素がとりいれられて、江戸末期にいたるまで天皇の即位式

①仏菩薩（本地）は人びとの救済のために神の姿（垂迹）をとったとする思潮。
②日吉山王への信仰を天台宗の教理で説明した神道説。
③金剛界・胎蔵界の両部曼陀羅（りょうぶまんだら）で日本の神々を説明する真言密教の神道説。
④不殺生・不偸盗・不邪淫・不妄語・不飲酒をいう。
⑤仁・義・礼・智・信。
⑥虚構の物語の創作を仏教では妄語の罪とした。
⑦和歌はインドの陀羅尼（呪文）に相当し仏教の布教に役立つとする考え。
⑧世界の中心たる四大州（インド）を治める聖なる王。天皇の異称となった。
⑨前世で十善を守った功徳によって、この世に国王として生まれたとする仏教的帝王観。天皇の異称。
⑩即位の時に天皇が智拳印（ちけんいん）を結んで真言（呪文）を唱えながら高御座（たかみくら）に登る儀礼。後三条天皇の即位が初見。鎌倉後期から恒常化

のあり方を規定した。戦争も宗教に彩られており、「凡夫の戦（人間が行う戦争）」の背後では「神の戦」が戦われ、寺社の祈禱は一種の戦闘行為とみなされて神仏にも恩賞があたえられた。実際、敵の名前を書いた人形を射殺し切り殺し焼き殺して呪う呪詛は、中世では明らかに暴力としての実質を備えており、武士の暴力と宗教の暴力が中世国家をささえる暴力装置となっていた。さらに裁判における神判⑪の存在や、民衆支配における起請文⑫の利用など、宗教・仏教は中世の人間活動のあらゆる側面に影を落としている。そして寺社の法会や鎮守の祭礼では、表白・講式・和讃・唱導・声明⑬・舞楽・田楽などさまざまな芸能がくりひろげられており、これが中世文化の母胎となった。

文化の創造と受容　第二に、文化の創造と受容の基盤が拡大した。貴族だけでなく武士・庶民をふくむ広範な階層が文化の担い手となり、かれらと伝統文化との交流が新たな文化様式を生みだしていった。一〇世紀以来の仏教の社会浸透と民衆化は顕密仏教を質的に変化させたし、『今昔物語集』『沙石集』などの仏教説話集は武士・庶民からおおくの素材をえている。寺社縁起が絵巻とともにつくられて広範な人びとを対象に絵解き⑭唱導されたし、延暦寺の安居院流⑮は地域の寺社縁起を集めて『神道集』を編纂した。今様や猿楽・田楽が盛んとなっており、男装の遊女が今様を謡いながら舞う白拍子も貴賤に受けいれられた。『保元物語』『平治物語』『平家物語』などの戦記文学が著わされ琵琶法師によって平曲が語られたし、武士世界の「道理」は公家法を介することによって『御成敗式目』へと結実して中世法全般に大きな影響を与えた。また京都武者の世界で発達した流鏑馬⑯・笠懸⑰は、鶴岡八幡宮寺や諸国一宮の神事にとりいれられて全国に波及していった。

され明治天皇のときに廃止。

⑪神意による裁判。鎌倉幕府法では、理非を決しがたいときに七日間神社に参籠させて異変のあった側を敗訴とした。熱湯のなかの石を取らせて火傷の有無で理非を決する湯起請（ゆぎしょう）も広くおこなわれた。

⑫神仏にかけて誓約した文書。違背した場合は神罰仏罰を受ける。領主は一揆への不参加などを誓約させた。

⑬経文や真言に節を付けて唱える仏教儀式の声楽曲。真言宗の南山進流と天台宗の大原魚山声明が著名。語り物音楽の源流となった。

⑭地獄極楽図や絵巻・曼陀羅を前に、そこに描かれた説話や縁起の内容を説明すること。中世ではそれを専門とする絵解法師が現れた。

⑮澄憲を祖とする延暦寺の一流派。説法に優れた。

⑯疾走する馬上から三つの板的をつぎつぎに射る武芸。平安後期に成立した。

⑰疾走する馬上から笠の的を射る武芸。

こうした新たな社会層への関心は、さらに人間そのものへのリアルな凝視へと向かい、美術の世界では写実性の高い作品がつぎつぎに造形された。藤原隆信や信実らによって似絵⑱が描かれたし、絵巻物では民衆の姿態が生き生きと活写されている。さらに仏師の世界でも、大量生産によって創造性を枯渇させた円派・院派⑲仏師にかわって、運慶・快慶らの南都仏師が躍動感あふれる写実性の高い鎌倉彫刻を生みだした。

ケガレ文化の展開　第三に、平安初期に登場したケガレ文化がいっそうの展開をみせた。これは元来、平安京における疫病への恐怖を母胎にして発生したものだが、中世文化のみならず日本文化の基底に深刻な影を落としている。各神社は服忌令⑳を制定して社参の禁忌を整備したし、京都や奈良では非人集団が形成されて延暦寺・興福寺の統轄下にはいった。さらにケガレ観は仏教と結びつくことによって、かれら非人は前世で仏法誹謗の罪を犯した不浄・悪徳なる種姓であるとの観念を生んだ。同様のことは女性についてもいえる。女性は男よりも罪深いとする五障三従㉑の観念が流布して、女性の死者には変成男子㉒の祈りが捧げられた。高野山や東大寺大仏殿のように、女性を不浄視して立ち入りをこばむ女人結界がつぎつぎに登場したし、顕密仏教の世界から官尼が消滅して㉓女性は被救済者の位置にとじこめられていった。

とはいえ、こうしたケガレ観は死穢や血のケガレを中心としており、獣肉に対するタブー意識は希薄だったため、平安貴族社会でも猪鹿などの獣肉食はめずらしくなかった。ところが一二世紀に鹿食㉔のケガレ観が新たに登場すると、天皇の食膳から獣肉が姿を消し、鎌倉時代には貴族社会でも獣肉食が衰退して肉食はしだいに魚鳥食に収斂されていった。しかも鹿食のケガレ観は鎌倉中期に親王将軍を介して東国武士の狩猟文化の世界にまでおよび、鹿を最上の獲物

⑱平安末・鎌倉時代に流行した大和絵の肖像画。類型的な従来の肖像画にくらべ、人物の個性を活写した。
⑲平安後期から鎌倉初期まで仏師の中核的位置を占めた一派。院覚・院尊のように「院」字を名に付した。院や貴族の造仏に携わり、作風は保守的。
⑳神社に参詣する時のタブーの集成。死穢五〇日、産穢三〇日、鹿食一〇〇日、月経七日などと社参を禁じた。
㉑五障は女性が梵天・帝釈・魔王・転輪聖王・仏になれないとする教え。三従は女性が親・夫・息子に従うべきだとする考え。院政時代に貴族社会に流布した。
㉒女性のままでは成仏・往生できないので、男性に生まれ変わるよう祈ること。
㉓国分尼寺などで活動していた官尼が消滅し、中世では顕密仏教界から布教者としての尼が消えた。
㉔鹿食は触穢でなかったが、一二世紀から鹿肉を食べる

とみなす狩猟文化をケガレ文化が侵食していった。しかしこうした獣肉ケガレ観は民衆的世界ではほとんど意識されておらず、猪鹿犬などの肉食は中世を通じて盛んであって、地方都市では犬肉の交易市場も存在した。

以上、中世文化の全般的特徴を三点あげた。つぎに中世前期の文化の歴史展開を概観したい。

（2）　顕密仏教の興隆

顕密仏教の再生　王朝国家体制における政策転換の結果、一〇世紀中葉には私度㉕の容認や民間布教の自由化がおこなわれて、仏教をしばっていたさまざまな規制が緩和された。この規制緩和は他方では経済的保護の後退とセットであったため、それぞれの寺院や宗派は生き残りを賭けて新たな信徒の獲得に向かい、浄土教など個人信仰の領域にも進出した。その結果、仏教は鎮護国家だけでなく個人の現世や来世の祈りを担うことになる。こうして顕密仏教㉖は中世仏教として再生し院政時代に最盛期を迎えた。

こうした顕密仏教の発展をささえた第一の要因は、歴代の院による仏教興隆政策である。円宗寺㉗や六勝寺などの壮麗な大寺院がつぎつぎに建立され、これら御願寺を中心に二会四灌頂三講㉘といった国家的仏事体系が整備された。他方、仏教は王権の強化に大きな役割を果たした。王権が釈尊から付与されたとする王権仏授説も登場したし、後三条天皇は即位灌頂をおこなって天皇の権威性を仏教で補強した。また法勝寺の八角九重の大塔は巨大さ、奇抜さ、壮麗さの点において、院権力が他の権門とは異質な超越高権たることをシンボリックに表現した。院はさらに自らの分身ともいうべき仁和寺御室㉙や法親王㉚を創出して寺院支配をつよめ、僧侶の叙任権を掌握して顕密仏教を統合した。こうして院は釈尊の化身と讃えられることになった。

ことが触穢とされた。

㉕律令制下の僧尼令では朝廷の許可なく出家得度することが禁じられていた。

㉖三論・法相・華厳・倶舎（くしゃ）・成実（じょうじつ）・律の南都六宗と天台・真言の計八宗をいう。朝廷が主催する国家的法会にはかれらだけが招かれた。

㉗後三条天皇が延久二（一〇七〇）年に創建した寺院。

㉘院政・鎌倉時代の最も重要な国家的仏事。二会は南京三会（興福寺維摩会・宮中御斎会・薬師寺最勝会）と北京三会（法勝寺大乗会・円宗寺法華会・同最勝会）をいい、四灌頂は尊勝寺・最勝寺・東寺・仁和寺観音院の結縁灌頂をいう。三講は宮中最勝講・仙洞最勝講・法勝寺八講を指す。

㉙仁和寺の長官。仏教界の最高権威となり、天皇家の子弟がそれに就いた。

㉚親王宣下を受けた僧形の皇子。康和元（一〇九九）年の仁和寺覚行への親王宣下が初見。寺院支配のため

第二に、顕密仏教も国家における仏教の重要性を積極的に主張した。かれらは末法思想を喧伝して㉛、末法の世への転落を回避し平和を確保するには仏教興隆が不可欠であると主張し、寺院への経済的保護の必要性を訴えた。さらに王法仏法相依論㉜をとなえて、王権と仏法とが運命共同体であるとのべて国家における仏法の決定的な重要性を強調した。その結果、末法思想や王法仏法相依論は朝廷にも受容されて、中世の政治思想の重要な一潮流となった。戦乱に満ちた末法世界への恐怖が、朝廷や貴族たちを仏教への過剰な依存にかりたてたのである。こうして寺社勢力はおおいに発展し、仏法中興がくりかえし讃えられるようになった。また仏法東漸論㉝が流布して、日本の位置づけも粟散辺土㉞から大乗純熟の国㉟へと変容した。

一方、神社の場合、中世への移行のなかで令制的神社秩序が解体したが、神々を仏の日本的形態であるとする本地垂迹説によって神社はふたたび活性化することとなった。平安中期には祈雨・止雨などで朝廷から奉幣を受ける二十二社制㊱が登場し、さらに院政期にはいると諸国で一宮がととのえられて、国祈禱や国侍の結集の場となった。また伊勢神宮などは百王思想㊲を唱えて、神社保護の後退が王権の破滅を招くと主張した。この百王思想は末法思想の神社版といえる。

仏教興隆策と民衆　ただしこうした仏教興隆政策を民衆と無縁なものと考えるとすれば、それは適当ではない。王権による顕密仏教の興隆は、その背後に民衆的基盤が存していた。なぜなら中世社会は技術と宗教が未分離な歴史段階であったためである。たとえば、農書が書き著わされて農業技術が技術として自立していったのは戦国から江戸時代であり、技術水準の低い中世では、農業生産の中核に位置していたのは農業技術ではなく、五穀豊穣の祈りであった。

有力門跡に送り込まれた。

㉛一〇五二年から末法に入るとされ、戦乱の世になるのを防ぐには仏教興隆が必要と顕密仏教が主張。

㉜王法は仏法を広め、仏法は王法を守護する。この点で両者は車の二輪、鳥の二翼のように密接不可分だとする考え。顕密仏教はこれをもとに、国司の悪政から寺院を保護することが国の平和につながると主張した。

㉝インドに起こった仏教は東漸し、中国をへて日本で満面開花したとする考え。

㉞日本を、世界の辺境にある粟粒のような小国とする仏教的世界観。

㉟大乗仏教が繁栄している点で、日本をインド・中国より高度な社会とする考え。

㊱平安中期から鎌倉時代に朝廷から特別の尊崇を受けた畿内近国の二二の神社。

㊲神社尊崇の怠慢により、天皇が百代で尽きるとする思潮。平安後期から鎌倉時代に広まった。

つまり中世とは、農業生産のうえで神仏への祈りを不可欠とした時代であり、民衆自身が五穀豊穣の祈禱を必要とした時代であった。そしてその祈りの対象が、神祇から仏教および仏教化された神へと移行した点に、古代と異なる中世の特質があった。

実際、朝廷は五穀豊穣による民衆生活の安定が、国家繁栄の基礎だと語っている。しかも修正会㊳などの予祝儀礼は、中央の延暦寺や興福寺はもとより、地方の一宮や国分寺、さらに荘園鎮守や村堂・村社にいたるまで全国一斉に実施されており、村の堂や社が顕密寺社の毛細管として民衆生活のなかに深く根をおろしていた。中世仏教の基軸はなお国家仏教にあり、鎮護国家と五穀豊穣、つまり平和と経済的繁栄の実現が中世仏教の課題とされた。いわば国家祈禱は、当時の社会では一種の社会福祉政策や農業振興策として機能しており、顕密仏教は民衆的要望をふまえた公共的機能を担っていたのである。

こうした民衆との関係は、浄土教の世界ではさらに顕著である。貴族社会では一〇世紀ごろから来世観の仏教化が進行し、地獄・極楽の観念が浸透して浄土教が発達した。浄土教は天台宗を中心に展開して悪人往生論㊴が構築され、往生伝が盛んに編纂された。その結果、平安末の『梁塵秘抄』が「弥陀の誓ひぞ頼もしき、十悪五逆の人なれど、一度御名を称ふれば、来迎引接疑はず」㊵と謡ったように、念仏による悪人往生は民衆の世界にまでひろまっていった。また高野詣・熊野詣のように現世の浄土への参詣も盛んとなり、南海の観音浄土をめざす補陀洛渡海㊶もおこなわれた。このように仏教の民衆開放は顕密仏教によって達成されている。

（3）鎌倉時代の仏教革新

仏教改革運動　院政時代における顕密仏教の保護と隆盛は、他方では悪僧の活動を活発化さ

㊳五穀豊穣・天下太平を祈願する正月儀礼。八世紀から官大寺や国分寺で祈られ、中世には地域社会で広くおこなわれた。

㊴例えば天台宗の『阿弥陀新十疑』（一〇世紀）では「十悪五逆の悪人でも南無阿弥陀仏と唱えるだけで往生できる」とのべている。

㊵弥陀の誓願はたいへん頼もしい。仏教で最も重い罪を犯した悪人であっても、たった一度南無阿弥陀仏と称えるだけで、弥陀が来迎して極楽へ導いてくださるのは疑いない。

㊶平安後期以降、南海のかなたにある観音浄土（補陀洛山〔ふだらくさん〕）への往生を求めて、紀伊那智などから盛んに渡海を試みた。

せ強訴を頻出させた。この強訴は武士や国衙の支配に抵抗する民衆運動を内包していたため、問題は深刻で、平安末には地方行政はマヒ状態におちいった。しかも当時の仏教界では、自己がそのまま成仏しているとする本覚思想㊷が盛んとなり、持戒を嘲笑し破戒を肯定する風潮が蔓延して、僧侶の武装や軍事行動を思想的に正当化した。

　そこで朝廷や幕府は治承・寿永の内乱後、寺社の統制と悪僧の封じこめに積極的にのりだしていった。そしてそれに呼応するかたちで登場したのが、聖㊸たちによる仏教改革運動である。かれらはいずれも戒律の興隆によって仏教界の粛正をはかろうとした。栄西は禅宗と戒律を、貞慶は法相宗と戒律を、明恵は華厳宗と戒律、俊芿は真言・天台・禅と戒律、叡尊は真言と戒律を主唱するなど、一転して戒律興隆がブームとなった。この禁欲主義の提唱ははばひろい階層の宗教的使命感をかきたてることに成功し、朝廷・幕府もかれらを積極的に登用して重源・栄西・文覚らに寺社の再建に当たらせた。

　こうした動向は顕密仏教にも影響をあたえ、延暦寺の勧学講㊹など、おおくの寺院で僧侶の研鑽の場がととのえられた。その結果『覚禅抄』㊺『阿娑縛抄』㊻『渓嵐拾葉集』など顕密諸宗の集大成も盛んにおこなわれ、延暦寺証真㊼や東大寺宗性・凝然は膨大な著作をのこした。また慈円は延暦寺の粛正につとめるとともに、『愚管抄』を執筆して歴史の「道理」をあきらかにし、藤原摂関家の立場から武家との協調を説いた。

体制仏教の再編と禅律僧　鎌倉中期になると改革運動は禅律僧㊽へと継承された。そして禅律僧は、⑴勧進による顕密寺院の修造、⑵陸海交通路の整備、⑶葬祭活動、⑷民衆への布教など、はばひろい活動を展開した。こうした禅律僧の活動の背後には、幕府の宗教政策の転換があっ

㊷悟りと迷い、善と悪などの二元論を否定し、それらを本質的に同一と捉える思想。修行・戒律の無用論や武力の肯定にも援用された。

㊸顕密仏教の僧侶とは異なり、僧正・法印などの国家的官位体系から離脱（遁世）した民間の仏教者。

㊹学道奨励のために慈円が建久六（一一九五）年に延暦寺無動寺大乗院で始めた講会。

㊺平安末から鎌倉初期に覚禅が編纂。真言密教の諸尊法・諸経法を集大成した。

㊻延暦寺承澄・尊澄が編纂し正元元（一二五九）年に成立。台密修法を集大成。

㊼『法華三大部私記』を著わし文献学的立場から本覚論を批判。承元元（一二〇七）年に延暦寺総学頭。

㊽鎌倉中期から南北朝期に盛んに登場する史料用語。禅僧と律僧を指し、戒律を厳しく守ったのが特徴。無欲廉直・公平無私とのイメージが広がり、幕府の保護の下で幅広い活動を展開。

た。

鎌倉では源頼朝以来、鶴岡八幡宮寺を中心に寺社（顕密仏教）の整備が進められたが、将軍九条頼経の段階でほぼそれが完成し、将軍護持の体制がととのえられ鎌倉大仏も創建された。しかし宝治合戦で東密の鶴岡別当が失脚すると、北条時頼は禅律保護政策へと転換した。時頼は建長寺を建立して蘭渓道隆を開山に迎えて本格的な宋朝禅の導入につとめたし、北条時宗は円覚寺を創建し忍性も鎌倉の極楽寺を拠点に活動した。こうして禅律僧は北条得宗権力をバックに広範な活動をおこなったのである。その結果、御家人たちは幕府要人との提携をもとめて有力な禅律僧の弟子を氏寺に迎えたし、御家人の子弟も、貴族出身僧による門閥支配の強固な顕密寺院をさけて禅律寺院におおく向かった。こうした動向に刺激されて京都でも南禅寺などが建立されて、体制仏教はここに顕密仏教に禅律僧をくわえるかたちで再編された。とくに幕府の禅宗興隆は兀庵普寧・無学祖元・清拙正澄ら中国高僧の来朝や、おおくの日本人僧の留学を盛んにして、人的物的な国際交流が鎌倉を中心に花開いた。また禅宗がもたらした宋朝画の頂相は個性を活写して大和絵にも影響をあたえた。喫茶の風習も定着して闘茶㊾が盛んにおこなわれ、宋学も禅僧を中心に請来・流布された。

異端の思想　鎌倉時代には顕密仏教や改革派・禅律僧とは異なる、もう一つの仏教思想の潮流が展開した。それが異端派㊿である。

法然は浄土宗を開いて『選択本願念仏集』を著わし、念仏を唯一の往生行だと主張して、念仏以外の善行は往生にとって無価値だと断じた。さらに親鸞は『教行信証』を著わして、末代における顕密仏教の有効性を否定し、阿弥陀仏への他力信心を唯一の真の仏法であると主

㊾種々の産地の茶を飲みわけて勝負を競う遊び。鎌倉末から室町中期に盛行した。

㊿鎌倉時代に登場した法然の浄土宗、親鸞の浄土真宗、日蓮の法華宗、栄西の臨済宗などをこれまで鎌倉新仏教と呼んできた。しかしその場合、⑴叡尊教団は思想的にも集団としても旧来の律宗と異質であったが、なぜそれを新仏教と呼ばないのか、⑵鎌倉中期に禅律が体制仏教に組み入れられたことを捕捉できない、⑶浄土宗・浄土真宗・法華宗とも戦国時代以前は延暦寺の一門流にすぎず、新仏教と呼びうる社会的実体がない、⑷臨済宗・曹洞宗概念は中世禅宗史の分析概念としては不適切である、等々の問題点がある。そして、「鎌倉新仏教」概念は近世の宗派秩序を基準としてその源流を中世に求めた近世史中心の概念であって、中世仏教史の分析概念としては有害無益であると批判されている。

張した。またすべての人間は平等に悪人たらざるをえないと語り、このことに無自覚な顕密僧をきびしく批判している。道元は中国から禅を伝えたが、日中仏教界の潮流に抗して三教一致論[51]を否定し、自らの教えを仏法そのものであると主張して、禅宗・曹洞禅とよぶことすら禁止した。また「女人何の咎かある。男子何の徳かある」[52]と語って女人罪業観をきびしく批判し、女人結界[53]を魔界と断じてその破却をもとめた。日蓮は、天皇をはじめすべての人間は、法華経のみを純粋に信仰する義務を負っていると主張して、朝廷・幕府の宗教政策を激しく批判している。

このようにかれらはいずれも、仏法を純粋化し絶対化してゆくことによって、社会や国家に鋭い批判の目を向けた。顕密仏教や改革派は諸宗共存のためもあって、偏執を誡め融和を説く思想的多元論を基調としていた。諸宗はそれぞれみずからの教えを最高の仏法と位置づけつつも、他宗の教えを仏法にいたる方便としてその価値を相互承認したのである。しかしこうした融和論はともすれば現実に対する無批判な肯定へと流れて、身分差別[54]や民衆支配を仏教の論理で補強することとなった。実際、顕密仏教は民衆に対して年貢を納入すれば極楽に往生できると説く一方、領主への敵対者を神仏の怨敵として呪詛[55]し地獄に堕とすなど、荘園制支配を補完する機能を果たしている。

これに対して、異端の思想家たちはいずれもみずからの思想を純粋化し絶対化することによって、旧来の仏教を根元的に批判した。「念仏以外に価値はない」「法華経以外は仏法ではない」。そう主張して、領主と一体化した神仏の呪縛から民衆の心を解放しようとしたのである。その点でかれらの思想は、中世の支配秩序を崩壊させかねない危険性を秘めていた。そのため

[51]仏教と儒教・神道（道教）の三つの教えを同一のものとする考え。中国禅宗界も日本の顕密仏教も三教一致論に拠ったが、道元は仏法至上主義の立場からそれを拒絶した。

[52]女性にいったい何の罪があるというのか。男であることになんの徳があるのか。

[53]高野山や比叡山のように、女性の立ち入りを禁止した聖域。例えば東大寺大仏殿は女性の参詣を許していたが、女性不浄観の浸透を背景にして、一二世紀前半に女人結界となった。その多くは明治維新で廃された。

[54]天皇は前世での善行によって国王に生まれ、非人は前世での仏法誹謗の罪で被差別民に生まれた、などと語っている。

[55]例えば金剛峰寺は、年貢を納入しなかった百姓の名前を書き上げ、仏罰が下るよう呪咀する儀式を年に四回おこなっていた。

専修念仏や法華宗（日蓮宗）は、朝廷・幕府や顕密仏教からきびしく弾圧され、その弟子たちは妥協と純化という屈折に満ちた歩みを余儀なくされた。その結果、かれらの思想的影響力は戦国時代まではきわめて限定的なものにとどまり、中世の法華経信仰や念仏信仰においてすら圧倒的多数は顕密仏教のそれであった。

（4）モンゴル襲来と文化体系の流動化

寺社興隆政策と文化体系の動揺　モンゴル襲来は「神風」によって撃退された。その結果、幕府や朝廷は寺社を手厚く保護するようになり宗教界は空前の活況を迎えた。神々の託宣がしきりにくだり、各寺社は恩賞をもとめてみずからの神の軍功を誇示し、蒙古の神を撃退した霊験譚を喧伝した。こうして『八幡愚童訓』『八幡宇佐宮御託宣集』が作られて、人びとはこれらを介して「元寇」を擬似体験した。

対外的危機のなかで王家や幕府の仏教熱もはげしさをました。亀山・後深草・後宇多院が伝法灌頂[56]を受けて密教僧となったし、後醍醐天皇も受法してみずから祈禱をおこなうなど、両統が競って仏教へと没入した。そして後宇多院は持明院統が掌握する仁和寺御室に対抗して、新たに大覚寺門跡を創始したし、即位灌頂も鎌倉後期から恒常化された。また幕府でも北条氏や将軍の子弟が顕密仏教界に数多く進出している。

しかしこうした過剰ともいえる寺社興隆政策は、逆に宗教秩序の流動化をもたらし、文化体系の動揺を招いた。寺社領の手厚い保護は御家人をはじめとする広範な社会層の既得権を剝奪して、かれらを「異類異形」の悪党へと追いやったため、その反発は神仏を嘲弄する風潮の温床となった。顕密仏教の世界でも戒壇設立問題[57]・本覚大師号授与問題[58]や真言宗内部での本末相

[56] 密教は秘密の教えであるため、俗人には結縁灌頂をおこない、ごく少数の優秀な弟子に対してだけ究極秘密の法を伝授した。これをいう。

[57] 中世でも顕密仏教の僧侶は東大寺・延暦寺戒壇で受戒する必要があった。園城寺は延暦寺との対抗上、自前の戒壇設立を長年悲願としてきた。正嘉元（一二五七）年・元応元（一三一九）年に朝廷に戒壇設立を要請したが、延暦寺の焼き討ちにあい失敗した。

[58] 延慶元（一三〇八）年、朝廷が仁和寺の益信に本覚大師号を授与し、延暦寺の反対にあって撤回した事件。真言宗と延暦寺が激しく争った。

論[59]など、宗派間紛争や寺院間紛争が噴出している。しかも京都や奈良では禅宗寺院の破却があいついで、顕密仏教と禅宗との摩擦が激化するなど、体制仏教の諸宗融和は崩壊の危機に瀕した。こうしたなかで一遍（いっぺん）・一向俊聖（いっこうしゅんしょう）[60]は時衆（じしゅう）と称して遍歴遊行（ゆぎょう）し[61]、踊り念仏をおこなって宗教的熱狂のなかで念仏信仰をひろめていった。また伊勢神道が登場して、仏教や儒教を神道の派生とする根葉花実論[62]や神本仏迹説（しんぽんぶつじゃくせつ）[63]を主張して、仏教の従属から脱却しようとしている。

文化体系の流動化は和歌の世界にもおよんだ。和歌は平安中期に漢詩にかわって貴族社会で最も重んぜられるようになり、数多くの勅撰和歌集が編纂されたが、とくに藤原定家（ていか）は『新古今和歌集』を撰集して優美で巧緻な新古今調の世界を造形して歌道師範としての権威を確立した。やがてその子孫は三家に分裂し、鎌倉後期には二条家と京極家との抗争がはげしくなった。嫡流の二条家は新古今調の伝統的和歌を墨守したが、京極為兼は技巧を排した平明な自然詠を主唱して新境地をひらいた。しかしこの歌風の対立は為兼と持明院統、二条家と大覚寺統とが結びついたように、皇統対立とからみあって和歌の世界も混迷を深めていった。

「ばさら」と文化の混迷

こうして鎌倉末から南北朝にかけて、既成秩序や文化体系を嘲笑する「ばさら」の風潮が社会をおおった。過差（かさ）禁制[64]などの服飾規定は中世身分制を維持する上で不可欠なものであったが、今や規制を無視した華美でぜいたくな装いや破天荒なふるまいが賞賛されるようになったのである。『建武式目』は「ばさら」を禁じたが、幕府内部にもその風潮は蔓延しており、佐々木道誉（どうよ）のような「ばさら大名」の抑制は困難だった。鎌倉末の過剰な寺社興隆政策への反発から神仏を軽んずる風潮も顕著となり、「魔仏一如（いちにょ）[65]」が公然と語られた。こうした中では『平家物語』のような仏教的無常観にもとづいた統一的叙述は不可能とな

[59] 真言宗内の優劣をめぐって東大寺と醍醐寺・東寺が争った紛争。延慶二（一三〇九）年ころから鎌倉末までつづいた。

[60] 念仏聖。一遍との交渉はないが、時衆と称して念仏を布教し、踊り念仏をおこなって弟子に阿弥号をつけた。

[61] 諸方を遍歴しての布教。

[62] 日本の神道は種根で、それをもとに中国の儒教が枝葉に育ち、最終的にインドの仏教に結実したとする説。三教一致論の枠内で神道を諸教の根本とした。

[63] 本地垂迹説を逆転させ、神を本地とし仏を垂迹とする考え。従来、反本地垂迹説と呼ばれてきたが、神仏同体論の枠内での議論にすぎず、その語は適切でない。

[64] 中世では服装・髪型・履き物などが個々人の身分標識となっており、この規格をはずれた奢侈を過差と呼んで禁止した。

[65] 仏も悪魔も同一存在だ。

り、『太平記』は混迷の時代を混迷のまま描きだすしかなかった。

もとより、仏教の時代が終焉を迎えるにはなお時間が必要であった。実際、室町幕府による(1)安国寺・利生塔（りしょうとう）の建設、(2)顕密仏教の再編[66]、(3)夢窓疎石（むそうそせき）・春屋妙葩（しゅんおくみょうは）を中心とする五山派[67]編成や五山文学の隆盛といった動きもみえて、宗教文化秩序の再建が達成されてゆく。また覚如が本願寺を創建して親鸞を浄土真宗の祖とし、瑩山紹瑾（けいざんじょうきん）が祈禱を交えながら道元を日本曹洞宗の初祖に祭りあげ、日像が不受不施（ふじゅふせ）[68]の原則から王侯を除外することによって勅願所の認定を受けるなど、異端の体制化と宗派化の現象もみえる。しかし仏教はしだいに、かつて有していたような文化的創造力を喪失し、文化体系の中心の座からすべり落ちて、儒教・神道・文学・芸能が仏教や宗教から自立してゆくことになる。

2　中世後期の文化

（1）伝統文化の揺籃期

寄合と儀礼の文化　中世後期の文化をひとことであらわすとすると、日本の伝統芸能、伝統文化とよばれるものやいまの私たちの生活に直接つながるような生活文化の源流が生まれ、あるいは育った時代ということになろうか。たとえば能（のう）や狂言（きょうげん）がそうだし、お茶や、座敷を飾る生け花や香（こう）も、また俳句の前身である連歌（れんが）も、歌舞伎のもともこの時代にあるといってよいだろう。

またそうした伝統的な文化を育んだ場を考えてみると、それはさまざまな階層の人びとが、それぞれに形成した集団、寄合（よりあい）の場だったといえようか。中世後期という時代は、それまで歴

[66] 将軍子弟を有力門跡に送り込んで支配を強化した。
[67] 中国伝来の官寺制度。禅宗寺院を寺格により五山・十刹・諸山に編成。顕密仏教の統括権が天皇・朝廷にあったのに対し、五山派は幕府の保護統制下に置かれた。これに属さない大徳寺派・妙心寺派や道元系曹洞宗を林下（りんか）と呼ぶ。
[68] 法華宗の信者は信者でない者の布施供養を受けず、またかれらに布施供養を施さないとする誡め。日蓮は王侯に対して最も厳しくこの原則を貫いたが、南北朝期から王侯が除外された。

史の背景にいた民衆が歴史の表舞台にでてきた時代でもあった。

こうした特徴を、寄合の文化と名付けることができる。これをひとつの基調として、中世後期の文化をながめてみることができよう。

ところで、この時代の文化のもうひとつの特徴としては、古典研究や、殿中の礼儀作法の確立といったことをあげることができようか。三条西実隆(さんじょうにしさねたか)[69]の『源氏物語』などの研究や、朝廷の年中行事の起源や変遷についてのべた一条兼良(いちじょうかねら)[70]の「公事根源」などがその例で、これらは、これからの公家の生き方を指し示し、またそれまでに形成されたさまざまな知識を総括したものと評価することができる。また、武家の心得や殿中における作法などといった故実や儀礼もこの時代にととのえられ、「今川大双子」や伊勢貞頼の「宗五大草紙[71]」などにまとめられている。こうして、これまでにととのえられた儀礼が集大成され、近世に確立する身分秩序の準備がなされたということになろう。

寄合の文化　一五世紀前半の代表的な日記で、京都に近い伏見荘に住み、朝廷や幕府はもちろん、近隣の住民の生活についての記事もおおいことで知られるのが、伏見宮貞成親王の『看聞日記(かんもんにっき)』である。この日記には、貞成を中心とする伏見宮家を訪れる人びとによるさまざまな芸能、たとえば平家語り[72]などを楽しんだり、猿楽(さるがく)を見物にでかけたりする情景が生き生きと描かれている。また、御所の人びとによって「順次の茶会[73]」や連歌などがおこなわれる様子もたびたび記録されており、さらには貞成の父や兄の葬礼や法要などについてもきわめて具体的な記述があるなど、まさにこの日記にみえる姿は、中世後期の文化のありようの縮図といってもよいかもしれない。この日記の内容にこれ以上立ち入る余裕はないが、朝廷の儀式などの記事

[69] 享徳四（一四五五）年～天文六（一五三七）年。古典研究などに業績をのこした室町後期の公卿。内大臣。彼の日記『実隆公記』はほとんどが自筆本で伝わり、朝廷周辺の記事などに詳しい室町時代の貴重な史料である。

[70] 応永九（一四〇二）年～文明一三（一四八一）年。大乗院尋尊の父で、摂政・関白を歴任。有職故実に詳しく、ほかに「桃華蘂葉（とうかずいよう）」などの書を遺す。

[71] 老齢の貞頼が、子の貞重のために武家の殿中における心得や作法などを書き記したもので、大永八（一五二八）年の成立。

[72] 「平家物語」は「平曲」とよばれ、覚一をはじめとする盲目の琵琶法師が、琵琶を奏しながら弾き語るものとして伝えられた。

[73] 景品や場のしつらえを準備する担当者（頭役）を、月ごとなどに交替で勤めながら楽しむ茶会。闘茶も競

について詳しかった平安時代や鎌倉時代の日記とちがって、このようなさまざまな風俗が書きのこされたことも、この時代の特徴のひとつといってよいのである。

ところで、この日記にしばしば見える「順次の茶会」とは、茶寄合とか闘茶会ともよばれ、闘茶を楽しむ寄合で、闘茶の勝者に提供する賞品や引きつづいての宴会の用意をする頭役が常連の参加者のなかから順番にきめられていくものである。闘茶は鎌倉時代から寺院を中心に盛んになってきた喫茶の風が遊戯化したもので、茶を飲み回し、回った茶の種類をあてて楽しむ。一般には、京都栂尾の茶を「本茶」とよび、その他の産地の茶を「非茶」とよんであてる「本非十種」の闘茶や、茶の種類を四種にして複雑にした「四種十服」の闘茶などがあった。

また伏見宮家の人びとが名月といっては楽しみ、月次[74]にも楽しんでいた連歌は、複数の人が一所にあつまって、和歌の上の句の五・七・五と下の句の七・七を交互に詠みつづける文芸である。これもやはり鎌倉時代からはじまったものだが、「二条河原の落書」[75]に「一座ソロハヌエセ連歌　在々所々ノ歌連歌」と皮肉られていることからもわかるように、南北朝時代のはじめにはすでに盛んにおこなわれていた。しかしそのために各地でまちまちのやり方がおこなわれていたのであろう。そこで、連歌の統一的なきまりが二条良基らによって「応安式目」としてまとめられ、以後宗祇や宗長ら専門の連歌師が遠方からでも招かれ、宗匠として連歌の場をとりしきって、芸術的にもすぐれた作品が数多く生みだされるようになるのである。いわば連歌師は都鄙の文化交流の担い手であった。

中世の連歌の情景は、一六世紀につくられた絵巻物「猿の草紙」からビジュアルに読みとることができるが、これによれば一座をリードする宗匠と即興で生みだされた連歌を記録にとど

い合いだが、いわば頭役の準備のありようも、競い合いの対象だった。

[74]毎月おこなわれる連歌会を「月次の連歌」という。月の二五日が天神（菅原道真）が左遷され大宰府で死んだ命日なので、その日が天神の祭りの日とされ、その前日の二四日におこなわれることがおおい。

[75]建武の新政のころの政治や社会・文化のありさまを風刺した落書。「建武年間記」に収められている。

める執筆（しゅひつ）が中央に座をしめ、その左右からぐるりと六人（四）の連衆（れんじゅ）が車座になって座っている。しかし、連歌の場はこうした正式な参加者だけによって構成されているわけではない。「猿の草紙」をよくみればわかるように、その周囲には連歌を聴聞する猿がいるし、また眠気をとるためであろうか、連衆のために茶を立て、その茶を運んでいる猿もいる。三十六句とか百句とかさらには千句とかをとどこおりなく完成させるのは、連歌に慣れている当時の人びとにとってもおそらく大変な作業だったにちがいない。その作業を完成させるには、連衆たちのよりよい句をひねりだそうとする競いあいの心と、しかし心をひとつにして目的を達成しようとする連帯の気持ちと、その場をサポートする人びとの協力のすべてが揃わなければならない。これが、連歌がしばしば「一揆の文芸」といわれる主な理由なのであろうし、連歌はこうした特質をもつ文芸だったために、中世後期を代表する文芸ともいえるのである。

結衆の祈り　連歌は、単なる遊興にはとどまらない。連歌の場には本尊として天神（菅原道真）の画像や名号（みょうごう）がかけられていたことが示しているように、連歌を興行することは、天神をはじめとする神仏に対する法楽でもあった。仏の前で経典を読誦することと基本的に同一の機能を有していたのである。

このことから、連歌会はしばしば戦いに出で立つ前におこなわれる祈禱の場ともなっていた。本能寺に織田信長を討った明智光秀が、その直前に愛宕山で百韻の連歌を興行し、「ときは今、天の下知る五月かな」という発句を詠んだというのは、あまりにも有名な話であるし、この伝統は実は近代までつづき、戦前まで太宰府天満宮ではたびたび祈禱の連歌が興行されていたのだという。

もちろん、遊興と祈禱とがわかちがたい、というのは連歌だけの特徴ではない。念仏踊りなども同じ文脈で考えることができるだろうが、ここでは中世後期から公家・武家・農民を問わず、とりわけ盛んにおこなわれるようになった現世安穏を祈るまつりである庚申待（こうしんまち）や月待（つきまち）をみてみることにしたい。

庚申待は、六〇日に一度めぐってくる干支が庚申の夜、寝ずにすごす習俗である。もともとは体内にいる三尸虫（さんしのむし）というものが人間の寿命を縮めたり、災難をおこしたりするもとだから、これを押さえればよい、そのためには庚申の晩に眠らず、呪文をとなえればよい、という中国から伝わってきた延命除災の法としての三尸説によるもので、平安・鎌倉時代にもすでにおこなわれ、これを「守庚申（しゅこうしん）」とよんでいた。

しかし、一五世紀後半のころから、同じ習俗を「庚申待」とよぶようになる。この変化は呼び名の変化だけにはとどまらなかったにちがいない。なぜなら、この時代にはじめて、庚申待をすることの功徳（くどく）を説く「庚申縁起[76]」が出現している。その内容からは、おそらく「庚申縁起」をつくりだし、庚申待を農村にまで広げた人びとは、仏教者であっただろうと推測されている。

「守庚申」が「庚申待」とよばれるようになることにすこし先んじて、まず東国で月待板碑（いたび）[77]というものがたくさん造立されるようになった。板碑とは板状の石でつくった石塔で、鎌倉時代や南北朝時代には武士や僧侶の追善供養のためにたてられたものとされており、もし造立した人の名前が彫られているとしても、ほとんどは法名（ほうみょう）であるのが普通だが、この月待板碑には俗名が、それも無姓で、大勢の人びとの連名で彫られていることがおおい。そのことは、こう

[76]庚申待の作法が帝釈天の使いによって、八世紀に四天王寺の僧に伝えられたこと、またその荘厳の仕方や呪文などについて詳しく述べた縁起。初見資料は、宇佐八幡宮の社家に伝わる明応五（一四九六）年のものとされる。

[77]月待板碑の初見は、嘉吉元（一四四一）年、庚甲待板碑の初見は、文明三（一四七一）年である。

した月待板碑が、それまでの板碑造立者のような武士や僧侶だけではなく、村の農民たちが寄りあつまって造立したのであろうという推測を可能にしてくれる。こうしたあつまりを、結衆（けっしゅう）という。

東国の農民たちの月待の行事は、板碑がほぼ年月日を中心とした銘文しかもたない寡黙な資料であるため、あまりよくわからないことがおおいのだが、東国での月待板碑の初見からややおくれて、三条西実隆の『実隆公記』などの公家の日記にも、月待をした記事がみえるようになる。そうした記事によると、月待は、二十三夜のおそい月の出を待つ習俗で、寝ずにすごすという点で庚申待と共通しているが、共通点はそれにとどまらず、庚申待と同様に、その晩を連歌や香[78]（十種香という、闘茶によくにた遊び）や看経（かんきん）[79]ですごす、という行事の内容にまでおよんでいる。そしてどちらも、ひとりですごすこともまったくないわけではないが、おおくは数人の親しい仲間であつまっていることも知られている。

つまり、「守庚申」が「庚申待」とよばれるようになった背景には、月待の発生が大きな影響をおよぼしていたことが理解できるし、月待が東国の農村からはじまり、やがて京都に流入した習俗だったこともほぼまちがいないといえる。とすれば、ここでも都鄙の文化の交流とその集団性とを確認することができるわけである。

（2）　伝統芸能の誕生

能と狂言の発生　中世後期に発生あるいは発展した芸能としては、茶・香のほか、生け花や能・狂言などをあげることができよう。

古く奈良時代に大陸から伝わった散楽（さんがく）は、今でいえば曲芸、軽業（かるわざ）や歌舞などの雑芸だったが、

[78] 香はもともと、よい香りで仏前の空間を荘厳するためのものとして輸入された沈香をたいたものだが、中世には闘茶と同じように、たいた香の種類をあてる遊びの素材ともなっていた。しかし、一五世紀末には、三条西実隆や志野宗信らによって、香の鑑賞の道具や方法が整備され、香道が生まれた。

[79] 読経すること。

一〇世紀には滑稽な仕草やせりふを主とする芸能となり、猿楽（申楽）とよばれるようになった。また猿楽者は、修正会[80]などの寺院の法会における呪師の演技を担当したりするようにもなる。

　やがて猿楽は対話を主とした喜劇としての狂言と、幽玄な歌舞劇の能とに分化していくのだが、そうした経緯のなかで、奈良の興福寺に属した円満井座、坂戸座、外山座、結崎座の大和猿楽四座が、南北朝時代には今日の金春、金剛、宝生、観世の前身として隆盛し、同じころほかに、丹波猿楽、宇治猿楽など他の地方の集団の活動も盛んになってきた。

　能という芸能は、結崎座の観阿弥[81]と、その長男の世阿弥[82]らの活躍によって生まれた。観阿弥は、幽玄の美を中心に、曲舞の技法も取り入れて大衆に受ける生き生きとした能を作り、また世阿弥は数々の名曲を創作して「夢幻能」を完成した。世阿弥は『風姿花伝』ほかの演劇理論の書も執筆し、また世阿弥の甥の音阿弥も名手として知られ、かれらのつくった能は、足利義満[83]以下の将軍の後援もえて、以後室町幕府の儀式での芸能「式楽」としての地位を確立するとともに、現代まで生きる芸能となったのである。[84]

　一方、能の上演の合間には、滑稽な狂言が上演されるようになった。もともと源流を能と同じくする狂言は、この時代には猿楽の一座に組み込まれ、能の支配を受けるようになっていた。そして室町後期にまず大和猿楽の狂言方によって大蔵流が、ついで江戸時代にはいると和泉流などが成立した。狂言のなかには、主人を従者がからかったりいじめたりする曲も少なくなく、たとえば祇園会の準備を題材とした「鬮罪人」のように、中世後期の下剋上の雰囲気を色濃く漂わせるものもおおい。

[80]その一年の安穏を祈るために、正月におこなわれる寺院の法会。

[81]元弘三（一三三三）～至徳元（一三八四）年。南北朝期の能役者。

[82]貞治二（一三六三）～嘉吉三（一四四三）年か。観阿弥のあとをつぎ、義満にかわいがられ、「高砂」「清経」などの曲を書いて、能を大成させるが、将軍義教は世阿弥の甥の音阿弥を好み、世阿弥は嫌われ、佐渡に流されるなど不幸な晩年をすごした。

[83]足利義満の時代の文化は、かれが山荘（北山第、のちの鹿苑寺。金閣が代表的建築物）を北山に構えたことから、北山文化とよばれる。伝統的な貴族の文化と、禅宗の影響を色濃く受けた武家文化の融合と説明される。

[84]このほかに、越前などで盛んで、やがて京都に進出した曲舞の一流派に幸若舞（こうわかまい）があり、戦国武将にも愛好された。

立花の誕生　仏前を荘厳するために花が飾られることは、以前からなされていたが、中世後期に挿花の風が室内装飾として盛んになるのは、一五世紀ごろと推定される床の間の発生と深くかかわっている。南北朝から室町時代にかけての日本では、唐物が珍重されたが、とりわけ好んで輸入されたのは、陶磁器や中国絵画であった。もたらされた絵画のほとんどが軸物だったので、それらを掛けて鑑賞するために、書院に床がしつらえられることになったのである。

一五世紀末ごろに成立した『君台観左右帳記』[85]には、室町将軍の書院の座敷飾りの方式や器物の鑑賞の秘伝がのべられているが、そこには床の飾り方として、三具足を掛軸の前に置くことが記されている。三具足は、卓の上に、中央に香炉や香合、向かって右に燭台、左に花瓶を置いたものである。これはもともとは仏前の荘厳の方式であったが、この三具足を三幅一対または五幅一対の掛軸の前に飾ったのである。こうして、生け花（立花）が座敷で鑑賞するための花として新たに生まれることになった。

ところで、『君台観左右帳記』は室町幕府の同朋衆の能阿弥の作とされる。室町時代には、いずれも「阿弥」号を有して将軍の側近くで美術品の鑑定や管理に携わった僧体の者たちがおり、かれらはおおく時衆とされ、同朋衆とよばれるが、足利義政の時代[86]には、とりわけすぐれた同朋衆が輩出し、そのなかには飾り付けを専門とする立阿弥もおり、かれは義政に命じられて、しばしば花を立てたという。

やがて、同朋衆のほかにも花を立てる名手がでる。たとえば京都六角堂頂法寺[87]の池坊の寺僧、専慶はその技の巧みさでよく知られ、武家の邸宅でもとめに応じて花を立てることがおおかった。幕府の衰えとともに、同朋衆の花は衰えてゆくが、反対に池坊の花は後継者の専応、

[85]「君台」は将軍の御座所を意味し、その左右に侍する者の記録、といった意味の書名。能阿弥の作で、その孫の相阿弥によって大成されたものとされる。

[86]足利義政の時代の文化は、かれが応仁の乱の後に構えた山荘（現在の慈照寺銀閣）が東山にあったため、東山文化とよばれる。将軍の側に仕えた同朋衆や、作庭に才能を発揮した山水河原者など、卑賤とされた身分のひとたちのなかから優れた芸術家がでて活躍した時代ということができる。

[87]中世には天台宗寺院で、西国三十三所札所のうち、第十八番の札所。親鸞がここで聖徳太子の夢告を受け、法然の弟子となったという伝えも持つ。この寺の執行坊を「池坊」という。

専好へとさらに隆盛に向かう。そのように池坊の花が人びとに迎えられたのは、六角堂頂法寺がこのころから参詣者が増える札所[88]のひとつで、庶民に親しまれる寺だったことにもよるのである。

このように生け花は、仏前の荘厳から書院の座敷飾りへと育っていったもので、その後の日本人の生活と切り離せないものとなってゆくのであるが、能・狂言や生け花・茶などをあわせて考えてみると、いずれもが寺院や仏前の芸能から、この時代に世俗的な世界にとけこんで成長したものであることに気がつくであろう。

（3）　中世後期の仏教界

五山の隆盛　中世後期の仏教界については、京都や鎌倉の五山の隆盛と、地方の仏教者の活躍などを中心にみていくことにしよう。

五山とは、幕府の定めた臨済宗(りんざいしゅう)の最上位を占める寺格の寺院で、日本では鎌倉時代の建長五（一二五三）年建長寺を「五山第一」と称したのが五山の語の初出で、五山の寺数とその序列はときによって変動しながら、元中三［至徳三］（一三八六）年にほぼつぎのように決定した。すなわち、鎌倉では建長寺・円覚寺・寿福寺・浄智寺・浄妙寺、京都では天竜寺・相国寺・建仁寺・東福寺・万寿寺の各五寺で、この鎌倉・京都の一〇ヵ寺の上に南禅寺が置かれた。これら一一ヵ寺を五山（叢林(そうりん)）と称し、これに次ぐ十刹(じっさつ)とともに、夢窓疎石(むそうそせき)[89]の系統（夢窓派）や弁円の系統（聖一派）の僧たちが主軸であった。

この五山禅林では、無学祖元(むがくそげん)や一山一寧(いちさんいちねい)といった渡来僧らによって大陸の禅林における文筆尊重の風が移植され、漢詩・漢文を表現の手段とする五山文学[90]が盛んにおこなわれた。鎌倉時

[88] 巡礼が順番にめぐり、お札やお経を納める寺を札所という。西国三十三所や坂東三十三所は鎌倉時代までには成立していたが、巡礼がさかんになるのは、室町時代のことで、現存する西国三十三所巡礼札の初見は応永一九年（一四一二）のものとされる。

[89] 建治元（一二七五）年〜観応二（一三五一）年。一山一寧に禅を学び、足利尊氏の帰依をうけて、京都天竜寺など各地の臨済宗寺院を開き、おおくの弟子を育てた。

[90] 著名な作者としては、義堂周信（ぎどうしゅうしん、『空華集（くうげしゅう）』）、絶海中津（ぜっかいちゅうしん、『蕉堅稿（しょうけんこう）』）をはじめとして、『続翠詩集（ぞくすいししゅう）』の江西竜派（こうせいりゅうは）、『狂雲集（きょううんしゅう）』の一休宗純、『補庵京華集（ほあんけいかしゅう）』の横川景三（おう

代から江戸時代の初期にかけて膨大な数の作品がつくられたが、もっとも盛んであったのは南北朝時代から室町時代の前期にかけてである。作品の内容は幅広いものだが、五山文学の作者はすべて禅僧であり、読者もまた、ごく一部の貴族や上級の武士をのぞいては、禅林内部の人たちであるという、独自の世界が形成された。

また五山の僧たちは、その詩文の才能を生かして幕府の文化・外交の顧問として活動したことも忘れられてはなるまい。しかし、室町末期になると、五山文学は宗教性が希薄化し、独自の世界を失い、室町幕府の崩壊とともに消滅の道をたどることになる。

蓮如・日親らの布教　鎌倉時代に生まれたいわゆる鎌倉新仏教の諸宗派が全国にひろまった時期は、宗派によってすこしずつことなるが、おおくの宗派が大きく展開した時期としては一五世紀をあげることができよう。

この時期、浄土真宗、本願寺中興の祖といわれる第八世蓮如は、門徒教化のために「御文」とか「御文章」などとよばれるたくさんの消息（手紙）形式の法語をのこした。これは、叡山の反感を受け、寛正六（一四六五）年に本願寺を破却され衰微した勢力を立てなおすため、越前の吉崎に道場（吉崎御坊）を開くとともに、各地の門徒に正しい教えを伝えようとしたものである。

こうして吉崎を中心に門徒の勢力が大きくなると、各地で一向一揆がおこった。これをさけて畿内にもどった蓮如は、文明一五（一四八三）年には山城の山科に本願寺を造営し、北陸・東海・畿内におおくの門末を擁する本願寺教団の再興をなしとげた。以後、本願寺は、山科、あらたに大坂を中心に強大な勢力をもつようになる。

せんけいさん）、『梅花無尽蔵（ばいかむじんぞう）』の万里集九（ばんりしゅうく）などがあげられる。

また蓮如と同じ時代に活躍した日蓮宗の日親[91]は、下総国中山の法華経寺で学び、のち九州の肥前や京都で布教をおこなう。しかし日親の主張する信仰は厳格であったので、領主や幕府との対立を生み、『法華経』の純粋な信仰を将軍足利義教に進言しようと『立正治国論』を著わしたが捕らえられ、獄中で、焼けた鍋をかぶらされたということから、「鍋かむり日親」の異名をもつほどはげしい法難を受けた。赦されて後、京都の本法寺を中心に諸国に三十余の寺院を創建するなど伝道につくし、かれの死後、京都の町衆に法華宗の勢力が大きくなったのは、日親の伝道の力によるものだといってよい。

地方で活動した僧侶たち　ところでこのころ、地方で活躍した僧侶もおおい。たとえば、武蔵国を中心に活動した僧侶に、深大寺の長弁と、王禅寺や三会寺に住した印融がいる。名文を書くことで知られた長弁は、応永年間の前後、武蔵の多摩川流域で、橋供養や大般若経の勧進などの宗教活動に関わる人びとからの依頼を受けて、そのための諷誦文[92]を多数作成していた。それらは「長弁私案抄」としてのこっているが、その諷誦文のなかには、あきらかに外国人の僧の勧進にかかわることを示すものもあり、興味深い。また印融は、長弁よりややあとに活動した真言の碩学で、一生のあいだにのこした書物がおよそ二〇〇巻をこえるといわれ、悉曇学[93]などに大きな足跡をのこした。

また、とりわけ曹洞宗の僧侶たちのなかには、地方を行脚しながら教えをひろめ、あるいはその祈禱の能力によって地域の人びとに大きな感銘をあたえた、たとえば人びとに害をなす九尾の狐を退治したという那須の殺生石の説話にかかわる源翁（玄能）[94]のような地方を経めぐる僧侶がおおく出た。かれらの活動によって、曹洞宗の地方への広範な展開がなされたといって

[91]応永一四（一四〇七）年〜長享二（一四八八）年。

[92]法会に際しその趣旨などを記して、仏前で読み上げる文。

[93]密教では、真言や陀羅尼などの呪文をサンスクリット語（梵語）の音のまま読誦することがおこなわれたが、その字（梵字）や梵語を学ぶ学問を悉曇学という。

[94]源翁心昭といい、南北朝時代の禅僧で、関東や東北におおくの寺を開いたが、下野国那須の殺生石を打ち砕いて、妖怪を退治したとしてしられる。

過言ではあるまい。

(4) 新しい技術・文化の芽生え

洛中洛外図の世界　一六世紀に描かれた絵画のうち、近年注目されているものに洛中洛外図屏風がある。細かに描かれた都の風景や生活する人びとの姿は、当時の都の風俗を具体的に知る上でえがたい資料で、そのうちもっとも著名な一本は、「上杉本洛中洛外図」[95]である。この屏風は、織田信長から上杉謙信に贈られたものという伝承があり、その伝えの当否や描かれた風景の示している時期、作成年代などについて議論があるが、そのような屏風が地方の大名をはじめとする人びとの、都とその文化への憧憬をかきたてるものだったことはまちがいない。このことは、ようやくこのころに盛んとなった札所めぐりの旅[96]などとともに、地方の人びとが、自分の生まれて育った地域の外への関心を深めつつあったことを示しているといえようか。

外国から伝わった技術・文化　外への関心は、もちろん国内にはとどまらない。やがてキリスト教や鉄砲に代表される西欧の文物の流入がはじまると、そうした関心は一挙に花開くが、その以前や以後に、中国や朝鮮からもさまざまな技術が輸入されたことも忘れてはならない。たとえば博多商人が朝鮮から伝えた「灰吹法（はいふきほう）」がその後の国産の銀の生産を飛躍的に高めることの要因となった精錬技術だったことや、室町時代とされる木綿の国内生産のはじまりが、その後の日本人の衣料を大きく変えたことなどは記憶されておいてよいことだろう。

[95]「上杉本」のほか、「町田本」（三条家旧蔵で、現在国立歴史民俗博物館所蔵のため、歴博甲本ともよばれる）や「高橋本」（同じく歴博乙本ともよばれる）などの洛中洛外図屏風が、初期の洛中洛外図としてしられる。

[96]札所の霊場寺院が盛んになるのにつづいて、各地の寺社で「参詣曼荼羅（さんけいまんだら）」が数多く作られるようになる。

III 近世

日光東照宮陽明門（栃木県日光市）

東照宮は、徳川家康を祀った神社。元和３（1617）年に神殿が竣工し、寛永13（1636）年の大造営により権現造の豪壮な社殿となった。陽明門はその楼門で、まばゆいばかりの装飾にあふれている。

近世とは、歴史を古代・中世・近世・近現代と四つの時代に区分したときの一時代の呼称で、江戸時代を中心に織豊期から明治維新までの約三〇〇年間をさす。

兵農分離や石高制など、近世の政治や社会の仕組みの基本は、織豊政権期にその原型がかたち作られ、江戸時代に確立した。政治は、将軍と領域ごとに編成された武士団を率いる大名とが幕藩体制を形成、その結集した力で武士身分が民衆を支配した。被支配身分の町人・百姓以下の民衆は、村請制など支配の単位であるとともに生活と生産の共同体である町・村に住み、自治的に町・村を運営しながら生活を送った。キリスト教諸国の進出と明清交代など東アジア世界の変動のなか、小規模ながら周辺諸国・民族を華夷秩序に編成しつつ、「鎖国」体制をとった。そのもとで異例ともいうべき長期の平和が持続し、中国文化からの自立を進め、内外の学問や技術を吸収・消化して独特な社会と文化が展開された。戦国期に発展した土木技術による大河川の治水と大規模な新田開発が生み出した生産力の飛躍的な向上と、武士の城下町集住や参勤交代制度により生まれた巨大都市の膨大な需要は、幕府による度量衡と貨幣制度の統一、海運・河川舟運と街道の整備とあいまって、全国的な商品の生産と流通を活発化させ、都市と農村に富が蓄積されるようになった。元禄期に京・大坂など上方を中心に学問・芸能・文学の花が開き、文化文政期には中心が江戸に移り、多様な学問や芸術も発展するとともに、全体として大衆性をおびた。また、各地で郷学や寺小屋などによる教育の普及も目覚ましく、地域的な文化が豊かに広がった。一八世紀後半以降、国内のさまざまな面で矛盾があらわになると同時に対外的な危機も生まれ、時代の曲がり角を迎えた。幕府と藩は寛政や天保期などに政治の改革を試みたが、日本を資本主義的世界市場へ強制的に編入しようとする欧米列強の本格的圧力も加わり、新たな国家・社会体制を模索するさまざまな運動が展開して、近世は解体へと向かった。

一　幕藩体制の確立

1　織豊時代

兵農分離　日本の社会は、一五世紀の末からはげしく変動した。その変動の基礎は小農民（小家族農民）の自立の進行を基礎にしていた。日本はアジアでも、もっとも劇的に小農民の自立がすすみ、その社会変動は、兵農分離（へいのうぶんり）[①]という特徴をもつこととなった。

信長政権　永禄一一（一五六八）年、足利義昭を奉じて京都に上った織田信長は、義昭を将軍にたてたが、まもなく信長と敵対して義昭は追放され、室町幕府は天正元（一五七三）年に滅んだ。さらに信長は、朝倉・浅井ほかの大名の平定をすすめ、比叡山を焼き討ちし、雑賀（さいが）衆（しゅう）や各地の一向一揆（いっこういっき）を討ち、本願寺を降伏させて、これまで勢威をふるっていた伝統的勢力をおおきく後退させた。

信長は天下布武（てんかふぶ）を旗印に、武威の世界を築こうとした。そのために家臣には信長への絶対的な服従を命じ、壮大な安土城を築いて権勢を誇示した。仏教諸派やキリスト教とのあいだに距離をおきながら、すべての宗教勢力を支配下におこうとした信長は、朝廷の伝統的権威を利用して本願寺を降伏させたが、やがて朝廷からの官位を拒否するようになった。こうして信長はみずから神として崇められることをめざすにいたったといわれる。[②]

信長は、もっとも成熟した戦国大名であったが、その権力は全国統一のための重要な条件を

①小農民が成長するにつれて土豪的な有力民は生産から遊離し、郷村から排除されて寄生的性格を強め、武士化・領主化の道を歩んだ。この動向は、小農民の成長に基礎をおく社会分解のありかたであって、これを兵農分離という。

②信長も撰銭令（えりぜにれい）を出し、諸国の関所を撤廃させ、楽市・楽座政策をすすめるなどしたが、それは戦国大名の政策を大きくこえるものではなかった。

つくりだした。

兵農分離制・太閤検地　天正一〇（一五八二）年六月、毛利氏を攻めていた信長は本能寺の変にたおれた。あとを継ぐことに成功した豊臣秀吉③は、これまでの兵農分離の過程で守護大名や荘園領主・戦国大名たちが、個別的・部分的にあみだしてきた支配のしくみや方法を集成して思いきった政策をおこない、新たな国家社会の体制づくりを全国的にすすめた。その統一政策を主導したのは出頭人とよばれる石田三成らの秀吉の近臣たち④であった。こうして、兵農分離制⑤が構築されていった。兵農分離制実現のための基本的な手段は太閤検地であった。秀吉は早く天正一〇年七月に山城で検地をおこなったが、それ以降、秀吉政権のもとで、秀吉の指示によって派遣された検地奉行がおこなった検地は、太閤検地⑥と総称される。

太閤検地は統一した尺度や地積の単位と枡によって、田畑屋敷地などの年貢賦課地を地片ごとに測量して地積と収穫高を調査し、それらの土地の生産力を米の生産量で表示（石改め）して把握した⑦。同時にそれぞれの地片ごとに、耕作者・所持者を確定し、耕作権（所持権）を認めるとともに年貢負担義務を定めた（名請け）。その名請けにさいしては、現実の耕作事実にもとづいて、一地一作人を原則とし生産物の中間搾取を禁じた（作合否定）。

この検地では、おおくの小農民が名請人となり百姓の身分に定着された。また石改めによって、農民の所持地から大名の知行地まで、いっさいの田畑屋敷など年貢賦課の土地は原則として石高で表示されることになった。それは米年貢を基本とする土地制度であって、石高制とよばれる。なお検地は村を単位におこなわれ、年貢納入は村請制をとったので、それらの村は年貢納入の単位でもあった⑧。こうして太閤検地は荘園制度を完全に解体した。各地で土豪たちが

③ただちに軍をかえして明智光秀を討った豊臣秀吉は天正一一年にかけて、飛驒の平定、紀州根来・雑賀一揆の鎮定、四国征討と統一事業を進め、京都・堺・大坂やその支配をかため検地を開始し、大坂城を築いた。

④かれらは文吏派と呼ばれ、徳川家康らの武将派大名とともに、秀吉政権の権力をつくっていた。

⑤一五世紀以来、各地で社会変動に応じて個別的にとられてきた支配や社会編成の方法をとりいれて兵農分離制という統一的な国家的体制をつくった。兵農分離制とは、武士が支配者身分にある者として、農民たちのおこなう農業生産の直接的な労働過程から排除されていることを基本においた体制である。武士の都市集住はその象徴的な表現であった。

⑥新たな検地の基準などは、天正一五年ころにほぼ確定した。秀吉が太閤になるのは天正一九年のことである。

新政反対一揆などで抵抗したが、検地はそれを排して強行された。

太閤検地では、領主化の途上にあった土豪たちのおおくも百姓身分として村のなかに定着させられた。社会変動は村のなかに封じこめられて、百姓のあいだの地主小作関係として進行することとなった。⑨

天下統一　天正一三（一五八五）年、関白となった秀吉は、⑩関白の地位にたって天下に号令しようとし、九州の諸大名に武力抗争の停止を命じた（惣無事令）が、島津氏の拒否にあった。一五年に、兵をだして島津氏を降伏させて九州を平定した秀吉政権は、兵農分離制にもとづく統一国家（兵農分離制国家）の建設をめざしておおきくふみだした。博多で長崎などの状況を知った秀吉は、天正一五年六月一八・一九日につづけて、人身売買の禁止・キリスト教宣教師の追放・貿易の保護を内容とする法令を出した。⑪この法令は、とくに布教と貿易の分離の方針をあきらかにした点で画期的なものであった。翌一六年には、佐々成政を切腹させて⑫所領を治めることは主君である秀吉への忠であることを示し、さらに全国に刀狩令を命じて兵農分離を徹底させ、倭寇取締り（海賊禁止令）によって海上交通関係の安全をはかり、職人の座を楽座とし大小判を鋳造するなど、国家的な体制づくりを着々とすすめていった。そして聚楽第に大名たちをよびよせ、天皇の前で秀吉への忠誠を誓わせるなどした。

さらに秀吉は天正一八年、上洛命令にしたがわなかった北条氏直を攻め、七月に小田原城を落した。⑬つづいて奥州を平定し検地を命じて京都に帰った秀吉は、ただちに朝鮮出兵の準備を命じた。小田原攻略直後に秀吉は徳川氏を江戸に移したが、この年から翌年にかけて、太閤検地のひろがりは頂点に達した（天正検地）。朝鮮出兵の準備の一環として、人改め（人掃い）や、

⑦石高がそのまま生産力を示すものであるか否かについては、議論がある。
⑧おおくの地域では、社会分解が進行中であったから、この検地は小農民の自立を促進する政策の起点ともなった。
⑨これらの土豪的な農民は、広い土地と屋敷を所持し、牛馬や下人たちを使って大規模な生産をするともに、耕地の一部を小農民たちに小作させた。その小作料はおおくの場合、はじめは使役労働であったが（名田地主小作）、やがて生産物の一部で納める（作徳地主小作）ようになっていった。
⑩このときと天正一五年の九州平定のあとに秀吉は朝鮮出兵を企てたが実行されなかった。
⑪この理由として秀吉は日本は神国であるといった。
⑫秀吉は、太閤検地などの新政に反対して肥後の土豪・国人たちがおこした反乱を、失政の結果として領主成政を罰した。

小田原落城以後の移住者を旧里にもどす人返しがおこなわれた。さらに小田原落城時のあり方を基準に、武士と農民、商人・手工業者との身分を固定する身分法令を定めた。

朝鮮侵略　秀吉の命により、天正二〇年三月、総計一五万八七〇〇人の軍勢が渡海した。首都漢城（かんじょう）（現ソウル）を攻めとったとの報に、秀吉はアジア征服の大構想をたてた。しかし明（みん）の援軍をうけた朝鮮の義軍と民衆の抵抗は戦況を逆転させ、まもなく先鋒の将小西行長（こにしゆきなが）と明将沈（しん）惟敬（いけい）とのあいだに和議がおこり、文禄二（一五九三）年、はげしい兵糧欠乏のなかで休戦し日本軍は引きあげた。明の講和条件⑭に激怒した秀吉は、文禄五年にふたたび出兵を命じた。翌年正月一四万の軍勢が渡海したが、朝鮮義軍と明軍との反撃をうけて苦戦がつづいた。慶長三（一五九八）年八月、秀吉の病死を機に日本軍は朝鮮から引きあげて、朝鮮出兵は終わった。⑮

二度にわたる朝鮮出兵は、朝鮮におおきな被害を与え荒廃させた。それは領土の獲得、貿易の再開、明にたいする国家主権の主張などを目的にしたもので、秀吉政権の内部対立の解決をもめざしていたともいわれる。朝鮮出兵のあいだに兵農分離制にもとづく国家（兵農分離制国家）は完成した。検地は薩摩から陸奥におよび、石改めも完了した。全国の石高合計は一八五〇万石余と集計されて、御前帳（ごぜんちょう）⑯として秀吉のもとに掌握された。同時に晩年の秀吉の専制君主的性格も露になった。天正一九年には秀吉の怒りにふれた千利休（せんのりきゅう）を自殺においこみ、文禄五年にはかつて養子であった甥の豊臣秀次を自殺させ、その妻子など三十余人を惨殺した。

入貢要求と朱印船制度　貿易と布教の分離の方針は堅持され、長崎などでキリスト教信者の虐殺をおこなういっぽうで交易の拡大がはかられた。それとともに秀吉は朝鮮やルソン・ゴア・高山（たかさん）（台湾）などに入貢・服属を要求し、これが不成功に終わると、文禄元年に秀吉政権

⑬秀吉は、天正一四年に関東の武力抗争を治めることを、徳川家康に命じていた。

⑭講和条件は、秀吉を日本国王に封じ、朝貢を許すというものであった。

⑮天正一七年、朝鮮に入貢と国王の来日・服属を要求したが拒絶された。なお秀吉の天下統一と、明との戦争が結びついていたことは注目される。

⑯国・郡・村ごとに石高をまとめて記した帳。知行の配分などの資料として利用された。

は渡海朱印制度を定めた。

織豊時代の全国的商業は、港みなとの豪商たちによって担われ、それらの初期豪商のなかから朱印船貿易に参加するものもあらわれた。秀吉政権は商業制度の構築にもつとめ楽市・楽座をすすめ、堺や博多などの重要な港町を直接支配のもとにおいた。また主要な金銀山なども直接支配（天下の山）⑰のもとにおき、地下資源の国家独占を原則とし、木材などの一部の特産物生産地域も直接支配とした。

秀吉政権　慶長三年の春、醍醐寺三宝院での豪華な花見を催した天下人豊臣秀吉は、その三ヵ月後に発病し死の床についた。秀吉政権は歴史を画する画期的な政治をおこない、兵農分離制国家をつくりあげ、幕藩体制・幕藩制社会・幕藩制国家の基礎をつくりだした。とくに、信長と違って、伝統的な権威序列の頂点にたつことで、権力の確立をはかったことは秀吉政権の特徴であった。

2　江戸幕府の成立と鎖国

江戸幕府　徳川家康は慶長五（一六〇〇）年、関ヶ原の戦いに勝利し国内外の体制をかため、⑱慶長八年に征夷大将軍に就任、江戸幕府を開き、諸大名に助役を命じて江戸を建設させた。

慶長六年から朱印状が発行され、朱印船貿易が展開した。朱印状は中国人やヨーロッパ人にも与えられたが、おおくの日本商人たちが朱印船貿易によってアジア各地に進出し、根拠地として各地に日本人町をつくった。また慶長一四年にオランダと、同一八年にはイギリスとの貿易がはじまった。⑲朝鮮とは慶長一四年に通商条約（己酉約定）を結び、アイヌとの交易管理は

⑰地下資源などは原則として統一権力の直接の所有であるとする原則。

⑱敵対した大名を処置した家康は、要地を譜代大名に配分し、近江・山城・河内・大和の支配をかため、京都所司代を定め、堺や京都などに奉行をおいて体制をととのえた。翌六年には貨幣の鋳造をはじめ、貿易船のための朱印状を発行した。さらに検地をおこない、郷村法度を定めるなど国内外の体制をかためた。

⑲家康は、豊後に漂着したオランダ船に乗っていたイギリス人ウイリアム＝アダムス（三浦按針）と、オランダ人ヤン＝ヨーステンを外交顧問として重用した。

松前氏に命じ、明船も慶長一六年には長崎に来て、東アジア諸国・地域との交流がはじまった。こうして、ポルトガル・スペイン、オランダ・イギリス、中国・琉球・朝鮮、日本、東南アジアの商人たちのあいだで、東洋貿易をめぐるはげしい争いが展開した。⑳ 朱印船貿易の拡大につとめた家康は、慶長九年には糸割符法を定めて商人たちに輸入生糸独占機構をつくらせた。

同時に幕府は、国家的経済制度の整備につとめ、貨幣の鋳造権を独占して金銀銅貨を鋳造し、大名たちの貨幣鋳造を制限した。㉑ 交通の制度も、まず政治上の必要から五街道などの街道や宿場を設け、宿継ぎと伝馬・宿人馬・助郷制度を定めた。㉒ これらの施策に手をつけた家康は、慶長一〇年将軍職を秀忠に譲り、実権を握ったまま大御所として駿府城に移って駿府政権をつくった。

大名・旗本　将軍と徳川家臣や大名との関係は、家康の時代にほぼかたまった。㉓ 主従関係での奉公の基本は、知行の石高に応じて定められた軍事奉仕（軍役）であった。将軍の家臣は、まず知行の石高の大きさによって、大名（万石以上）と旗本・御家人（御目見以下）とに分けられていたが、その領知は将軍が転封・減封・取潰し（改易）できるものとされた。領知は将軍から預かっているもので、領主と領知や領民との関係は仮のものであるとする考え方を、幕府も大名・旗本たちをはじめ農民などの領民たちも共有することとなった。農民たちのあいだにも、田畑などの所持地はもともと将軍のものであるとする考え方がつよかった。

大名は、家臣（将軍の陪臣）をかかえ、ほぼ幕府にならって将軍から預けられた領知を支配した。大名の数は江戸時代を通じて、およそ二七〇人ほどであったが、その家臣との主従関係も、石高による知行の給与と軍役奉仕を基本としていた。大名領は大名直轄の蔵入地と家臣（給

⑳そのうち、イギリスは元和九（一六二三）年に、スペインは寛永元（一六二四）年にそれぞれ退去した。

㉑江戸幕府も「天下の山」原則を継承し、主要な金・銀山などを直営とした。

㉒街道交通には江戸の治安のために、関所制度や架橋などが配慮された。やがて、商人たちの活動がはげしくなるにつれて、助郷村の拡大などもおこなわれるようになった。

㉓御三家が成立したのも慶長一二年（一六〇七）ころのことで、同時に一門制度もきまった。大名たちは、将軍との血縁関係・主従関係のあり方によっても区分され、全国に配置された。江戸・大坂などの周辺や、関東・近畿地方には御三家・親藩や譜代たちを、東北・四国・九州地方などの遠いところには外様が配置された。約二〇人の国主などの大大名は三家・親藩、外様の大名たちであった。これらの大大名の転封は一

人）知行地とに分けられ、家臣はその知行地の領民を直接に支配する知行制（地方知行制）をとっていた。旗本は早く慶長一〇年の軍役規定によって、将軍直属の軍事力を構成した。知行高三〇〇〇石以上の旗本のおおくは所領を与えられ、陣屋をおいて領民を支配したが、それ以下の過半の旗本たちには蔵米が給与され㉔、一八世紀後半では、五二〇〇人を数えた。また一八世紀はじめに一万七〇〇〇人にのぼった御家人たちのほとんどすべてには蔵米が支給されていた。

将軍が支配する全石高は、一七世紀末には二五八〇万余石であった。そのうち約八〇％は大名・旗本に知行地（私領）として配分され、約二〇％はわずかの天皇領や寺社領をのぞいて、その大部分が将軍の直轄領（御領・天領）とされた。

大坂の陣　家康の体制づくりの締めくくり㉕は京都方広寺の大仏鐘銘事件を機とする大坂の陣であった。慶長一九・元和元（一六一四・一五）年の二回の戦いで大坂方は破れ、豊臣秀頼と淀君が自殺した。

家康は大坂を中心とした地域を事実上直轄領とし、一国一城令を命じ武家諸法度を制定し、国目付をおいて大名の領民支配を監視させることとした。

そして家康は元和二（一六一六）年四月に病死した。あとを継いだ秀忠も元和九年に将軍職を家光に譲り、大御所となって江戸城西丸に移った。寛永六（一六二九）年紫衣事件㉖がおきた。幕府は天皇に二万石の禁裏御料㉗を与え、禁中並公家中諸法度によって朝廷をきびしく統制していたが、この事件で伝統的権威の将軍の支配下への組みこみを完成した。ほんらい武家の棟梁であった将軍が国王としての公方となり、その公方を頭とする幕府のしくみと支配が公儀となった。信長とも秀吉とも異なった方法で、徳川氏は国王の地位を確実なものとした。同

八世紀以後は止んだが、譜代大名の転封は幕末までおこなわれた。一七世紀半ばまで、大名たちには、軍役のひとつとして、江戸城改築などの助役はあいついだ。

㉔旗本は寛永一〇年と元禄一〇年の二回にわたる知行の地方直しによって知行高五〇〇石以上の者にも所領が与えられるようになった。

㉕この間幕府は、イギリス・オランダの貿易を拡大して布教と貿易の分離を実現していった。他方でイエズス会の領土的野心についての疑念も強まっていたこともあって、キリスト教徒への弾圧がつづけられ、高山右近らがマニラに追放された。

㉖大徳寺などの僧の紫衣着用を幕府が禁じたことからおこった事件。後水尾天皇は退位を決意し、僧沢庵らは処罰された。

㉗のち宝永二（一七〇五）年に加増されて三万石となった。

時に幕府は、諸宗諸本山諸法度などで仏教を統制し、国家支配より宗教の権威を優先する不受不施派などの宗派を、異端としてきびしく取締った。

寛永時代㉘　大御所秀忠が寛永九（一六三二）年に死去すると、家光は松平信綱・阿部忠秋らとともに活発な政治を展開した。㉙

寛永一〇年から評定所・老中などの職務規定や、吏僚制がととのえられはじめた。全国に巡見使を派遣して大名や旗本の行政をしらべ、旗本の地方直しをおこなった。翌一一年には五万石以上の大名に朱印状を与えて領知の確認をおこない、さらに三十余万の軍勢をひきいて上洛をした。一二年には一〇万石の大名までをふくんだ軍役を規定し、武家諸法度を改定して参勤交代制を定めた。この参勤交代や、江戸屋敷での生活の経費は大名にとって大きな負担となった。

鎖国への道　貿易の進展と宣教師や信者たちの熱心な活動によって、キリスト教信者が増大した。㉚それとともに将軍や大名たちの支配や倫理とキリスト教の教義との矛盾があきらかになり、また仏寺との抗争など布教の過程での摩擦もおおく、イエズス会が領土的野心を抱いているのではないかとの懸念もつよまってきた。

寛永七（一六三〇）年には島原城主松倉重政などが、キリスト教根絶のためのルソン島征討を計画して家臣を偵察に派遣した。㉛結局幕府は鎖国への道を歩み、寛永八年に海外渡航を制限する奉書船制度を定め五ヵ所商人仲間をつくらせ、輸入生糸の統制と糸割符制の強化とをはかった。そして寛永一〇年に日本人の海外との往来や、外国船の貿易取締りなどを命じた第一次の鎖国令を出した。以後鎖国令は一三年まで毎年出され、寛永一二年には、日本船と日本人の

㉘寛永一〇年以降、慶安末年までの時代は、国家・政治体制の整備、鎖国の成立、社会分解の進行、飢饉と農政の展開、寛永文化の繁栄などに彩られた特徴ある時代である。

㉙寛永一三年には全国九ヵ所で寛永通宝の鋳造がはじめられたが、難破船規定が作られるなど全国の海運の保証もされた。大坂などの都市の発展もめざましく、江戸と大坂の関係も確定した。農村では、小農民たちの自立の努力が積みかさねられていたが、きびしい年貢・夫役などが課せられ、農民たちは逃散などの方法で抵抗した。

㉚慶長一七（一六一二）年に布教禁止は強められた。

㉛この計画・偵察には幕府や松浦・島津氏らも同意していたといわれる。

海外渡航や在外日本人の帰国を禁止し、翌年の第四次令では、ポルトガル人と日本人とのあいだの混血児やポルトガル人と結婚していた日本人女性たちをマカオに追放した。こうして日本人の海外進出の道はとざされてしまった。㉜

天草・島原の乱　九州の島原・天草地方で、きびしいキリスト教徒の迫害と重い年貢にたいする領民たちの不満がつのり、ついに寛永一四年一〇月、天草四郎（益田時貞）を首領に反乱をおこした。この思いがけない事態に、幕府は一二万余の大軍を送り翌年二月にようやく鎮めることができた。㉝ついで幕府は寛永一六年、ポルトガル船の来航を禁じオランダ人を平戸から長崎の出島（でじま）に移した。ここに鎖国は完成し、南方各地の日本人町もやがて消滅していった。こうして日本では、世界の動きとは直接かかわりなく特徴ある社会体制がつくりあげられ、独特の文化や経済が発展することとなった。

四口　長崎では幕府の管理・独占のもとで、オランダ・中国との貿易がおこなわれるようになった。㉞その際、オランダや中国から長崎奉行に差しだされた風説書（ふうせつがき）などが、わずかに幕府や一部の人びとに外国の様子を伝えた。

長崎のほかに対馬・薩摩・松前で、アジアとの交易がおこなわれていた。この四ヵ所の交流の場をまとめて四口（しぐち）という。

鎖国が完成してまもなく、中国では満州民族の清（しん）が漢人の明（みん）にかわったが、貿易や文化の伝来は事実上保たれた。慶長一四（一六〇九）年の条約でいったん国交が回復した朝鮮とのあいだに、その後、国王の称号をめぐる国書偽造事件㉟が露見した。事件は寛永一二（一六三五）年に解決し、翌年から国交が回復し朝鮮通信使（つうしんし）の来訪も再開した。これから後、将軍は大君（たいくん）と称

㉜このとき、幕府は、キリスト教・異民族と触穢観念とをむすびつけて差別し、追放した。このことは日本人の他民族にたいする観念をおおきく歪めることとなった。

㉝それは一揆であるとともにキリスト教世界の構築をめざす宗教反乱でもあった。幕府は、領主を改易に処するとともに、キリスト教徒の廃絶にのりだし、踏絵（ふみえ）などをきびしくし、仏教寺院を利用した宗門改制度をはじめた。

㉞一七世紀半ばまでの長崎貿易での主な輸入品は中国の生糸など、輸出品は金・銀であった。

㉟朝鮮との国交を回復させるため対馬宗氏らが国書を改ざんしていたことが宋氏の内紛を機に露見した事件。柳川一件ともいう。

することとなり、その国交や交易には幕府の統制のもとに対馬宗氏があたることになった。琉球[36]は慶長一四（一六〇九）年、島津家久のひきいる軍勢に征服され、これ以後琉球王国は島津氏を通じて将軍に服属し、冊封をうけて中国に朝貢しながらも、王府が支配する独立国家であるという歴史をもつこととなった。アイヌとの交流は松前氏のもとでおこなわれ、松前氏は家康から渡島半島でのわずかな領知と、蝦夷地全域でのアイヌとの交易権を与えられた。そこで家臣へは、特定の地域の独占交易権を認める知行制（商場知行制）をとった。

3 幕藩体制の確立

寛文・延宝時代 鎖国とそれにつづく寛永飢饉とによって、幕府や大名・旗本領の支配の新たな展開はさけられなくなった。まず幕府は、支配の原則の確認作業をおこない、正保三（一六四六）年には諸国の国絵図・郷帳・城の木型を提出させたが、それは大名や旗本領などの支配をこえた国単位のものであって、全領土は公儀に帰属するという原則を示していた[37]。

そして家光は慶安四（一六五一）年に病死し、堀田正盛らが殉死した。将軍職を継いだ一一歳の家綱を保科正之や松平信綱・酒井忠勝らが補佐・後見し、由井正雪や別木庄左衛門ら牢人（浪人）の反乱を事前におさえ、幕府内の対立からおきた三河刈谷の大名松平定政の出家遁世事件[38]も解決した。そして万治三（一六六〇）年の堀田正信の事件[39]を機に、幕政は一歩すすんだ。

吏僚制 社会変動の高まりを基礎に、幕領や大名領の支配の新段階や支配機構の整備、全国的市場関係の確定、アジアとの域際関係の確定などがすすめられた一六六〇年から約二〇年間

[36]関ヶ原で勝利したのち家康は琉球王を招いたが、琉球はそれに応じなかった。

[37]慶安年間にいわゆる慶安の触書がだされ、軍役の改定がされたとする点については疑問が出されている。

[38]三河国刈谷二万石の大名松平定政が家光死後の幕政に不満をいだき、領地を返上して出家した事件。慶安四年七月におきた。

[39]下総佐倉の大名堀田正信が旗本の救済などを求めて領地返上の上書を出して無断で帰国した事件。

を、寛文・延宝時代という。幕政では、老中酒井忠清が権勢をふるったが、㊵寛文・延宝時代の幕政は吏僚たちによって組織的に進められ、寛文二（一六六二）年、幕府は老中・若年寄制度を強化・整備した。ここで吏僚制にもとづく行政組織が確立し、老中・若年寄のもとに行政の分担と実行の組織が確定し、それをまとめる奉行制もととのえられた。㊶

この吏僚制は、軍事組織である番方に属している武士が、同時に行政上の組織である役方にも属する、兵農分離制によって特徴づけられた官僚制であった。㊷吏僚制をかためた幕府は、大名や公家・寺社にあたえてきた領知の証文の再確認（寛文印知）をおこなって将軍と大名との関係をただした。この確認はこれ以後、将軍の代替わりごとにおこなわれることとなった。

（1）小農民の世界

寛永飢饉　人口㊸の大部分を占め、幕府や大名の経済の基礎である米年貢を負担する農民たちは、一七世紀にあっては、なお自給的な色彩のつよい生活を送っていた。その耕作も作付制限などのさまざまな制約をうけていた。年貢も重く、一七世紀半ばころまでは年貢を払ったあとに農民の手元にはかつがつの生活に必要なもの以上の余剰分は残らなかった。そのなかで農民たちの生活と生産のための努力がつづけられていたが、寛永一八（一六四一）年、はげしい凶作が諸国を襲い、翌年にかけて全国的な大飢饉（寛永飢饉）となった。とくに小農民たちはひどい打撃をうけ、土地を手離す農民もおおく、江戸などの都市には飢えに苦しむ人びとがあつまった。

この事態に幕府は、寛永二〇年、田畑永代売買禁令をだし、これまでの農政法令などを集成して農民の生活にまで立ち入って勧農をし、生産を高めるための手だてをたてさせた。また大

㊵忠清は、専横な行為や収賄がはなはだしく、下馬将軍と呼ばれた。

㊶吏僚の首脳部は譜代大名や上級の旗本たちによって、一般の吏僚は旗本や御家人らによって構成された。

㊷なかでも地方（農民・農村）支配や、勘定（財政）方での能力が重視されるようになった。

㊸一七二〇年代の日本の人口総数は約二七〇〇万人であった。このうち武家人口が七%、商人・手工業など町方住民人口が六%で、農民を主とする村方居住人口は八四%を占めていた。なおこの数には琉球やアイヌの人びとはふくまれない。

名や旗本に、それぞれの領知の農民の支配と管理を入念にするように命じた。㊹こうして大名や旗本たちのあいだに、その領知を安定的に治めることが将軍にたいする忠義であるとする考え方がかたまっていった。また、各地に大規模な新田が開かれた。

小農生産　小農民たちは寛永飢饉からたちなおり、一六六〇～八〇年代にはその自立をほぼ完了させた。それは小農生産の確立でもあった。㊺さらに一七世紀後半には、鍬（くわ）・鋤（すき）など人力農具の工夫改良がすすみ、千歯扱（せんばこ）きなども考案された。肥料も自給肥料のほかに、一部に干鰯（ほしか）や油糟（あぶらかす）などの購入肥料が使われはじめた。また菜種（なたね）・藍（あい）・藺草（いぐさ）などの新しい作物や、外来作物も栽培されはじめ、木綿の栽培も急速にひろまった。養蚕や製糸も各地におこり、国産の生糸（登せ糸）が輸入生糸（白糸）にかわって、絹織物業の原料の需要を満たすほどになった。これらの新たな農業生産や加工生産のおおくは、米の生産のさしさわりにならないようにおこなわれた。

一七世紀の後半になると、きびしい生産労働に従事する農民たちは生活の余裕を求めるようになり、年貢の減免を要求した。年貢減免を求める百姓一揆が、代表越訴（おつそ）や強訴（ごうそ）として頻発するようなった。この運動と生産力の向上とによって、農民たちはその収穫の一部を自分のものにしていった。㊻この過程で地主への小作料の大部分が、米を主とする生産物やその代金によって支払われることになった。同時に小作料収入をめあてにした土地を抵当（質地）にする金融が展開し、一七世紀の末には、質地小作関係がほぼ全国にひろがった。㊼

家と村　小農民たちは、かれらの生産と生活のためにふさわしいように村を変えていった。その村を単位に、採草地である山や灌漑用水の利用の体制をつくり、入会山（いりあいやま）や井組（いぐみ）などのしく

㊹幕府や大名たちは勧農につとめ、灌漑用水の整備や新田の開発などにも力をそそいだ。

㊺小農生産は鍬や鋤などの人力農具を主な道具として、家族労働を完全燃焼させ、多肥を投入して土地生産力を向上させた。雑草排除や用水の管理を丹念におこなうなどして、零細錯圃の耕地からできるだけおおくの収穫をあげるための集約度の高い生産をする水田稲作を主とする農業生産であった。この小農生産は、一七世紀の後半以降のわが国の農業の主要なあり方となった。

㊻幕府や大名たちも、年貢の納入を確実にするために、この要求をある程度認めるようになってきた。

㊼田畑など土地の移動の形式も、永代売りから質入れに変わっていった。凶作などのさいには、この質地関係が急増し、地主小作関係がはげしい勢いで展開した。

みをととのえていった。治水や虫除けなども村びとたちの協力でおこなわれた。これらの共同の作業や利用のために村寄合がひらかれ、申し合わせや掟をきめた。それにそむくと村八分に処せられることもあった。また村では若者宿などで若者たちの教育などもおこなわれた。村には、村びとのなかから庄屋（名主）・組頭・百姓代などの村役人がきめられて、代官や郡奉行などの武士の役人のもとで村を治め村請制を成立たせていた。⑱また、村には五人組がつくられ、犯罪などについて村民たちは共同の責任をもつものとされた。

同時に小家族の家がほぼできあがり、家が永続し繁栄することが人びとにとっての生きがいであるという観念も定着した。死者の墓をたてて家の先祖をまつることも、このころからはじまった。⑲村びとたちは血縁関係でたがいに結ばれ、つよい本分家関係のもとにあり、同族の人びとは慶弔などの行事や、田植え・採入れ、屋根の葺替えなどにはユイ（結）やマケなどを結んで協力していた。

このような小家族を基礎に町や村もととのえられたのが、一七世紀後半のことで、正月や盆・祭りなどの年中行事も、おおよそこのころからはじまった。

諸産業の社会　鰯漁など漁業は各地で盛んであった。⑳それらの漁村には、網漁業に携わる人びとのあいだの網や漁場をめぐる網主・網子の関係など、独特の社会関係が生まれた。瀬戸内海沿岸の十州地方などでは、大規模な塩田がひろがり多数の人びとが働いた。そして塩田や製塩作業をめぐって浜主・浜子の関係が成立した。木曽や秋田・吉野などの山村には林業がおこり、山林の経営をめぐって山主・山子の関係ができた。鉱業では、佐渡の金山や石見・生野・阿仁の銀山などが栄え、阿仁や別子・足尾・尾去沢などの銅山も開かれ、幕府は主要な鉱

⑱それらの村役人は村びとの入札（選挙）で選ばれることもあった。

⑲幕府や大名は、武士たちの家父長制的な家族制度を民衆にも強制しようとし、土地の名請人や家族の代表者は、原則として成年男子の年長者とした。しかし、家父長制的な家族倫理の民衆への浸透は、富裕商人や上層農民の家族にとどまった。

⑳干鰯（ほしか）の需要によってさかんになった鰯漁では、一七世紀を通じて、紀伊国の漁民たちが房総の九十九里浜に移着し、大規模な地引網漁を展開して、一七世紀末には最盛期となったが、やがて漁場を蝦夷地に広げていった。

山を直営にするとともに、住友などの富商や秋田や南部などの大名に経営させた。鉱山でも金子・金掘や大工・手子の関係が結ばれていた。

農山村でも手工業がおこりはじめたが、それはまだ小規模なもので領主や領民の直接の必要をまかなう程度のものであった。しかし、やがて大名たちが財政を補うために産物を大坂で販売することを目的に所領内の産業の振興をはかるようになるとともに盛んとなり、塩や紙漉きなどさまざまな特産物が増加してきた。

(2) 町と商業

大坂　寛文・延宝時代、江戸時代の商業は大坂を中心に確立した。[51] 鎖国後、大船の建造や遠洋航海は禁止されたが、二〇〇〜四〇〇石積みの定期廻船が活躍した。すでに一六二〇年代から菱垣廻船や樽廻船もひらかれて、大坂から江戸への物資輸送がおこなわれていたが、寛文一〇・一一（一六七〇・七一）年に東廻り・西廻りの廻運が整備されて、全国流通の機構ができあがり、大坂を中心にした全国市場が成立した。大名のおおくは大坂に蔵屋敷をおいて年貢米や特産物を売り捌き、その代金で江戸での出費をまかなったり、必要な物資を購入したりした。もともと江戸をささえる商業都市として位置づけられていた大坂は、町の建設も急速にすすめられ、人口も五〇万人を数えるにいたり、[52] 鎖国制のもとで全国経済の中心となった。

大坂とともに、江戸・京都の三都は、特別重要な位置を占めていた。将軍の城下町であり、幕府の所在地として建設された江戸は首都として発展し、一八世紀はじめには住民一〇〇万人の巨大都市となった。それらの住民には諸国からあつまった商人手工業者たちのほかに、約五

[51] 幕府や大名領主が、年貢米を売り、その代金で政治上、生活上の必要物資を購入し、足軽・仲間などの奉公人を雇うという関係を基本にしていた。一七世紀の半ばころまでは、米以外の産物を小物成（こものなり）として納めさせたり、領民を夫役として徴発・使役することも少なくなかったが、一七世紀末には、商業や都市の仕組みがととのい、それらの小物成や夫役も米や貨幣で納めさせるようになった。

[52] 大坂の住民の大部分は、商人・職人・奉公人であったが、それらの住民の組織や制度もととのえられ、問屋も増え、商業や手工業の組織もつくられた。

〇万人といわれる武家がいた。[53] なかでも武家や商・手工業に雇われる奉公人や日傭労務者が住民のおおきな比重を占めており、幕府は寛文五（一六六五）年に江戸に日傭座を設けて、その取締りにあたらせた。江戸では、日用品などは周辺の地域（地廻り）でまかなっていたが、食用米をはじめとする必要物資のおおくを大坂に依拠していた。そのために江戸積問屋などの組織がつくられ、一八世紀はじめには大坂に二十四組問屋、江戸に十組問屋が組織された。京都には伝統的権威としての朝廷があり寺社もおおく、文化の中心地であったが、西陣織などの手工業都市でもあって、一七世紀末には人口五七万人を数えた。[54]

商人と職人　各地の都市商業も盛んとなり、問屋や仲買が活動しはじめ、米や魚などを専門とする卸売市場もでき町の姿も多様化し、商人たちは村へも入りこみはじめた。[55]

商業にかかわる制度も整備され、明暦元（一六五五）年から秤改めがはじまり、寛文九（一六六九）年には枡が京枡に統一された。この年、幕府は銭貨を大量に鋳造するとともに、これまで加賀前田領などに認めてきた大名領ごとの貨幣の鋳造と使用を禁じた。商人や職人のなかには、仲間をつくって特定の商業や手工業の独占をはかる者もあらわれた。また三貨制度のもとで両替商がおこり、なかには蓄積した資金を貸しつけ金融業を営む者、また蔵元商人[56]らとともに、大名に金融をおこなう大名貸しもあらわれた。[57] 商業の展開にともなう大量の物資輸送のために、沿岸や河川の海運・舟運が展開し、各地で地域廻船がはじまり、舟運では琵琶湖や淀川・利根川・北上川などが利用された。[58]

この間、町と村との分離は一七世紀後半に急速に進行した。一七世紀末には新興商人たちが旧来の商人たちにかわって、都市を代表することとなった。[59] 町の住民たちのおおくは、土地や

㊸武士のおおくは、参勤交代によって国元との移動をくりかえしていた。

㊹また、長崎は異国の文化や風俗の窓口としても重要な都市であった。対馬宗領の城下町厳原（いずはら）は朝鮮との交流都市として独特の雰囲気を保っていたし、松前領の城下町松前もアイヌとの交易の政治的経済的拠点として賑わっていた。

㊺城下町・港町・門前町や宿場町などのほかに、主要鉱山の鉱山町、湯治場など遊山の町などがさかえた。農民たちは村内の小商人や近くの在町などで必要物資を購入していたが、近江商人や越中の薬売りなどの行商人も村々を廻るようになった。

㊻大名の蔵屋敷に出入りして、年貢米や特産物の販売や必要物資を調達した。

㊼これらの両替商や御用商人のなかから、江戸の三井、大坂の鴻池（こうのいけ）、京都の住友らの富裕町人が

店・家を借りて生業を営んでいた。町には町年寄や町名主・組頭などの町役人がおかれ、幕府や大名の支配の末端機構ともなっていた。町の正式の一員である町人は、町屋敷の土地や家屋を所持している地主・家持たちであった。町人の負担の基本は、土地や家屋にたいする地子であったが、商人には業種ごとの冥加金や運上金、職人には業種ごとの公役などが課せられ、この公役はやがて貨幣で納められるようになった。[60]

大きな商人や親方職人などの富裕な町人たちは、多数の雇い人や徒弟をかかえて営業していたが、都市民のおおくは小家族でその日暮らしの生活を送っていた。職人には仕事場をもっている親方のもとに弟子入りして仕事を覚え、年季が終わると一人前の職人になり、やがて親方になることもできる者もいた（徒弟制度）。商人のなかには、主人の店に奉公人として住みこんで仕事を見習い、番頭になると別家というかたちで独立して店をもつことが許される者もいた（暖簾わけ）。

銀輸出の削減　こうして鎖国制のもとでの体制がととのえられたが、[61] 一六七〇年前後、日本の鉱山は、銀の時代から銅の時代に移った。乱掘によって銀の産出はいちじるしく減少し、かわって別子などの豊かな銅鉱山が開発された。このことは長崎貿易に大きな影響を与えることとなり、幕府は寛文八年以降、[62] 主な輸出品を銅や海産物にきりかえていった。

（3）　藩の成立

地方知行・俸禄制　一七世紀にはいってからの町や村の変動を目前に幕府や大名は、支配の体制の立てなおしを迫られ、そのために、土地の所持・耕作関係や家族のあり方などのとらえなおしが必要になって、一六六〇～七〇年代に全国的な検地（寛文・延宝の惣検地）をおこなっ

あらわれた。

[58] 交通の要所であった瀬戸内海の兵庫・下関や、日本海の敦賀・新潟・酒田などの港町が繁盛した。

[59] 一七世紀末の大坂や京都の富裕商人には、三〇年くらい前に周辺の摂津・河内などの周辺地帯の農村からでてきた新興商人が少なくないとされ、三井ほかの伊勢商人などの江戸進出も一七六〇年代のことであった。

[60] 江戸のように、町づくりのために、地子が免除される場合もあった。

[61] アジアの国々の多くも、一七世紀後半には鎖国体制にはいっていたが、他方で一七世紀末からは、イギリスやオランダのアジアでの新たな植民地支配がはじまった。

[62] 寛文八年から、幕府はオランダへの銀輸出を禁止し、中国への銀輸出も削減していった。寛文一二年、幕府は市法売買を定めて輸入全商品を江戸・京都・大坂・堺・長崎の五都市の商人に

た。この惣検地では、自立した小農民のおおくに耕作権を認めて、支配の基本階層である本百姓とした。また寛文十（一六七〇）年ころから、人びとの居住の記録や移動のなどを調査・報告させることにし、そのための宗門改めが毎年おこなわれることとなり、宗門改帳は事実上の戸籍帳になった。

同時に幕府は、寛文一三（一六七三）年、農民の生産が細分化しないように分地制限令を命じた。またおおくの大名たちは、それぞれの領知の実情にふさわしい体制づくりをはじめた。江戸時代のはじめ、大名はその家臣（給人）に地方知行を与えていたが、給人たちはしばしば勝手に農民たちを使役したり、不当な負担を強いたりした。それにたいして農民たちは大名に訴えでたり、村の外に立ち去る（逃散）などの抵抗をした。給人にとっては、負担の不公平にたいする不満もあり、[63]それらの抵抗と不満にたいして、おおくの大名領ではその領知の全体を大名の直轄支配とし、給人にはその知行高に応じた禄米を大名から俸禄として支給するという俸禄制に切り替えた。これによって大名領の支配は大名のもとに一元化し、不公平な支配は減った。同時に、大名の財政の規模が大名・藩士の財政をふくみこんで拡大したまとまりをもつこととなり、[64]大名領を全体として支配する家老以下の行政機構や吏僚制もつくられ、家臣のなかからすぐれた行政能力をもつ吏僚もあらわれた。

知行制の改定をしなかった大名領でも、物成基準石高[65]を設定して給人の不満を解決するなどして、地方知行制を名目化させ、実質的におなじような体制づくりをした。

城下町と御用達商人　俸禄制などの採用と大名領全体の経済のしくみの編成替えとは不可分の関係にあった。もともと大名の軍事と政治の本拠地であった城下は、大名領全体の経済の中

独占させることとし、さらに貞享二（一六八五）年、元禄一〇（一六九七）年の改定をへて、銅や海産物などの輸出（代物替え）にきりかえていった。

[63]同じ石高の知行でも地域によって年貢の額にかなりの違いがある場合が少なくなく、他方、大名への軍役は石高を基準にしていたので、大きな不公平があり、このことが不法不当な支配をさせる理由でもあった。

[64]この結果、大名が財政困難になったときに、給人から俸禄米の一部を借上げる（借知）ことも容易にできるようになった。

[65]知行高と年貢収入が対応するように調整した石高で概高（ならしだか）などとよばれる。

心としての位置を占める大名城下町となった。城下町と領内の町や市などのあいだに、城下町を中心とする商業の網がはられ、それをになう城下町商人が登場した。大名は江戸屋敷の維持や参勤交代などで領外での多額の支出を必要としたので、城下町商人は領内の経済と全国経済とを結びつける役割をもはたすこととなり、これらの城下町商人を主体に、拡大した大名財政を運営するためのしくみが設けられた。なかでも有力な城下町商人は、領内商業を独占的に支配する特権商人として、さらに大名財政をもとりしきる御用達商人となり、地域経済の実権は、それらの城下町特権商人の手に移っていった。

こうして一七世紀末には、各地で大名領支配が大名のもとに一元化し、そのための機構ができ、大名領全体が一体的なまとまりとなって藩が成立した⑯。大名は藩主に、家臣・給人は藩士⑰に、城下町は藩都に、大名領は藩領域に、大名財政は藩財政になった。

身分制と差別　支配者身分として出自を示す名字を名のり、身分を示す武器である刀を常時帯びている武士⑱は、農工商民に絶対的な服従を強制していた。同時にかれらは支配者にふさわしい能力を身につけ、その支配を根拠づける学問にいそしみ、教養をつまねばならないとされた。そのためにもっともふさわしい学問として儒学、ことに朱子学が尊重された。

武士をはじめすべての人びとが、それぞれの身分と居住地と職業とによって区別され、士農工商の身分に編成された。ほかの身分への変換は原則として禁じられ、それぞれの身分には身分に応じた生活のしかたと倫理とが定められていった。同時に士農工商の下に、えた・ひにんとよぶ被差別民をおき、きびしく差別しつづけた⑲。これらの被差別民は居住場所も制限され、他の身分の人びととの交際や結婚も禁じられ、職業についてもきびしく取締られ、治安維持の

⑯藩とは、江戸時代独特の地方支配・地域制度であって、大名の領地・組織・構成員などの、個性をもったまとまりをいう。

⑰もともと大名とその家臣とは、大名を家長とする家関係で結ばれていた。大名支配形態が藩になってもその本質はうけつがれ、藩主は家長、藩士はその家中として観念され、家の永続を最優先する特徴も継承された。ときとして藩主の後継者などをめぐる凄惨な争いが御家騒動としてくりひろげられ、藩主が藩・大名家の家長として適格でないことが問題になったときには、藩主交代が謀られたりした。

⑱武士の家は、強固な家父長制のもとで、家父長の権限の絶対性、長男尊重、女性差別が強烈であった。しかし家の永続が優先されて、養子相続も少なくなかった。

ための警備などもおこなわさせられた。

身分制は、一七世紀のはじめごろからしだいにととのえられ、一七世紀末には人びとのものの考え方に差別意識がほぼ定着して確定し、家や身分制、主従の観念などはさまざまな面に拡大した。ほんらいは階層関係であるおおくの関係が身分関係に擬制化された。小作人と地主、徒弟と親方、丁稚・番頭と主人との関係がその例である。[70]

幕藩制国家・幕藩体制　寛文・延宝時代のさまざまな面での展開は、幕藩体制の確立とも幕藩制国家の確立ともいわれる。幕藩制国家とは、幕藩制社会が生みだした国家であり、その政治社会体制を幕藩体制という。幕藩制社会は兵農分離制のもとで、小家族の家と小生業とに基礎づけられた社会であり、将軍以下の武士階級がその社会を掌握・支配するために、幕府・藩として構築した機構・組織が幕藩制国家である。[71]

日本の近代化の過程で打倒されねばならなかった幕藩制国家や克服されねばならなかった幕藩制社会は、こうして一七世紀後半に確立したのであった。

華夷変態　幕藩制国家の確立は、アジアにおける国家的自立の問題でもあった。それも寛文・延宝時代に達成された。

明の滅亡にさいし、江戸幕府にも正保元（一六四四）年から再三にわたって、鄭成功（ていせいこう）ほかの武将たちから明を援助する軍事出動の申しいれ（乞師（きっし））があったが[72]、公儀での討議の結果、幕府はこの出兵を拒否した。[73]

その間の清国との外交文書や、中国船の風説書（ふうせつがき）が、延宝二（一六七四）年に「華夷変態（かいへんたい）」[74]としてまとめられた。それは中国との関係がかわったことをしめす幕府の考え方でもあった。幕

⑲これらの被差別民は、人びとの意識のなかにある触穢観念を利用して身分制を確定するためにおかれたものと考えられる。一八世紀に入って、幕府や藩の政治が動揺するにつれて、被差別民に対する差別支配は強められ、後世に、偏見と差別の大きな傷あとを残すこととなった。

⑳私的な関係であっても、雇われ人は奉公人とされて主従関係に擬せられた。血縁関係の有無にかかわらず、自立した小家族はもとの主人の分家、暖簾分けした商人も主家の分家・別家だとされた。生け花・茶の湯・踊りなどの芸ごとでも、家元制度がとられた。

㉑この幕藩制国家は、秀吉が構築した兵農分離制国家の完成形態であるともいえ、一七世紀半ば以前を初期幕藩制国家ということもある。

㉒一六四四年、中国は明から清にかわった。明の遺臣の漢人たちは、明の回復のために、女真族の清と戦い

藩制国家は明の滅亡と乞師以降の経緯をへて、ようやく中国の華夷関係から脱出し、中国からの自立ができたのであった。一五三〇年代からはじまったアジアと日本との関係の変遷は、ここでひとまず決着がつき、東アジアでは朝鮮・琉球との関係はすでに確定していた。北方との関係では、寛文九（一六六九）年、支配の苛酷さにたえかね、総首長シャクシャインに糾合された各地のアイヌが和人の一掃をめざして、松前を攻めようとする反乱がおきた。この反乱を鎮圧して、北方もひとまず安定した。[75]

4　元禄・享保の文化と幕政

元禄・正徳の幕政　延宝八（一六八〇）年、館林藩主徳川綱吉が五代将軍になった。ただちに酒井忠清を罷免し、翌年には徳川一門の高田藩の御家騒動[76]をみずから裁いた。堀田正俊を大老として、幕臣の賞罰をきびしくし、おおくの大名や旗本を改易・減封などの処分に処し、代官の粛正もおこなった（天和の治）。政治の体制がかたまるにつれて、幕府は政治の基礎として儒学を積極的に利用しようとしてきたが（文治政治）、元禄四（一六九一）年に江戸の湯島に聖堂を移して幕府の直轄とし儒学を奨励した。しかし幕政では、貞享元（一六八四）年の正俊刺殺事件[77]を機に、側用人の牧野成貞や柳沢吉保が幕政に権勢をふるうこととなった。綱吉は学問を奨励し、儒者荻生徂徠を登用するなどしたが、貞享四年からの生類憐みの令などによって民衆のつよい批判を浴びることとなった。同じ年にはキリシタン類族調べをはじめ、キリスト教信者の末裔などへの監視を強めた。また、幕府は財政問題に直面しており、[78]勘定吟味役であった荻原重秀の貨幣改鋳の建議を採択し、[79]元禄八年に実行に移された。その結果、財政は一時

をくりひろげ、周辺の国々に、その回復戦争に援軍の出兵を求めた。

[73]その真の理由は、出兵したさいの得失論にあったという。

[74]この書は幕府の儒臣林春勝によって編まれたが、その序文に、中国の状況を「華、夷に変ずるの態」であるとまとめた。

[75]松前藩は、商場知行制を蝦夷地深くにまで展開しアイヌ支配を強化した。

[76]越後騒動ともいう、越後高田の藩政と藩主松平光長の家督とをめぐっておきた。

[77]大老の堀田正俊が江戸城中で若年寄稲葉正休に刺殺された事件。私怨によるという。

[78]明暦三（一六五七）年の江戸の大火以降、幕府財政は困難の度を増してきていた。

[79]貨幣を改鋳して、貨幣の質を下げて量をふやし、その出目（でめ）を財源とすることを建議した。

好転したものの物価の高騰をまねいて経済は混乱し、ふたたび財政難の状態になった。旗本知行の改定[80]などもおこなったが効果はすくなく、幕府は再三にわたって悪貨への改鋳をくりかえして、当面の財政難をしのぎつづけた。

宝永六（一七〇九）年、綱吉の跡を継いで将軍となった家宣（いえのぶ）の命により、儒学者の新井白石が能役者から側用人になった間部詮房（まなべあきふさ）とともに、儒教の礼楽（れいがく）の道にかなった政治を目標に幕政の立て直しにあたった。[81]幕府内では新参の実力者であった白石らは、幕府の儀礼を整備し裁判の公正化をはかり、朝鮮との国交関係をととのえる[82]など国家体制の整備につとめた。他方、重秀を罷免して貨幣の質を高める貨幣改鋳をし、正徳五（一七一五）には海舶互市新例（かいはくごししんれい）を定めて長崎貿易の制度を改め、金・銀の海外流出をおさえようとするなど幕府財政の安定をはかった。しかし譜代の幕臣たちの反感もあって、正徳六年、吉宗の八代将軍就任とともに孤立のうちに白石と詮房は引退した。

元禄時代　一七世紀の末から一八世紀のはじめにかけての元禄のころは、上方を中心に都市がにぎわい文化が栄えた時代であった。この元禄時代は、身分制が完成した時代でもあり、身分に応じた生き方が人びとのつよい関心となった。[83]人びとのあいだにその生き方の追究を通じて身分意識が定着し、同時に被差別民にたいする差別がいっそうはげしくなりはじめた。元禄文化は、もっともすすんだ身分制社会の文化としての特徴をもっていた。

人びとの生活にも変化があらわれはじめ、生活をたのしむ風もつよまった。文芸が栄え、遊里が繁昌して、独特の民衆文化が芽生えはじめた。[84]それらを通じて、元禄時代は鎖国制のもとで創りだされた日本文化の個性が、生活や文芸・思想の面でもあきらかになった時代であった。

[80]知行高五〇〇石以上の旗本の知行を地方知行とし、幕府の財政負担の軽減をはかった。

[81]正徳の治ともいう。

[82]朝鮮通信使の待遇を簡略にし将軍の称号を大君から国王に変えるなどした。後に将軍吉宗はふたたび大君にもどした。

[83]赤穂事件がおこり、幕藩制国家での武士の生き方が議論された。農民の生き方についての家訓や教訓などが書かれ、井原西鶴などが町人の生き方を描いた。

[84]民衆の生活の面でも、米を多く食用とするようになり、菓子や煙草などの嗜好品もひろまった。菜種油などによる行灯（あんどん）が一般に使われだしたのもこのころで、夜なべ仕事もできるようになった。

享保幕政改革の展開　将軍吉宗は、老中の権限をよわめて権力を集中し、享保六（一七二一）年に目安箱(めやすばこ)を設けて将軍への直訴(じきそ)を制度化した。荻生徂徠(おぎゅうそらい)や室鳩巣(むろきゅうそう)ら学者の意見をもきき、人材の登用[85]もおこない、その登用をすすめるために足高(たしだか)の制を定めた。[86]

吉宗は改革にとりかかるにさいし、幕政を家康時代のそれにもどすことを目標に、きびしい倹約令を命じ不良代官の整理など綱紀の粛正をはかった。まず金融訴訟の繁忙を理由に、享保四（一七一九）年の金銀相対済令(きんぎんあいたいすましれい)を出して借金銀の訴訟は受理しないことにした。[87]ついで、江戸での消費物資にかかわる商人や職人に組合をつくらせ、それを通じて物価をはじめとする商業の統制をはかろうとした。しかし改革は早々に、享保七年の質流地禁令(しちながれちきんれい)にたいする騒動[88]という手ひどい反撃をうけた。おどろいた幕府はこの禁令を撤回したが、その結果、質地小作関係がひろく容認されることとなった。ここにはこの改革の現実的性格も示されている。

年貢増徴と財政　財政改革は、勝手掛(かってがかり)の老中水野忠之を中心に展開した。人材登用によって勘定所方を強化し、上げ米制(あげまいせい)[89]などで財政収入の窮迫をしのいだ。ついで三都の町人をもふくめてひろく新田開発を奨励し、[90]検見法(けみほう)をあらためて年貢賦課のための生産力把握を厳格にし定免法(じょうめんほう)[91]の実施をはかるなど年貢の増加と安定につとめた。農民たちには甘藷(かんしょ)など主穀外の作物の栽培をもすすめて、年貢納入と生活の安定をはからせようとしたが、しかし年貢の増徴は、はげしい百姓一揆を引きおこした。

財政の矛盾は米価問題に集約的に表現されるようになった。米価は大きく変動し、[92]幕府は米の買上げと貯蔵、諸藩の大坂での米販売の制限など、市場での米量の調節で対処しようとしたが成功しなかった。物価引下げを命じ、江戸の商人たちの組合によって物価を統制しようとし

[85]町奉行大岡忠相、勘定奉行神尾春央や代官蓑正高・勘定格代官田中丘隅らが登用された。
[86]下禄の者が役職にあるあいだ禄を補い、その役職にみあった禄高を与える制度。
[87]一六七〇年代以来の、幕府は金融問題に関与しないという原則の再確認であった。
[88]幕府は事実上の土地売買をおさえるために、土地を質流にすることを禁止した。これを知った農民たちは、質地の返還を求め、出羽や越後では質地騒動がおこった。
[89]大名に領知高一万石につき一〇〇石の米を提出させるかわりに、参勤交代の江戸在府を半年にするという制度。緊急の策として、享保七～一五年のあいだ実施された。
[90]越後紫雲寺潟の干拓などがおこなわれた。
[91]過去一〇年間ほどの納入年貢量の平均に若干増やした額を今後五～一〇年間の

たが、まもなく享保一七年の凶作がおこり、買い占めに憤激した多数の江戸都市民が米問屋を打ちこわした。江戸での打ちこわし騒動の最初であった。そして財政改革の最後の方法は、結局、貨幣改鋳と年貢増徴であった。

公事方御定書　享保改革は社会の変動にさからわず、民衆からの信頼を基礎に幕藩制国家の原則を展開させようとした。そのために裁判司法にかんする改革が重視されたが、⑬寛保二（一七四二）年に完成した公事方御定書（くじかたおさだめがき）は、江戸幕府の基本法典の位置を占めることとなった。また庶民教育を重視し、法令の遵守などを教諭した。

さらに幕府は実学（じつがく）を奨励し、キリスト教に関係のないかぎりで外国書の輸入を許可し、西洋科学の摂取におおきな貢献をすることとなった。吉宗は延享二（一七四五）年将軍職を家重に譲り、宝暦元（一七五一）年に死去した。享保改革は幕藩制国家に幕藩制社会の矛盾が芽生えていることを物語る改革でもあった。

納入すべき年貢として固定して定める制度。

⑫享保七年までは一石につき銀七〇～八〇匁と高値であった米価は八年以降下落、一五～六年には四分一ほどになった。一七年に西国を蝗（いなご）が襲い凶作になると一〇〇匁に急騰、また急落した。

⑬大岡忠相や勘定奉行たちが、制度や手続きについての改正をおこない、目明しの不当な犯罪捜査を正そうとした。

二　幕藩体制の動揺と解体

1　幕藩体制の動揺と対応

宝暦・天明期の変動　一八世紀後半に幕藩制国家・社会は初発の危機をむかえ、国内的にも対外的にもおおきなまがりかどをむかえた。村と町の変容、幕府と藩の未曾有の財政危機、天明の飢饉とはげしい一揆・打ちこわしに示された矛盾の激化、尊号事件にあらわれた朝幕関係の新たな段階、そしてラクスマン来日で現実化した対外的危機、さらには現状への不満や批判を秘めた学術・文芸[1]の登場などに示された。この事態への幕藩制国家の対応は、それまでの財政問題を中心としたレベルの政策にとどまらず、領主階級の再強化と民衆支配そのものに立ちいった抜本的な政策、天皇・朝廷問題への正面からのとりくみ、さらに対外的危機への法的・軍事的な対応が求められ、しかもそれら諸問題が相互に連関し相乗的に迫ってくる状況にあった。これはそれまでにはみることのできない事態であり、この時期がそれ以前とは質的にことなる歴史段階にはいったことを示し、それは、宝暦・天明期[2]の政治・経済・社会・文化・対外関係のおおきな変動が引きおこしたものであった。

社会の変容　綿・菜種などの商品作物、紅花・藍などの特産物生産、木綿・絹織物などの家内工業、新興絹織物産地の勃興など、全国的な商品生産と流通の発展が顕著となった。農民的商品経済の発展により農村には新たな富が蓄積されるとともに、農民層分解がはじまり、村役

①福沢諭吉は『文明論之概略』巻二第五章において、国学者、漢学者、戯作者などの著作にみえる現状への不平のなかに、幕府崩壊の起点をみている。

②一八世紀後半のこの時期に明治維新の起点を求める学説もある。

人や新興の上層農民は、商品生産と流通の中心的な担い手となる一方、金融により質地をあつめて地主に成長し豪農③となった。没落した小百姓たちは、小作や都市・農村の年季奉公、あるいは日用稼ぎなどで生活するようになった。こうして本百姓を中心として構成されていた江戸時代の村は、豪農となかば賃金労働者化した新たな階層を生みだし、不安定な構造へと変容し内部に鋭い矛盾をはらみつつあった。その結果、豪農と小百姓や小作人との対立がふかまり、村役人の不正を追及する村方騒動④が多発した。

村々が一郡単位などで連合し、「郡中議定」⑤という取決めをつくり個別の村では対応できない問題に対処する動きが、幕領や幕領と私領の入りくんだ地域でひろくあらわれた。領主の触書や指示の伝達などの御用を処理するとともに、村々の共通する利害をまとめて領主に提出し、実現のため運動した。国訴⑥なども、その一つである。豪農たちは地域の政治的・経済的・文化的な有力者、すなわち社会的権力として、内部に矛盾をかかえこみながら村を代表し郡中惣代役などをつとめ、郡中の自主的な運営をになうまでになったところもあった。

町も、とくに三都や城下町の中心地では、大商人などが町屋敷を買いあつめて不在地主化して町内に住む家持町人が減り、住民は地借や店借・店者（商家奉公人）らがおおくなった。それまで家持（地主）の共同体として運営された町は、家持の代理人である家主（家守）⑦によって管理・運営されるように変貌した。裏長屋や場末地域には、農村から流入した人びとや、「其日稼の者」とよばれた行商などの小売、職人仕事、日用稼ぎで生計をたてる下層民がおおく居住した。かれらは、米価の上昇や災害・病気にあうとたちまち生活が破綻するようなあやうい存在だったので、都市も不安定な構造となった。

③村役人であるとともに地域の商品生産・流通の中心となり、同時に高利貸資本として土地を集積する存在。

④村役人と小前百姓（小百姓）との村政をめぐる紛争で、年貢・諸役などに関する村役人の不正や特権を告発する事例がおおい。

⑤郡単位で選任された郡中惣代らが協議し、地域の治安維持や流通統制の取決めを作成した。

⑥農民と在郷商人が領主や都市特権商人の流通独占に反対し、国や郡の単位で結集して訴訟をおこした。棉花をめぐる文政六（一八二三）年の摂津・河内一〇〇七ヵ村の国訴、菜種をめぐる同七年の摂津・河内・和泉一三〇七ヵ村の国訴が有名。

⑦大家ともいう。家持の所有する町屋敷を管理し、地借・店借から地代・店賃を

一揆と打ちこわし　百姓一揆はしだいに増加し、一七八〇年代、一八三〇年代そして一八六〇年代にピークがあるとともに、一七世紀末以降、藩領全体で蜂起する全藩一揆や、藩領をこえたひろい地域の百姓が団結しておこす広域な一揆など、大規模一揆も各地でみられた。宝暦四（一七五四）年の美濃郡上藩の宝暦郡上一揆、同一一年の信濃上田藩の上田騒動などが代表的だが、なかには年貢増徴や新税反対、藩専売制撤廃などを要求し、藩の政策に協力した商人や村役人の家を打ちこわす場合もあった。日光東照宮でおこなわれる徳川家康一五〇回忌法要にともなう幕府の助郷増徴計画に反対し、信濃・上野・下野・武蔵の農民が蜂起した明和元・二（一七六四・六五）年の伝馬騒動⑧はとくに広域的な一揆であった⑨。

幕府は明和年間（一七六四〜七二）、大名に相互援兵を命じるなど一揆対策を強化したが、飢饉を直接の契機にして一揆は増加の一途をたどった。天明二（一七八二）年の東北地方の冷害からはじまった天明の飢饉は、浅間山の大噴火⑩もかさなって、多数の餓死者をだす大飢饉となった。百姓一揆が多発し、江戸・大坂など各地の都市では、米価高騰により窮乏した下層町人を中心にはげしい打ちこわしがおこった。冷害を受けやすい地方にもかかわらず石高制による米作強制と、米を大坂・江戸に運送して商品化せざるをえないという藩財政の構造的な矛盾⑪に、農村構造の不安定化と冷害という自然災害がくわわった凶作・飢饉であった。

田沼時代　一〇代将軍徳川家治の時代に（宝暦一〇〈一七六〇〉年〜天明六〈一七八六〉年）、田沼意次⑫が幕政の実権を握った。将軍の信任が厚くその意思を老中に伝える側用人と、幕府官僚組織の頂点で将軍の意思を執行する老中とを兼ねた意次はきわめてつよい権勢をふるい、大胆かつ特色ある政策をうちだした。

集めるとともに、かれらを統制して住民支配の末端を担った。

⑧明和元（一七六四）年閏一二月に、二〇万人もが行動に参加し、江戸へ強訴を目指した。

⑨一揆ではないが、伊勢神宮への集団参宮である御蔭参（おかげまいり）りが明和八年におこり、二〇〇万人が参加。

⑩天明三（一七八三）年七月に大噴火、死者二〇〇〇名におよび、天明の飢饉の原因となった。火山灰は偏西風に乗ってヨーロッパに達し、フランスでも凶作がつづき革命の遠因になったともいわれる。

⑪年貢米を大坂・江戸に輸送して換金する以外に収入の途がなく、領内の食料米が不足しても廻米せざるを得なかった。

⑫将軍徳川家重の小姓からはじまり、家治の代に側用人をかねた老中に出世し、相良五万七〇〇〇石の大名となる。

享保改革の年貢増徴政策により好転した幕府財政は、宝暦期（一七五一～六三年）に年貢が頭打ちとなりふたたび行きづまったため、意次は、年貢増徴にかわる思いきった増収策を採用した。その第一に、発展してきた商品生産・流通が生みだす富を幕府の財源にとりこむため、都市や農村の商人・手工業者の仲間組織を株仲間としてひろく公認し、運上や冥加金[13]などの税をかけた。第二に大坂などの大商人の資金を積極的に活用し、下総印旛沼・手賀沼の新田開発にとりくんだ。第三はロシア貿易と蝦夷地開発を説いた仙台藩の医師工藤平助[14]の『赤蝦夷風説考』に注目し、最上徳内らを蝦夷地に派遣して新田開発や鉱山開発、ロシアとの交易の可能性などを調査させ、蝦夷地の直轄と大規模開発をすすめようとした。

その一方で、大名や旗本などが、前例にないほどの権限と権勢を誇った田沼意次を標的に、その一族や縁者に賄賂を贈ってさまざまな願望を実現しようとした。賄賂がことの成否を決める重要な要素となるなど、社会を退廃させたという批判もつよかった。[15]

意次は、大坂の豪商に御用金、全国の百姓・町人・寺社には所持石高や屋敷の間口に応じた御用金を課し、それを原資として大坂に貸金会所を設けて大名に融資し、その利子を幕府財政の財源とする計画をたてたが、大名から百姓・町人にいたるまでのはげしい反発をまねき、撤回せざるをえなくなった。その結果、天明六（一七八六）年、将軍家治の死と前後して意次は老中を辞職[16]し、その政策のおおくは中止に追いこまれた。

田沼時代の諸政策は、発展してきた商品生産・流通・金融に着目し、財政経済政策としては現実的で合理的な性格のものであった。しかし、商品経済・貨幣経済の発展により都市と農村の秩序が動揺するなかで、負担を転嫁された民衆の不満と反発はつよまって一揆・打ちこわし

[13] 運上は営業税、冥加金は株仲間公認などへの礼金という性格。

[14] 天明三（一七八三）年に『赤蝦夷風説考』を書いてロシア事情を紹介し、田沼の蝦夷地政策に影響を与えた。

[15] 天明四（一七八四）年江戸城中で意次の子で若年寄の田沼意知を斬った佐野善左衛門を、世人は「世直し大明神」と呼んだ。

[16] 八月二七日に辞職したが、老中在職中に引き立てた田沼派の人びとが幕政の実権を握りつづけた。

が頻発し、飢饉や災害もかさなって深刻な政治的・社会的危機を引きおこした。

寛政改革 天明七（一七八七）年五月に全国三十余の都市で打ちこわしがおこり、とくに江戸の打ちこわし⑰は幕府の権威をいちじるしく失墜させた。その責任を問われて田沼派が失脚して松平定信⑱が六月に老中に就任し、将軍補佐にもなって寛政改革を遂行した。杉田玄白⑲が「もし今度の騒動なくば御政事改まるまじなど申す人も侍り」（『後見草』）と指摘したように、寛政改革は「打ちこわしが生んだ改革」であった。

改革の課題は財政問題にとどまらなかったが、まず直面したのは備蓄金⑳が底をつき、しかも一〇〇万両もの収入不足がみこまれた幕府財政の危機的状況であった。財政再建のため、きびしい倹約令による財政緊縮を政策基調とし、大名から百姓・町人、さらに朝廷にまで倹約を求めるほど徹底したものであった。ついで領主階級の再強化のため、幕府の基盤である旗本・御家人の挺入れをはかり、寛政元（一七八九）年に蔵米取りの旗本・御家人が札差から借りた借金を破棄する棄捐令㉑をだして救済し、その上で文武の奨励がおこなわれた。

寛政改革では、統制や弾圧の強化にとどまらず、農村と都市の変容を前提に支配の再構築が模索された。飢饉により減少した農村人口の回復と、下層住民の増加により生まれた都市の不安定要因を除去するため、罪科のない無宿者を収容する人足寄場㉒の新設や農村出身者の帰農を促進する旧里帰農奨励令㉓、さらに出稼ぎ制限などがおこなわれた。そして農村における商品経済の発展を抑制し穀物生産の増強をはかろうとした。人口増加と荒地再開発のため「荒地起返並小児養育御手当貸付金」という公金貸付政策をおこない、貸付金は寛政末年までに一五万両にのぼった。政策遂行のため、代官のおおはばな交代と同一代官所に長期に勤務する

⑰五月二〇〜二三日に、深川・麴町の米屋など一〇〇〇軒が打ちこわされた。

⑱徳川吉宗の孫、田安宗武の子で、白河藩松平家の養子。老中在職は天明七（一七八七）〜寛政五（一七九三）年。隠居し楽翁と号す。

⑲蘭学者。小浜藩医師。『解体新書』と『蘭学事始』は有名。

⑳奥金蔵などに、明和七（一七七〇）年に三〇〇万両あったが天明八（一七八八）年には八一万両に減少。

㉑天明四（一七八四）年以前の借金の返済を免除。免除総額は一二〇万両におよび、札差に打撃を与えて金融の混乱を招いた。

㉒寛政二（一七九〇）年に火付盗賊改（ひつけとうぞくあらため）の長谷川平蔵の提案で石川島に設置。無宿者を市中から排除し、更生させることを目的とした。

㉓三回にわたり出されたが、帰農手当がすくなく、応募者は四人にすぎなかった。

体制をとったが、この時期の代官には、のちに領民から顕彰されたり、神に祀られた「名代官㉔」が輩出した。

改革は、飢饉を引き金とした「打ちこわしが生んだ改革」であることから、米価と飢饉対策に力点がおかれた。飢饉のときに米価高騰をおさえられなかった反省から、米価を調整する力を幕府が握ることをめざし、江戸の両替商を中心に豪商を勘定所御用達に任命し、かれらの資金と経験を活用しようとした。飢饉対策として囲米㉕をすすめ、大名には領内に備蓄させ、幕領農村には郷蔵、直轄都市にも米を貯える蔵を設けさせた。江戸では、町入用の節約分の七割を積み立てる七分積金㉖の制度をつくり、町会所を設けて米と金を蓄えた。備蓄した米や金は、飢饉・災害・病気流行などのときに窮民救済にあてられ、打ちこわしなどを未然にふせいだ。

このように、財政再建や年貢をいかに上手にとるかではなく、公金貸付政策などによる本百姓体制の維持・安定をとおして村の再建をはかり、囲米などの飢饉対策により民衆生活の維持をはかるなど、封建的社会政策㉗ともいうべき新たな民衆支配政策がとられた。また、『孝義録』（享和元〈一八〇一〉年刊行）を編集し、孝行を軸に民衆の生き方の模範を示すことにより、徳育教化もはかった。

思想・文化の面では、儒学振興に力をいれ、寛政二（一七九〇）年に、はじめて朱子学を幕府の正学とし、湯島聖堂の学問所で朱子学以外の講義や研究を禁じる寛政異学の禁をだした。また、朱子学奨励と人材の発掘・登用のため、学問吟味㉘という試験制度もはじめた。幕府内に蓄積された文書・記録類を整理し、さらに『徳川実紀』『新編武蔵風土記稿』などの歴史書や

㉔陸奥塙・桑折代官寺西重次郎、美作久世・武蔵久喜代官早川八郎左衛門、常陸代官岡田寒泉など。

㉕大名には、「天下の御備」として領知高一万石につき五〇石の備蓄を五年間おこなわせた。

㉖「町法改正」で町入用が三万七〇〇〇両減額され、その七〇％を積金とした。天保の飢饉や風邪流行のさいに、困窮民救済のため米・金を放出した。

㉗社会政策は、資本主義社会で体制を維持するために国家がおこなう改良的政策のことであるが、ここでは幕藩体制維持のための改良的政策の意。

㉘寛政四（一七九二）年からはじまった幕臣とその子弟を対象にした朱子学の試験。三年に一回実施。

地誌の編纂を企画し、幕藩制国家の歴史をとらえかえす動きもあらわれた。他方、風俗に悪影響を与えるとして、黄表紙や世上の噂を写本にして貸すことの禁止などをもりこんだ出版統制令が出され、幕政の諷刺や批判の取締りと風俗刷新がはかられた。この結果、旺盛な創作活動をしていた山東京伝や恋川春町、出版元の蔦屋重三郎、さらに、『三国通覧図説』『海国兵談』などで外国による侵略の危険を指摘し、国防体制の強化を主張した林子平らが弾圧された。

尊号事件がおこり、朝廷と幕府のあいだに江戸時代初期以来の緊張が走った。天明の飢饉のさいに窮民救済[29]を幕府に申しいれたり、さまざまな朝儀や神事を復古・再興[30]し、御所の清涼殿と紫宸殿を平安時代の内裏と同じ規模に造営するなど、朝廷にも新たな段階を画する動きがはじまっていた。朝廷は、光格天皇の実父閑院宮典仁親王に太上天皇の尊号を宣下しようとしたが、幕府は、天皇の位につかなかった者に天皇譲位後の称号を贈ることは道理に反すると拒絶し、寛政五（一七九三）年、二人の公家を江戸によんで処罰した。

そのころ国学者の本居宣長は、幕府政治の正当性の根拠を天皇の委任によるとする大政委任論[31]を説き、水戸学の藤田幽谷が尊王の政治的効用を主張するなど、幕府支配の正当性と権威の根源を天皇に求める思想的動向がつよまっていた。幕府でも、松平定信が大政委任の考え方を表明して江戸幕府の支配の根拠を天皇に求め、朝幕関係におおきな変化がきざした。

諸藩でも、宝暦期や幕府の寛政改革と前後して、藩財政窮乏対策を中心に藩政改革がひろくおこなわれた。その特徴は、藩主が改革の先頭に立ち、藩士の綱紀を引き締めて倹約や統制を強めるとともに、発展しつつあった商品生産と流通に着目して財政危機を克服し、藩政を建てなおそうとするところにあった。荒廃した田畑の再開発と農民層分解の抑止、特産物生産の奨

[29]天明七（一七八七）年六月に、民衆が御所の築地塀のまわりを廻る千度参りを契機に、窮民救済を幕府に求め、幕府は米を放出した。

[30]朔旦冬至旬、大嘗祭、新嘗祭、御所、石清水・賀茂社臨時祭など。

[31]宣長は『玉くしげ』、藤田幽谷は『正名論』、定信は「将軍家御心得十五ケ条」を書いている。

励と藩専売制㉜による独占的な集荷・販売をとおして財政収入の増加をはかった。さらに、新たな藩政の展開をになう人材育成に力が注がれ、藩校㉝の設立や拡充がおおくの藩でおこなわれた。熊本藩主細川重賢（しげかた）、松江藩主松平治郷（はるさと）、米沢藩主上杉治憲（はるのり）（鷹山（ようざん））、秋田藩主佐竹義和（よしまさ）など、藩政建てなおしに成果をあげた藩主たちは、名君と評価された。

対外的危機　一八世紀後半は、世界史の大きな転換期でもあった。環大西洋革命ともいわれるヨーロッパにおける産業革命と市民社会の成長、そしてそれのアメリカ大陸への波及という、近代世界の本格的展開がはじまった。イギリス・フランス両国の世界的な規模での植民地争奪戦、ロシアのシベリア開発、アメリカの西部開拓などにより、資本主義的世界市場の形成にむけた欧米列強の勢力はしだいに東アジアにおよび、ロシアやイギリスの船が日本近海に姿をあらわすようになった。世界史的変動の一環として日本をとりまく東アジア世界の秩序は動揺しはじめ、一八世紀末以降、幕府は対外関係の明確化と国防（海防）体制の確立を求められ、対外的危機が重くのしかかってきた。

ロシアの勢力は千島列島を南下し、安永七（一七七八）年蝦夷地の根室半島ノッカマップに渡来して松前藩に通商を求め、ついで寛政四（一七九二）年には、ラクスマンがネムロ（根室）に来航し、漂流民の大黒屋光太夫（だいこくやこうだゆう）㉞らを送還するとともに幕府に通商を求めた。幕府は定められた国以外と新たに関係をもたない国法であると拒否したが、外交交渉の地長崎に行くようにと入港許可証として信牌（しんぱい）㉟を与えた。なお、ロシア船が長崎に回航してきた場合、紛争を避けるためロシアに貿易を認める方針であった。寛政三、四年に外国船が日本近海を航行したのをうけて、幕府は諸大名に海岸防備の強化を命じ、さらに松平定信みずから相模・伊豆を検分し、江戸湾

㉜幕府では、長崎貿易用の銅・俵物や鉄・真鍮・人参、諸藩では、紙・漆・木綿などを対象としたが、生産・流通の独占強化に反対する一揆が頻発。

㉝藩校の八割が一八世紀後半に設立され、とくに寛政期以降の増加と充実が顕著で、武士教育が一般化した。熊本藩の時習館、米沢藩の興譲館、秋田藩の明徳館などが有名。

㉞伊勢白子の船頭。天明二（一七八二）年にロシア領アリューシャン列島に漂着、ペテルブルグに至り女帝エカテリーナ二世に謁見、ラクスマンにともなわれ帰国。

㉟清国船に渡された長崎での貿易許可書。ロシア側には、日本側に貿易許可の意思ありと理解された。

防備策を模索した。また、蝦夷地を直轄し開発する田沼時代の政策は寛政改革で撤回されたが、寛政元（一七八九）年のクナシリ・メナシのアイヌ蜂起事件㊱は幕府に大きな衝撃を与え、北国(ほっこく)郡代(ぐんだい)を新設して北方防備にあたる計画がたてられた。オランダ・清国商人との貿易を縮小し、将軍代替わりにともなう朝鮮通信使の来日の延期、ついで使節の「易地聘礼(えきちへいれい)」㊲を交渉するなど、対朝鮮関係の転換もはかった。このように寛政改革では、国内だけではなく対外的危機への対応策が重要課題になったのも特徴である。

松平定信の辞職後も、文化年間（一八〇四〜一七年）までは定信が登用した「寛政の遺老㊳」により、幕政は寛政改革の基調を維持したが、そのあいだに対外的危機はさらに進行した。寛政八（一七九六）年のイギリス人ブロートンの蝦夷地エトモ（室蘭）渡来を契機に、勘定方の近藤(こんどう)重蔵(じゅうぞう)や最上徳内らに千島を探査させ、寛政一一（一七九九）年に東蝦夷地を直轄した。文化元（一八〇四）年、ロシア使節レザノフが長崎に来航し、通商関係の樹立を求めたが、幕府は、朝鮮・琉球・中国・オランダ以外と新たに外交・通商関係を許さないのが祖法であると拒絶した。右の四ヵ国以外とは関係を持たない、という内容で「鎖国」が祖法㊴であることを明確に表明した。レザノフは帰国の途中、日本に通商を認めさせるには軍事的圧力が必要であるとシベリアの軍人に示唆した結果、文化三年から翌年にかけて、ロシア軍艦がカラフト（樺太）やエトロフ（択捉）を攻撃する事件がおこった。鎌倉時代の元寇(げんこう)以来の外国による攻撃であり、しかもエトロフ守備兵が敗走したことから国内は騒然となり、幕府はこのロシアとの紛争を朝廷に報告した。この異例の措置は幕府が朝廷へ対外情勢を報告㊵する先例となり、朝廷が幕府の対外政策に介入する契機を与えて幕末政治史に重要な意味をもった。

㊱和人七一人を殺害した事件。場所請負商人飛驒屋久兵衛のアイヌ酷使・虐待が一因とされる。知識人のアイヌ認識にもおおきな影響を与えた。

㊲それまで朝鮮使節は江戸へ行き将軍に謁見したのを対馬島で応接することに変更した。幕府財政と朝鮮蔑視観による。

㊳松平信明や本多忠籌（ただかず）らをさす。

㊴二回のロシアへの回答を通して、「鎖国」が祖法と観念され、弘化二（一八四五）年のオランダ国王親書への回答で、朝鮮・琉球を通信の国、中国とオランダを通商の国と規定した。

㊵文化四年六月におこなわれ、これを先例として弘化三年、ペリー来航の嘉永六（一八五三）年にもおこなわれた。

文化四（一八〇七）年、幕府は松前・蝦夷地をすべて直轄して松前奉行をおき、南部・津軽両藩を中心とする東北諸藩に警備させた。カラフトも直轄したがその境界すら不詳のため、文化五年から翌年にかけて間宮林蔵（まみやりんぞう）らが探査し、島であることを確認した。ロシアとの緊張関係は文化一〇年のゴローニン事件㊶の解決により緩和され、さらに蝦夷地経営が予期した成果をあげられず、しかも蝦夷地警備を命じられた東北諸藩が重い負担に苦しんだことなどから、幕府は文政四（一八二一）年に全蝦夷地を松前藩に返還した。

北方とともに幕府に危機感を与えたのが、フェートン号事件㊷である。文化五年、イギリス軍艦フェートン号が長崎港に侵入し、オランダ商館員を人質にとって薪水（しんすい）・食糧を強要した。この事件は、イギリスとフランスの戦争の余波であった。幕府はこれらの事件をうけて、文化七年に、寛政改革以来の懸案であった江戸湾防備を白河・会津両藩に命じた。イギリス船は、文化一四年から三回浦賀に渡来し、文政七（一八二四）年には、常陸大津浜に上陸したイギリス捕鯨船員と、捕鯨船と交易をくりかえしていた漁民を水戸藩が逮捕し、さらに同じ年、捕鯨船員が薩摩領宝島で掠奪するなど事件が相ついだ。それまで幕府は外国船に薪水・食糧を与えて帰国させる穏健な方針をとっていたが、文政八年、異国船打払令（うちはらいれい）㊸を出し、沿岸に渡来する外国船の撃退を命じた。幕府天文方の高橋景保（かげやす）㊹は、渡来する船は長期の洋上操業により食糧の欠乏した捕鯨船なので、威嚇（いかく）すれば沿岸に接近しなくなること、放置するとキリスト教布教の恐れがあることなどを論じて、打払令発令に大きな影響を与えた。外国船の渡来を威嚇によって防ぎ、それにより外国人と日本民衆との接触をはばもうとしたのである。

異国船打払令の本来の意図は威嚇だが、欧米列強の勢力が接近しつつあるときに、きわめて

㊶ロシア軍艦ディアナ号艦長で、世界周航の途中文化八年クナシリ島で日本側に捕らえられ二年三ヵ月投獄されたが、ロシアが捕らえた高田屋嘉兵衛と交換で釈放された。著書『日本幽囚記』。

㊷ナポレオンに占領されたオランダの東アジアの植民地などを襲っていたイギリスの行動の一部。

㊸威嚇により沿岸への接近を阻止するねらいであったが、攘夷論として幕末まで対外政策に影響を与えた。

㊹天文学者。打払令で威嚇することを提言。語学にすぐれて海外事情に通じたが、シーボルト事件で獄死。

危険な政策であった。天保八（一八三七）年、渡来したアメリカ商船モリソン号を浦賀奉行所が砲撃し退去させたモリソン号事件㊺がおこり、これに対して三河田原藩家老の渡辺崋山㊻や陸奥水沢出身の医師高野長英は、国際情勢をふまえて幕府の打払い政策をきびしく批判した。幕府は、白河・会津両藩による江戸湾防備体制をすでに廃止していたが、モリソン号事件を契機にふたたび江戸湾防備の検討をはじめ、洋学者で伊豆韮山代官の江川英龍と洋学に反感をもつ目付の鳥居耀蔵の両者に、別々に調査立案を命じた。この過程で生じた軋轢もあって鳥居らは洋学者の弾圧に着手し、小笠原諸島（無人島）渡航計画を捏造して崋山と長英を逮捕し、モリソン号事件に関する幕政批判の罪で処罰した（蛮社の獄）。

2　幕藩体制の本格的危機と対応

商品経済の発展と村の危機　文政元（一八一八）年に水野忠成㊼が側用人をかねた老中になると、幕政は大きく転換した。寛政改革以来の財政緊縮政策は、蝦夷地経営や将軍家斉の子女の縁組み経費などの増大により行きづまったため、文政元年から幕府は品位㊽を落とした貨幣を毎年大量に鋳造し、天保六（一八三五）年までの一八年間で約五七〇万両にのぼる利益をえた。貨幣改鋳は幕府の財政をうるおしたが、質の悪い貨幣の大量流通は物価を上昇させ、物価問題が幕政の重要課題となった。しかし、この政策は商品生産・流通をつよく刺激して生産・流通構造の変質をおしすすめ、国民的な需要にささえられた全国市場の形成を促進させた。

全国的に農工業における農民的商品生産が発展し、貨幣経済は深く浸透してゆく。そのなかで北関東や陸奥では人口減少による農村荒廃が生じ、小田原藩下野桜町領と常陸や日光山領な

㊺中国にいたイギリス商人たちは、漂流民送還をかねて対日貿易交渉を計画したが、本国政府の許可が得られず、やむなくアメリカ船で送還したのが真相。翌年オランダ商館長が、イギリス船と誤って伝えた。

㊻イギリス船再渡来のときの対応策に関する幕府の評議を漏れ聞き『慎機論』を書いて批判し、その原稿を幕府に押収され蛮社の獄で処罰された。

㊼沼津藩主水野忠友の養子。将軍家斉の信任をうけて権勢をふるい、政治腐敗の元凶と非難された。

㊽金銀貨幣の金銀の含有割合。それまでの元文金の六五％に対して、文政金は五六％、文政一朱金は一二％。幕府は一年平均約四五万両の利益をあげ、不可欠な財源となった。

どでは、二宮尊徳の報徳仕法、下総香取郡長部村では大原幽学の性学⑲など、いくつかの農村復興策が試みられた。いっぽう商品生産が展開した地域では、一部の地主や問屋商人は作業場に奉公人（賃金労働者）を集めて、マニュファクチュア的な経営を発展させていった。大坂周辺や京都の西陣、尾張の綿織物業、北関東の桐生・足利などの絹織物業では、数十台の高機と数十人の奉公人をもつ織屋も登場した。農村荒廃の一方で資本主義的な商品生産の着実な発展がみられ、経済構造の変化は幕藩領主にとって深部からの危機であった。

　農民層の分解はさらにすすみ、村落や地域の矛盾はますます先鋭化した。そのなかで豪農は村や地域の維持に腐心するとともに、さまざまな権力や権威と結びつき、苗字帯刀の特権や特別な由緒⑳の獲得によってその立場の強化もはかった。関東農村は江戸との経済的結びつきをつよめて商品経済が浸透し、商人や地主のなかには江戸へ進出して新興商人として新たな市場・流通をになう者まで登場したが、没落農民もおおく不安定化した。とくに村々は無宿者や浪人、宗教者の横行に悩まされ、幕府は文化二（一八〇五）年、関東取締出役㉑を設けて幕領・私領の区別なく犯罪者を逮捕した。さらに文政一〇（一八二七）年には、幕領・私領の別なく近隣の村々で共同して地域の治安や風俗取締りにあたる改革組合村をつくらせた㉒。

天保の飢饉と一揆　天保期にはいると凶作・飢饉がつづき、一揆・打ちこわしが年間で一〇〇件をこえて江戸時代の一揆のピークとなった。天保七（一八三六）年の飢饉はとくにきびしく、甲斐国都留郡（郡内と呼ばれた）の郡内騒動は八〇ヵ村一万人、三河加茂郡の加茂一揆も二四〇ヵ村一万二〇〇〇人が蜂起するという大規模な一揆がおこった。

　大坂では、幕府の腐敗と富商の米買占め、さらに大坂町奉行所による米の江戸回送に怒った

⑲天保六（一八三五）年から長部村の改革に取り組み、先祖株組合の結成や性学の教諭をおこなったが、幕府の嫌疑をうけ自殺。

⑳甲斐国の武田浪人など。

㉑勘定奉行の配下で代官所手付、手代から選任された。通称八州廻り。

㉒四〇～五〇ヵ村を組合せ、中心的な村に寄場役人、その下に大惣代、小惣代をおいた。関東取締出役の下部組織として治安維持と経済統制にあたらせた。これを文政改革ともよんでいる。

大坂町奉行所元与力で陽明学者の大塩平八郎[53]が、窮民救済と「神武天皇時代への復古」をかかげて武装蜂起した（大塩の乱）。直轄都市大坂で、しかも幕府の元役人が公然と反乱をおこしたことは、幕府や諸藩などにつよい衝撃を与え、事件の風聞はまたたくまに全国各地へひろがり、社会に与えた影響の深刻さを示した。同じ年に国学者の生田万が、大塩門弟と称して越後柏崎の代官所を襲い（生田万の乱）、摂津能勢郡でも一揆がおこり、江戸も「大塩余党」の蜂起が予告されるなど、不穏な情勢がつづいた。江戸では幕府が「お救い小屋」を建てて窮民を収容し、寛政改革で設けた江戸町会所の備蓄米や銭を与えるなどして、かろうじて打ちこわしなどの騒動を防いだ。

天保改革　深刻な飢饉と大規模な一揆や大塩事件、悪化する幕府財政、そしてモリソン号事件やアヘン戦争情報など、幕藩制国家は内憂外患の本格的な危機の時代をむかえた。これに対応するため、幕府は天保一二（一八四一）年、老中水野忠邦を中心に天保改革を断行した。「享保寛政の御政治」への復古を標榜し、全階層にきびしい倹約令と風俗統制令をだした。高価な菓子・料理や華美な衣服を禁じ、江戸庶民に人気が高く町奉行支配地に二一一軒もあった寄席[54]を一五軒に減らし、歌舞伎三座[55]は風俗を乱す元凶として場末に移転させられた。また全出版物を幕府が検閲する出版統制令をだし、政治批判の書物と華麗な錦絵を取り締まり、風俗に悪影響を与えるとして人情本作者の為永春水、合巻作者の柳亭種彦らを処罰した。江戸人口の減少と農村人口の回復策として人返しの法[56]をだし、農民が離村して江戸の住民になることを禁じるとともに出稼ぎを領主の許可制とし、さらに江戸在住の農村出身者のうち、長く江戸に住み家族をもっている者以外に帰郷を命じた。農村へは、耕地と収穫量の再把握を通じて年貢の

[53]大塩は蜂起直前に、不正無尽など幕府重職の腐敗や大坂町奉行の失政を糾弾した書状を老中に送った。蜂起の檄文のなかで天皇・朝廷のことにふれたため、水戸藩主徳川斉昭などは危機感を強めた。

[54]通常は寄場と書かれた。庶民の「最上の楽しみ」といわれたほど人気があった。興行も軍書講談、昔咄などに限定された。

[55]社会が芝居のまねをする、といわれたほど影響力があった。木挽町・堺町・葺屋町に芝居小屋があったが、浅草山の宿（猿若町と改称）に移転させられ、役者の旅興行も制限された。

[56]人別帳の調査を厳密にさせ、統計上の数字では江戸人口は減少したが、実態は疑問とされる。

増徴をはかろうとした御料所改革がおこなわれた。

物価の騰貴は武家や下層町人の生活に深刻な打撃を与え、重大な政治問題となっていた。株仲間商人の流通独占による物価の不正な操作が物価高騰の原因として株仲間解散令[57]を出し、さらに仲間や組合も解散させ問屋の名称すら使用を禁じた。仲間外商人もくわわった自由な取引による物価下落を期待したが、物価騰貴の原因は品位の悪い貨幣の大量改鋳と商品流通の構造変化にあったため効果がなかった。全国から大坂市場に商品が集荷され、大坂二十四組問屋から江戸十組問屋へ送られる江戸時代の基本的な商品流通構造が、生産地から大坂に商品が着くまえに下関や瀬戸内海の各地で売買されたり、廻船業者が地方商人と結んで江戸の仲間外商人や江戸以外へ直接に運んだりすることにより動揺していた。

いっぽう幕府は、天保一一年に川越藩松平家と庄内藩酒井家と長岡藩牧野家を玉突き式に所替する三方領知替え（さんぽうりょうちがえ）を命じた。当時、徳川家斉（いえなり）の子女の縁組み先大名を優遇する政策がとられていたが、これもその一環だとして有力外様大名などがつよく反発し、庄内藩領民のはげしい領知替え反対運動[58]もあって撤回された。幕府が大名に所替を命じて実行できなかったのは空前の出来事であり、幕府の弱体化と藩の相対的自立化を示す結果となった。そこで幕府は、失墜した将軍権威の再強化のため六七年ぶりに将軍の日光社参[59]を挙行した。そのうえで、天保一四年に上知令（あげちれい）をだし、江戸・大坂城周辺の私領約五〇万石を直轄地にした。幕府財政の収入を増やすと同時に、政治的経済的に重要な江戸・大坂周辺を直轄することによって支配を強化し、対外的危機へも対処しようとした。

東アジア世界の激動を告げるアヘン戦争[60]の情報は、オランダ船と清国船によりいち早く伝え

[57]株仲間だけではなく、人為的な価格取決めのおそれのある同業者団体に解散を命じた。

[58]庄内領民は、松平家により年貢などが増加することを懸念し、酒井家の支配の継続を運動した。

[59]将軍家治が安永五（一七七六）年に社参して以来で、社参挙行後、印旛沼工事、上知令、御料所改革など重要政策が矢つぎばやに打ちだされた。

[60]アヘン貿易をめぐる中英の戦争。一八四〇年に本格化、中国が敗北し一八四二年南京条約を結ぶ。情報は幕府に早くから伝えられた。

られ、つよい衝撃を与えた。天保一三年にオランダ船が、アヘン戦争終結後にイギリスが通商要求のため軍艦を日本に派遣するという情報をもたらすや、紛争になる危険をさけるため、幕府は異国船打払令を緩和して薪水給与令(しんすい)⑥①を出した。また江戸湾防備を川越藩と忍(おし)藩に命じ、さらに外国船による廻船への妨害で江戸に物資がはいらなくなる事態への対策として、利根川→印旛沼→掘割→品川という物資輸送ルートを造成する印旛沼掘割工事をおこなった。しかし、天保改革の諸政策に対しては、諸大名や旗本、百姓・町人らの抵抗がつよく、おおくの政策は挫折した。水野忠邦は失脚し改革自体も失敗におわり、幕府権力の衰えを如実に示した。

諸藩の改革　諸藩も一揆・打ちこわしの多発や藩財政の極度の困窮など、藩政の本格的な危機に直面していた。財政再建と藩権力の集中・強化、軍事力強化をめざす藩政改革が、はげしい軋轢(あつれき)をともないながらおおくの藩でおこなわれた。薩摩藩では、調所広郷(ずしょひろさと)を中心に文政一〇（一八二七）年から改革に着手し、三都商人からの借金五〇〇万両を無利息二五〇年賦返済と事実上棚上げし、奄美(あまみ)三島特産黒砂糖の専売制強化や、幕府が独占的に集荷していた俵物(たわらもの)⑥②を松前から長崎にむかう途中で買いつけ、これを琉球を介して清国に売る密貿易などによって藩財政を建てなおした。幕末期には積極的に殖産興業(しょくさんこうぎょう)政策をすすめ、反射炉⑥③の築造、造船所やガラス製造所などの洋式工場（集成館）や日本最初の洋式紡績工場である鹿児島紡績工場の建設とともに、外国商人から洋式武器を購入し軍事力の強化をはかった。

天保二（一八三一）年に防長大一揆とよばれる大規模な一揆の洗礼をうけた長州藩では、村田清風(せいふう)を登用し、銀九万貫の借金を三七年賦返済と棚上げし、下関に越荷方役所(こしにがたやくしょ)⑥④を設け、越荷を担保に廻船業者などに資金貸付をおこなうほか、その越荷を買いとって委託販売するなどし

⑥①日本側の対応によっては武力に訴える計画である、という情報が伝えられ、打払令を撤回した。

⑥②中華料理の材料である、いりこ・干しあわび・ふかひれなどを俵に詰め清国に輸出。長崎会所の俵物役所が独占的に集荷。

⑥③製鉄のための溶解炉。従来の銅製大砲に代わる鉄製大砲を鋳造するため、オランダの製鉄書を翻訳して製造。嘉永五（一八五二）年に佐賀藩が最初に完成させ、薩摩・水戸・長州・鳥取藩なども築造した。

⑥④越荷とは他国の廻船がもたらす物産の意。一種の倉庫・金融業で、天保一一年に業務を拡張した。

て利益をあげて藩財政を再建し、洋式武器の購入などで軍事力を強化した。佐賀藩では、小作地を地主からいったん没収して再配分する均田制を実施して本百姓体制の再建をはかるとともに、特産陶磁器の専売を強化し、日本最初の反射炉を築いて大砲製造所を設けるなど、藩権力の強化につとめた。土佐藩では、改革派を登用して緊縮による藩財政の再建がすすめられ、藩主山内豊信（容堂）の代には大砲鋳造や砲台築造など軍事力強化をはかった。水戸藩では、藩主徳川斉昭⑥⑤の主導で藩政改革がおこなわれ、反射炉なども築造されたが、はげしい藩内抗争のため改革はうまくすすまなかった。改革が比較的すすんだ薩・長・土・肥など西南の大藩のほか、伊達宗城の宇和島藩、松平慶永の越前藩などでも有能な中・下級藩士を抜擢し、三都商人や領内の地主・商人と結んで、積極的に藩営貿易などをおこない藩権力を強化した。

これら諸藩は、有能な藩士を積極的に登用し、巨額の借金を強引な方法で整理するとともに藩自身が商業や工業にのりだし、軍事力の増強をはかって藩権力を強化した。このような藩が雄藩として、幕末政局につよい発言力と実力をもって登場する。幕府も幕末期には、代官江川英龍に命じて伊豆韮山に反射炉を築かせ、フランス人技師の指導により横須賀製鉄所⑥⑥を建設するなど、洋式工業や兵器の導入を試みていた。

3　開国と幕藩体制の崩壊

開国と通商条約の締結　弘化元（一八四四）年、オランダ国王親書がもたらされ、アヘン戦争を教訓とし清国の二の舞をさけるため開国してはどうかと勧告してきた。幕府はこれを拒否したが、この年フランス船、翌年イギリス船が琉球に来航して開国・通商を要求するなど、幕

⑥⑤藤田東湖らを重用して改革を断行。幕府へ天保九年に「戊戌封事」を提出し、内憂外患に対応するための幕政改革を説いた。

⑥⑥慶応元（一八六五）年に起工。明治政府に引きつがれ、横須賀造船所と改称。

府の「鎖国」政策を揺るがす事件[67]が頻発した。アメリカは、中国貿易のため太平洋を航海する船舶や捕鯨船の寄港地と乗員保護のため、日本の開国を求めた。弘化三年、アメリカ東インド艦隊司令長官ビッドル[68]は浦賀に来航し、国交と通商を要求したが、幕府は拒絶した。しかし、アメリカは一八四八年にカリフォルニアで金鉱が発見されて西部開拓が急速にすすみ、日本への開国の要請はいっそう高まった。

嘉永六（一八五三）年、アメリカ東インド艦隊司令長官ペリーは浦賀に来航し、フィルモア大統領の国書[69]を提出して開国を求めた。幕府は前年にオランダ商館長から情報をえていたが、有効な対策をたてられなかった。幕府は、朝鮮・琉球以外の国書を受領しない従来の方針を破って国書を正式に受けとり、翌年に回答すると約束してとりあえず退去させた。その直後に、ロシア使節プゥチャーチンが長崎に来航し、開国と国境の画定を要求した。

ペリーは翌年、ふたたび来航して軍事的圧力をかけつつ条約締結を迫り、幕府はその威圧に屈して日米和親条約を結び、アメリカ船への燃料と食糧の供給、遭難船や乗組員の救助、下田・箱館（はこだて）二港の開港と領事の駐在、アメリカへの片務的最恵国待遇[70]の付与などをとりきめた。ついでロシアのプゥチャーチンもふたたび来航し、下田で日露和親条約を締結した。この条約では、下田・箱館のほか長崎の開港も定め、国境は千島列島のエトロフ島以南を日本領、ウルップ島以北をロシア領とし、カラフトは境界をきめず両国人雑居の地とした。イギリス・オランダとも同内容の条約を結び、「鎖国」に終止符をうった。

幕府はペリー来日とアメリカ大統領国書を朝廷に報告し、先例を破って諸大名や幕臣に国書への回答[71]について意見を提出させた。幕府は朝廷や大名と協調してこの難局にあたろうとした

[67]幕府は、琉球の開国・通商を黙認する姿勢をとった。

[68]日本が外国貿易を開始したか否かの確認で、通商条約を強制する意図はなかったが、乗艦の巨大さは日本人に深刻な恐怖感を与えた。

[69]前近代の東アジア国家間あるいは君主間で交換された書状のことで、幕府は、朝鮮国王は「国書」、琉球国王は「書簡」と区別していた。

[70]日本が他国に有利な条件を認めればそれをアメリカにも適用するが、アメリカが他国に認めても日本には適用しない一方的なもの。

[71]大名の多数意見は戦争の回避だった。幕府は、開国の諾否を明確にせず退去させる方針をたてた。

が、この措置は朝廷を現実政治の場に引きだしてその権威を高め、諸大名には幕政への発言の機会を与え、幕府の専制的政治運営を転換させる契機となった。また、幕府は越前藩主松平慶永(よしなが)、薩摩藩主島津斉彬(なりあきら)、宇和島藩主伊達宗城らの協力もえながら、有能な幕臣を登用し、前水戸藩主徳川斉昭も幕政に参与させ、態勢強化をはかった。国防充実のため江戸湾に台場(だいば)⑫を築き、武家諸法度で禁じた大船建造の解禁⑬を打ちだし、長崎に洋式軍艦の操作を学ばせる海軍伝習所、江戸に洋学教育・翻訳機関として蕃書調所(ばんしょしらべしょ)、幕臣とその子弟に軍事教育をする講武所(こうぶしょ)設置などの改革をおこなった⑭。また諸藩でも水戸・薩摩・長州・佐賀藩などは、反射炉建造、大砲製造、洋式武器や軍艦の輸入など、対外的危機に対応しようとする軍事力の強化をはかった。

安政三（一八五六）年、アメリカ初代駐日総領事として下田に駐在したハリスは、翌年将軍に謁見(えっけん)し、つよい姿勢で通商条約締結を求めた。老中堀田正睦(ほったまさよし)は通商条約をめぐる国内のはげしい意見対立⑮を抑えるため条約の勅許(ちょっきょ)を求め、欧米列強との戦争をさけるには条約を結ばざるをえないと朝廷を説得した。幕府は勅許⑯を容易にえられると判断していたが、朝廷では孝明(こうめい)天皇を先頭に条約反対・鎖国攘夷(じょうい)の空気がつよく、勅許の獲得に失敗した。このような幕府による天皇の政治的利用は、天皇の政治的権威をいちじるしく高めることに結果した。アロー戦争⑰で清国がイギリス・フランスに敗北した情報をハリスは利用し、両国の脅威をといて通商条約の早期調印をせまり、大老に就任した井伊直弼(いいなおすけ)は、勅許をえないまま日米修好通商条約に調印した。しかし、違勅調印として反対派のはげしい幕府への非難と攻撃を生んだ。

この条約は、神奈川・長崎・新潟・兵庫の開港と江戸・大坂の開市、自由貿易、開港場の外

⑫外国船の攻撃に備えた砲台のことで、江川英龍に命じて品川沖に築造させた。遺構が現存。

⑬慶長一四（一六〇九）年に西国大名所有の五〇〇石積み以上の軍船を没収し、武家諸法度で商船をのぞいて建造を禁止。

⑭これらの政策を安政改革とよぶこともある。

⑮大名の多数は条約締結容認だったが、有力大名のなかに勅許を得るべきだという意見があった。

⑯天皇の許可。説得を受けた関白らにより勅許されることになったが、反対する八八人もの公家が御所や関白邸に押しかけて撤回を要求したため、勅許はだされなかった。

⑰一八五六～六〇年の清国とイギリス・フランスの戦争。英仏両軍が北京を占領し、北京条約で開港場の増加とアヘン貿易の公認を取り決めた。

国人居留地設置を規定したが、居留地外国人の裁判は本国の法により本国の領事がおこなう領事裁判権、日本側に関税税率を自主的に決定できる関税自主権の喪失、という条項をふくむ不平等条約で、明治維新後におおきな政治問題となった。ついで、オランダ・ロシア・イギリス・フランスとも条約を結び、日本は資本主義的世界市場のなかに強制的に組みこまれた。清国が欧米諸国と結んだ条約とそれほど差異はないが、⑱戦争に敗北して結んだ清国とくらべ交渉で締結した日本の方が少し有利であったとされる。また、イギリスとロシアはクリミア戦争、アロー戦争、セポイの反乱⑲、アメリカは南北戦争など、欧米列強が日本に強力な圧力をかける軍事的余裕に乏しかったことも幸いした。

開港の影響と政治路線の対立　貿易は、居留地において外国商人と開港場にぞくぞくと進出した日本人売込商⑳や引取商とのあいだでおこなわれ、輸出入額では横浜が、貿易相手国ではイギリスが圧倒的であった。輸出品は生糸が八〇%、輸入品は毛織物・綿織物などが七〇%を占め、原料・半製品を輸出し完成品を輸入する貿易構造となった。はじめは輸出超過だったがまもなく輸入超過となり、貿易額は全体として急速に増加し、国内産業と流通機構におおきな影響を与えた。生糸産地の信州諏訪などでは端緒的なマニュファクチュア経営も一部生まれたが、安価な綿織物の大量輸入は在来の綿作や綿織物業に大打撃を与えた。流通面では、生産地と直結した在郷商人が輸出品を都市の問屋を通さずに直接開港場に送ったため、流通機構はしだいにくずれ、急増する輸出に生産が追いつかず物価も高騰した。そこで幕府は、横浜での貿易を江戸の商人の統制下におき、従来の流通機構を維持し物価を抑制するため、万延元（一八六〇）年に五品江戸廻送令をだした。雑穀・水油・蠟・呉服・生糸の五品の横浜直送を禁止し、江戸

⑱開港場から外への自由な旅行・商売を禁止した条項が異なる。

⑲一八五七～五九年にイギリス領インドでおこった、東インド会社のインド人傭兵の反乱事件。

⑳開港場へ進出し外国商社に生糸などを売りこんだ商人。逆に綿糸布を引きとり販売した商人が引取商。巨商に成長し、のちに機械制大紡績業の設立に寄与した。

の問屋をへて輸出するよう命じたが、在郷商人の抵抗と、列強から自由貿易の妨害であると抗議をうけ効果はあがらなかった。

また、日本と欧米との金銀交換比率の差を利用され、一〇万両以上の金貨が海外に流出した。幕府は金貨の品位を下げた万延金[81]を鋳造したが、貨幣価値の下落は物価上昇に拍車をかけ、下級武士や庶民の生活をいちじるしく困難にさせた。そのため貿易への反感がつよまって攘夷運動激化の一因ともなり、ハリスの通訳ヒュースケン斬殺、東禅寺事件[82]、生麦事件[83]、イギリス公使館焼き打ち事件など、外国人襲撃事件が相ついだ。

深刻な内外の危機に対処できる強力な中央政府が求められ、幕府の強化が要請された。そこで、病弱で子のなかった将軍家定の後継者問題、すなわち将軍継嗣問題が大きな争点となった。雄藩の藩主は一橋家の徳川慶喜をおし（一橋派）、譜代大名らは紀伊藩主徳川慶福（後の家茂）をおし（南紀派）、朝廷も巻き込んで対立した。一橋派は幕府と雄藩が協力する強力な政権をつくろうとし、慶福をおす南紀派は幕府専制の政治を維持しようとし、幕府政治のあり方が争点となった。結局、通商条約と将軍継嗣問題をめぐる国論の分裂に決着をつけるため、南紀派の彦根藩主井伊直弼が大老に就任し、日米修好通商条約に調印するとともに、慶福を将軍継嗣に定めた。

通商条約の調印は鎖国を主張する孝明天皇を激怒させ、幕府へは違勅調印の非難が高まり、さらに「戊午の密勅」[84]がだされるにおよんで、井伊は安政の大獄[85]で弾圧した。徳川斉昭・松平慶永らは蟄居・謹慎、越前藩士橋本左内・長州藩士吉田松陰・若狭小浜藩士梅田雲浜らが処刑など、処罰された者は一〇〇名をこえた。しかし井伊はこの弾圧に憤激した水戸藩浪士た

[81]海外の金銀比価一対一五に対し、日本では一対四・六五であったため、日本で銀と換えた金が大量に海外にもちだされた。幕府は、小判一枚を二・四匁から〇・八八匁に減じた。

[82]文久元（一八六一）年高輪東禅寺のイギリス公使館を水戸藩士らが襲い、翌年、品川御殿山に建築中のイギリス公使館を長州藩の高杉晋作らが焼き打ち。

[83]文久二（一八六二）年、武蔵生麦村で薩摩藩の島津久光の行列を横切ったイギリス人を殺傷した事件。幕府は賠償金四四万ドルを支払い、薩英戦争に発展。

[84]安政五（一八五八）年八月八日付けでひそかに水戸藩などにだされた、違勅調印を非難し公武合体の永続をもとめた勅書。干支が戊午にあたった。

[85]安政五〜六年の尊攘派と一橋派の大名・幕臣への弾圧。対象は上級公家にまでおよび、かえって反幕府運動が強まった。

ちにより、万延元年、桜田門外で暗殺され（桜田門外の変）、幕府の専制政治路線は行きづまった。

公武合体と尊攘運動　井伊の横死のあと老中安藤信正は、朝廷との協調によって政局を安定させるため公武合体政策をすすめた。その象徴として、孝明天皇の妹和宮を将軍家茂の夫人に降嫁させることに成功したが、強引な政略結婚は尊王攘夷論者のはげしい非難にあい、安藤は文久二（一八六二）年、坂下門外で襲われて負傷し失脚した（坂下門外の変）。幕府の公武合体策は頓挫したが、朝廷・幕府の双方に縁の深い薩摩藩の島津久光[86]は、文久二年、勅使大原重徳とともに江戸におもむき幕府強化のための改革を要求した。幕府はそれを受けいれ、松平慶永を政事総裁職、徳川慶喜を将軍後見職に任命した。また、京都の治安維持にあたる京都守護職を新設して会津藩主松平容保を任命し、あわせて参勤交代の三年一回への緩和、西洋式軍制の採用などを内容とする改革をおこなった[87]。

尊王攘夷派は、幕府に攘夷戦争を断行させるため激しく行動した。尊王攘夷論は、尊王論[88]と攘夷論とを結びつけた後期水戸学の思想で、尊王論それ自体は将軍の支配の正統性を権威づける性格のものだったが、対外的危機が迫ると攘夷論と結びつき、欧米列強に屈服して開国した幕府を非難し、幕末政治を主導する政治論となった。平田篤胤の国学が地方の豪農や神官に広まり、大きな影響を与えていた。尊攘運動の中心になった長州藩[89]は尊攘論を藩論とし、尊攘派公家や草莽の志士らと結んで政局の主導権をにぎった。尊攘派が優位に立った朝廷は、攘夷による鎖国復帰を幕府に命じ、幕府はその意思をもたなかったが、文久三年五月一〇日を期して勅命を奉じて攘夷戦争をおこなうよう諸藩に通達した（「奉勅攘夷」[90]）。長州藩はこれに応じ、その日下関海峡を通過する外国船を砲撃した。

[86] 藩主忠義の父、国父として藩の実権を握る。公武合体運動の中心。将軍家斉の正室は、島津重豪の娘で近衛家の養女だったように、公武双方に縁が深かった。

[87] これを文久改革とよぶこともある。

[88] 藤田幽谷「正名論」では、将軍が天皇を尊べば大名が将軍を尊び、秩序が安定すると指摘している。

[89] 文久元（一八六一）年に藩士長井雅楽（うた）「航海遠略策」で、公武合体し開国により富国をはかるべきだと朝廷・幕府に働きかけたが、翌年に尊攘を藩論とした。

[90] 文久二年、幕府は期限を定めて攘夷を決行するよう命じた勅書を受け入れた。

尊王攘夷派は孝明天皇が神武天皇陵のある大和に行幸（ぎょうこう）し、天皇みずから攘夷戦争を指揮する計画を立てたが、薩摩・会津両藩と天皇らはひそかに反撃準備をすすめ、文久三年八月一八日、長州藩の勢力と尊攘激派の公家三条実美（さねとみ）らを京都から追放し、朝廷の実権を奪いかえした（八月一八日政変）[91]。この前後、大和五条の幕府代官所を襲った天誅組（てんちゅうぐみ）の変、但馬生野（いくの）の幕府代官所を襲った生野の変など、尊攘派の挙兵が相ついだがいずれも失敗に終わった。

八月一八日政変の失地回復の機会をねらっていた長州藩は、元治元（一八六四）年、京都の旅宿池田屋で尊攘派が新撰組（しんせんぐみ）によって殺傷された事件を契機に京都に攻めのぼった。しかし、薩摩・会津・桑名の藩兵と御所周辺で戦って敗走した（禁門の変）。幕府は尊攘派を一挙にたたくため、長州征討の勅命をださせた（第一次長州征討）。また、列国も貿易の障害となっている尊攘派に打撃をくわえるため、イギリス・フランス・アメリカ・オランダ四国連合艦隊が下関を砲撃した（四国艦隊下関砲撃事件）。幕府と列国の攻撃をうけた長州藩は、幕府に恭順（きょうじゅん）・謝罪の態度を示し、薩摩藩では、生麦（なまむぎ）事件の報復のため鹿児島湾に来航したイギリス艦隊と交戦しておおきな被害を受けた（薩英戦争）。列国はさらに、尊攘派勢力の退潮という好機を利用して、依然として通商条約を勅許しない朝廷に、慶応元（一八六五）年九月に兵庫沖まで艦隊を送って軍事的威圧をかけ、通商条約勅許を勝ちとった。

薩英戦争後の薩摩藩はイギリスに接近し、西郷隆盛（たかもり）・大久保利通（としみち）ら下級藩士が藩政を指導して武器輸入・留学生派遣・洋式工場建設などの改革を推進した。幕府はフランス公使ロッシュに近づき、内政・外交上の助言や六〇〇万ドルの借款（しゃっかん）など財政的・軍事的援助をえた[92]。長州藩では、高杉晋作（しんさく）らが奇兵隊をひきいて元治元（一八六四）年一二月に下関で挙兵し、藩の主

[91]鎖国攘夷論者であり公武合体論者の孝明天皇の意見は、尊攘派に牛耳られた朝廷内では通らず、ただ「ふんふん」と頷くしかなかったという。また、追放された尊攘激派の七人の公家は長州藩に逃れた（七卿落ち）。尊攘派を追放したため、天皇はしだいに幕府への依存を強めた。

[92]対日貿易の独占権と蝦夷地の森林・鉱山開発権をフランスに提供する予定だった。

導権をにぎり軍制改革による軍備強化をはかった。長州藩のこの動きに対して幕府は、慶応元年にふたたび長州征討（第二次長州征討）[93]を諸藩に命じた。しかし、薩摩藩は長州藩とひそかに連携し、慶応二年には、薩摩藩の西郷と長州藩の木戸孝允らが相互援助の密約（薩長盟約）[94]を結び、幕府に抵抗する態度をかためた。幕府軍は攻撃を開始したが、小倉城が長州軍の包囲により落城するなど戦況は不利となり、大坂城中に出陣中の将軍家茂の急死を理由に戦闘を中止した。さらに、この年一二月に頑固な攘夷主義者ではあったが公武合体論者の孝明天皇が急死[95]し、幕府にとって大きな政治的痛手となった。

貿易の開始と貨幣の改鋳は物価騰貴をひきおこして民衆の生活を圧迫し、さらに政局をめぐる対立抗争は、社会不安を大きくした。慶応二年には一揆件数が一〇〇件を越し、武州世直し一揆や陸奥信夫・伊達両郡一揆（信達騒動）などで世直しが叫ばれ、翌年には「ええじゃないか」の民衆乱舞が東海地方からはじまってまたたくまに畿内や東海、江戸にひろがり、社会変革が広範囲の人びとに期待された。また、大坂・兵庫や江戸でも打ちこわしがおこり、幕藩領主の民衆支配は解体の危機に直面し、幕藩制国家そのものが危機に瀕した。

公議政体論と討幕論　一五代将軍となった徳川慶喜は幕政改革を断行し、中央集権的な政治体制を築くための職制改変と、フランス士官を招いての陸軍の軍制改革をおこなった。しかし、幕府や幕藩制国家にかわる政権構想や国家構想が登場していた。慶応三年になると薩長両藩などに武力討幕の気運が高まるなか、諸侯会議という雄藩連合政権構想である公議政体論[96]を主張した土佐藩は、将軍慶喜に討幕派の機先を制して政権の返上をおこなうよう勧めた。慶喜もこれを受けいれ、一〇月一四日、大政奉還[97]を朝廷に上表し受理された。これは、いったん政権

[93]権力の回復をねらった幕府は、朝廷から長州追討の勅書をださせた。大久保利通は「非義の勅命は勅命に非ず」と主張。
[94]土佐藩坂本竜馬らの仲介で長州藩が長崎で武器を購入するのを薩摩藩が援助するなど、提携機運が生まれ、藩同士の正式な同盟ではないが、長州征討に向け攻守同盟的な盟約を結んだ。
[95]疱瘡（ほうそう）にかかっていたが、あまりの急死のため、毒殺が噂された。
[96]公武合体と諸侯会議を軸とする新たな政権構想。後に二院制構想になる。坂本竜馬「船中八策」など。
[97]大政委任論にもとづき、幕府が政権を朝廷にかえすこと。土佐藩が薩摩藩の同意（薩土盟約）を得て、将軍慶喜に建白した。

を朝廷に返し、朝廷のもとに徳川氏をふくむ諸侯会議による連合政権をつくる構想で、これによって討幕派の攻勢をそらし、同時に徳川氏の主導権を維持しようとするねらいがこめられていた。

ところが、同じ一四日、武力討幕をめざす薩長両藩は、公家の岩倉具視らと連携して討幕の密勅[98]を引きだすなど、大政奉還後の政局は、薩長両藩の武力討幕論と土佐藩などの公議政体論がせめぎあった。薩長両藩は、公議政体派をおさえ政局の主導権をにぎるため、一二月九日に政変を決行、王政復古の大号令を発した。新政府は、「諸事神武創業の始」にもとづくことを標榜して、幕府はもちろん朝廷の摂政・関白制度も廃止し、天皇のもとに総裁・議定・参与の三職をおく天皇を中心とする政権が樹立された。その日の夜、御所で三職による小御所会議が開かれ、岩倉・大久保らの武力討幕派が、松平慶永・山内豊信らの公議政体派を圧倒し、徳川慶喜に内大臣の辞退と領地の一部返上（辞官納地）を命じることを決定した。このため慶喜は大坂城に引きあげ、新政府と対決することになった。

[98] 岩倉具視と大久保利通らが作成し、朝廷から薩長両藩に出された、慶喜追討を命じた非公式の勅書。

三　都市と民衆の文化

1　近世前期の文化

南蛮文化とキリスト教　一五世紀にヨーロッパではじまった「大航海時代」の波が、一六世紀半ばには極東の地日本にも押しよせた。一五四三（天文一二）年、中国船に乗ったポルトガル人が種子島に上陸した。このときに鉄砲が伝えられたといわれるが、[①]これがはじめて日本にきたヨーロッパ人であった。当時の日本ではポルトガル人・スペイン人のことを南蛮人（なんばんじん）とよんだ。それはかれらが東南アジアを拠点として、そこから日本に来航したからであった。

かれらがもたらした南蛮文化は、ヨーロッパの地理学・天文学・医学や航海術・印刷術をはじめ、ヨーロッパ風の服装・食物・器物など多岐にわたった。また、東南アジア産の植物・動物や器物もおおくもたらされた。それらは中国を中心とした文物しか知らなかった日本人にとってはきわめて新鮮なものであり、旧来の伝統文化と結びついた旧勢力を打ち倒し、新しい権力を作りあげようとしていた武士勢力にとって魅力に満ちたものであった。

当時のポルトガル・スペインの海外進出は、貿易とキリスト教の布教を結びつけて進められた。キリスト教の布教は、一五四九年鹿児島に上陸したフランシスコ゠ザビエルによってはじめられ、以後イエズス会によって組織的におこなわれた。宣教師たちは、当時の日本人が知的にも倫理的にもすぐれており、キリスト教を主体的に受けいれる条件がおおきいと報告してい

①日本での鉄砲の普及にあたっては、倭寇を通じて東南アジアから直接もたらされたルートが重要であるという説もある。なお年号は日本側史料によるもので宣教師の記録とは若干の差異がある。

る。その教えは、時代の激動に精神的なよりどころと救済を求めていた人びとに新鮮に受けとめられ、急速にひろがった。[2] 信者数は一七世紀初頭には七五万人に達したともいわれ、キリシタン大名の領国や京都・安土などにキリスト教の教会が建てられ、南蛮人が行きかい、キリシタン版とよばれる活版活字による出版や西洋画の技法による宗教画も作られた。

城郭と風流　天下統一は、平和と繁栄の実現をスローガンにすすめられた。その象徴が城郭とその中心に高くそびえる天守閣であった。城はもともと軍事的な建造物であったが、この時代には、平和と繁栄を保障する権力の象徴となったのである。なかでも天守閣は天下の主人である天下人（てんかびと）の居所を示すもので[3]、本格的には織田信長の造った安土城にはじめてあらわれる。

安土城の天守閣は不整八角形の天守台の上に造られ、その特異な外観[4]はヨーロッパの教会建築をイメージしたものであったともいわれる。しかもその内部には、地階に宇宙の中枢を示す宝塔（ほうとう）が、一階には信長の化身（けしん）となった石を祀る「盆山（ぼんさん）の間」があったという。[5] 宣教師ルイス＝フロイスの報告には、信長がみずからの誕生日に安土の摠見寺（そうけんじ）に礼拝すれば富と健康と長寿をえられると布告し、みずから神として崇められることを望んだとある。安土城の天守閣はそうした信長の考えを象徴的に示すものであった。

こうした天守閣をもつ大城郭は、豊臣秀吉の聚楽第（じゅらくだい）・大坂城・伏見城にひきつがれ、各地にも地域支配の拠点として城郭と城下町が建設された。これら城郭の建物の内部には、狩野永徳（かのうえいとく）や長谷川等伯（はせがわとうはく）らによる絢爛豪華な障壁画（しょうへきが）が描かれた。それらは濃絵（だみえ）とよばれ、金地に岩絵具（いわえのぐ）を濃密に塗りこめた装飾性の高いものであった。画題には唐獅子（からじし）や竜などの神獣や巨大な樹木が好んでもちいられ、その力強い作風が新興武士にむかえられた。[6]

②布教にはさまざまな抵抗があったが、宣教師の側でも日本向けの独自の教義書として『どちりな＝きりしたん』などを作ったり、婚姻教義などについては日本の慣習と妥協するような努力もなされた。

③この意味で、天守閣は「天主閣」と記すべきだとの説もある。

④内部七層・外観五層からなり、上層二層は中国風の八角堂と金箔朱塗りの三間四面の望楼であった。

⑤上層二層の障壁には仏教・儒教・道教の聖人が描かれたが、それらは信長がかれらを崇めるためのものではなくかれらに信長を崇めさせるためであったという。

⑥室内装飾や調度品には蒔絵（まきえ）が多用された。その代表が高台寺蒔絵で、黒漆に金の平蒔絵を施した簡潔な技法や明快な意匠は、金碧障壁画の世界に通ずる。

平和の到来は民衆のエネルギーも解放した。この時期、首都である京都で風流踊りが流行し、⑦そのなかで出雲阿国が登場する。かの女が創始した歌舞伎踊りのうち最も喝采をあびたのは、奇抜な男装をした阿国が女装した男の演ずる遊女にたわむれる「茶屋遊び」であった。⑧祭礼における異性装は民衆芸能に伝統的なものであったが、阿国歌舞伎の性的倒錯もそうしたものに根をもちながら、混沌とした秩序形成期の民衆の高揚した気分に棹さすものであった。「かぶき」は異様な風俗や行為をいう「傾く」から生まれた語である。この時代には、異形の装いで徒党を組み喧嘩をくりかえす「かぶき者」が町中を闊歩した。かれらの存在もまた平和がもたらした風俗の一つであり、異形や暴力は新しい秩序におさまりきらない不安や不満の表現でもあった。

秀吉もまた豊国大明神という「公儀の神」として祀られたが、その七回忌にあたる慶長九（一六〇四）年に豊国臨時祭礼が盛大におこなわれた。この祭礼には京都惣町から、そろいの衣装と趣好をこらした仮装による風流踊りがくりだした。これは、この時期に高揚した民衆の遊芸へのエネルギーの最高潮を示すとともに、それが新しい平和と繁栄の秩序へ吸収されていく端緒でもあった。

数寄の世界　数寄は一般に茶の湯をさし、⑨これも安土桃山時代に村田珠光・武野紹鷗・千利休によって大成された。かれらの茶の湯は「侘茶」とよばれ、京都・堺・博多などの町衆にひろまった。かれらにとって茶会は、商売や政治のための寄合であり、交遊の場であった。「わび」とは物が欠けているところに生まれる感情をいい、しかもそこに自足していることをよしとした。簡素のなかにある落ちついた風情を好むものであったともいえる。利休はこれを

⑦風流は祖霊を慰めるための盆踊りなどを源流とするもので、室町時代末期には祭礼などで仮装や作り物をして集団で踊るようになっていた。

⑧阿国歌舞伎の人気はおおくの模倣者を生み、やがて四条河原を中心とした遊女歌舞伎に発展する。

⑨数寄は「好き」に通じ、風雅の道のこと。はじめは和歌をさしたが、のちにもっぱら茶の湯をさすようになった。

徹底し、粗い土壁を塗りまわしたわずか二畳の茶室である待庵（たいあん）⑩の世界にいたる。

天下人である信長や秀吉も茶の湯を好み、それをきわめて政治的に利用した。かれらは名物（めいぶつ）とよばれる茶道具を狩りあつめて茶会を催し、それを家臣に分配した。権力の茶の湯を象徴するものは秀吉が宮中の小御所（こごしょ）に建てた黄金の茶室である。ここで秀吉はすべて黄金の茶道具をつかって天皇などに茶を献じたという。しかし他方で秀吉は、大坂城や伏見城の一角に山中を思わせる静かな山里丸を設け、そこに小さな草庵の茶室を建てている。それは、華やかな都市の裏側に「市中の山居」とよばれた庭と茶室を設けた町衆の趣味に通ずるものであり、都市にとりこまれた自然といってよいだろう。この時代の人びとの精神は、そうしたなかであるバランスを見いだしていたにちがいない。⑪華麗な金碧障壁画を描いた長谷川等伯（とうはく）に、深い霧に沈む松林の閑寂な世界を描いた「松林図屏風」があるのも同じことだろう。

茶の湯の流行により全国各地の窯業（ようぎょう）が発展した。⑫中世には中国陶器の写しや日用雑器を生産していた備前・信楽（しがらき）・伊賀・瀬戸・美濃などで、時代の気風を反映した斬新な色と形の数奇道具がつくられた。それは中国陶器の影響から自立した独特の美意識の誕生であった。

寛永文化　「元和偃武（げんなえんぶ）」⑬により「かぶき」の時代は終熄にむかい、秩序化の時代がはじまる。一七世紀前半の文化を寛永文化という。寛永文化はサロンの文化といわれる。それは中世以来の座（ざ）や寄合（よりあい）の文化の伝統をうけついだもので、天皇・公家・武家・僧侶・町衆などがいくつかのサロンを形成し、それが鎖のようにつながって交遊がおこなわれていた。サロン全体の結合に重要な役割をはたしたのは、京都所司代板倉氏の存在であった。所司代は朝廷・寺社の統制を第一の任務とした。伝統的な学問・文化の掌握はそれと一体のものであり、そのもとで公武

⑩京都府乙訓郡大山崎町の妙喜庵にある茶室で、千利休作と伝えられる。国宝。

⑪秀吉が天正一五（一五八七）年に催した北野大茶会には一六〇〇余の茶席が設けられ、茶の湯の大衆化を進める役割をはたした。

⑫萩焼・唐津焼・有田焼などの近世の窯業の発展には、秀吉の朝鮮侵略によって日本に連行された朝鮮人陶工が大きな役割を果した。

⑬元和元（一六一五）年の大坂の陣を最後に戦乱の時代が終わり、平和が到来したことをいう。

の文化的融和がすすめられたのである。

サロン文化の中心となったのは、茶の湯と和歌であった。寛永文化を代表する桂離宮⑭・修学院離宮⑮の造形や意匠もそれらに深く根差している。そのうち数寄屋風書院などには小堀遠州（政一）の影響が指摘されている。遠州は幕府の国奉行として活躍した武士であるが、茶の湯や作庭にもすぐれていた。かれの師である古田織部の茶は、「ゆがみ」や「ひづみ」を好み、緑釉をつかった独特の意匠の織部焼にも、時代の「かぶき」の精神があふれていた。それに対して遠州の茶は「きれいさび」といわれる。それはおだやかな優美さを特徴としており、時代精神の転換を感じさせる。⑯サロンでは立花も愛好された。もともと立花は仏教儀式などでもちいられるものであったが、慶長期に京都六角堂の池坊に住した専応が独立した鑑賞用としての立花を確立した。ついで二代専好が優美で繊細な作風を示し、ひろくうけいれられた。

本阿弥光悦が文字を書き、⑰背景の絵を俵屋宗達⑱が描いた作品も、この時代の美意識を代表している。かれらは好んで『源氏物語』『伊勢物語』『枕草子』『古今和歌集』などの王朝文学を題材に選んだ。中国文化の地位が相対的に低下するなかで、日本古典の復興が時代思潮となった。光悦と宗達のコンビは木活字による嵯峨本の出版もおこなった。この出版には京の豪商角倉素庵の援助があったという。また徳川家康も朝鮮伝来の木活字を円光寺元佶⑲に与えて、『孔子家語』『貞観政要』などを出版させた。これを伏見版というが、晩年には駿府で駿河版の出版もおこなっている。ついで寛永期になると、製版による出版が本格的にはじまる。出版物としては仏教書や学問書がおおかったが、仮名書きの仮名草子や名所記・俳諧書、手習の教科書である往来物などもかなりだされた。それらは都市上層だけでなく、農村などにも普及した

⑭京都市右京区にある、八条院宮智仁親王が営んだ別荘。

⑮京都市左京区にある後水尾天皇の山荘。

⑯同じく武家出身の金森宗和（かなもりそうわ）は、王朝風の茶の湯で知られ、「姫宗和」とよばれた。

⑰近衛信尹（のぶただ）・松花堂昭乗（しょうかどうしょうじょう）とともに寛永の三筆と称される。

⑱「風神雷神図」など華やかな金碧屏風絵が著名。

⑲臨済宗の僧。号は三要・閑室。足利学校の中興につとめ、幕府の寺社行政・外交事務にもかかわった。

と思われる。[20] 寛永文化は啓蒙の時代のはじまりでもあった。

仏教と儒学　比叡山焼き討ちや一向一揆の鎮圧など仏教にきびしく対峙した織田信長に対して、豊臣秀吉・徳川家康は保護と統制という両面政策をとりながら、統一権力を荘厳にするものとして仏教を利用しようとした。これに対して仏教者の側でも、支配秩序のなかに積極的に仏教を位置づけることによって、沈滞した仏教界を改革しようとする復古運動がおこった。[21] この運動の中心人物の一人が、もと幕臣の鈴木正三である。かれは「仏教治国」論を唱え、民衆を支配秩序のもとに動員するイデオロギーとしての職分仏行説を説いた。そのため仮名法語や仮名草子を著わして民衆教化につとめ、島原の乱後に幕府代官として天草に派遣された弟重成の要請をうけ、現地でキリシタンの改宗にも活躍している。かれらの活動は、京都所司代板倉重宗をはじめとした幕閣や有力大名の支援をうけたものであった。

より権力に密着したところで活躍した僧に天海がいる。かれは幕府の援助をえて比叡山や天台宗義の復興につとめるとともに、家康の死にさいしては山王一実神道で祀ることを主張。[22]「東照大権現」の神号が与えられて日光に祀られると、日光山輪王寺を建立してこれを守護した。[23] さらに江戸上野忍岡に東叡山寛永寺を建立して、幕府と江戸を守護する聖地とした。天海の死後、後水尾天皇の子である守澄法親王が輪王寺にはいり、以後門跡寺院として仏教界に絶大な地位を占めた。

儒学は中世にも貴族や僧侶の教養としてひろく学ばれていたが、独立した思想として社会的影響力を高めたのは、やはり近世のことであった。その出発点となったのは藤原惺窩である。かれは冷泉家の出身で相国寺の僧となったが、秀吉の朝鮮侵略後日本に連行された姜沆に強

⑳朝山意林庵の仮名草子『清水物語』は、二〇〇〇〜三〇〇〇部も売れたと伝えられている。

㉑中心人物としては、臨済宗の愚堂東寔（ぐどうとうしょく）・雲居希膺（うんきょごよう）・雪窓宗崔・一絲文守・見叟智徹、曹洞宗の大愚宗築・万安英種、真言宗の賢俊良永、天台宗の真超などがあげられる。かれらは宗派横断的に交流し、宗義の復興や排耶活動（キリシタンの防止・改宗）などにとりくんだ。

㉒吉田神道で祀り「大明神」号を唱えることを主張した金地院崇伝（こんちいんすうでん）とのあいだで論争があった。

㉓日光東照宮は家光の時代に大造替がおこなわれ、現在の規模にととのえられた。また諸藩でも藩政確立の一環として城下町に東照宮を勧請し、近世を通じて東照宮祭礼が盛大に挙行された。

い影響をうけ、儒学への確信を深めた。惺窩は個人の修養を重視し、その思想は朱子学を中心としながらも、仏教に対しては比較的寛容であった。㉔惺窩の推挙をうけて家康に召されたのが林羅山（らざん）である。かれは博学多識で知られ、幕府の外交文書や法度（はっと）の作成にたずさわった。朱子学を幕藩支配秩序を正当化するイデオロギーとするために努力し、神儒一致論（しんじゅいっちろん）をとり（理当心地神道（りとうしんちしんとう））仏教を排斥した。上野忍岡に家塾を開き、子孫代々幕府の儒官となった。

　他方、土佐の南学派㉕とよばれる朱子学派からは山崎闇斎（あんさい）がで、京都で一家をなした。闇斎は厳格主義の立場にたち「敬」を重視したが、晩年には神儒一致の垂加（すいか）神道を唱えた。

　このように一七世紀の前半に仏教の復興や儒学の興隆があったが、仮名書きの教訓書や仮名草子などにみられた当時の通俗的な支配思想は、儒仏神の一致を説く三教一致（さんきょういっち）思想であった。個々の思想家たちは、それぞれの立場から他を排斥したり融合をはかったりしたが、社会一般では、神仏習合や神儒一致の思想を背景に、三教が一致して日本の「国土」の安寧（あんねい）と「国民」の繁栄を保障するものと意識された。そのなかで、儒学は政治と生活を律する倫理を提供し、神は地域と共同体にかかわり、仏教が祖先祭祀と死後の世界を保障するという棲み分けがおこなわれ、全体として人びとが支配をうけいれる精神的な基盤となっていった。

2　近世中期の文化

寛文期の転換　四代将軍家綱の治政の後半にあたる寛文期には、幕府政治が武断政治から文治政治に転換したといわれる。㉖文化の面でも同じく転換期であった。この時期、権力や民衆と仏教との関係が確立する。幕府は各宗に共通する諸宗寺院法度（しょしゅうじいんはっと）を発布し、㉗宗門改めの毎年励

㉔惺窩の門人を京学派といい、堀杏庵（きょうあん）・林羅山・那波活所・松永尺五（せきご）らがでた。

㉕戦国期の南村梅軒にはじまり、谷時中が基礎をかため、小倉三省・野中兼山らが活躍した。

㉖一般に、このころから、武力を背景にした強権的な政治から、法や儀礼・教化を重視した政治へ移行したといわれている。

㉗同時に全国の神職に対しては、「諸社禰宜（ねぎ）法度」が出された。

行と宗門人別改帳の作成を義務づけた。これによりすべての人がいずれかの寺院の檀徒になる体制となった。こうした一連の政策を実施するにあたって、幕府は統制に抵抗する日蓮宗不受不施派㉘に対して弾圧をくわえ、同宗を禁教とした。

儒学では、「寛文異学の禁」がおきる。これは山鹿素行と熊沢蕃山が幕府に弾圧された事件で、黒幕は山崎闇斎に心酔した保科正之であったといわれる。弾圧の原因は、二人が朱子学に批判的であったことである。㉙しかし、両者の思想の共通点として最も重要なのは、儒学を現実政治や支配の現場で役にたつ「実学」としてそれぞれに体系化したことである。そこでの主要な課題は支配の論理とそのための具体的施策、および支配を主体的にになう武士の職分論であった。かれらのこうした思想的営みは、為政者としての立場を自覚し、それをささえる学問への関心を高めていた幕藩領主の要望に応えるものであったから、かれらに師事する大名もおおかった。「異学の禁」は結局学問のヘゲモニーをめぐる争いではあったが、現実の政治自体はむしろ蕃山・素行が考えた方向にすすんだ。

寛文期の転換は芸術や風俗の面にもあらわれた。寛永六（一六二九）年幕府が京都・大坂・江戸での遊女歌舞伎を禁止したため、その後は若衆歌舞伎がさかんになった。㉚しかしこれも承応元（一六五二）年に禁止となり、以後京都では「芝居一統停止」となった。それが寛文九（一六六九）年にようやく再興される。このときの芝居は前髪を落した野郎姿で演ずる野郎歌舞伎であり、これがその後発展して現在に至る。美術の分野では寛文美人画とよばれる作品が登場する。すでに寛永期にもすぐれた風俗画があり、そこには艶やかな美女たちがおおく描かれていた。しかしそれらはどちらかといえば、遊所や芝居小屋、祭礼や花見など「場」を描くも

㉘僧侶は他宗・他門徒から布施を受けず（不受）、信徒は他に施さない（不施）という宗義。信長による安土宗論後、おおくの本山寺院が受不施の立場をとったのに対して、妙覚寺の日奥（にちおう）とその門流は不受不施義を堅持して対立した。

㉙蕃山は中江藤樹に陽明学を学び、唯心論的傾向の強い「心学」を唱え、素行は古代の聖賢に直接帰るべきとする「聖学」（古学）を唱えた。

㉚当時は男色がひろく愛好されており、若衆の中性的な「ゆらぐ性」（彼らのおおくは色子として売色した）がもてはやされた。

のであった。これに対して寛文美人画は、無背景に立ち姿の美人（多くは遊女）を単独で描くものが一般的で、「人」そのものが関心の対象とされた。㉛

服装もかわる。大きな模様を非対称に配置し、大きく空白を残した大胆な構図が特徴の寛文小袖（こそで）が流行し、小身の武士でも華美な火事羽織（かじばおり）をもつようになる。伽羅（きゃら）の油㉜と刻（きざ）みたばこがおびただしく売れるようになり、一般の者までが元結（もとゆい）㉝をし、木綿㉞の足袋をはくようになる。舞台は安定の時代へと廻る。

元禄文化の背景　元禄文化は一般に町人文化といわれる。しかしそれが一面的な評価であることも早くから指摘されている。ひろくこの時代の文化を理解するためには、その背景について考えておかなければならない。その一つは綱吉政権の文化政策と近世社会に特有の教養文化の成立である。そのうち前者については、第一に朝幕関係が一段と深化し、公武の文化的融和がすすんだこと、㉟第二に林家を中心とした儒学の興隆がはかられ、㊱武家社会における儒学・儒者の位置が明確にされたこと、第三に民衆の教化・思想的統合をめざす政策が強力に進められたこと、㊲などが重要である。

こうした状況のなかで、近世社会に特有な教養文化の体系が成立する。それは和歌と儒学を核とした和漢学を中心に、能・茶の湯・立花・蹴鞠（けまり）などから芝居・音曲にいたるさまざまな芸能がまわりに結びついたものであった。これをことさら近世に特有なものとするのは、和歌と儒学が明確に中心にすわってくる点にある。それは身分・階層・時期による偏差をもちながら、近世社会において人びとが感情や思想を表現するときに共通に依拠するものであり、一八世紀中ごろ以降の地域文化における俳諧（はいかい）と心学、幕末期の草莽（そうもう）の国学といったものも、その変形で

㉛野郎歌舞伎の役者の舞い姿を描くものもあった。
㉜整髪用に使われた。
㉝こよりの水引で作る髪をたばねるもの。
㉞室町時代には朝鮮・明から輸入される貴重品であったが、近世には国産化が進み、民衆の日常衣料の代表となった。
㉟禁裡御料・仙洞料の加増、皇太子冊立の儀・大嘗祭など朝儀の復興、「天皇陵」の調査と修復など。
㊱湯島に孔子廟を建設させ、祭田を与えて釈奠（せきてん）の励行を命じ、林信篤（はやしのぶあつ）に僧体をあらためて束髪を許し、大学頭（だいがくのかみ）に任じたことなど。
㊲孝子節婦の表彰、「忠孝札」、生類憐み政策、服忌令、キリシタン類族改、日蓮宗不受不施派の一派である悲田宗の禁教、出版統制、など。

あった。

元禄文化のもう一つの背景は、文化を生産・供給する都市の機能が充実したことである。この点では、第一に多数の専門文化人が都市に集住したことがあげられる。たとえば、『京都御役所向大概覚書』は京都に居住する諸芸能の師匠として、儒者・医師・算者・手跡・連歌師・俳諧師・碁・将棋・立花・茶の湯・蹴鞠・絵師・仏師・謡・能大夫・脇師・笛・鼓・狂言師など三二〇人余をあげている。これ以外にも多数の町師匠がいて、専業の文化人として生計が立てられるようになった。江戸や大坂でも同じように専門家の集積が進んだ。

第二は出版である。寛永期に本格的に開始された出版活動は元禄期に飛躍的に発展する。その中心は仏書・学問教養書で、全体の六割近くを占めた。この時期とくに増加するのは俳諧書・物語書・好色物で、謡本・算術書・茶の湯書・名所記・雛形絵本・往来手本も増えている。出版により都市に蓄積された教養文化が、民衆のあいだに、また地方へとひろがった。

第三は新しい文化の発生源としての悪所の存在である。悪所は日常世俗の倫理から「悪」とされた遊所と芝居小屋をさす。遊所は権力によって買売春が公許された場所で、三都の場合、いずれも一七世紀前半の都市改造のなかで都市の辺地に計画的に設定された[38]。都市上層では自由な性が抑圧され、生殖としての性が「家」のなかに囲いこまれたため、それからあふれでた快楽としての性を管理するために遊所が設定された。遊所は非日常の世界とされたから、日常とは異なる価値観や美意識が主張され[39]、なにがしかの精神的解放と創造性が生みだされた。他方、芝居は寛文後半以降新たな高揚をむかえる。京都でも四条河原での歌舞伎興行が再興され、江戸でも四座が確立する。くわえて、この時期に歌舞伎の上演形式が整備され[40]、名人・名作者[41]

㊳京都の島原、大坂の新町、江戸の新吉原。
㊴遊所の哲学である「色道」が確立し、「粋（すい）」や「通（つう）」が価値とされた。
㊵舞中心から仕方（しかた、演技）へ、放（はなれ）狂言から続（つづき）狂言へ。
㊶宇治加賀掾・竹本義太夫・坂田藤十郎・市川団十郎・芳沢あやめ・近松門左衛門など。

が輩出した。幕府はこうした芝居の高揚に対して興行権と興行地を限定することで統制をくわえた。

「浮世」の文化　元禄文化は「浮世」という言葉で代表される。しかし「浮世」の意味は、言葉の印象ほど享楽的なものではない。㊷「浮世」は人間や世間への関心が高まり、人間や生活を価値のあるものとする意識が深まったことを意味している。

浮世草子は、天和二（一六八二）年に刊行された井原西鶴の『好色一代男』によってはじまる。この書は主人公世之介の女性遍歴を描くもので、『源氏物語』や『伊勢物語』を強く意識したものであった。しかしそれは王朝文学の「色好み」の伝統の単なる再現ではなかった。㊸西鶴はついで『好色五人女』『好色一代女』を書き、女の好色を描きだす。女は男の愛玩物でも受身の存在でもなく、主体的に性を生きるものとして描かれ、両性の好色世界がリアルにとらえられる。西鶴の小説は「物づくし」㊹を一つの技法とするが、それは談林派㊺の俳諧師として出発したかれが、俳諧から学んだものである。この「物づくし」は人間と世間に対する旺盛な関心にささえられている。こうした市井に生きる人びとの真実を描きだすという姿勢は、近松門左衛門の戯曲にも共通する。かれらの描く男と女の情愛の世界は、当時のおおくの人びとの共感をえた。㊻

俳諧では松尾芭蕉が出て、わび・さび・軽みなどを旨とする蕉風を確立した。芭蕉は、自然とともに生き、生涯を旅に過ごし、『奥の細道』などすぐれた紀行文を残したが、その旅を支えたのは二〇〇〇人といわれた地方の門人たちであった。

仮名草子以来木版刷りの草子に挿絵は付き物であったが、浮世草子の時代になると、文章よ

㊷中世の「憂世」（うきよ）が厭世的な無常観をともなうものであるに対して、その現世的な性格をとらえていわれる。

㊸中世にも男の「色好み」は継承されるが、女のそれは批判の対象として忌避された。これに対して『一代男』では世之介はむしろ狂言廻しで、西鶴の関心は多様な女の性の姿を描くことにあった。

㊹事物をつぎつぎと列挙する技法。

㊺西山宗因を中心とした俳諧の一流派。斬新奇抜で自在な表現を得意とした。

㊻このころ男女の心中事件が増加し、近松は実際の事件を題材に作品を書き、共感を得た。幕府は心中物の発刊禁止令を出し、心中を罰した。

りも挿絵の比重がおおきい絵本のようなものもあらわれるようになる。こうした挿絵の作者として活躍したのが菱川師宣（ひしかわもろのぶ）である。師宣はこの挿絵を一枚絵として独立させ、ある程度ストーリーをもたせた組物（くみもの）として制作した。これが浮世絵版画の始まりである。誕生したばかりの浮世絵版画は墨一色刷りで、遊所と芝居が好んでとりあげられた。[47]枕絵（まくらえ）も当初から重要なジャンルの一つであった。肉筆の浮世絵も多数描かれており、それらをみると、浮世絵が寛文美人画の系譜の上に花開いたものであることがよくわかる。

浮世絵は人間と世間をそのまま描くものであったから、そこには衣装や髪形まで当時の風俗がこまかく写しとられている。小袖の模様はデザイン性をまし、衣装の全面を覆うようになり、華やかな元禄小袖が好まれた。[48]この時代には帯が結ぶための小道具から衣装の一部として装飾性を増し、帯の結び方にも流行があらわれるようになった。小袖の模様や髪形[49]には雛形本（ひいながたぼん）というデザインブックが刊行された。

京都では、寛永文化を引きつぐように、尾形光琳（こうりん）・乾山（けんざん）兄弟が活躍していた。光琳は絵画を、乾山は陶芸を中心に活動したが、かれらに共通するのは、意匠そのものの独自の美の追求であり、これにより生活用具のデザイン性を高めたことである。その意味でかれらの仕事も、生活の価値化というおおきな流れのなかにあった。『女重宝記（おんなちょうほうき）』『男重宝記』といった実用的な家庭百科が出版されはじめるのも、元禄期のことである。[50]

仁斎・盤珪・残口　人間や世間への関心は、学問・思想の分野でも顕著にあらわれた。儒学では伊藤仁斎（じんさい）がでる。仁斎は京都の上層町人出身で、はじめ朱子学を学んだが、のちにそれを批判して古義学（こぎがく）[51]を唱えた。かれは政治や社会秩序について論議することはほとんどなく、

[47]その後、鳥居清信・懐月堂安度・奥村政信・西川祐信などが活躍した。このころには墨摺りの上に一枚ずつ彩色する丹絵（にえ）や紅絵（べにえ）も作られた。

[48]京都の宮崎友禅が考案した友禅染は、色彩豊かで自由な図柄の染物を可能にした。

[49]近世の前期には女性の髪は自分で結うのが一般的であったが、髪形に流行が現われるようになると、専門の髪結（かみゆい）に頼ることが多くなり、後期には女髪結も現われた。

[50]香月牛山『老人養草』『小児養育草』、貝原益軒『養生訓』など、通俗的な実用医書の刊行もはじまる。

[51]その方法は、直接儒学の古典によってその字義をあきらかにするというものであった。

それを天命としてそのまま受けいれる。その関心はもっぱら、秩序のもとにおける人倫世界を愛と誠実と思いやりに満ちたものとするための、人びとの日常生活における自覚的実践にむけられる。それは被治者の側から儒学を内面化する一つの態度を示すものであった。

仏教では、畿内・瀬戸内地方を中心に教化活動を展開した盤珪永琢（ばんけいようたく）が注目される。近世前期の鈴木正三たちが仏教の政治的役割を強調したのに対して、大名の強力な外護のもとで活動したにもかかわらず、盤珪が武士の支配について語ることはほとんどない。かれの関心ももっぱらすべての人びとの成仏に向けられ、日常世俗の倫理が重視される。㊾ その教説は正三らの民衆教化の路線を受けつぎ、日常生活を律する精神的なよりどころを求める民衆の要求に応えようとするものであった。㊿

神道では、ややおくれて増穂残口（ますほざんこう）が活躍する。残口は人の世の根源は男女和合にあるとし、それは「和」の国である日本の伝統的な神道祭祀や民俗的な豊穣儀礼につながるものだという。そして、男女和合の世界では男女は対等であるとして、当時の男尊女卑の社会風潮や家と家とによる婚姻制度が男女の「恋慕の情」を疎外している状況を批判した。こうした残口の主張には、近松門左衛門の戯曲と相通ずるものがあるといわれる。

儒学・仏教・神道における思想動向のなかにも、時代の精神はあきらかに息づいていた。

実学の発展　諸産業の発達にともない、元禄時代には実学（じつがく）が発展する。人びとの日々の生活に実際に役立つ学問、理論や古典の解釈でなく、実際の見聞にもとづく学問が求められるようになったのである。[54]

農業では農業技術を体系的に論じた農書が作られた。中国の『農政全書』を学んだ宮崎安貞（やすさだ）

[52]盤珪の禅は「不生禅」といわれる。「不生（ふしょう）」とは人が生れながらもっている「仏心」のままでいること。

[53]各宗派とも教説の世俗化につとめ、後期になると、浄土真宗では、篤信者（妙好人）の信仰生活を集めた『妙好人伝』を刊行した。

[54]実学の発展には、中国・朝鮮からの書籍の輸入とその翻刻および和訳解本の出版が大きな役割をはたした。『算学啓蒙』『算法統宗』（算術）、『農政全書』（農学）、『天工開物』『三才図会』（博物学）、『天経或問』（天文暦学）、『本草綱目』（本草学）など。

は、全国の進んだ農業技術を見聞し、それらをふまえて『農業全書』を著わした。この書は元禄一〇（一六九七）年に刊行されて全国に流布し、その影響は明治期にまでおよんだ。各地では農民自身による地域に則した農書が書かれた。(55)『鉱山至宝要録』『蚕飼蚕法記』といった地域の独自の生産活動にもとづく技術書も作られはじめる。

本草学は、もともと薬用となる植物・動物・鉱物などについて研究する学問で、『本草綱目』の移入後、日本でも本格的に展開した。とくに貝原益軒の『大和本草』は、実際の見聞や実地栽培をふまえて記述されており注目される。のちに本草学は吉宗の殖産興業策と結びついて物産学へと発展する。その成果は稲生若水・丹羽正伯による『庶物類纂』一〇五四巻に結実する。(56)民間では大坂の医師寺島良安が『和漢三才図会』一〇五巻を編纂・刊行した。日本独自の数学である和算もこの時期に盛んになった。毛利重能の『割算書』により、算盤の利用がおおきくひろがった。その弟子である吉田光由は『塵劫記』を著わし、和算の普及に貢献した。(57)その後関孝和がでて、和算は高度な発展をとげるとともに、全国にひろまった。(58)

近世の医学も、李朱医学の移入により大きく発展した。この医学説は、中国で朱子学と結びついて発達したもので、合理性と体系性をそなえていたから、密教や陰陽道などと結びついていた中世の医術を革新し、医学を呪術から自立させる役割をはたした。(59)しかし、ともすれば宋・明の医書の解釈にこだわり、観念的な空論におちいりがちであったため、漢代以前の古典に帰ることを主張する古医方によって批判された。その先駆となった名古屋玄医やその流れをついだ後藤艮山は、治療における臨床や実験を重視した。(60)古医方の主張は、儒学における伊藤仁斎らによる、原典への復古と実践を重んじる古学の立場に通ずるものであった。

(55)東海地方の『百姓伝記』、会津地方の『会津農書』、紀州の『地方の聞書』、加賀の『耕稼春秋』『農事遺書』など。

(56)『庶物類纂』編集のために、各藩に産物調査が命ぜられ、諸国で「産物帳」が作られた。

(57)商業・農事・土木・鉱業などの日常的な問題を平易にとりあげており、社会の要望に応えるものであった。

(58)各地の寺社に和算家が奉納した算額がおおくのこされており、その普及の様子を知ることができる。

(59)日本での李朱医学の普及に貢献したのは曲直瀬道三（まなせどうさん）である。京都に医学校啓迪院（けいてきいん）を開いて多くの門弟を育てた。

(60)艮山の弟子の山脇東洋ははじめて人体解剖をおこない、『臓志』を著わした。

享保期の予兆　享保一二（一七二七）年、荻生徂徠は『政談』を将軍吉宗に上呈し、制度の確立が急務であると主張した。かれは「道」を中国古代の先王たちが制作した礼楽刑政のことだとする。これにより「道」は天地自然や人間（の内面）から分離される。仁斎が「道」を人倫世界に限定したことに対比すれば、徂徠はそれを政治や制度に限定する。そしてそこでは、私に対する公の優位が語られ、絶対的主権者[61]の下で個別の役割を割り当てられた個人が有機的に働く社会が理想とされる。こうした社会観は、のちの国家主義の祖型と評価されている。[62]また徂徠は先王の道を明らかにする方法として、中国の古字・古文に精通する古文辞学を唱えたが、こうした文献実証法は、先の「道」の理解とあいまって、賀茂真淵や本居宣長などの国学に大きな影響を与えたし、杉田玄白などの蘭学者も徂徠に影響を受けた。

享保一四（一七二九）年には石田梅岩が京都に講席を開いている。いわゆる石門心学の創唱である。梅岩は京都の商家で奉公人として勤めた経験をふまえ、倹約・勤勉・正直・孝行といった通俗道徳の実践を通じて家の繁栄と存続をはかることを説いたが、その際、実践の主体である自己への確信を、すべては「心」からおこることであり、一人一人の「心」こそが究極の存在であるという「心」の哲学においた。また商売や金銭を卑下する風潮を批判し、正当な手段による商業利潤や致富を肯定的に評価した。「心」の哲学と結びついた通俗道徳の実践は、近世から近代にかけての中間層の精神に引きつがれていく。[63]

享保一八（一七三三）年七月には、富士講の行者であった食行身禄が富士山で断食行の末に入定した。享保期後半に打ちつづいた飢饉・物価騰貴・一揆などの社会不安に危機意識をつのらせ、同年正月に江戸でおこった打ちこわしを直接の契機に、「みろくの御世」の実現を求

[61] 徂徠は制度の制作者である絶対的な主権者として徳川将軍を想定していた。

[62] 徂徠の経世論は、『経済録』を書わした弟子の太宰春台にうけつがれた。

[63] 手島堵庵（とあん）・中沢道二（どうに）らの努力や幕府諸藩の教化政策と結びついたことにより全国に普及し、二宮尊徳や不二道の小谷三志などにも影響を与えた。

めて決行したのであった。富士講は中世以来の山岳信仰として発展したものであったが、食行はその呪術的要素をよわめ、信仰の中心を正直・勤勉といった通俗道徳の実践へと切りかえる。くわえて現実の世の中は「影願いの世」であり、これを「直願いのみろくの世」に「ふりかえる」ことを説いた。そこには底辺からの「世直り」の願望が萌していた。

こうして享保期には、社会は安定からじょじょに転換にむかい、人びとの思想の営みにも、新しい展開の予兆があらわれていた。

3　近世後期の文化

国学・洋学・経世論　宝暦・天明期になると学問世界にも新しい動きがはっきりとあらわれてくる。

近世前期には日本の古典に対する関心が高まり、和歌も近世人の基本的教養の中心の一つとなっていた。中期になると戸田茂睡や契沖[64]がでて、歌学の閉鎖的な伝統を批判し、歌も人の心情のまま自由に詠むことを主張した。この流れは荷田春満・賀茂真淵に受けつがれ、ついで本居宣長が『源氏物語』や『古事記』の研究から日本人の「真心」を「物のあわれ」としてとらえ、「漢心」を批判して日本精神の発揚を唱えた。宣長の死後その後継者をみずから任じたのは平田篤胤であった。かれは幽冥界の観念によって宣長の古道説に宗教的色彩をくわえ、その学派は地方の神官や豪農層にひろまった。他方、真淵らの万葉主義に対抗して、香川景樹は『古今集』を尊重し、歌の調べを重視した。その流れは桂園派とよばれ、平易を尊んだことから、地方の文人にひろく受けいれられた。

[64] 万葉集の註釈に文献学的方法をとりいれ、『万葉代匠記』を著わした。

オランダ語による西洋学術の研究は、将軍吉宗の命によって青木昆陽らがオランダ語の学習をおこなったことから本格的にはじまる。[65] この流れは前野良沢に受けつがれ、良沢は杉田玄白らと『解体新書』を翻訳し、これを機に洋学がおおいに発展することになった。[66] 洋学は西洋の自然科学全般にわたるが、[67] なかでも実際にその有用性や優位性をたしかめることができた医学や天文暦学などが中心となった。医学では津山藩医の宇田川玄随・玄真・榕庵が活躍し、天文暦学では西洋暦法をとりいれた寛政暦の作成にたずさわった間重富・高橋至時や、オランダ通詞のかたわら天文学書の訳述をおこなった本木良永・志筑忠雄などがでた。至時に師事した伊能忠敬は、天体観測を応用して全国測量をおこない、『大日本沿海輿地全図』を作成した。

こうした新しい科学の移入は、当時の知識人たちの知的好奇心を刺激し、おおくの分野にわたって特異な能力を発揮する人びとがあらわれた。平賀源内などはその筆頭で、物産学にはじまり、火浣布・エレキテル・寒暖計などの発明、陶器・毛織物の製造、洋画の制作、[68] 鉱山開発などをおこなった。戯作にもすぐれ『根無志具佐』『風流志道軒伝』『神霊矢口渡』『放屁論』などで封建社会を鋭く風刺した。狩野派から浮世絵に転じ、さらに洋画に傾倒した司馬江漢は、日本で最初に銅版画を制作、『西洋画談』で洋画の技法を紹介した。また『和蘭天説』で地動説を紹介するとともに、『春波楼筆記』では社会と人間に対する独自の思索を展開した。

学派にとらわれない政治経済論が簇生するのもこの時期である。商品経済に依拠した積極的な殖産興業策を説いた海保青陵、[69] 開国交易・蝦夷地開発などによる強力な統一国家の創出を説いた本多利明[70] などがでた。自然から政治・経済までひろい分野にわたって独自の思索をおこ

[65] 吉宗が漢訳洋書の禁書を緩和したことも、洋学の発展に寄与した。

[66] 洋学の発展のためには語学の修得が不可欠で、稲村三伯らが編纂した『ハルマ和解（わげ）』や大槻玄沢の『蘭学階梯』が大きな役割をはたした。

[67] 幕府は天文方に蕃書和解御用（ばんしょわげごよう）を置き、蘭書の翻訳をおこなった。

[68] 源内の影響で秋田藩に洋風画がひろまり、藩主の佐竹曙山（しょざん）や藩士の小田野直武らがすぐれた作品を描いた。これを秋田蘭画という。

[69] 徂徠学を学び『稽古談』『経済談』を著わした。

[70] 重商主義的な思想を説き、『経済秘策』『西域物語』を著わした。

なった思想家も登場する。儒学や封建制度を批判して男女対等の理想社会を構想した安藤昌益[71]や、自然と経済について合理主義の立場をつらぬいた山片蟠桃[72]などである。

昌平坂学問所・藩校・教諭所　寛政年間を前後して、幕府・諸藩において政治改革が実施され、その一環として学校が設立されている。その目的は、武士の綱紀粛正をはかるとともに、改革の担い手となる有用な人材を養成することであった。幕府では松平定信が朱子学者西山拙斎・柴野栗山らの建議をいれ、寛政二（一七九〇）年、大学頭林信敬に対して林家家塾では朱子学を正学とし、その他の異学[73]を禁止すると命じた。いわゆる寛政異学の禁である。ついで寛政四（一七九二）年から朱子学にもとづく学問吟味の試験がはじめられ、寛政九年（一七九七）には林家家塾を幕府直轄の昌平坂学問所とした。こうして朱子学が幕府官許の学問とされたため、禁令自体は幕府の学問所を対象としたものであったが、諸藩の藩校でもこれにならうものがおおくでた。また学問所では、諸藩士や浪人の入学を認め、一般庶民の講釈聴聞も許したから、この後、公儀の学府としての性格をつよめた。

こうした幕府の政策に呼応して、諸藩でも藩校の設立や整備が急速に進んだ[74]。この時期の藩校では、元服前後の藩士子弟に儒学の教授がおこなわれた。授業は素読・講釈・会読が中心で、等級制を設けて試験で進級させるところがおおく、出欠や品行などにより賞罰をくわえるところもあった。幕末になるにしたがい武芸の修練が重視された。

他方、郷学や教諭所[75]のとりたても各地ではじまる。たとえば美作国の幕領代官として活躍した早川正紀は、天明飢饉後の地域復興の一環として、地域の豪農有志とはかって郷学典学館をおこした。間引き禁止の教諭を繰り返しおこなうとともに、民衆教化のために『久世條教』[76]も

[71] 医師として活躍し、主著は『統道真伝』『自然真営道』。

[72] 大坂の豪商升屋の商人として活躍、『夢の代（しろ）』を著わした。

[73] 徂徠学派以降、いずれの学派にも偏せず先行諸学説を選択・折衷しようとする折衷学派や、文献学的な方法に徹しようとする考証学派などがおこった。

[74] 全国の二五五の藩校のうち、寛政から文政までの四〇年間に、三分の一にあたる八七校が設立されている。

[75] 領主が民衆の風俗改善のために設けたもので、儒者や心学者に平易な道徳講話をおこなわせた。

[76] 「農桑を励む」「孝悌を敦くす」など七ヵ条にわたって農民の心得を説いたもので、寛政一一（一七九九）に板行された。

著わした。また兼任した備中笠岡でも郷学敬業館をとりたてている。備前国和気郡北方村では村民たちによる自主的学習組織である天神講がつくられたが、その活動は岡山藩の郷校である閑谷学校の教師たちと代官の支援によるものであった。民衆のあいだには、苦境に立ち向う自律的な自己鍛練として学問への欲求が高まっていたが、それをとりこむかたちで領主の教化政策が展開された。

文人画・写生画・浮世絵　徂徠以後の学者や文化人には、学問だけでなく、詩文や絵画にも才能を発揮する人びとが輩出した。かれらは黄檗宗[77]とともに日本に移入された文人画や南宋画に習い、絵画に自由な境地を表現した。[78]徂徠門人（蘐園）の祇園南海・服部南郭・柳沢淇園などは、漢詩や和文をはじめ諸芸能に通じた文人であったが、文人画家としてもすぐれた作品をのこした。ついで池大雅と与謝蕪村[79]がでて、日本的な文人画を完成した。かれらの文人精神は、市井にありながら自然を愛好し、芸術のなかに自由な精神の発露を求め、その境地に自足するものであった。そこには、小市民的な知識人の安らぎの世界がひろがっている。

同じころ、円山応挙が写生画を確立した。それは中国渡来の沈南蘋の写生風花鳥画の影響を受けながら、博物学の流行などにも刺激されて発展したもので、応挙は実物をありのままに描く写生を芸術にまで高めた。はじめ蕪村に師事し、のちに応挙の弟子となった呉春は、両者の特徴を融合して洗練された作風を示した。その流れは四条派とよばれ、明治に至るまでおおきな影響を与えることになった。[80]

浮世絵でも、この時代に多色刷りの錦絵がおこり、鈴木春信が細っそりとたよりなげな女性像を描いて人気を博した。もともと浮世絵は、遊所と芝居という悪所に取材するものとして発

[77] 明から渡来した隠元隆琦（いんげんりゅうき）が伝えた禅宗の一派。本山は宇治市の万福寺。

[78] 中国の文人画は、士大夫が官僚としての公の立場を離れて私的に「自娯」するものであったが、そこに生まれる精神的な自由さが日本でも好まれた。

[79] 俳人としてもすぐれ、雄大な自然描写と叙情性豊かな作風を示した。

[80] 好んで動物を描いた伊藤若冲・長沢蘆雪の写実的な絵画も、きわめて自己投影性の強いもので、文人画の精神につながると考えられる。

展したが、寛政期になると喜多川歌麿と東洲斎写楽がでて、独自の美人画と役者絵を描いた。[81]とりわけかれらが描いた大首絵は、従来の立姿の全身像とは異なり、顔の表情を中心に上半身のみを描くものであった。それは表情やしぐさを通じて、人間の情感の微妙な動きまでとらえようとするものであった。

一九世紀になると、葛飾北斎と歌川広重が風景版画の傑作をつぎつぎ発表する。かれらの作品には西洋画から学んだ遠近法や陰影法が巧みにとりいれられ、構図や色彩において新しい境地が開かれた。そこには、自然とともにくらす人びとの姿が描きこまれた。風景版画は、当時行楽や旅行が盛んになったことを背景としていたが、同時に自然と人間生活に対する関心の深まりを示すものでもあった。

「いき」と遊興　近世後期の都市の文化を示すのは「いき」という語である。「いき」は「あか抜けして、張りある色っぽさ」と定義される。それは、遊所の美学を体現した「粋」や「通」を受けつぎながら、日常生活そのものを楽しもうとする精神であり、斜に構えた都市民の反骨精神を示していた。こうした「いき」の精神は、黄表紙[82]・洒落本[83]・滑稽本[84]・人情本[85]などの文学や歌舞伎・浮世絵などを通じて、おおくの人びとに受けいれられていった。

服装も、豪華な元禄小袖からかわって、無地や小紋・竪縞が「いき」とされ、振袖も華やかさをおさえた裾模様がおおくなった。色も鼠・茶・紺などが好まれ、化粧も個性や表情を際立たせる薄化粧が主流となった。逆に手拭やきせる・煙草入れ・櫛・笄などの小物に凝ることも流行した。こうした「いき」の風情は料理にもとりいれられ、工夫を凝らした多彩な献立が料理本としてひろめられ、人びとの嗜好を刺激した。

[81] かれらのすぐれた才能を見出し、斬新な企画で江戸の出版界をリードしたのは蔦屋重三郎であった。企画が流行を作る時代がはじまった。

[82] 恋川春町の『金々先生栄花夢（きんきんせんせいえいがのゆめ）』にはじまる、当時の風俗を描いた大人向きの絵本。

[83] 遊所を舞台とし滑稽を主とした短篇文学。寛政改革で禁止された。

[84] 世相風俗をおもしろく描いた大衆文学。十返舎一九『東海道中膝栗毛』、式亭三馬『浮世床』『浮世風呂』などが代表作。

[85] 為永春水の『春色梅児誉美（しゅんしょくうめごよみ）』にはじまる、町人の生活や恋愛をテーマとした風俗小説。

都市の年中行事は、近世中期にはすでにひろく定着していたが、後期になると遊興性がました。寺社の祭礼や縁日には出店が立ちならび、諸芸能の小屋が所狭しと設けられた。地方の有名な神仏の出開帳[86]や勧進相撲[87]、寺社の興行する富くじ、花見・月見や花火なども都市の楽しみとなった。こうした遊興は、こせこせと仕事に追われる都市民にとって欠くことのできない息抜きの機会であったが、人工的な都市生活に潤いをもたせるものとして、庭園や盆栽に自然を楽しむ習慣もひろまった。

遠方の寺社や名所への旅も盛んになり、[88]おおくの人が一種の通過儀礼として旅を経験するようになった。[89]伊勢参り・金毘羅参り・善光寺参りのほか、西国三十三ヵ所や四国八十八ヵ所など長期にわたる巡礼の旅もあった。伊勢講や富士講・御嶽講など、講を結んで交代や集団で参拝することもおこなわれた。主要な街道では宿屋や駕籠・渡し舟なども整備され、女性が旅に出るのも比較的容易になった。[90]こうした旅を通じて民衆たちは、地域をこえる知見をひろめるとともに、「日本」という国のひろがりとまとまりを感じるようになった。

地域文化の成熟　近世的な教養文化が地方にもひろがったのは、近世中期の元禄時代のことであった。そのことは、伊藤仁斎や池坊立花の門人が全国各地にわたっていたこと、地方での俳諧集の編纂がすすむことなどにたしかめることができる。各地の祭礼で、地元の人びとによる歌舞伎や人形浄瑠璃の上演がはじまるのもこのころである。こうした状況は後期になるとますます深まった。

近世後期の地域文化は、中央に対する地域の個性を強調する。雪国の個性を主張した鈴木牧之の『北越雪譜』や菅江真澄の『遊覧記』[91]などはその代表であるが、この時期に各地で作成さ

[86]江戸時代には、寺社の修築費を集めるために、秘蔵する神仏などを公開する開帳がさかんになった。自地でする居開帳と遠くの都市などへ出張する出開帳とがあり、幕府や藩の許可をえておこなわれた。

[87]幕府は、初期には風俗取り締りの立場から相撲興行を禁止したが、元禄期には寺社の募縁を目的とした勧進相撲を認めるようになり、後期にはそれが定例化した。江戸では両国の回向院（えこういん）が興行場となり、明治期になって、その境内に国技館が建てられた。

[88]当時の旅は届出制であり、寺社参詣や病気治療などの理由で許された。

[89]元服前後の男子の霊山参詣、嫁入り前や姑から嫁への「しゃくし渡し」後の旅などは、一種の通過儀礼といえる。

れる地誌類も地域の自意識の形成を物語るものであった。学問・教育も地域独自におこなわれるようになる。赤穂の赤松滄洲、鴨方の西山拙斎、神辺の菅茶山、竹原の頼春水、日田の広瀬淡窓などが、地域にあって独自の思索と教育をおこなった。地域で活躍する医師たちも、中期までは京都や大坂で修行するものがほとんどであったが、後期になると地元の城下町などで修行するものがおおくなった。岡山近郊の金川に住み産科にすぐれた難波抱節の思誠堂には全国から千数百人の門人が集まったという。

　読み・書き・算盤といった実用教育を中心とした寺子屋が急増するのも一九世紀初めの文化・文政期のことである。このころから寺子屋師匠に農民出身の者が増え、貧農層の子弟や女子の就学が増加する。地方寺社への奉納額にたしかめられるように、俳諧に親しむ人びともひろがり、地方都市の宗匠を中心に地域の結社が鎖のようにつながるようになっていた。幕末期には、剣術・棒術・柔術などの武芸にとりくむ民衆も増加した。武芸は民衆にとっての自己鍛練の場であり、儒学や心学などの学習とあわせて、民衆の主体形成をうながすものであった。[92]

　近世後期になると、中下層の農民でも何代にもわたって家が存続するようになり、年中行事や旅の習慣が農村にもひろがった。[93] 上層農民の家の買物帳をみても、布地・えり・帯・足袋・糸・手拭などの衣料品、紅・白粉・びん付油・元結・香などの化粧品、筆・墨・紙・印肉など文房具、酒・煙草・菓子・砂糖など嗜好品、油・灯心・付木などの照明用品、陶器・木器・金物などの日用雑器、ハレの日の食料品や人形・破魔弓など、じつに多様な物が購入されており、生活の奢侈化の様子がうかがえる。他方、日常的に各種の薬が購入され、子供の疱瘡や麻疹には施薬や祈禱に多額の出費をするなど、健康に対する関心も高まっている。[94]

[90] 治療と保養を兼ねた温泉への旅もさかんになり、熱海・箱根・草津・有馬をはじめ各地に有名な湯治場が知られるようになった。

[91] 四十余年にわたり東北地方を巡歴し各地の生活風俗を記録した日記。七十余冊におよぶ。

[92] 幕末期に諸藩の軍制改革で民兵隊が組織されると、こうした民衆が農兵などにとりたてられていった。

[93] 節句や縁日・神祭りの日は、村中で一斉に農作業を休む「遊び日」となった。後期になると、若連中が何かにつけて「遊び日」を要求するようになり、日数が増加した。

[94] 人生の節目となる通過儀礼も広くおこなわれるようになった。特に子供の成長を祝うお七夜・初宮まいり・食い初め・初誕生・紐落しや、老人の年祝いなどが、親戚や地域の人びとによって祝われた。

危機の政治学と民衆宗教の創唱　せまりくる西洋の脅威と百姓一揆の激発に示された国内矛盾にいかに対処するかは、幕末の知識人たちが共通してかかげた課題であった。これに尊王攘夷の立場から応えたのが、後期水戸学であった。[95] 水戸学では朱子学的名分論[96]の立場から、天皇・朝廷を将軍・幕府の上位におき、天祖以来の天皇の連綿とした継続に日本の優越性を求め、そうした国体への忠誠が説かれた。それは狭い自藩意識にとどまっていた武士の視野を国家的民族的規模にひろげ、幕府中心の政治に対する批判をつよめることになったが、他方、その偏狭な国家主義・民族主義が、明治の国体論にひきつがれた。

さらに吉田松陰（しょういん）は、水戸学の尊王敬幕的傾向をのりこえ、尊王論を一君万民論[97]に深化した。この一君万民論では現実の身分秩序を越えて、「草莽（そうもう）」こそが変革主体とされた。

他方、西洋と日本との国力の差をきびしく認識し、西洋学術の積極的導入によって国力の充実をはかろうとする考えもつよまった。その代表は佐久間象山（しょうざん）で、かれは「東洋道徳、西洋芸術」を唱えた。象山もおおくの幕末知識人同様キリスト教邪教観に深くとらわれており、科学技術と世界観とをきりはなして理解した。そして、西洋に対抗して日本の独立を守るためにも、儒学の道徳による国内の思想統一を重視した。かれのような考えが、明治以降の近代化を規定することになる。こうして幕末の洋学は実用性を高め、幕府の蕃書調所（ばんしょしらべしょ）[98]では箕作阮甫（みつくりげんぽ）などが洋学教育にあたった。大坂の緒方洪庵（おがたこうあん）の適塾（てきじゅく）からも有用な人材が輩出した。[99] 幕府や諸藩が欧米諸国へ留学生を派遣することもはじまった。[100] そして、彼らが近代化の担い手となっていった。

水戸学が危機感を強くもったのは、民心の離反状況であった。たしかに、民衆は社会の変動

[95]徳川光圀（みつくに）による『大日本史』の編纂を中心とする前期水戸学と区別していう。徳川斉昭に支持された会沢安（やすし、正志斎）や藤田幽谷・東湖らが主導した。

[96]身分（名）による政治的・社会的な立場の差異（分）を明確にすることを求める論。

[97]絶対的な君主のもとに万民が結集することを説く政治論。

[98]開成所と改称して外国語のほかに自然科学や兵学なども教授するようになり、のちに東京大学に発展した。

[99]門人数は六百余名。大村益次郎（おおむらますじろう）・橋本左内・大鳥圭介・長与専斎・福沢諭吉など中央で活躍した人のほか、地方に帰って種痘など地域医療に貢献した人もおおくいる。

[100]文久二（一八六二）年幕府が西周（にしあまね）・津田真道（つだまみち）らをオランダに送ったのが最

初である。

に不安をつのらせ、支配層に対する不満をつよめていた。そうしたなかで、新しい民衆宗教が創唱される。食行身禄の流れをくむ小谷三志の不二道、尾張の貧しい家に生まれた喜之のはじめた如来教、備前の神官黒住宗忠の開いた黒住教、大和の中山みきの天理教、備中の川手文治郎の金光教などである。

こうした民衆宗教に特徴的なことは、第一に既成の神仏に新しい解釈をくわえて独自の神格とし、それへの絶対的な信仰を通じて自己確信をえようとすること、第二にその確信のもとに通俗道徳の実践を重視し、それによる日常生活全体の改変を求めること、第三に病気なおしなどの現世利益を重視し、家の繁栄や永続など民衆の日常的な幸福追求に応えようとしたこと、第四に「世直り」へのつよい予感をもち、そこでの平等な救済を保証したこと、などである。民衆宗教に示されたような思想動向への対処が、近代の支配層が直面することになる一つの課題であった。

Ⅳ 近代

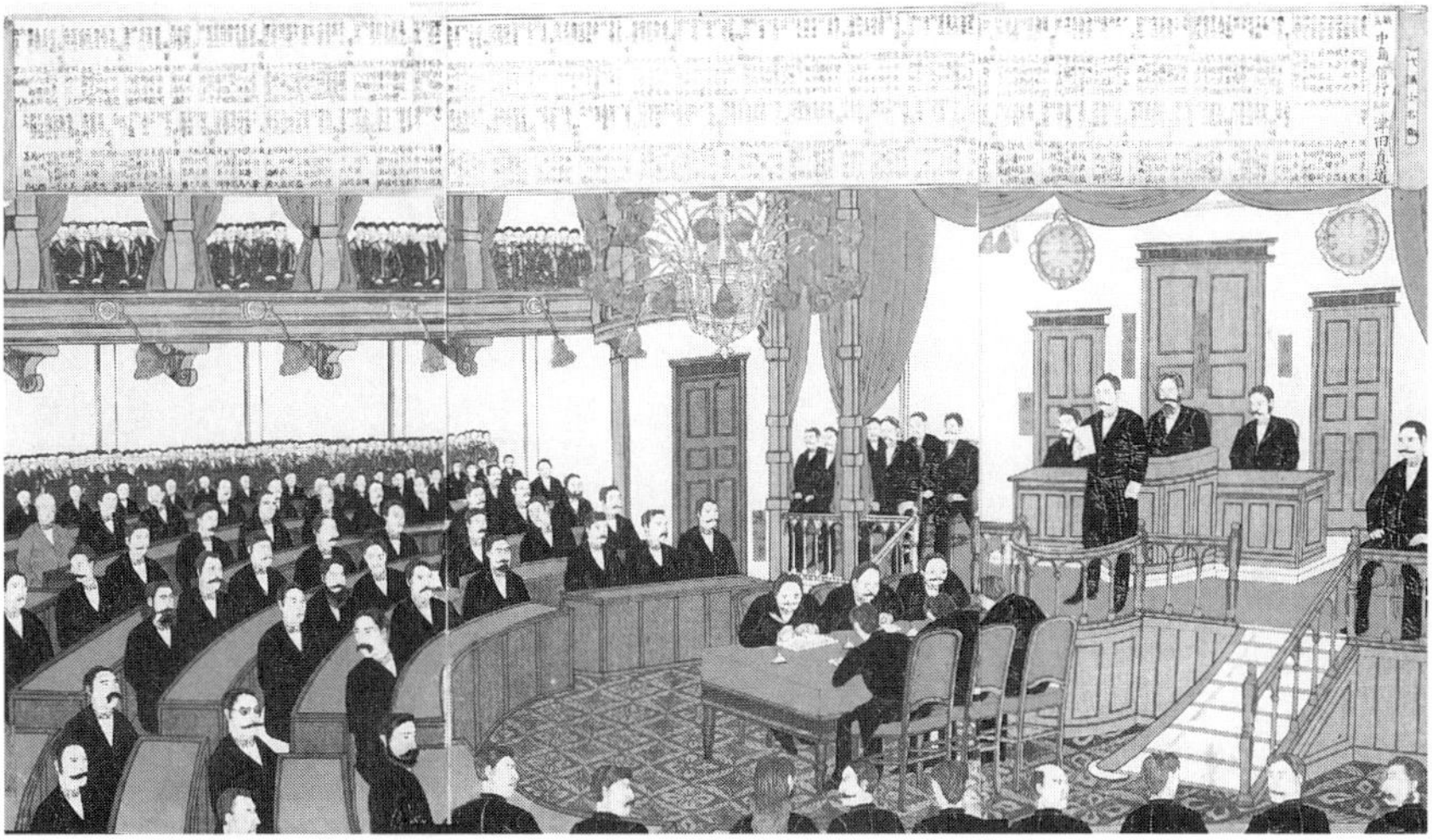

帝国議会衆議院（「帝国議会衆議院之図」憲政記念館蔵）

1890（明治23）年、アジアで最初の近代的議会として開院された。第１回総選挙では民党が多数を占め、「民力休養・経費節減」を唱えて明治政府と対決の姿勢を示した。

近代国家は、西欧資本主義列強の圧力のもと、それに対応する国家と国民の創出過程として成立する。後進ゆえに国家統合の過程は、天皇制官僚の主導で強力に推進され、真の民意反映の立法機関に代表される生活共同体の成員としての国民は、それゆえ多くの制約に抗して生み出される。

主として薩・長・土・肥討幕四藩の軍事力で、王政復古と廃藩置県を実現した明治政府は、「万国対峙」を国家目標にかかげ、その支持基盤を広げるため、国民的代表機関を設立する必要に迫られていた。当初、西郷隆盛は外征を、大久保利通は殖産興業を、国家の最優先課題としたが、かれらも木戸孝允や板垣退助らが主張する「公議輿論」の尊重を否定することはできなかった。一八七五（明治八）年四月、漸次立憲の政体への移行を公約するからである。

しかし、「公議」内容を限定する政府に対し、民間では自由民権運動がおこり、人びとの政治参加の要求が顕在化し、やがて私擬憲法起草の運動や政党運動が展開する。この動きは一八九〇（明治二三）年一一月の議会開設に帰結し、その後は普通選挙運動に発展し、政党政治と政党内閣を実現する。

天皇大権を特徴とする大日本帝国憲法の成立は、資本主義確立にともなう早期の帝国主義列強への仲間入りで、生まれいずる社会運動や民本主義を統制し、政党政治の基盤をも揺るがせる。藩閥専制から脱し政党政治に移行しつつも、国際環境とかかわる一貫した軍備拡張の要請から、政治の質が問われたからである。第一次大戦後の戦後恐慌から震災恐慌・昭和恐慌へとつづく恐慌期を契機に、軍部が台頭しついに政党政治にとどめをさし、大政翼賛態勢を実現する。一九四五（昭和二〇）年八月一五日の敗戦は、万国対峙のための武力拡張主義の否定と、真の民意反映の輿論政治とを要請するものとなった。

一　近代国家の成立

1　明治政府の成立

維新政権の樹立　王政復古のクーデターを決行した討幕派皇族・公卿、薩・尾・土・越・芸の五藩主、それら諸藩の有力藩士は、大号令①を発し幕府廃止、天皇政府樹立を宣言する。辞官納地をせまったが徳川慶喜が応じないため、慶応四（一八六八）年正月、鳥羽・伏見の戦いを最初に、以後、函館五稜郭戦にいたる一年余の戊辰戦争を戦い新政権を確立する。天皇が日本の元首であることを宣言した新政権は、江戸城総攻撃をまえに天皇が天地神明に誓うかたちで五箇条の誓文②を発し、公議思想にもとづく新政の基本方針をあきらかにした。

江戸開城で東国での覇権を確立した閏四月、誓文の趣旨を貫徹する政体書を公布し、中央集権・三権分立主義③・議事制度・官吏公選制の採用をあきらかにした。これにともない官制改革を実施する。立法機関としての議政官は皇族・公卿・諸侯、有力藩士の議定・参与をもって組織する上局と、各府県・藩士から選ばれた貢士からなる下局をおき、政権の中核をなす輔相④・議定・参与の互選とともに、公議形式をとりながら対立する諸勢力のなかから天皇制権力の担当者を生みだす方式を採用した。この官制改革は正月の三職七科制⑤、二月の三職八局制につぐ三度目のもので、相つぐ改革を通じて薩・長・土・肥を中心とする藩士層が進出し、王政復古当時の公卿と諸藩連合的形態での勢力配置を変質させる。有能な人材を中央にあつめ、

①慶応三年一二月九日。神武創業のはじめにもとづき至当の公議政体の創出をめざした宣言。摂政・関白を廃止し、総裁・議定・参与の三職設置による中央政治機構の樹立を宣言。しかし政府内では討幕・公議政体両派が対立、前者優位で推移した。

②慶応四年三月一四日の声明。由利公正（ゆりきみまさ）草案、福岡孝弟修正、木戸孝允再修正。天皇主権と公議形式採用を表明。

③行政権は行政官・外国官・会計官・軍務官・神祇官が、司法権は刑務官、立法権は議政官担当の七官制度。

④議定から選ばれた三条実美・岩倉具視が就任。かれらを長とする行政官の支配力が強い。

⑤慶応四年正月一七日設置。このとき徴士制を採用。

かれらを天皇の官僚⑥とした。

天皇親政機構の創出こそ維新官僚のねらい⑦であり、かれらへの権力の集中に応じ、官吏公選は一回かぎりでおわり、議政官も版籍奉還後に行政との関係が不明確となり、上局は廃止、下局は公議所・集議院にあらためられ権限が縮小される。

地方は占領した幕領に府県を設置し、従来の藩とともに府藩県三治制⑧をとり、新たに任命した地方官と藩主の地方官化をはかる。統治は五榜の掲示を基本とする旧来どおりの施策をとったため、「四民平等」「自由」が強調されながら、それは人心を収攬する便宜的な標榜におわっている。

維新政権の経済的基盤は、当初、戊辰戦争遂行のため三〇〇万両の会計基立金を三都の特権商人や富裕者から徴収した。この臨時的な収入のほか、旧幕領・旗本領の一部からの貢租と、三都・開港場を支配下におき、全国商品流通や貿易を掌握し、財政収入の増大⑨をはかる。この流通策を通じて藩経済を解体し、統一市場を形成しようとした。

戊辰戦争は藩体制の直接的解体にはならなかったが、藩経済解体の契機をなした。藩債⑩の国内分は天保一四（一八四三）年以前のもの一二〇二万円、弘化元（一八四四）年から慶応三（一八六七）年までのもの一一三二万円に対し、明治元（一八六八）年から四年七月までのもの一二八二万円に達した。維新期四年七ヵ月間は以前にくらべ借財が急増する。外国債四〇〇万円もふくめ藩債は実収を上まわり、藩解体の契機となったのである。

版籍奉還・廃藩置県　明治二年正月、薩・長・土・肥の四藩主は土地人民を天皇に返上する版籍奉還⑪を上奏した。四藩の共同提案となったが、やがてほとんどの藩がこれにならい、政

⑥徴士は無定員。貢士は大藩三人、中藩二人、小藩一人の定員制。新官僚制の出発点。新政府の方針決定には徴士のなかの有力者、徴士参与が参画した。

⑦万機を総裁する絶対君主としての天皇と、そのもとでの少数官僚による専制権力行使を可能とする政治体制の創出。

⑧政体書による九府、二二県、二七三藩の併行統治。府県に知県事・判事。藩は従来通り諸大名の統括。

⑨由利財政。由利公正（旧姓三岡）。維新政府の参与。会計官知事として初期の財政・金融政策を担当。重商主義的政策を展開。

⑩藩の借財。維新期の藩債は武器・船舶購入費がおおく、商法開発のためもある。とくに外債はこの傾向が強い。

⑪慶応四年二月、木戸孝允が三条・岩倉に版籍奉還を建議。東征中のためすえおかれ九月に大久保利通とはかり、東北平定後、後藤象

府はこの請願を許可し六月に版籍奉還が実現する。これで実質的に諸侯の領有権が政府に接収された。藩主は官職として非世襲の知藩事（ちはんじ）となり、藩主は華族、藩士は士族にわけられ従来の臣従関係は制度的に消滅する。知藩事は地方官となり、任免権は政府がもち更迭も可能となった。領有権の廃止により藩は制度的に府県と同一の存在となった。

このような改革が平穏のうちに実施された理由は三つある。列強の対立する国際情勢のきびしさを知った封建支配者が、権力統一の必要性を認めざるをえなかったこと、前述のとおり藩財政の悪化、権力の基盤をゆるがす国内状況の危機である。とくに農民一揆⑫は明治二年は世直し一揆として一三一件に達し、幕末期のピーク時である慶応二（一八六六）年をおおきく上わまわった。藩主自身が名義上は知藩事となっても、今までどおり支配は継続できると考えていたこともおおきな理由である。

版籍奉還がおわると、藩体制解体の具体的構想をもちえないまま、その前提として全国統一の税制・兵制・刑法などをつくり、全国的行政組織・行政区画を形成し、華士族の禄制（ろくせい）改革の必要が考えられていた。このうち刑法は新律綱領（しんりつこうりょう）で対応し、兵制は徴兵規則で準備したが、特に税制は旧藩時代から錯綜し、統一するためには強力な権力の出現を必要とした。藩財政の破綻状況が明確化し、くわえて税制不満による農民一揆が頻発し、これをおさえるため政府直属の武力である親兵（しんぺい）を設置し、中央集権化⑬の要請が急速に浮上し、藩体制の全般的解体が課題となる。

明治四年正月、阿波藩・肥後藩・尾張藩など有力藩の廃藩に関する建議をうけ、二月、政府は薩・長・土三藩兵一万を東京にあつめて天皇直属の親兵とし、七月天皇は在京の諸藩知事を

二郎（ごとうしょうじろう）・副島種臣（そえじまたねおみ）の賛成を得た。

⑫維新期の一揆は明治元年八七件のうち五六％、二年総件数一三一件のうち七〇％が租税をめぐる対権力闘争である。この関係は明治三、四年に一層強まる。

⑬維新期の新政権の中枢は新官僚制のととのった民部省・大蔵省が担当。国内流通再編をめざして中央集権化を志向。

召集し、廃藩置県（はいはんちけん）を命じた。版籍奉還の藩主届出方式にかえ勅命方式による命令であった。

明治六年政変　廃藩置県の直後、明治四年一〇月、明治政府の首脳のなかばは、欧米巡回の途にのぼる。いわゆる岩倉使節団⑭の欧米回覧⑮である。使節団は万国公法の国際平等の理念の立場から、欧米と対等でない日本の格差を是正するため、条約改正延期を通告するとともに、改正準備として各国の法律・制度・理財・交際などを調査することを任務とした。

巡回の結果、かれらがえた教訓は、国際平等論による条約改正の道が容易でないこと、東洋の一小国にすぎない日本の現実であり、そのことが逆に国際問題に対するリアリズムを育てる結果となった。欧米文明の根拠の深さを認識したかれらは、表面的で急激な西欧化の道を断念し、殖産興業（しょくさんこうぎょう）と軍事力の強化を優先する内治優先論と、制度的西欧化に関しては慎重な漸進論をとるにいたった。このことは留守政府の急進的な内政改革と対立することになる。

使節団の外遊中、おおくの外交問題が発生していた。ペルー船マリア・ルース号の清国苦力（クーリー）の解放・送還問題や琉球島漂流民の台湾島民による殺害事件⑯がおこり、朝鮮外交がうまくすすまず、釜山（プサン）の朝鮮官憲による布告文⑰での日本攻撃の文言を契機とする征台（せいたい）・征韓（せいかん）論が高揚したことなどである。とくに征韓論は西郷隆盛を中心に、全国不平士族の不満のはけ口に利用され、板垣退助・江藤新平・副島種臣・後藤象二郎らの同調によって留守政府の基本方針になった。岩倉具視らの帰国後、これら征韓派参議と岩倉・大久保利通ら外遊派のあいだにはげしい対立が生まれ、結局、征韓派参議が敗れ下野する。この征韓論争に集約された内外政をめぐる内閣分裂を明治六年政変という。

それゆえ征韓問題における両派の対立は、深く内政問題にかかわる。大久保が征韓に反対し

⑭全権大使岩倉具視、副使は木戸孝允・大久保利通・伊藤博文・山口尚芳（なおよし）。参加者一〇〇人余で半数は留学生。津田梅子・永井繁子ら五名の女子留学生も随行。

⑮『特命全権大使米欧回覧実記』（全六巻）参照。明治四年一一月一二日横浜出港、明治六年五～九月に帰着。

⑯明治四年、琉球漁民六六名が台湾に漂着、五四名が殺害された事件。清国は、殺した島民は「化外（けがい）の民」として責任を認めなかったので台湾出兵の原因となる。

⑰草梁倭館（そうりょうわかん、旧対馬藩出張所、新政府に移管）前に明治六年三月に貼られた命令書。

た内政上の理由は、新政に対する民衆の反抗激化の認識を基礎とする国家財政の破綻、創業の諸改革の完遂、貿易・幣制の失敗による国内の疲弊などである。大久保が第一に配慮した国内人心の帰趨について、征韓派にはそれがみられないばかりか、かえって全国士族の動向にむけられていた。外遊派が征韓派と異なる点は、民衆の動向への関心と国富・国家財政の基盤への配慮であり、留守政府のはじめた改革については急進か漸進かの差でしかなかった。諸改革の完成による内政の整備と富強の達成という目的では一致する。その意味で外遊派を内治優先派とよぶことができよう。両派分裂後、あわただしく設置された内務省は、この政変の帰結を示すものであった。

地租改正・殖産興業　留守政府によって計画され、外遊派の政府によって推進される諸改革に地租改正・学制・徴兵令・秩禄処分・司法改革などがある。すでに廃藩置県前より錯綜する税制の改革をもとめ、集権化の底流となっていた地租改正[18]は、明治四（一八七一）年田畑勝手作を認め、翌年には土地永代売買を解禁して売買譲渡地への地券を発行するなど、改正にむけて準備がととのえられていた。一八七三（明治六）年七月、地租改正条例が公布される。この要旨は、(1)江戸時代以来の石高課税方式をあらため、収益課税の方式とし、地価を定めこれに課税する。(2)租率は一律に地価の一〇〇分の三とし、地租は金納とする。(3)土地の所有者に地券を交付し、耕作の有無にかかわらずその者を納税義務者とした。明治政府の財政基盤を確立するための土地税制改革[19]であった。地租改正条例は物品税の収入が、将来二〇〇万円以上になれば、地租は地価の一〇〇分の一にまで減少するとの条文をかかげており、政府は一〇〇分の三の地租が重すぎる租率であることは認めていた。当時、地租は経常歳入の八割余[20]を占める

⑱地租改正関係法令には、上諭、地租改正条例、地租改正規則、地方官心得がある。とくに条例と地価算定法を示す地方官心得が重要。

⑲改正は一八七五（明治八）年三月地租改正事務局設置後に本格化。七六年が耕宅地改正の最盛期。押付け収穫反対を主とする改正反対一揆が発生し、七七年一月に地価一〇〇分の二・五に減租。山林原野改正は八一年まで継続。

⑳明治六年度の経常歳入額は七〇五六万円余、うち地租は六〇六〇万円余で八六％に相当。臨時歳入をふくむ全歳入額八五五〇万円余に対する地租は七一％。

国家財政上の重要な財源であったから、地租額を減少させることはできず、幕末以来の年貢総量を下回らぬ地租額の維持継承を目的とした。そのため府県・町村にわりあて、さらに各個人の所有田畑にわりふって地価を定める天下りの地価算定㉑がおこなわれた。この算定は田畑の収穫を価格に換算し、そこから種肥代・地租・村税を控除した残額を純収益とみなし、これを一定利率で資本還元したものを地価としており、天下り租税額を実現するため種肥代㉒などは低くおさえられている。

高額地租の確保、旧貢租水準の維持を基本方針とする地租改正は、一方で土地改革の内容をきわめて浅いものにした。高額地租が農民の手どりを減少させ近代的土地所有の成立をせばめ、小作慣行の整理により地主権の強化をはかり、地券による土地の売買・質入れ・書入れを保証したため、土地集積による地主的土地所有㉓の確立に帰結した。

明治三年閏一〇月、「国家富強」を目的に設置された工部省は、それまでの経済の流通政策的対応と異なり、資本主義的生産方法を移植する殖産興業政策の起点となった。工部省の諸事業は大工業の移植を目的に、わが国経済の発展段階を無視し、急速かつ直輸入的におこなわれる。工業では鉱山・製鉄・造船・製作・紡績（ぼうせき）・製糸（せいし）など各種の官営工場を設立する。東京・横浜間の鉄道開業㉔、電信・灯台などの諸事業もおこなうが、技術導入が外国技術者に依存し、それに必要な国内の労働力が欠如したままおこなわれ、充分な成果をあげえなかった。

資本主義の実態を見聞した使節団が帰国すると、かわって物産繁殖による商工振起の道がめざされ、内務省を中心に農業奨励㉕と農産製造（紡織＝製糸、紡績、毛織物）の発展がはかられる。工部省事業も単なる大工業の移植から、その基礎としての鉄と石炭の開発に重点がうつる。殖

㉑予定地価・租額を算出するための、予定収穫量の田畑への割当てをいう。「押付け反米」（強制された反当り収穫米の意）という。

㉒本来は生産費に相当するもの。しかし肥料代は低く見積もられ、農具損料、労賃などはふくまれていない。

㉓地価算定法における収穫配分比をみれば、地租などの国家取分は三四％、地主取分三四％、小作人取分三二％である。小作人の納める小作料は六八％（国家＋地主取分）の高額となる。

㉔明治五年一〇月開通。伊藤博文・大隈重信が推進。英人モレル指導のもと一〇〇万ポンド（八八四万円）を借款し敷設。狭軌鉄道であった。

㉕国内産業改良をめざす内務省の政策も、農業の場合、当初は西欧模倣の農法、農具の移植、品種改良がおこなわれた。八一（明治一四）年四月農商務省設置以後、工業とともに資本主義育成がはかられる。

産資金は外貨排除を基本として、開港以来の生糸業を基礎とする貿易金融から調達され、一方では金禄公債の資本化を「国立銀行」が担った。

徴兵令・学制　富国強兵をスローガンとする明治政府は、強兵の基礎をきずくため明治五年一一月徴兵の詔（みことのり）、翌年正月徴兵令㉖を公布した。廃藩置県により家格制度にささえられた藩軍隊がなくなり、かわって徴兵令は統一国家の軍隊とし、身分制打破の近代的な国民皆兵（かいへい）制をめざしていた。

徴兵令は陸軍を常備・後備・国民軍に大別し、兵種は歩・騎・砲・工・輜重（しちょう）兵の五種とし、常備兵を六管六鎮台（ちんだい）㉗に所属させた。当初、徴兵は血税（けつぜい）徴収であるとして、農民は反対運動を展開したが、運動の背景には新政のもたらす農村への重圧があった。徴兵令における国民皆兵主義も、免役規定により官吏・官立上級学校卒業生と洋行修業者および二七〇円を納めた者は免除された。また戸主（こしゅ）とその後継者は租税負担者として免除される。それゆえ兵役負担者は一般民衆の二、三男にかぎられていた。一八七六（明治九）年、実際に兵役義務に服したのは、全国壮丁（そうてい）のうち二割に満たない状態であった㉘。とはいえ、七七（明治一〇）年の西南戦争の鎮圧㉙でようやくその威力を発揮し、近代軍制の確立にむかい、免役規定も八九（明治二二）年になくなり国民皆兵が実現する。

政府の企図する富国強兵を実現するためには、一方で国民の教育を高める必要があった。明治五（一八七二）年八月「学制」㉚を公布する。すでに新政府は政権樹立直後、京都に復古主義にもとづく学校（皇学所・漢学所）を設立し、翌年には東京に和・漢・洋学を総合した大学校（本校・開成学校・医学校）を設けていた。教育行政はこの大学校（のち大学と改称）が担当したが、

㉖近代軍隊の創設を意図したのは大村益次郎と、これを受け継いだ山県有朋（やまがたありとも）。満二〇歳以上の男子が兵役に服すもの。

㉗明治四年八月設置の東京・大坂・鎮西・東北の四鎮台から、このとき、東京・仙台・名古屋・大坂・広島・熊本の六軍管・鎮台となる。この下に一四営所と四一分営が配置される。

㉘七六年現在の二〇歳壮丁総数は二九万六〇〇〇人余。うち免役者は二四万二〇〇〇人余、免役率八二％。

㉙徴兵令兵士を中心に政府軍を編成。鹿児島私学校党中心の不平士族と対決し、私学校党は敗北、西郷隆盛は自刃した。なお恩賞に不満の兵士が、竹橋事件をおこした。

㉚明治五年八月二日発布。二一三章から成り、学区・学校・教員・生徒・試業・留学生規則・学資などについて規定。同時に「学事奨励に関する太政官布告」

廃藩置県後に文部省が新設され、近代学校制度の建設が計画されていた。学制発布はその一環として実施された。

学制の趣旨は四民平等の原則にたつ義務教育制をとり、自己の生涯や生活のための実学を宣言した点にある。そのためはじめはアメリカの教育思想とフランスの教育制度が導入されている。学校制度は全国を八大学区にわけ、一大学区を三二中学区に、一中学区を二一〇小学区にわけ、各々の大学区に大学・中学・小学校を設置しようとする計画で、一小学区は人口六〇〇人（学齢児童一〇〇人）をもって組織するものであった㉛。

学制はまた一方で、人民の学問・教育に対する自発性を強調した。この自発性は修学のための自発的取りくみのみならず、経費にもおよび、教育費用の人民負担を原則とした。小学校経費について政府はごくわずかな補助金を支出したのみで、ほとんどは授業料と民費（町村税）および寄付金でまかなうものとした。寄付金とは名ばかりで学校資本金と称する村びと全員の強制的出金である㉜。実学性や自発性が近代的原則であるとはいえ、地租の重圧から解放されていない人びとに一層の負担増加をもたらし、学制反対一揆㉝を発生させる原因となった。

文明開化と啓蒙思想 文明開化（ぶんめいかいか）㉞は文部省中心の開明政策をさすが、また民間に普及した欧化的風潮をもいう。啓蒙（けいもう）思想はその思想的表現である。

「学問は身を立てるの財本」とする学制は、日用に役立つ実学をすすめ、実学を身につけることこそ立身出世の道だと説く。人びとの世俗社会での成功への欲望をかきたて、富国強兵のエネルギーにするものであった。人びとの個人的欲望を解放し、生産力開発のエネルギーに組織することは、民衆の欲望を閉じこめて収奪体系をなりたたせていた封建イデオロギーからの

（被仰出書〈おおせいだされしょ〉）発布。

㉛学制により計画された小学校総数は五万三七六八校。これに対し七五年当時、二万四二二五校が設立された。就学率（学齢児童に対する就学児童の割合）は三六％。

㉜七五年度小学校財政の歳入総額は六二三万八〇九六円余。うち文部省補助金は九％、学区内集金（民費）は三〇％、寄付金は一八％、授業料六％、その他は繰越金、諸金利子など。

㉝血税一揆は北条県（美作）・大分県、学校反対一揆は鳥取県が有名。明治五年の一揆が公租・公課を中心にしたのに対し、明治六年は徴兵反対をふくめ対権力闘争が主となる。明治七・八・九年は公租をふくむ地租改正反対闘争が中心。

㉞福沢諭吉『学問のすすめ』が象徴的。「天は人の上に人を造らず、人の下に人を造らず」（天賦人権思想）とする啓蒙書で、明治五年から九年まで一七編刊

画期的転換であった。この近代的立場から封建思想にはげしい批判を展開したのが明六社に集まった洋学者たちである。

アメリカから帰朝した森有礼は、一八七三（明治六）年七月、加藤弘之・津田真道・西周・福沢諭吉らと明六社を結成し『明六雑誌』㉟を発行し、欧米の政治・文化を精力的に紹介する。かれらのほとんどが政府の高級官僚であったように、その主張は明治国家による富国強兵のための文明開化＝西洋化であり、そのために自発的に活動する国民の創出であり、功利的人間を内容とする天賦人権論であった。本質において政府の推進する政策への国民の協力を啓蒙するという目的をつよくもった。

だが、その一方で主観的意図をこえ、客観的には日本の近代化におおきな役割をはたす。天賦人権論は民会論㊱をへて、自由民権思想へ展開する民主的思想に変化するからである。幕末期以来、海外留学生㊲が幕府や諸藩から派遣され、西欧文化の導入をはじめていたが、政府は明治三年に留学を公認しそれを奨励した。学制発布とともに留学生規則を整備して厳選主義をとり、官費留学生は官学出身者にしぼっている。

この時期、外国人の学者・技術者もおおく招聘され㊳、キリスト教解禁による宣教師の渡来とともに、わが国文化の向上に寄与するところ少なくなかった。外来思想の輸入は、新聞や雑誌を通じてもおこなわれる。『明六雑誌』が啓蒙期の代表的な雑誌であるとすれば、新聞は明治二年旧幕臣福地源一郎が創刊した『江湖新聞』や、最初の活字日刊紙の『東京横浜毎日新聞』（明治三年一二月）、『東京日日新聞』（明治五年二月）、『郵便報知新聞』（明治五年）が発刊されている。いずれも政府に批判的で、全国に普及する過程で民衆の不満を理論的に代弁すること

行の大ベストセラーとなった。

㉟一八七三年二月創刊、毎月二号発行、同年一一月三号に増刊。七四年中の総刊行冊数は一〇万五九八四部で、そのうち売切れ分は八万一二七冊。つまり毎号三二〇五冊売れていたという。

㊱七八年七月公布の三新法による公認前の府県会・区村会の総称を地方民会という。官選区戸長論に対し公選民会論が主張され、民撰議院論の底流となる。

㊲明治四年がピーク。留学先はアメリカが最もおおく、ついでイギリス・ドイツ・フランスの順。学制発布後は開成学校、東京大学生、各省派遣学生に限られた。

㊳明治五年当時、幕末以来の者、新たに招かれた者を合わせて、政府関係のみで二一四名。イギリス人が最多、これにフランス・アメリカがつぐ。交通・工業技術・軍備・教育面で活躍した。

がおおく、地域の人びとの政治的成長をうながす役割をになった。[39] 政府は明治二年に新聞紙印行条例、四年の新聞紙条例、六年の新聞紙発行条目、八年に讒謗律・新聞紙条例をだして言論統制をくわえるが、新聞の文明開化にはたした役割は非常におおきかった。

一方、洋服・洋食・洋館など生活様式の開化もはじまり、新聞雑誌で喧伝されたが、当時はいまだ大都市中心の上層階級にかぎられていた。

大久保政権と外交　明治六年政変の結果、[40] 同年一一月に成立した内務省は、内治優先の担当省として政府機構の中核となる。内務卿として責任者となったのは大久保利通である。内務省は勧業寮、警保寮を一等寮とし、地方官の任免をにぎり殖産興業・警察権と地方行政権をつかさどる総合的内政機関として成立し、政府内では大蔵省・工部省を協力者とする三省中軸の体制であった。

大久保政権にとって最大の危機は、一八七四（明治七）年の佐賀の乱にみられる士族反乱と台湾出兵である。内治優先の立場からすれば台湾出兵は矛盾する。琉球島民が台湾住民に殺されたことに対する「問罪の師」として出兵したことの背景は、もともと内治優先が本質的な立場ではなかったことを意味し、士族不平派の企図を外にそらす目的でおこなわれた。琉球[41]は従来、日本と清国との双方に朝貢する両属関係にあったが、明治五年に国王尚泰を琉球藩主として華族に列したこともあり、琉球の日本帰属を清国に認めさせる目的をもっていた。とくに司令官西郷従道のもとに薩摩藩士族を徴募兵にくわえたことは、小規模とはいえ征韓論と同質の外征として選択されている。

台湾出兵は対外政策と対外関係に、いくつかの影響をのこした。それは琉球帰属問題に有利

[39] 府県により学校・役場での購読を義務づけ、民間でも新聞講話会が組織された。

[40] 政変後の閣僚は以下の通り。太政大臣三条実美、左大臣島津久光、右大臣岩倉具視、外務卿寺島宗則、大蔵卿大隈重信、陸軍卿山県有朋、海軍卿勝安芳（かつやすよし）、司法卿大木喬任（おおきたかとう）、文部卿木戸孝允（七年一月就任）、工部卿伊藤博文、宮内卿徳大寺実則（とくだいじさねのり）。

[41] 明治四年、清と薩摩藩に両属していた琉球王国を鹿児島県に編入。翌年琉球藩をおき、外務省へ移管し外交権を接収した。七五年琉球には処分官を派遣し、七九年に沖縄県を設置。

な実績をえたこと、朝鮮との交渉再開の契機になったことである。清国および列強の意図についての配慮も慎重になり、江華島事件を契機とする日朝修好条規㊷の締結は、朝鮮開国をうながした。当時の外交事件には、ほかにロシアに対する北方領土画定の千島・樺太交換条約㊸の締結および小笠原島帰属問題㊹の解決がある。いずれもロシアの脅威と清国の実力評価を前提とする漸進的な考えのもとに独立国家としての国境問題処理の必然性が理解され、対外課題の統一的把握をこころみている。樺太経営も兼ねた開拓使の設置が北辺警備と開拓を目的に、移民屯田兵募集がおこなわれ先住民アイヌの自由な活動の場を狭め、同化を強いることになった。このような自主外交を展開するうえで内治・外交の統一が志向され、キリシタン問題や償金支払い問題などの懸案を解決し、内地開放の要求を最小限におさえ、外国資本の支配から国内市場を保護しつつ、現行条約の改訂による法権・税権の回復がはかられる。

　大久保政権のもと外交課題の解決がすすむにしたがい、条約改正が正面にすえられるが、この時期のいわゆる寺島（宗則、外務卿）外交の改正交渉は、とくに税権回復に主眼がおかれ、殖産興業の発足とかかわり輸出入均衡の回復に力点がおかれた。内政においては内務省中心に統治機構㊺が整備される。警察と殖産をもって人民保護政策を重点においた内務省は、まず参議と諸省卿を兼任させ各省と内閣を直結し官僚制を強化する。「民撰議院設立建白書」はこの政策への批判であったが、大阪会議㊻の結果、妥協して三権分立主義をとり天皇に直属する三大臣・参議をもって内閣を構成し、上院・下院に擬せられた元老院と地方官会議を立法機関とし、司法機関として大審院を設けている。しかし結局は官僚支配がつよまり、民権派から有司専制の批判がつよまる。

㊷七六年二月二七日、黒田清隆が江華府で調印。「朝鮮国ハ自主ノ邦（くに）」（第一款）として独立国として承認し、清国との宗属関係を否認した。

㊸七五年五月、駐露公使榎本武揚が調印。樺太はロシア、千島は日本領とする国境確定条約。

㊹七六年一〇月。一八六一年幕府が日本領と宣言し、七五年には明治政府が領有を宣言した。七六年に英米に通告。

㊺軍事的支配組織を基礎とする封建的統治機構に対し、中央・地方の行政・軍事・警察・司法機構が欧米知識をもつ専門官僚の形成とともに準備される。中央の整備期で、地方は地方官に委ねられた時期。

㊻七五年正月、井上馨（かおる）の周旋で参議大久保利通・伊藤博文と在野の木戸孝允・板垣退助が会談。政府改革を協議。木戸と板垣は参議に復帰した。

2 自由民権運動と政党

自由民権運動の生成　大久保政権の成立は、一方で民権運動の出発点ともなった。明治六年政変に敗れ下野した板垣退助・後藤象二郎・副島種臣・江藤新平らの起草した「民撰議院設立建白書」が提出されるからである。一八七四（明治七）年一月、『日新真事誌』[47]に掲載されひろく知れわたった建白書の内容は、薩長藩閥による有司専制を批判し、公議輿論による民撰議院の設立を要求していた。この宣言は在野の素朴な民主主義的潮流をも代弁したが、当初この運動をになったのが下野した高級官僚や外国帰りの急進的知識人であったので、士族的要素のつよい性格をもった[48]。

設立建白の影響は、各地に政治結社の成立となってあらわれ、高知県では板垣退助・林有造・片岡健吉らにより立志社が、大阪では愛国社[50]が結成される。これらはいずれも四民平等・天賦人権を唱えたが、士族的性格がつよく、結社のなかには西南戦争にあたって政府打倒をめざし武力をもって参加する者もあった。そのためこの時期の士族的要素のつよい運動を、士族民権、上流の民権説、愛国社的潮流などとよび、地租改正や地方民会をへて在地で成長する豪農民権、下流の民権説、農村的潮流などと区別される。

七六（明治九）年、三重県・茨城県や愛知県をはじめ全国的に地租改正反対一揆がおこる。当時すでに地方民会も開かれており、一揆として蜂起しないまでも、地租の公正を期す民会要求が提出され[51]、政府の強制に対し法的に請願闘争をおこなう地域[52]もあらわれる。地域の政治的成長をうけて、立志社は七七年六月建白書を政府に提出し、そのなかで租税を協議する場とし

[47] 英人ブラック創刊の邦字新聞。七二年から七五年まで全二六五号。特許をえた左院議事や建白を掲載。また日本の風習・制度・政策を批判・論評した。

[48] 建白書提出後、民撰議院設立の時期およびその主体をめぐって論争が展開。建白者の同志たる愛国公党有志は、選挙人は「士族及び豪家の農商等」にかぎるとした。

[50] 七四年ごろから結成された民間の結社には自助社（名東県）、協議社（大分県）、耕耘社（小田県）、七名社（熊谷県）、石陽社（福島県）など。

[51] 浜松県は政府の交換米（予定収穫量）交付を契機に県民会を開設。「府県会ノ気脉ヲ通シ国会ヲ起スノ楷梯（かいてい）ヲ為スノ議案」が提起された。

[52] 北洲社。社長は島本仲道。筑摩県の場合これに依頼し請願闘争を展開した。

ての国会開設、地租軽減、条約改正を主張した。自由民権運動の三大綱領ともいうべき目標が、このときあきらかにされて以来、地方の政治結社も増加し、運動の規模もひろがる。

地域からの政治的高揚に対し、政府は七五（明治八）年、漸次立憲政体樹立の詔を発し、将来立憲制への移行を約束しながらも政治運動の弾圧につとめ、七八（明治一一）年七月には三新法⑬を公布しいっそう統制をこころみる。だが府県会規則により七九（明治一二）年から全国的に開設された府県会では、かつての民会議員の系譜をひく県会議員によって地方自治の確立が要求され、県令と対立する場ともなった。府県会闘争は一方で、国会開設請願運動⑭の高揚をもたらし、二六万人の署名をあつめた国民運動に発展する。運動のにない手も士族の一部から豪農商層へとうつりつつあった。請願書はいずれも国会期成同盟⑮が提出した「国会を開設するの允可を上願する書」と論旨を同じくし、天賦人権論から人民の国政参加は当然とする立場をとっており、文明開化の本質は人民参政によってまっとうするとみていた。

明治一四年政変と政党　国会開設請願運動が私擬憲法草案⑯の作成と、地域的団結の強化に方針をかえた一八八一（明治一四）年は、政党結成にむけての在野の動きが、政府の動揺をさそう時期でもあった。

政府指導者の対立⑰は、まず西南戦争時に乱発した不換紙幣の結果おこったインフレに対する財政政策をめぐって発生した。紙幣主義をとり洋銀の騰貴防止による通貨安定の方針をとる大蔵卿大隈重信に対し、内務卿松方正義は不換紙幣の整理によるデフレ政策の立場をとり、両者の対立はやがて岩倉具視や黒田清隆をバックとする松方の主張をつよめた。

国会開設請願運動の全国的なひろまりに対応し、政府は憲法制定についての立場をあきらか

⑬郡区町村編成法、府県会規則、地方税規則の三法。

⑭一八七九年より八一年春にかけて建白書五四件提出。署名者のおおい県は高知・長野・広島・岡山・神奈川県など。署名者は町村会議員クラスの豪農とその支持者。

⑮八〇年三月、愛国社第四回大会を改称。片岡健吉・河野広中らにより国会開設請願書（二府二二県八万七〇〇〇人署名）が提出された。

⑯一八八一（明治一四）年を中心に四三編が現在知られている。内容は後述。

⑰一八八〇年五月一四日開催の会議は大隈財政整理案をめぐり紛糾し、薩摩系参議の賛成論と三条・岩倉、長州系参議の反対論が対立した。やがて伊藤・岩倉を中心に大隈案排除方針が固まった。

にせざるをえず、各参議に意見をもとめている。[58]いずれも皇室中心の保守的な意見を主張した各参議に対し、ひとり大隈重信の考えは、ただちに憲法を制定して議員を公選し、八三（明治一六）年に国会を開設するという急進的なものであった。大隈のこの見解は、イギリス通の矢野文雄により起草されたもので、その前後に提出された皇室主体の漸進論を説く伊藤博文（ひろぶみ）や、プロイセンに学んだ井上毅（こわし）の起草になる岩倉具視の欽定（きんてい）憲法論とはいちじるしく異なるもので、閣内対立を深めていた。

このさなか、一八八一（明治一四）年八月発生したのが北海道官有物払い下げ事件である。開拓使長官黒田清隆が北海道開拓[59]に投じた一四〇〇万円分を、わずか三〇万円、無利息三〇ヵ年賦で、自分と同じ鹿児島県出身の五代友厚（ごだいともあつ）らの関西貿易商会に払い下げようとした事件である。この不正取引きがあきらかになるにおよんで、世論はいっせいに政府批判に転じた。参議大隈も率先して反対にまわり、自由民権派も政府攻撃をつよめたので、政府の危機もきわまった。

政府部内の反大隈派[60]は、大隈が民権派の国会急設論と結んで政府を倒そうとしているとみなし反撃する。大隈建言以来、自由民権派の勢力伸長をおそれた薩・長勢力は、総攻撃をくわえて大隈を辞任に追いこんだ。参議大隈とその一派が免官となった同日、一八九〇（明治二三）年をもって議会を開設する詔勅がだされた。官有物払い下げの認可も撤回され、伊藤博文中心の薩長藩閥政府が成立する。

国会開設の勅諭がだされた一〇月一二日は、自由党結成[61]にむけ民権派が結集しているときであった。国会期成同盟に結集した人びとは、一八日に自由党盟約を決議し、総理板垣退助以下

[58]『自由党史』上巻参照。たとえば、伊藤博文は聖裁による天下の方向の決定を、井上馨は民法・憲法の天皇裁決を、大木喬任は帝憲・政体の欽定を求めている。

[59]明治二年に蝦夷地を北海道と改称、開拓使をおく。明治五年より一〇ヵ年開拓計画をくわだてる。西洋農法の輸入、札幌農学校設置、石炭発掘、鉄道敷設を試みた。一八七四（明治七）年以後は、屯田兵（とんでんへい）と士族授産による移住で開拓をおこなった。

[60]一〇月九日閣議で大隈免職と大隈派官吏の追放を決議。勅諭を発して内閣＝薩長一致を示し、憲法編成と国会開設の主導権をにぎることを決めた。

[61]一八日の出席者は全国有志総代七八名。浅草井生村楼（いおむらろう）で会はおこなわれた。

の組織を決定し自由党[62]が成立する。下野した大隈らはその翌年三月、立憲改進党[63]を組織する。当時は、横浜生糸荷預所（にあずかりしょ）事件がたたかわれ、売込商中心に外商の不正・横暴を告発して日本側の商権が確立する時期であった。

成立した自由党はフランス流の民権思想をかかげ、地方の豪農層を基盤としたのに対し、立憲改進党はイギリス流の立憲主義の立場をとり、主に商業資本家や都市知識人を組織した。これに対抗し、政府は福地源一郎らを中心に官吏・神官・僧侶らを基礎とする立憲帝政党をつくらせている。

松方デフレと激化諸事件　政変後、大隈重信にかわって松方正義[64]が大蔵卿に就任すると、財政政策はこれまでのインフレ政策からデフレ政策にきりかえられる。松方の推進した財政政策を松方財政、またはデフレ策の結果生じた不景気を松方デフレとよぶ。松方財政の特徴は紙幣整理[65]、兌換（だかん）制度の確立、工場払い下げ、日本銀行の創設などを通じて日本資本主義の基礎を築き軍備拡張を推進しようとするものであった。デフレ政策により物価や金利が低落し、商業的農業や農村工業を圧迫した。農民は没落して都市へ流入したりまた小作人化の道をたどり、産業資本主義確立の前提がつくりだされている。豪農の切り捨てと政商中心の「移植大工業振興」策が採用されたのである。

農村に不況をもたらしたデフレ政策は、農村を基盤とする政党運動に、つぎのような影響をあたえた。中小農民の没落[66]にともない、豪農層の一部は地主化し民権運動から後退した。いっぽう没落にひんした中小農民層の政治運動を激化させる。このデフレ政策が農村不況に直結する前におこったのが八二（明治一五）年の福島事件である。福島県の自由民権運動を弾圧する

[62] 八三年までの入党者総数二三四九名。関東地方中心に秋田・長野・島根県におおい。

[63] 八三年までの入党者総数一七二九名。関東地方中心に福島・石川・兵庫県におおい。

[64] 薩摩藩出身。大蔵・内務省の高級官僚として地租改正、殖産興業政策を推進。一四年政変後参議兼大蔵卿となった。

[65] 紙幣消却の財源として酒・煙草税などの増税、支出削減、官営事業の払い下げを実施。八一〜八五年間の消却および準備金くりいれ額は四〇〇〇万円に達した。

[66] 救助された納税者五〇万人のほか、八三年から九〇年まで地租、地租割の滞納処分者三六万七七四四人（P・マイエット「日本農民の疲弊及其救治策」）。

ため着任した県令三島通庸（みしまみちつね）は会津三方道路開設に着手、会津各郡の人民に二年間、毎月一日の夫役（ぶやく）を強制した。自由党が優勢を占める福島県会は、議長河野広中（こうのひろなか）を中心に議案毎号否決で対抗するが、工事を強行する県令と会津農民との対立は、ついに喜多方（きたかた）事件に発展する。河野ら自由党首脳部は、政府転覆の内乱陰謀があったとして国事犯に処せられた。

デフレが浸透する八三年以降、民権運動から脱落する自由党員と、直接行動によるテロリズムにはしる急進主義者に分裂する。急進主義の動きはまず高田事件(67)としてあらわれる。この事件は自由党員による政府高官の暗殺計画が事前に発覚したもので、同様の事件は八四年にも発生する。その一つ、群馬事件(68)は高崎駅開通式にあつまる政府高官の襲撃をくわだて、また加波（かば）山（さん）事件(69)は栃木県庁落成式にあつまる高官の暗殺をくわだて、圧制政府転覆をはかったものであった。

同年にはほかに秩父・飯田(70)・名古屋(71)の諸事件が、また翌年には大阪事件が発生する。八六年には静岡事件もおこる。松方財政の影響をもっとも深刻にうけて没落しつつあった中貧農層が、これら諸事件のにないてであり、民権運動は士族民権の時期から豪農中心の民権期をへて、この時期には農民民権の段階に到達していたといえよう。

諸事件のなかでも秩父事件は、秩父自由党と困民党・借金党などといわれる貧農層が結合し、一万数千名が蜂起したもので、負債延期・徴兵令改正・地租軽減・小作料免除などの要求をかかげている。この内容に危機感をもった政府は軍隊を出動させ鎮圧した。激化諸事件と弾圧のまえに、自由党は八四（明治一七）年一〇月に解党する。(72)改進党も総理大隈らが離党し、党は実質的に分解する。

(67)一八八三年三月発生。官憲スパイが北陸七州自由党懇談会を内偵。大臣暗殺、内乱陰謀があると密告。「天誅党主意書」を口実に検挙。

(68)一八八四年五月発生。妙義山麓陣場ケ原に農民三〇〇〇名が結集し、首謀者が逮捕された。

(69)一八八四年九月発生。福島自由党員らが加波山に挙兵し、警官隊と交戦。死刑七名、無期懲役七名。

(70)一八八四年一二月発生。愛知・長野両県の自由党員による挙兵未遂事件。

(71)公道協会を中心に政府転覆を計画。軍資金調達のため強盗をおこなった。死刑二名、無期懲役一名、有期懲役二十余名。

(72)一〇月二九日大阪大融寺の自由党大会に提出された「解党大意」は募金難による党組織の維持難、集会・言論の不自由を説いた。その一方で「社会主義的特質」をおびる困民党を警戒するものであった。

条約改正と三大事件建白　松方デフレ期における自由民権運動衰退の契機は、国内ばかりでなく国外からもあたえられた。壬午事変[73]・甲申事変[74]・清仏戦争の勃発などで、国民の対外危機意識が高まり、解党直前の『自由新聞』にさえ「国権拡張論」[75]が掲載されるにいたった。翌年には福沢諭吉の脱亜論[76]が示され、従来の民権論から国権論への動きがつよまる。

民権派のあいだにあった東アジア諸国との連帯意識も、この動きのなかで西洋列強の脅威を強調し、列強のアジア侵略のまえに、国権の対外拡張論へ転換する。壬午事変のあと自由党は朝鮮国内の改革派を援助し、朝鮮の内政改革をくわだてる。大井憲太郎・磯山清兵衛らは資金をあつめ、同志とともに朝鮮にわたろうとして発覚し逮捕された。婦人民権家景山（福田）英子も検挙されたが、この大阪事件は後退した民権運動の再興をはかろうとしており、民権運動の国権化の流れのなかで発生している。

自由党解党時、外務卿井上馨は鹿鳴館において岩倉使節団派遣以来の条約改正問題につき、つぎのように演説した。使節団派遣後、寺島宗則外務卿の時代まで、財源獲得のため税権回復を主に外国と交渉したが、外務卿に井上が就任して以来、法権回復を目的に予備会議で法典整備と欧化政策を背景とする内地開放、治外法権撤廃を提案した。この方針は今日までまちがっていない、とのべている。予備会議後の八六年の正式会議は、日本国内を外国人に開放（内地雑居）するかわりに領事裁判権撤廃が了承された。だが撤廃には欧米同様の法典を編纂し、外国人を被告とする裁判には半数以上の外国人判事を採用するという条件がついた。この条件は国家主権の侵害にあたるという批判が政府内外[77]からおこり、井上が交渉促進のためにとった極端な欧化主義に対する反感とあいまって、反発は国民的運動にまで発展する。八七（明治二〇）

[73] 一八八二年七月発生。漢城における親日策をとる閔妃（びんひ）に対する大院君（たいいんくん）のクーデター。

[74] 一八八四年一二月発生。漢城でおこった親日派のクーデター。親清派の事大党政権に対する独立党の攻撃。しかし、救援の清軍に敗北し、金玉均・朴泳孝らは日本へ亡命した。

[75] 一八八四年一〇月五日の社説。このほか同年一二月二七日に「日本兵ノ武力ヲ宇内ニ示スベシ」と主張。

[76] 一八八五年三月一六日『時事新報』上に発表した論説。清国・朝鮮の開明をもって連帯する時間的余裕はないので、アジアを脱し欧米列強側にたつことを主張。

[77] 一八八七年七月農商務大臣谷干城（たにたてき）が意見書を提出し、下野した。また、八七年五月に勝安芳が時弊二十一条建白をおこない、同年六月には法律顧問ボアソナードが意見書を提出した。

年七月、ついに条約改正の無期限中止となった。

これより先、八六年一〇月、自由党・改進党の党員らが東京にあつまり、大同団結運動[78]の準備をはじめていたが、条約改正問題はこの動きをいっそう活発にする。壮士・学生を中心とする改正反対運動[79]は、ついに井上外相の更迭に発展する。この余波は三大事件建白運動としていっそうつよまる。三大事件とは地租軽減・言論集会の自由・外交政策の挽回の三つをさす。運動は八月から全国的に高揚し、一一月までに建白された総数は一〇〇件余、署名者も四万人余に達した。政府はこの一二月、保安条例[80]を発し、在京の民権家五七〇名を皇居外三里の地に追放した。

3　帝国憲法と初期議会

帝国憲法の成立　民権運動を弾圧する過程で政府は立憲制度の準備をすすめていた。一八八五（明治一八）年一二月、政府は太政官制を廃止して内閣制[81]を創設し、その二年後には官吏服務規程を定めて官僚制度の基礎をかため、華族令[82]で上院の用意をし、天皇制を中心に権力の基礎を確立しつつあった。同時に憲法草案の作成準備が具体化するが、元来、憲法は遺欧使節団派遣当時から問題になっている[83]。

板垣退助らの民撰議院設立建白ののち、政府は立憲政体樹立を宣言し、ついで元老院に憲法草案「日本国憲按（あん）」[84]を起草させている。この案は国体に合わないとして採用されず、民権運動の高揚にともない私擬（しぎ）憲法草案が民間でおおく作成されるにおよんで、明治一四年政変を契機に、各国の憲法調査のため伊藤博文を渡欧させる[85]。民間ではすでに自由党系の立志社の「日本

[78] 一八八六年一〇月、浅草井生村楼の全国有志大懇親会が発端。八七年五月、大阪中之島自由亭の有志懇親会を契機に展開。
[79] 八月一日、靖国神社で開かれた谷干城名誉表彰運動会を契機に高揚。
[80] 一八八七年一二月二六日、第一次伊藤内閣の山県内相が発布した。
[81] 政党内閣制の否定と広汎な天皇大権を基礎に、宮中・府中の区別、統帥権（とうすいけん）の独立、首相の強大な権限が特色。初代総理大臣は伊藤博文。
[82] これまで呼称であった華族に爵位をあたえ特権身分化。
[83] 木戸孝允は滞米中「根本律法」（憲法）調査を進め、渡英中「コンステチューション」（憲法）の質疑を青木周蔵とおこなっている。
[84] 一八七六年九月九日、憲法起草勅諭。同年一〇月第一次草案。七八年一一月第二次草案。八〇年七月、最終案が成立。

憲法見込案」、植木枝盛の「東洋大日本国憲按」などのように、フランス流の急進的民権論の立場から主権在民・普通選挙制・一院制議会・政党内閣制・暴政に対する国民の抵抗権などを規定し、また改進党系は交詢社の「私擬憲法案」のように、二院制・制限選挙・政党内閣制などイギリス流の改良主義的立場をとるものもあった。なかでも国民の権利保障に力点をおく千葉卓三郎らの「日本帝国憲法」（五日市憲法）や、君主有責論を説く小田為綱「憲法草稿評林」も作成されている。いずれにしても憲法は国民みずから制定すべきものとする民主的基調にたち、政府構想とはへだたるものであった。

民間の動きに危機感をもった政府は、政権の中心人物伊藤を渡欧させ、憲法調査に着手した。すでに岩倉具視があきらかにしていた欽定憲法構想(86)にたつ伊藤は、渡欧後まもなくドイツ、オーストリアで憲法学者グナイスト、モッセ、シュタインなどにつきプロシア流の外見的立憲制を学んで、八三（明治一六）年八月帰国する。その後、ドイツ人ロエスレルを顧問に、プロシア的専制主義を手本に憲法草案の作成に着手する。国内では伊藤が起草責任者となり井上毅・伊東巳代治・金子堅太郎らが分担し、極秘のうちに八八年四月に完成する。この草案は枢密院(87)の秘密審議をへて、八九（明治二二）年二月一一日の紀元節に大日本帝国憲法として発布された。

帝国憲法の内容は議会制、内閣制、司法権の独立、臣民の権利義務などを制定し、一応、近代的な体裁を採用したが、その実、神聖不可侵の天皇が統治権をもつという天皇主権を基本原則とし、枢密院・貴族院など特権的機関をおき、大臣も天皇から任命され天皇に対して責任を負うなど、議会制の機能はきわめてよわかった。臣民の権利も法律により制限することができ、独立命令・緊急勅令・非常大権など議会によらない立法手段が天皇大権として規定された。ま

(85)「伊藤発程の際は、恰（あたか）も憲法問題の論戦酷なるの時にして、其題目の要点たる『憲法は欽定たるべき乎』『国家の主権は果して何れに存在する乎』等の大体に存したり」（『自由党史』中巻）。

(86) 一八八一年七月の岩倉具視意見書には、「欽定憲法之体裁可被用（もちいらるべき）事」と方針をあきらかにしていた。

(87) 一八八八年四月二八日、枢密院を創設。憲法諮問にこたえ、憲法実施後は議会と政府との憲法をめぐる抗争の調停者、憲法の最終的解釈者の役割を担当した。憲法制定会議での伊藤博文の態度は、「君権ヲ尊重シ、成ルヘク之ヲ束縛セサラン事ヲ（中略）起草ノ大綱」（『伊藤博文伝』中）とした。

た軍は天皇に直属し、内閣の統制外（統帥権の独立）におかれている。議会は二院制をとり、上院としての貴族院の構成は華族・勅撰議員・各府県一名の多額納税議員とからなり、下院としての衆議院は制限選挙[88]で、選挙権は直接国税一五円以上をおさめる二五歳以上の男子によって選出された者からなっている。

大同団結運動と総選挙　三大事件建白運動で高揚した初期の大同団結運動は、その後一八八九（明治二二）年までつづく。内容的には条約改正問題を中心課題とし、時期的関係から初期議会にいたる選挙運動の性格をもつ。八八（明治二一）年四月に市制・町村制[89]が公布され、その実施までの一年間、各地で地方制度研究会が開催されて政治運動の底流となり、八九年二月に衆議院議員選挙法が公布され、選挙運動も具体化する。

三大事件建白運動が保安条例によって解散されると、政府は運動の一方のにないてである改進党の実質的な総裁大隈重信を外務大臣に登用し、井上更迭後の条約改正を担当させ、運動の分断をはかる。旧自由党系勢力を中心とする大同団結運動は、後藤象二郎を中心に全国を遊説し、機関誌『政論』によって地方人士の団結を訴えたので全国的もりあがりをみせたが[90]、その後藤自身が八九年三月、突然、黒田（清隆）内閣の逓信（ていしん）大臣に入閣したため、運動の勢いをそぐ結果となった。しかし、同年二月、憲法発布の大赦（たいしゃ）[91]で民権左派の指導者が出獄し、運動はふたたび活況を呈する。出獄者のおおくは後藤入閣を非難し、五月に運動方針をめぐり後藤支持派の大同倶楽部（クラブ）[92]と、反対派の大同協和会[93]に分裂する。この時期、大隈外相による条約改正案があきらかになり、大同派の改正中止建白、改進派の改正断行建白の運動が活発化する。大隈は井上案に修正をくわえて交渉をつづけており、その内容は、大審院に外国人を採用し、内地雑

[88] 一八八九年二月に公布され、小選挙区制をとった。被選挙権は直接国税一五円以上を納める三〇歳以上の男子であった。有権者は四五万人で、これは全人口の一・一％でしかなかった。

[89] 市制は郡区町村編成法のもとでの区を市に再編。一八八九年四月実施で三九市が誕生。町村制は江戸時代以来の村を大字（部落）とする数村連合の行政村を創出。町村長・助役・収入役をおく。町村会は地租あるいは直接国税二円以上を納める者の二級の等級選挙で選出された。

[90] 一八八八年一〇月一四日、大阪新生楼で全国大懇親会がおこなわれた。三府三二県有志の代表三八五名が出席し、九州の同志と連携した。

[91] 河野広中（福島事件）、大井憲太郎（大阪事件）、星亨（ほしとおる）（秘密出版事件）、大石正巳（新聞条例違犯）などが釈放された。

居を認めて法権を回復し、税権は回収しないものであった。この内容が四月『ロンドンタイムズ』に掲載されて日本に伝わり、大審院の外国人任用は帝国憲法に抵触するとしてつよい反対運動がおこる。法権・税権の完全回復でなければ、日本が外国の従属的地位におちいるという国権・民権派双方からの反発であった。

大同協和会系を中心にはじまった条約改正中止建白運動と、改進党系の改正断行建白とをふくめると、八九年中の総建白数は五五九件に達する。[94] 圧倒的におおい中止建白は関東地方を中心に中部・東北地方が主で、この運動が高揚した一〇月、大隈外相は玄洋社員来島恒喜に襲撃されて負傷し辞職する。その後、山県内閣の外相となった青木周蔵が、新条約六年で法権・税権の完全回復案をたて、外相榎本武揚に引きついだが成功せず、結局法権回復にしぼった外相陸奥宗光の交渉が成功し、九四（明治二七）年七月、日清開戦直前に治外法権廃止・内地開放・税率一部引き上げを内容とする日英通商航海条約に調印する。

建白運動後の九〇（明治二三）年は第一回の総選挙の年である。旧自由党系は大同倶楽部、再興自由党派（大同協和会系）、愛国公党系の三派にわかれ、改進党系勢力と争う。そして、七月の総選挙[95]では旧自由党系勢力の勝利となった。総選挙直後、立憲自由党が再興され、旧自由党系三派は合同し、これに所属する議員は一三〇人、立憲改進党四一人、あわせて一七一人が民党議員で、大成会七九人、国民自由党五人、無所属四五人の合計一二九人の吏党系議員を大きく上まわった。

初期議会と民党　一八九〇（明治二三）年一一月、第一議会が開かれる。初期議会[96]の特徴は、超然主義をかかげて軍備増強をすすめる政府と、予算削減と民力休養を主張する民党側[97]とのは

[92] 一八八九年五月一〇日成立。政社組織を主張する旧自由党系主流派の政治結社。民力休養・地方自治・言論集会の自由・責任内閣制を党是とした。

[93] 一八八九年五月一〇日成立。一府一一県の委員八四名が結集し、旧自由党左派系であった。七月七日に最初の建白をおこなっている。

[94]『東雲新聞』明治二三年一月七日付による。

[95] 有効投票率九三％。総候補者九五六名、当選者三〇〇名。うち一四四名が地主および農業、六〇人が官吏、二四人が弁護士および公証人、二〇人が新聞雑誌記者であった。

[96] 九〇年一一月第一議会から九四年五月第六議会までをいう。

[97] 立憲自由党・改進党を中心とする野党勢力の呼称。

げしい対立であった。とくに第四議会までこの傾向がつよい。しかし、定数三〇〇名の議会は吏党系はもちろん、民党議員もまた制限選挙ゆえ地主的性格のつよい議員であり、民党連合戦線の維持をむずかしくした。くわえて当時は資本制企業の勃興が鉄道業からスタートし、紡績業に拡大した時期でもある。輸入綿糸を輸出綿糸が上まわるのは九〇（明治二三）年である。鉱山業を中核とする財閥形成も進み、日清戦争前には三井・三菱・住友・安田の四大財閥が姿をととのえ、政治面への資本の関与が強まる時期でもあった。

第一議会[98]では民党諸派は多額の軍事費予算を大幅に削り、政費節減・地租軽減の民力休養をはかることを主張した。農村的基盤にたつ立憲自由党は、選挙公約であった地租軽減論を、土佐派の地価修正論によって混乱させられ、そのうえ予算案の大幅削減も土佐派が買収され足なみを乱した。土佐派の裏切りに憤激した中江兆民が、議会を「無血虫の陳列場」と非難し、議員を辞したのはこのときである。

第二議会[99]は松方（正義）内閣の軍備拡張案に、ふたたび民党が対決し、大幅な予算削減を可決した。そのため初の衆議院解散となる。民党系勢力の力を知った政府は、第二回総選挙[100]で内相品川弥二郎による大選挙干渉をおこなったが、民党議員は過半数が当選し、第三議会[101]は選挙干渉の責任追求の場となり、停会となった。

九二年一一月の第四議会[102]は、第二次伊藤内閣が自由党に接近し、「内閣と議会との和協」をのぞむ詔勅のたすけをかりて、海軍拡張費を主とする予算案通過に成功した。以後、自由党も与党色をつよめ、政府の積極策に協力して民党色はよわまる。この間、民法典論争[103]が展開し、天賦人権説に立つ旧民法は日本古来の人倫になじまないとする国家主義の主張が強まった。そ

[98]一八九〇年一一月開会、九一年三月八日閉会。

[99]一八九一年一一月二六日開会、同一二月二五日解散。

[100]当選者は自由党九四名、立憲改進党三八名、独立倶楽部三一名（以上民党合計一六三名）、中央交渉部九五名、無所属四二名（以上吏党一三七名）。

[101]九二年五月六日開会、同六月一五日閉会。

[102]九二年一一月二九日開会、九三年三月一日閉会。

[103]家長権は封建制の遺物と主張するフランス法学派と、旧慣尊重を説くイギリス・ドイツ法学派の論争。東大教授穂積八束（ほづみやつか）は「民法出デテ忠孝滅ブ」と主張。

の結果、第三議会で民法・商法施行延期案が可決。翌年、法典編纂委員会が組織され、ドイツ民法を範とし、家中心の新民法作成の契機となった。

第五、六議会では条約改正問題で改進党・国民協会などが、条約励行論をかかげ「対外硬」を主張し、日清戦争直前まで政府とはげしく対立する。

政府の最高指導者伊藤博文は、政府も政党基盤をもつことの必要を認め、民党的性格をよわめつつあった旧自由党系勢力を吸収し、立憲政友会を組織するのは一九〇〇（明治三三）年である。民党的性格はこれで完全によわまった。

日清戦争の勃発　明治期の日清関係は、一八七一（明治四）年の日清修好条規[104]による対等関係としてはじまる。しかし清国は朝貢国として琉球と朝鮮をしたがえていたため、これをめぐって日清両国は対立し、とくに朝鮮をめぐる対立が、戦争にまで発展したのが日清戦争である。

明治政府の朝鮮に対する積極政策は征韓論にはじまるが、七五年江華島事件で具体化され、日朝修好条規[105]を結び朝鮮を独立国として認め、清国との宗属関係を否定した。以後、日本の政治的経済的進出がつよまり清国との対立を深める。壬午事変では済物浦条約で日本は駐兵権を獲得するが、清国は軍隊を出動して暴徒を鎮圧し、条約を締結して朝鮮を属国と規定した。

日清両国の朝鮮への進出に対応し、朝鮮内部に保守派の事大党と開化派の独立党が形成され、それぞれ清国および日本に接近する。甲申事変では独立党と日本の出先機関が、事大党政権を倒すクーデターをおこし、清国軍に鎮圧された。翌年、日本は清国と天津条約を結び、日清両軍の撤退と出兵の際はたがいに事前に通告することを決めたが、これ以来、清国の朝鮮支配はつよまる。

[104] 明治四年九月一三日、天津（てんしん）で調印。日本代表は伊達宗城（だてむねなり）、清国代表は李鴻章（りこうしょう）。

[105] 七六年二月二七日黒田清隆が江華府で調印。

壬午事変後、朝鮮は欧米にも開国するが、悪政と対外貿易の影響により人民生活は窮乏する。人民の不満が高まり九四（明治二七）年二月の東学党の乱⑯（甲午農民戦争）に発展する。六月一日朝鮮政府は清国に出兵をもとめ、翌日、日本政府も清国派兵の際は出兵することを決め、日清両軍は漢城、牙山のあいだで対立する。

戦争は豊島沖海戦にはじまり、八月一日に宣戦布告した。九月陸軍は平壌を占領、海軍も黄海海戦に勝ち制海権を握る。一一月には遼東半島を制圧、翌年にはいり山東半島の威海衛を攻撃、北洋艦隊を全滅させ、三月に台湾・澎湖島へ進撃する。四月下関で結ばれた講和条約⑰では清国が朝鮮の独立を認め、遼東半島・台湾・澎湖島の日本への割譲、軍費賠償金二億両（邦貨約三億円）の支払い、通商航海条約締結の約束などをかちとった。

日清戦争は日本の場合、国内の反体制勢力を外戦にそらす必要があったのではない。また日朝貿易も貿易全体に占める割合は小さく、日本の経済的発展が植民地を必要とする段階ではなかった。むしろロシアの南下に対応した軍事的危機感からする戦争であり、経済的理由は戦争の原因としては従属的であった。

⑯東学はカトリックの西学に対する呼称で、崔済愚の創始した民族宗教。東学幹部が農民軍を率いて反乱をおこした。

⑰一八九五年四月一七日調印。伊藤博文・陸奥宗光と李鴻章が会談・調印。

二　政党政治の発展と社会運動

1　立憲政友会の成立と日清戦後の社会

植民地帝国化と官僚・政党提携の開始　日清戦争後、ロシア・フランス・ドイツの三国干渉を受けいれ遼東（りょうとう）半島を還付したことで、のこる割譲領土となった台湾・澎湖（ほうこ）島、なかでも未占領であった台湾の確保は、政府にとってさらに重要な課題となった。日本は約五万の兵力を投入して全島をひとまず占領し、一八九六（明治二九）年には台湾総督府条例を公布して植民地統治を開始した①。台湾総督は現役武官に限定され、統治のための兵力使用権、広範な委任立法権があたえられた。こうして植民地統治は、同化政策を基調として土地調査事業②などの経済近代化政策をすすめるが、苛烈な武力制圧と軍事的支配という特徴をしめし、また統治を議会の立法協賛権の範囲外において、軍部が政策決定に大きな影響力をもつ政治構造の形成の要因になっていった。

他方、朝鮮では三国干渉への屈服によって日本の威信は大きく低下し、王妃閔妃（びんひ）と結んだロシアの影響力が拡大した。事態の打開にあせった公使三浦梧楼（ごろう）は、一八九五年、日本軍守備隊・大陸浪人らによる閔妃殺害事件を引きおこす③。こうした事態への処置として、日露間では一八九六年に小村・ウェーバー覚書、山県・ロバノフ協定が結ばれた④。日本の政策目的は、両国による分割支配の可能性もふくめて、朝鮮を勢力圏として維持することであった。

①清国の台湾割譲承認にもかかわらず、台湾住民は日本の領有に反対し、台湾民主国の建国を宣言、対日武装闘争を展開した。日本軍による占領後も武装抵抗が継続する。

②一八九五年から六年余をかけて実施。小作関係下におかれていた小租戸を土地所有者として法認し、日本本土での地租改正と共通する意義をもつ。

③事件は列国から厳重な抗議をまねき、また朝鮮民衆の抗日義兵運動の全国的拡大を生じさせ、翌年には朝鮮に親露派政権が成立する。

④ロシア公使館にのがれた朝鮮国王の王宮帰還、日露同数の軍隊の駐屯、朝鮮財政への共同援助、派兵の際の用兵地域の設定、などを協定。

さらに一八九八年、ロシアが旅順・大連の租借権をえると、西・ローゼン協定が結ばれる。この協定でロシアは、韓国⑤における日本の商工業の発達を認めたが、日本が希望した満州（現、中国東北部）・韓国間での勢力範囲の分割については拒絶する。日本は朝鮮を勢力圏として確保することを追求して、ロシアとの対立を深めていった。

日清戦争の終結は、ロシアを仮想敵国とする大軍拡の開始でもあった。陸軍は既設の近衛および六個師団にくわえて六個師団の増設などを、海軍は甲鉄戦艦四隻をはじめとする総額二億円をこえる建艦計画の実現をめざした。このような膨大な軍拡計画は、日清戦争の賠償金が財源として存在することで可能になったものであった⑥。

戦時の挙国一致をへて政党も軍拡を明確に支持するようになり、戦前のような民力休養論は影をひそめるようになっていた。こうした積極主義⑦の傾向をとくに明確にしめした自由党は、一八九五年に伊藤（博文）内閣との提携宣言を発表し、第九議会で政府予算案などを支持し成立させる。このみかえりとして、自由党総理板垣退助が内務大臣に就任した。伊藤内閣のあとには、一八九六年に第二次松方（正義）内閣が成立する。この内閣には大隈重信が外相として入閣しており、改進党の系譜をひく進歩党が与党の位置をしめた。こうして日清戦後には、官僚勢力と政党が明確なかたちで提携を開始した。

しかし日清戦後の財政膨張は、たちまち賠償金の枠をこえて進行したので、官僚と政党の提携成立にとってタブーであった地租増徴問題⑧が政治課題として浮上してくる。松方内閣が地租増徴の方針を採用すると、進歩党は内閣との提携を断絶し、内閣は総辞職する結果となった。一八九八年、第三次伊藤内閣が成立したが、この内閣も同じ増税案を議会に提出すると、自由

⑤一八九七年に朝鮮は、大韓帝国を国号とし、清国との宗属関係を否定した。

⑥ただし日清戦後経営は、この軍拡にくわえ、鉄道・通信網整備を柱とする産業基盤育成、台湾植民地経営などを課題としており、増税の実施は不可避の事態であった。

⑦従来の民党のとってきた減税＝民力休養の政策に対し、増税も容認して財政膨張を認めるが、鉄道建設など地方名望家の地域開発要求をまとめ政府に実現させようとする政党の政策路線。

⑧有権者資格が国税納入額によって制限されていた当時の衆議院議員選挙法のもとでは、政党の選挙地盤は地主＝地方名望家から構成されており、地租の増税は直接その負担の増加を意味した。

党と進歩党が連携して法案を否決し、内閣が議会を解散すると両党は合同して憲政党を組織し、内閣に対抗した。

政友会と山県閥官僚の成立　衆議院の絶対多数をしめる政党の出現に、元老⑨らは政局担当の自信を喪失し、伊藤博文の主張により政党指導者の大隈重信・板垣退助に内閣を組織させることになる（隈板内閣）。こうして最初の政党内閣が成立したが、憲政党内の旧自由党・旧進歩党の両派は、任官ポストをめぐって対立を激化させた。「共和演説」事件⑩で、尾崎行雄文相の罷免が天皇から指示されると、その後任人事をめぐる対立で両派は、憲政党と憲政本党とに分裂し、隈板内閣はわずか四ヵ月で崩壊した。

この分裂で政党操縦の自信を回復した元老・官僚勢力によって、第二次山県（有朋）内閣が組織される。山県内閣は議会対策として憲政党との提携を工作し、憲政党は党勢拡張の便宜を政府からあたえられることを条件に内閣支持にまわり、第一三議会で地租増徴法案が五年間の時限立法という条件つきで成立した。内閣との提携のために地租増徴も容認するというこの経過は、政党が選挙地盤の確保のために特定地方への鉄道敷設といった利益政治に訴えるようになり、行政権力との癒着を深めていくという、その体質変化を象徴していた。

他方で山県内閣は、一八九九（明治三二）年に文官任用令を改正し、自由任用であった勅任官も資格任用とした⑪。また翌年には陸海軍省官制を改正し、軍部大臣は現役の大中将のみの任用に限定した。いずれも政党の影響力が、行政機構にはいりこむことを阻止するための措置であり、山県内閣は官僚勢力の独自性を確保する施策を実施した。

さらに一九〇〇年には、衆議院選挙法改正と治安警察法制定がおこなわれる。前者は、有権

⑨一八八九年に伊藤博文・黒田清隆に対して、元勲（げんくん）優遇の詔勅がだされたことを端緒とし、藩閥官僚の指導者で、後継首相候補者選定について天皇から諮問される者を、元老とよぶようになる。

⑩尾崎文相が、金権万能を排撃する論旨の演説で、日本に共和制がおこなわれたら三井・三菱が大統領候補となるとのべ、それが不敬であるとし非難・攻撃された。

⑪この結果、高級官僚である勅任官も、高等文官試験合格者のみが就任できることになり、その資格をもたない政党員の就任は排除される。

者納税資格を直接国税一〇円にまで引き下げ、また人口三万以上の市を独立選挙区とするもので、都市商工業者の国政参加を拡大するものであった。後者は、それまでの政党活動規制を大幅に緩和する一方で、労働組合・小作人組合の結成やストライキを事実上禁止するものであった。こうした二つの法律の成立は、日清戦後の社会の変化に対応したものであった。⑫

一方、伊藤博文はすでに初期議会期に政党の組織を企図したことがあり、たんなる政党との提携をこえた自前の政党の結成を構想しつづけていた。⑬一九〇〇年に山県内閣との提携を放棄した憲政党は、伊藤を党首に迎える方針をたて、さらには伊藤の新党結成に合流して、立憲政友会が成立した。政友会の成立とは、伊藤系の官僚の参加という点では藩閥官僚の政党化であり、旧自由党からの系譜をもつ憲政党が伊藤総裁の下に結集した点では、民権運動からの転向の完成であった。この政友会を基礎として、第四次伊藤内閣が成立する。

ところが、日清戦後の伊藤の政党との提携策に反発した官僚は、山県有朋の下に結集して山県閥とよばれる勢力を形成し、貴族院はその影響下におかれるようになっていた。伊藤政友会内閣の成立に不満をもつ貴族院は、第一五議会に提出された増税案を否決しようとし、内閣は窮地におちいる。ところが一九〇一年、貴族院に増税に同意することをもとめる勅語がだされ、増税案は可決されることになる。この事件に示されるように、伊藤と山県など元老間での対立が、かれらのなかで調整できなくなると、明治天皇は親政を実施し最終決定をはかるなど、重要な政治的役割をはたしていた。

日清戦後の社会と社会運動　日清戦後には、富の力のつよまりが明確に意識されるようになった。⑭新聞などが高額所得者番付けを掲載するようになるが、そこには旧大名華族を上まわる

⑫二一七ページ参照。

⑬その構想は、党首が党員に対し絶対的な指揮命令権をもって統制し、政党は君主大権の下に国家的課題に奉仕する、という君主主義的国家政党組織論であった。

⑭ベストセラーとなった尾崎紅葉（おざきこうよう）『金色夜叉（こんじきやしゃ）』における、銀行頭取の息子にはしった宮と、その宮への復讐のため学業をすて、高利貸となる貫一という設定は、この時代風潮をしめしている。

存在として財閥・政商が名前をつらねていた。実業家にも爵位が授けられるようになって、その社会的地位の高まりは国家公認のものとなった。しかし、衆議院議員の多数は地主がしめていた。かれらは農業生産力の増進のため、土地改良事業を進める一連の法律の制定を実現させた。⑮一八九九年には農会法が公布され、その主導下に農事改良運動も展開される。⑯同時に日清戦後になると、地主の資金は農業部門以外の、鉄道・銀行・紡績などの株式や、国公債などにも投資されるようになっていった。

他方、商工業者も増税の負担をおわされるなかで、それまでの特定政治家との私的結合とは異なった、大資本家・商工業者の政策についての発言・運動が活発になった。一八九六（明治二九）年の営業税法公布⑰に対し、全国の商業会議所からは税法改正意見、さらには営業税廃止の建議が提出される。一八九八年には地租増徴期成同盟会が結成され、この動きは翌年、商工業者の権利拡張を要求する衆議院議員選挙法改正期成同盟の組織へとつながっていった。こうした動向に対応し官僚も政党も、都市商工業者を政治の基盤として組みこむことを構想し、それが衆議院議員選挙法改正という結果になったのである。

商工業者の力の強化は、産業革命⑱の進展の結果であり、他方には賃労働者の大幅な増加があった。日清戦争前の労働争議は職人層が中心であったが、戦後には物価上昇による生活難をきっかけとする賃労働者の賃上げ争議が増大する。都市下層民衆の社会問題の存在が、知識人からも注目されはじめる。一八九七年、アメリカ労働総同盟での活動を経験した高野房太郎らによって、労働組合期成会が結成され、その影響の下に鉄工組合・日本鉄道矯正会・活版印刷工組合などの労働組合が発足する。⑲だが経営者は当初から敵対的態度でのぞみ、組合加入を禁

⑮洪水からの防禦、耕地の拡張・整理のために、一八九六年に河川法、一八九七年に森林法と砂防法、一八九九年に耕地整理法が制定され、国や県の財政資金が事業に投入される。
⑯塩水撰・短冊苗代・正条植・牛馬耕などの実行が強力に指導され、反収を増加させることで、高率小作料の確保がはかられた。
⑰それまで地方税として賦課されていた営業税を国税とし、資本金額や売上金額、建物賃貸価格といった外形的標準で課税。収益と課税が照応しないため批判がたえなかった。
⑱機械の充用という技術的変革を基礎に、国民経済の資本主義的編成が確立する過程。日本では一八八〇年代なかばから機械制綿糸紡績業の発達に主導された。
⑲これらの組合は、徒弟（とてい）などをもつ親方職工を中心とし、労働者の社会的地位の向上と生活条件の改善をめざした。

止するなどの圧迫をくわえる。さらに治安警察法の制定が、これらの組織にとどめをさすことになる。最後まで活動をつづけていた日本鉄道矯正会も警察命令で解散させられた。

労働問題・救貧問題・都市問題などおおくの新しい社会問題が生じていながら、金権政治が強まり、政党も利益政治に埋没して、何の問題解決の手だても講じられていないと考えた人びとのあいだからは、新しい運動への試みがあらわれてくる。その一つが普通選挙運動である⑳。政党が官僚勢力に妥協していくことを批判する急進的自由主義者などは、中層以下の民衆の政治参加によって金権政治の打破を期待しめざした。

他方で、社会問題の解決方法として社会主義の研究をすすめた知識人は、一九〇〇年に社会主義協会、翌年には社会民主党を結成した。社会民主党はただちに結社禁止とされたが、普選運動には社会主義者も参加しており、また万朝報(よろずちょうほう)社長黒岩涙香(くろいわるいこう)の提唱した社会改良団体理想団は、急進的自由主義と社会主義のゆるやかな協力を示す団体であった。

この時期の金権政治による不正の象徴となり、日本の公害史の原点ともいわれるのが足尾鉱毒(あしおこうどく)事件である。製銅業はこの時期の重要な輸出産業であり、足尾銅山はその拠点として経営規模を拡大していた。同時にそれは、亜硫酸ガス・酸性廃水・有害重金属をふくむ鉱滓(こうしょう)の大量排出を生じさせた。政府が被害を無視しつづけるなかで㉑、一八九六（明治二九）年の渡瀬川大洪水は、栃木・群馬・埼玉の数万町歩の耕地を不毛とした。被害農民は大挙上京請願の運動をくりかえしたが、一九〇〇年三〇〇〇人の大衆請願は警官によって暴力的に阻止され、数十名が逮捕された。翌年、田中正造は天皇への直訴(じきそ)という手段に訴える。高まった足尾鉱毒被害民救援の世論におされ、政府は一九〇二年第二次鉱毒調査会を発足させたが、その勧告は治水に

⑳一八九七年、長野県松本で中村太八郎らによって普通選挙期成同盟会が結成。翌々年には東京でも結成され、最初の普選請願書を議会に提出する。

㉑一八九〇年の渡良瀬川洪水は、広範囲の鉱毒被害を生み、翌年には衆議院議員田中正造は足尾銅山の操業停止を政府に要求していた。

よる鉱毒被害の縮小であり、谷中村（栃木県）を遊水池として廃村にするものであった。

日英同盟から日露戦争へ　一八八九年に、ドイツ・ロシア・フランス・イギリスは、あいついで清国に新たな租借権を獲得、列強による中国分割は新たな段階にはいった。こうした侵略の拡大に中国民衆の反発はつよまり、「扶清滅洋」をかかげた義和団を中心とする蜂起が拡大[22]、一九〇〇年には北京の各国公使館が義和団に包囲され孤立する。列強八ヵ国は出兵して、北京総攻撃をおこない公使団を救出するが、その兵力の主力となったのは、ロシア軍とならんで日本軍であった。東アジアでの、日本の地理的優位と軍事力の重要性が実証されることになった。

　世界的帝国としての地位の確保をはかりつつも、それだけの軍事的優位を維持しえなくなってきたイギリスは、ロシアの進出に対抗して東アジアに有力な同盟国をもとめるようになっていた。一九〇二年、日英同盟が締結された[23]。この締結は伊藤内閣のあとに、官僚の新世代によって組織された桂（太郎）内閣が推進したものであった。その主張は、イギリスの後援をうけることで戦争も辞せざる強硬な交渉の条件を確保できる、とするものであった。これに対し伊藤博文や政友会は、ロシアとの直接協定で韓国を日本勢力圏と認めさせて妥協する日露協商論を主張していた。結果としては、より強硬な日英同盟路線が選択され成立したのである。

　日英同盟の締結は、一時的にロシアの後退をうんだ。義和団事件での出兵以降駐兵していた満州からの、ロシア軍撤兵が表明されたからである。だが一九〇三年、第二次撤兵は実施されず、ロシア政府内では対外強硬派が主導権をにぎった。このような状況に対し、日本国内では主戦論がたかまり、軍部においても早期の対露開戦の主張がつよまる。最終の日露交渉でも、ロシアが韓国における日本の優勢な利益を承認しないことをみて、政府は開戦を決意、一九〇

㉒一八九九年に山東省でおこった反キリスト教運動を発端とし、義和拳修得と白蓮教（びゃくれんきょう）系信仰によって民衆を組織した。

㉓日本の清国および韓国における格段の利益、英国の清国における利益を相互に擁護し、締約国の一方が他国と戦争にはいった場合、他方は厳正中立を、二ヵ国以上との戦争の場合は同盟国は参戦する、というのがその内容。

四年二月旅順（りょじゅん）港外の海戦により戦争がはじまった。

日露戦争は、当初の予想をこえた消耗戦・長期戦の様相を呈した。㉔日本陸軍の動員兵力は一〇八万余、戦没者八万余、入院傷病者は三九万余にのぼり、いずれも日清戦争の数倍となる。一九〇五年三月の奉天（ほうてん）会戦まで日本軍は戦勝を重ねたが、この時点で日本の陸軍兵力は限界点に達していた。五月、日本海海戦でロシアのバルチック艦隊がほぼ全滅し、ロシアも講和交渉に応じる。㉕

アメリカ大統領ルーズヴェルトの斡旋により、ポーツマス講和条約㉖が締結された。条約の賠償金支払いをふくまない講和条件があきらかになると、「挙国一致」の名のもとに戦争の犠牲・負担をおわされてきた国民の不満が爆発した。条約調印の当日から、東京全市で民衆暴動（日比谷焼打事件）が展開し、東京には戒厳令（かいげんれい）が施行される。戦争で利益をえるのは軍人・政治家・投機家のみとして、非戦論が社会主義者などによって唱えられていた。だがその声は少数で政府により抑圧されており、国民は戦争の犠牲への不満を講和反対という排外主義のかたちをとって表現することになったのである。

2　大正政変前後

日露戦後経営と桂園時代　日露戦争は、当時の日本の国力をこえた戦争であった。戦費は直接的経費だけで一七億円以上となったが、それは戦争前の一般会計歳入の七倍、租税収入の一二倍にほぼ相当するものであった。㉗戦費のための国債発行額は一五億八四〇〇万円にのぼり、その過半が外国債であった。日露戦後には、巨額の国債の利子支払い・償還の負担がもちこさ

㉔連発小銃・速射砲・機関銃による火力の濃密化、重砲の役割の重要化は、戦線の正面突破を困難とし、戦闘の陣地戦型への移行を不可避とした。

㉕あいつぐ戦敗を契機に、ロシア国内では専制と戦争に反対する第一次ロシア革命の急速な展開がおこり、その対応のためロシアも講和を必要とした。

㉖ロシアは、日本の韓国保護権を承認し、関東州租借権、長春―旅順間の鉄道、カラフト南部を日本に譲与する、のが主な内容。

㉗国税は、非常特別税として増徴されて戦前の約二倍となり、戦争終了後も増税されたままとなる。しかし増税では戦費のごく一部しかまかなえず、大部分は国債発行・借入金に依存した。

れることとなる。

ところが、戦勝によって帝国主義列強の一員としての国際的位置を確保したことは、ロシアのみならずフランス・アメリカなどの諸列強との対抗も予想した戦後経営を課題にのぼらせる。陸軍は、八個師団を増設して二五個師団とする軍拡計画を、海軍は最新式戦艦八隻・装甲巡洋艦八隻を主力とする八・八艦隊編成の軍拡計画をたて、一九〇七（明治四〇）年の帝国国防方針・用兵綱領によって、その実現が国家方針とされた。また一九〇六年、鉄道国有化法案[28]が成立し私鉄の買収が実行されるとともに、鉄道拡張がすすめられる。兵器自給の基礎として製鉄所の拡張が、需要の増大する電話事業の拡張とともに実施され、植民地経営費も増大した。

こうした積極財政の実施は、国債償還のための財政整理の方針と矛盾するものであった。軍部が推進する軍拡、政党の推進する鉄道敷設などの地方利益散布、財政当局者が実施をせまられる歳出の引きしめと、かぎられた財源をめぐって政治権力の内部でも対立が激化する。これにくわえ、戦争以来の増税を批判する商工業者の廃減税要求の運動が継続的に展開し、また日比谷焼打事件以降、官僚と政党＝政友会との妥協を国民的利益に反すると批判する声は、ジャーナリズムを中心に日清戦後期以上につよまった。日露戦後には、政治批判と不安定化の条件が拡大していったのである。

国民が満足しえない条件で講和条約を締結せざるをえなかった桂（太郎）内閣は、条約を支持する代償として政友会総裁に政権を譲ることを約束しており、一九〇六年、西園寺（公望）内閣が成立した。これ以降、一九一二（大正元）年の第二次西園寺内閣の総辞職まで、桂と西園寺が交互に政権を担当し、この時期は桂園時代とよばれる。[29]

㉘軍事上・経済上の理由から幹線鉄道の国家的統一は急務とされ、一九〇七年までに二七〇〇マイルが国有化された。

㉙桂を代表者とする官僚勢力が貴族院を、政友会が衆議院の多数をにぎり、対立をふくみながらも提携して政権交代をおこなったこの時期は、官僚・政党提携体制の典型であった。

第一次西園寺内閣は、戦後の一時的好況の条件にささえられ、軍拡と鉄道の敷設改善など積極政策を推進し、政友会はその下で党勢の拡張をはかった。㉚しかし一九〇七（明治四〇）年末からの戦後恐慌を迎えるなかで、内外債を財源とした積極政策の遂行は困難になっていった。この財政上の行きづまりにくわえ、社会主義運動取り締りの不充分さを官僚勢力から非難され、一九〇八年に内閣は総辞職する。あとには第二次桂内閣が成立した。

桂内閣が内政上での最大の政治課題としたのは、財政の整理であった。㉛しかし桂内閣の国債整理は、基本的にはその借換えをすすめたにすぎず、総額を減少させたわけではなかった。しかも内閣の緊縮政策に不満をつよめた政友会地方組織のつきあげがはげしくなり、政権委譲を余儀なくされて、一九一〇年、第二次西園寺内閣が成立する。

韓国併合と国内支配体制の再編　すでに日露戦争中に、韓国に対しては保護国化の方針が閣議決定されており、一九〇五年（明治三八）には第二次日韓協約㉜の締結を強制し、統監府（とうかん）が設置された。こうした状況にたいし韓国では、義兵運動など反日運動が高まる。一九〇七年、強要された日韓協約の無効を韓国皇帝が世界各国に訴えようとしたハーグ密使事件がおきると、第三次日韓協約の締結が強制されて、韓国の内政全般も統監の指揮下にいれられ、韓国軍も解散させられた。

だが韓国の反日運動はおさまらず、一九〇九年には伊藤博文暗殺事件も生じる。陸軍は統監府の政策を弱腰と非難し、軍事支配体制の確立を主張していた。一九一〇年韓国併合条約の締結が強制され、完全植民地化が実行される。統監府にかわって朝鮮総督府（そうとくふ）がおかれ、朝鮮総督には陸海軍大将から任命され、軍部中心のきびしい武断統治が実施された。㉝

㉚一九〇八年の総選挙において、政友会は一党のみで議席の過半数を獲得した。

㉛歳出を抑制するため既定事業計画の年限をくりのべ、国債発行をおさえ、また償還額の増大をはかった。さらに税制整理を実施して、非常特別税の名称を廃止して普通税に編入しつつ、各税の不均衡の是正をはかった。

㉜韓国の外交権の日本政府への移譲が主な内容。

㉝総督には、軍事指揮権とともに広範な立法権も委任された。また本来は軍事警察を担当する憲兵（けんぺい）が、司法・行政警察を実施する憲兵警察制度が統治の柱とされた。

満州では一九〇五年に、ロシアから割譲された権益の引きつぎを定めた満州に関する日清条約が締結された。翌年、関東州租借地を管轄する関東都督府が設置され、都督は陸海軍大中将から任命される。また、南満州鉄道株式会社（満鉄）㉞も設立された。こうして日本は朝鮮をこえて満州でも植民地経営を展開しはじめる。

他方、一九〇五年の第二次日英同盟で、その内容を攻守同盟とするとともに日本の韓国保護権の承認をとりつけ、アメリカとは桂・タフト協定によって、アメリカのフィリピン支配と日本の韓国での優越支配の相互承認をとりきめた。一九〇七年の日仏協約・日露協約では、それぞれの勢力範囲の協定がはかられ、こうして帝国主義列強の一員としての勢力圏分割の政策も推進されていく。

日露戦後の社会的矛盾の深まりに対応しつつ、国民支配の体制の再編も進行した。国家財政膨張と租税負担増の下で、町村では租税滞納や財政窮迫が大きな問題となってくる。疲弊した町村の、自力での更生と国家的課題への取りくみをもとめる戊申詔書が一九〇八年にだされ、地方改良運動㉟が全国的に展開されていく。旧来の地方名望家をこえたより広範の有志者を指導者とし、貯蓄組合・青年会・産業組合などを設立して、一般住民を直接組織することもおこなわれる。また一九一〇年、帝国在郷軍人会が設立されて、社会の軍国主義的組織化も推進されはじめる。

都市部では、戦後の物価騰貴を原因として労働争議がふたたび増大し、軍工廠や鉱山など大経営で大規模争議が続発して、これらのなかには暴動化するものも生じた。日比谷焼打事件以来の都市騒擾とともに、社会の不安定化への対策が問題になる。内務省によって感化救済

㉞満鉄は、政府が資本金二億円の半額を出資し、総裁を任命する巨大国策企業であり、鉄道経営のほか、鉄道付属地の行政権をもち、鉱山や商事部門などへも経営を拡大する。

㉟滞納租税の整理や町村役場事務の刷新にくわえ、部落有林野の町村への統一、一村一神社、一村一小学校を実現し、行政町村を名実ともに国家の末端の単位とすることがめざされた。

事業講習会が開催され㊱、また工場法㊲の制定など、社会政策の実施の方向も出現する。

他方、日露戦時からの抑圧によって国家への失望をつよめた社会主義運動では、普選による議会進出政策を否定し、ゼネストなどの直接行動を主張する急進主義がつよまった。これにたいしては抑圧がいっそう強化され、一九一〇年には大逆（たいぎゃく）事件㊳によって徹底的な弾圧がくわえられ、社会主義運動は一時的には閉塞状態においこまれた。

大正政変とシーメンス事件　第二次西園寺内閣は困難な財政事情のもとで、海軍の軍拡、陸軍の二個師団増設、政友会の積極主義のそれぞれの要求に直面した。辛亥（しんがい）革命の勃発㊴により、中国への干渉の意図をつよめた陸軍は、朝鮮駐屯の兵力増強をもとめたが、内閣によって師団増設要求をおさえられると、一九一二（大正元）年陸相を帷幄上奏（いあくじょうそう）㊵によって辞職させ後任陸相の推薦も拒否して、内閣を総辞職においこんだ。あとには内大臣になっていた桂が、第三次内閣を組織する。

だが陸軍の横暴に対する国民的反発は、閥族打破・憲政擁護の全国的運動を生じさせた。くわえて桂が事態のりきりのために新政党の組織をはかったことは、政友会を全面的に憲政擁護運動に参加させることになった。桂内閣は孤立し、その詔勅政策も非難の標的となる㊶。一九一三（大正二）年、数万の民衆によって議会がとりまかれるなかで、桂は総辞職を決意するが、議会が停会となると事情を知らない民衆は暴動をおこした。警察署や政府系新聞社が焼き打ちをかけられ、暴動は東京にとどまらず、大阪・神戸・広島など地方都市にまで拡大した。こうして桂内閣が崩壊した後には、海軍－薩摩閥の指導者の山本権兵衛（ごんべえ）が政友会の支持をうけて組閣するが、護憲運動から離脱した政友会の行動への非難はつよく、脱党者を生じさせて政友会

㊱貧窮者への施療・幼児保育・職工保護など、有志者による社会事業の推進をはかった。

㊲児童の就業禁止、年少者・女性の就業時間制限・夜業禁止などを定めた労働者保護法。一九一一年公布されたが、施行は一九一六年。

㊳幸徳秋水ら二六名の無政府主義者・社会主義者が天皇暗殺をくわだてたとして起訴、一二名が死刑となる。四名以外の被告は無関係であったとみられる。

㊴一九一一年、清朝の支配に反対し一六省が独立を宣言、一九一二年孫文（そんぶん）を臨時大統領として中華民国が発足するが、袁世凱（えんせいがい）が権力を掌握した。

㊵軍機軍令に関し、内閣とは独立におこなわれる上奏。参謀総長・軍令部長・陸海軍大臣に認められていた。

㊶桂は詔勅を首相就任を辞退できない理由としたほかに、海軍大臣の留任を命ず

は過半数を割ることになった。

大正政変は、桂園時代の政治構造を大きく変容させた。政界の主軸となっていた、桂—長州閥官僚と政友会の提携体制が破綻し、ひとまず解体した。桂の新党組織は、桂系統の官僚と非政友派議員の参加する立憲同志会（後に憲政会）の発足を生み、政友会に対抗する体制政党の形成と地方政界をふくめた二大政党化の端緒をつくった。官僚勢力との提携政策をとる政友会への批判は、ジャーナリズムを中心にいっそうつよまった。「少壮派」などと称された政界の現状批判派の議員のよびかける国民大会・市民大会に都市民衆が結集し、それが騒擾化する街頭騒擾型の大衆運動が成立して、無視しえない政治条件の一つとなった。

山本内閣は護憲運動の圧力をうけて、西園寺内閣倒壊の原因になった軍部大臣現役武官制の改革をはかり、また文官任用令を改正した[42]。こうして官制の民主化要求には一定の対応をしながらも、もう一つのつよい要求であった廃減税には、山本内閣は応じようとはしなかった[43]。内閣は行政整理によってえた財源を海軍の軍拡に充当する方針をとったからである。

こうしたときに、巨額の兵器購入に際して海軍高官が「コミッション」をうけとったというシーメンス事件が暴露された。内閣弾劾の運動は一挙に拡大し、国民大会が開催されて数万の民衆が議会をとりまくという状況が再現され、抜刀した警官隊、さらには軍隊の出動で民衆運動の鎮圧がはかられる。しかし、山本内閣の海軍偏重を批判する山県閥主導の貴族院が、海軍費予算を削減、予算不成立においこみ、一九一四年に山本内閣は総辞職せざるをえなくなった。

山本内閣のあとには、第二次大隈（重信）内閣が成立した[44]。だが大隈内閣にとっても財政整理・陸海軍軍拡・廃減税の要求をすべて並立させることは不可能である。この困難から内閣を

る詔勅、西園寺政友会総裁に内閣との仲裁行動を命じる詔勅をえていた。こうした詔勅の濫発は、桂が内大臣や首相の地位を利して詔勅をえているとの批判を生じさせた。

㊷軍部大臣の任用資格を予・後備役（よ・こうびえき）大中将まで拡大し、文官特別任用の範囲を陸海軍を除く各省次官、勅任参事官などにみとめる。

㊸商業会議所や実業組合に結集した商工業者は、営業税や織物消費税の廃止を要求し、野党は廃税法案を議会提出した。

㊹すでに政界を引退していた大隈を元老が奏薦した意図は、元改進党総裁の大隈のもとに非政友会勢力を結集させて政友会の多数を打破すること、大正政変以来激化した薩長間および陸海軍間の対立を緩和することにあった。

救ったものは、第一次世界大戦の勃発と日本の参戦であった。戦時という名分が廃減税要求運動を停止させ、軍拡予算を成立させる。まさに内閣にとって大戦は「大正の天佑（てんゆう）」となった。

大隈内閣は、「日英同盟の情誼（じょうぎ）」と国際的地位を高める「利益」を理由づけとして、積極的に参戦を決定、一九一四年中にドイツ領南洋群島および山東省租借地を攻撃、占領する。つづいて翌年、中国に対し五号二一ヵ条の権益承認要求㊺を提出した。この要求に対し、アメリカははげしく抗議したが、大隈内閣はヨーロッパ列強が大戦によって充分対応しえないという状況を利用し、第五号は除外するが他の要求は、最後通牒（つうちょう）を突きつけて承認をせまるという強硬外交を展開、ついに中国に受諾させた。また同時期に総選挙を実施、首相をはじめ閣僚総出の選挙運動の展開と警察を通じた選挙干渉によって、立憲同志会をはじめとする与党勢力を大勝させ、政友会議員をほぼ半減させた。

明治後期における思潮の対立　足尾鉱毒事件をめぐって、世界第三位の銅の生産の確保が第一義的に考えられるべきだとし、鉱毒を叫ぶ農民には「惰農が多いそうだ」と批評する徳富蘇峰（とくとみそほう）と、それにしどろもどろに抗議しかえって笑われる徳富蘆花（ろか）との、この兄弟の対立の挿話は明治後期の思潮における基本的対抗を象徴するものだった。かつて平民的欧化主義を唱えた蘇峰㊻は、日清戦争を契機に世界市民的観念を排斥し、弱肉強食的世界観に立つ帝国主義の使徒へと転じた。高山樗牛（ちょぎゅう）の日本主義をはじめ、こうした「膨張的国民」としての日本人の形成を主張する思潮が、当時の支配的潮流であった。

これに対し、権威や道徳への盲従をしいる文化の偽善性を、また個人の栄達と国家の栄光を無媒介に結合させた立身出世主義の偽瞞（ぎまん）を自覚した人びとが、人道主義と自我の解放に立脚し

㊺第一号はドイツの山東省権益の日本への移譲、第二号は南満州・東部内蒙古（うちもうこ）に関する権益、第三号は漢冶萍公司（かんやひょうこんす）問題、第四号は中国沿岸の不割譲、第五号は日本人政治財政軍事顧問傭聘（ようへい）・兵器供給などの要求を内容とする。

㊻一九八七年『国民之友』を発刊。藩閥政府の干渉政治、上からの欧化政策を批判し、個人の自由と平等の実現を国民の生活向上のなかからもとめた。

た文化をもとめて模索を進める。家の抑圧への抗議から出発し、求道派作家としてあゆんだ蘆花もその一人であった。㊼こうした方向は多様であった。島崎藤村・与謝野晶子らは、自我と感情の解放を歌いあげて青年の共感をえる。㊽日露戦後の後期自然主義を代表する島崎藤村『破戒』、田山花袋『蒲団』は、前者においては明治国家の社会的平等なるものの内実を、後者においては体制の倫理的徳目に反して自我の不安を暴露することを通じて、読者に衝撃を与えた。㊾夏目漱石の作品は、外発的な日本の近代化の底の浅さをえぐることから、近代そのものへの文明批評となった。明治末年の「時代閉塞の現状」に対し、石川啄木は強権への対峙と時代に対する組織的考察の必要を主張したが、こうした文化的蓄積によって、大正期のより広範な人びとによる個人の解放と社会的解放についての探索が準備される。

3　普選・治安維持法体制の成立

大戦下の経済発展と寺内内閣　第一次世界大戦直前の日本経済は、輸入超過の連続で危機的状態におちいりつつあった。しかし、一九一五（大正四）年の中ごろから大戦景気がはじまる。㊿こうして貿易・貿易外収支とも大幅な黒字となり、日本は一一億円の債務国（一九一四年）から二八億円の債権国（一九二〇年）に転じた。大戦前の工業生産総額は農業生産額に近接した程度であったが、戦後には農産額をはっきりと引きはなした経済となる。(51)繊維工業も発展したが、とくに輸入品の圧力の消滅した重化学工業が著しく発達し、化学・鉄鋼・非鉄金属・機械で工業生産の三七％を占めるにいたった。こうしたなかで「船成金」「鉄成金」などとよばれる、巨万の富を短期でえる者も輩出する。また財閥は傘下事業の株式会社化を進めるとともに、そ

㊼『不如帰（ほととぎす）』（一八九八年）は、通俗的ではあれ、家の悲劇を描いたものである。

㊽『若菜集』（一八九七年）、『みだれ髪』（一九〇一年）のロマンチシズムは、個人の肉体の解放にはじまる自己主張を意味する。

㊾そこには、日露戦後における国家・家・個人の既成観念の動揺の反映を読みとりうる。

㊿交戦国からの軍需発注、船舶不足による造船・海運の活況にはじまり、ヨーロッパ諸国からの輸出の杜絶が国内需要およびアジア市場むけ生産を急激に発展させ、またアメリカの好況も輸出をささえた。

(51)一九一九年の総生産額のうち、工業が五六・八％、農業が三五・一％の割合となった。

の株式を所有し各種事業を統轄する持株会社をつぎつぎと設立し、コンツェルンとしての形態をととのえていった。

工場労働者は五年間で約六〇%増加して、一五五万余となる。とくに重化学工業での増加は著しく、これにともなって男子労働者が増加し、工場労働者での男子比率は四七・八%（一九一九年）にまで高まった。他方この時期に、農林業就業者は一八八万人も減少した。

大隈内閣の後継に元老は陸軍大将寺内正毅の奏薦をおこない、52 一九一六（大正五）年に寺内内閣が成立した。寺内内閣は官僚・軍部中心の内閣であったが、政党からの支持をもとめざるをえず、政友会への依存をつよめる。政友会も第一党の地位の回復をねらい内閣に接近、一九一七年の総選挙でその目標を達成する。

大戦好況による財政の好転により、内閣は積極政策をうちだし、軍拡の本格的実施と対外投資の奨励にのりだした。とりわけ中国に対しては段祺瑞政権53と提携し、これによって日本の影響力を拡大することをねらった大規模の借款供与がおこなわれ、西原借款54とよばれた。

さらに一九一七年、ロシア革命によってソビエト政権が成立したことは、日本の対外政策に大きな影響をあたえる。ツァーリ・ロシアの崩壊は、四次にわたる日露協約55を締結して大陸権益の確保・拡張をはかってきた対外政策の破綻を意味した。同時に内戦におちいったソビエト・ロシアの状況は、旧ロシアの勢力圏にあった満州北部、さらには東シベリアに日本の勢力圏を拡張しようという衝動も生じさせる。一九一八年、シベリアでのチェコ軍団救出問題を理由に連合国の共同出兵がおこなわれることになると、56 寺内内閣は日本軍出兵を決定、七万をこえる兵力を展開させる。

52 後継に、大正天皇の信任に依拠した大隈は加藤高明立憲同志会（後に憲政会）総裁を推したが、山県の推す寺内後継首班構想で元老はまとまった。

53 一九一六年に袁世凱が死んで、中国は軍閥割拠混戦の状況となるが、安徽（あんき）派軍閥の領袖の段祺瑞が内閣を組織した。

54 この借款は総計で一億四五〇〇万円にのぼった。名目は経済援助とされたが、実態は内戦下にある段政権への政治・軍事援助だった。

55 一九〇七・一〇・一二・一六年に締結。ロシアの北満州、日本の南満州における特殊利益を相互承認したことにはじまり、敵意ある第三国の対中国支配を防ぎ、相互支援協議を約束するにいたっていた。

56 オーストリア軍から脱走したチェコ兵の軍団が、対独戦参加のためシベリア経由で西部戦線に移動する途中、各地方ソビエトと衝突、全面戦闘状態になった。

米騒動・社会運動の発展と大正デモクラシー　米価は一九一七（大正六）年の不作を契機に、投機的な思惑売買によって急騰をはじめていたが、シベリア出兵により異常な水準にまで上昇する。一九一八年七月に富山県魚津の主婦が、米の移出の阻止を嘆願、それが新聞で報道されると米騒動（こめそうどう）がひろがった。[57] 騒動に参加した民衆は七〇万、四六七ヵ所で発生したと推計されており、鎮圧のため軍隊が出動した地域も七〇にのぼった。

既成政党の指導関与なしの空前の規模の大衆行動の出現は、民衆運動の新たな展開をもたらす契機となった。物価上昇により賃上げを要求する労働争議は、すでに一九一七年より件数・参加人員とも飛躍的に増加を開始していた。一九一二年に発足した友愛会[58]は、一九一九年に大日本労働総同盟友愛会と改称して、労働組合の全国組織であることを明確にし、また「社会改造」をめざすことを宣言する。一九二一年には関西を中心に団体交渉権確立の運動[59]が展開、神戸三菱・川崎両造船所では第二次世界大戦前における最大規模の争議がおこなわれる。この争議をはじめ、おおくの争議は労働側の敗北でおわるが、その過程で労働組合運動は社会的に定着していった。

農民運動も、本格的な社会運動として発展する。高率小作料の減額を要求する小作争議は、一九一八年から増加をはじめるが、二〇年恐慌によって農産物価格が暴落するとともに飛躍的に増加した。こうした争議をになった小作組合を結集する全国組織として、一九二二年に日本農民組合が結成される。[60]

それまでの、外への帝国主義政策をささえるためにも国内的には立憲主義の確立を、と主張して政治批判を主導してきた潮流にかわって、米騒動後の社会運動におおきな思想的影響をあ

[57] 八月には京都・名古屋・大阪・神戸・東京などの大都市・中都市で騒擾事件がつぎつぎに発生、さらに九月にかけて鉱山での暴動も展開し、一ヵ月以上にわたる全国的騒擾となる。

[58] 鈴木文治を中心に一五名の労働者で結成。共済・修養団体の性格をもって出発するが、労働者に会員をひろげ、全国主要工業都市に支部がつくられ、会員の参加する労働争議が続出して労働組合化する。

[59] 労働組合の存在と、賃金などの労働条件についての交渉権を企業に公認させようとする運動。

[60] 杉山元治郎、賀川豊彦らを中心として創立。一九二六年末には九五七支部、組合員数七万をこえるまでに急速に組織は拡大した。小作争議をきっかけに各地で結成された単独小作組合がつぎつぎと参加してきたことによる。

たえるのが、吉野作造の唱えた民本主義であった。吉野は国家主権の所在にかかわりなく立憲政治は一般民衆の利福の実現を目的とし、一般民衆の意向にもとづく政策決定を要求すると説き、普選論や枢密院廃止論などの具体的な政治改革を提言する。また朝鮮統治やシベリア出兵をとりあげ、帝国主義的対外政策を批判した。

民本主義の主張に対応して、一九一九年のはじめから、学生や労働団体の参加で大衆運動としての普選運動が展開する。数万人の参加する普選要求の集会が開催され、さらに運動は大都市だけでなく地方都市にもひろがり、全国的になっていった[61]。

普選運動の発展は、納税資格の有無にかかわりなく国民一人一人を権利主体として認めよ、という要求のつよまりを示していた。この時期の労働運動・農民運動も、その基底にはこれまで一人前の存在としてとりあつかわれていなかった自分たちの権利を認めること、すなわち人格承認の要求が存在していた。こうした志向が、不当な差別撤廃を要求する部落解放運動の成立[62]、女性への政治差別を規定した治安警察法の修正をかかげる女性解放運動の展開[63]と、多様な社会運動の成立・発展をもたらした。そのなかで、おさえられてきた社会主義者の運動も、一九二〇年の日本社会主義同盟結成として復活し、一九二二年には非合法の革命政党として日本共産党が組織されるなど、新しい展開を示す。

こうした民衆の動きが社会をゆり動かす状況のもとで、文化についても民衆を主体として構想しようという動向があらわれてくる。論壇においても大山郁夫[64]や土田杏村[65]らによって、民衆文化をめぐっての議論がくりひろげられる。民俗に注目した柳田国男は、同志の結集の場として雑誌『郷土研究』を刊行し、民衆の生活のなかに文化を発掘していく民俗学を形成してい

[61] 一九二〇年総選挙に普選に反対する政友会が大勝したことで、運動の一時的沈滞が生じるが、地方市民政社とよばれるさまざま団体がその後も地方につくられていった。

[62] 前近代社会の身分差別を引きずった部落差別に対し、政府などは「部落改善」により融和を進めるという対策をとった。差別の要因を部落の側に求めるこうした政策に対し、差別の不当と撤廃をめざす自主的な全国組織、水平社が一九二二年に結成される。

[63] 人間としての平等性を女性にも確保しようとする運動は、一九一一年の雑誌『青鞜（せいとう）』の発刊で本格化し、一九二〇年には新婦人協会が組織され、男女平等の主張とともに女性の政治活動を禁止した治安警察法第五条撤廃の運動を展開する。

[64] 早稲田大学教授。吉野作造らとともに黎明会（れいめいかい）を創立、民本主

った。柳宗悦は、無名の工人の製作した生活雑器の美を見いだし、民芸運動を提唱していった。

さらに地域社会において教員や青年を主なにないてとする文化運動が展開しはじめる。児童の個性や自発性を尊重した新しい教育方法・内容をうちだそうとする自由教育(66)のこころみもその一つであった。長野県を中心に新潟県・群馬県などでは、農閑期を利用し、地域民衆が生涯にわたり学習を進めるこころみとしての自由大学運動も展開される。

原内閣とワシントン体制　米騒動によって寺内内閣が総辞職すると、一九一八（大正七）年、政友会総裁原敬を首相とする内閣が成立した。陸・海・外の三相以外のすべての閣僚を政友会員がしめる、本格的政党内閣の成立である。社会運動が新たな段階にはいりはじめたとき、政治の統合の中心は政党内閣に移りはじめる。だが原内閣は、社会運動の高揚にある程度対応しながら、その抑圧をはかる政策を推進した。

一九二〇（大正九）年、普選運動が高まり野党が普選法案を議会提出すると、内閣は議会解散という手段にでる。前年五月にこの内閣が成立させた選挙法は、納税資格を三円に引き下げ有権者を増大させたが、同時に小選挙区制を導入して政友会を有利にしていた。選挙で政友会は単独過半の議席を獲得し、普選拒否の方針が示される。治安警察法による争議行為の事実上の禁止を撤廃せよという労働運動の要求に対しても、撤廃を拒否した(67)。

他方原内閣は、産業振興・交通整備・教育改善・国防充実の四大政策をかかげ、財政膨張による積極政策の推進をはかった。軍拡計画も寺内内閣期を上まわる規模で推進されるが、同時に地方の名望家を引きつける利益散布の政策を展開したのである。電信電話事業・道路新設・

義を主張。のち、社会運動に進み、一九二六年には労働農民党委員長に就任。

(65)在野の哲学者、文明批評家。上田自由大学の創設にも貢献する。

(66)長野県の青年教員による信州白樺運動、山本鼎（かなえ）による自由画教育、羽仁もと子による自由学園の設立など、さまざまの動きがある。

(67)争議工場内の労働者の行動に対しては、治安警察法のこの規定を適用しない、とすることで適用の限定を実施するが、労働組合による争議指導には適用され、抑圧が継続する。

河川改修にくわえ、鉄道敷設法改正により膨大な敷設計画がうちだされた。だがこの巨大な財政支出をともなう政策の実行は、一九二〇年の戦後恐慌(きょうこう)の勃発[68]によって困難になりはじめる。原内閣の内政は、行きづまりはじめていた。

一方、第一次世界大戦はドイツの敗北で終了し、フランスのベルサイユで、一九一九年に講和会議がおこなわれた。講和会議に対する日本の基本方針は、戦時に占領した旧ドイツ権益を確保することであった。だが民族自決の原則をかかげたベルサイユ会議の開催は、日本にとって予想外の事態をもたらす。

まず朝鮮民族の独立への要求の高揚があらわれ、三(さん)・一(いち)運動として知られる示威運動が朝鮮全土で展開される。[69]植民地統治方式の修正は不可欠となった。原内閣は総督府官制を改正し、総督への文官任用を可能とするなど、「文化統治」への方向をうちだす。また講和会議は中国民族運動と日本との対立を、いちだんと明確にすることにもなった。旧ドイツの山東省権益の割譲を日本は強硬に主張し、中国政府の反対を押しきってついにベルサイユ講和条約は日本への割譲を認めた。しかしこれを契機に、五(ご)・四(し)運動とよばれる講和条約調印拒否・日本商品排斥の大運動が中国各地で展開した。[70]

対華二一ヵ条外交以来の、そしてベルサイユ講和会議のこうした経過は、アメリカとの対立をもつよめるものであり、軍事的には建艦(けんかん)競争という事態が生じていた。ところが一九二〇年恐慌は、各国の財政に困難を生じさせ軍縮機運を生みだす。一九二一年、アメリカは軍縮問題についてのワシントン会議の開催を提唱した。国際的孤立をおそれ、日米協調を対外政策の基軸と考えはじめた原内閣は、これに積極的に対応しようとする。一九二二年に主力艦の保有量

[68]三月の株式相場の大暴落を発端とし、商品価格の暴落、銀行の取りつけ、企業の破産などが相つぐことになる。政府の救済政策により混乱は鎮静化するが、その後一九二〇年代を通じ、企業経営は不振で倒産などの動揺が継続していくことになった。

[69]三月から五月までのあいだに、朝鮮全土で参加者二〇〇万といわれる運動が展開した。日本は軍隊を派遣し、死者八〇〇〇人以上、逮捕者五万人といわれる大弾圧によって鎮圧する。

[70]この運動の圧力で、中国政府はベルサイユ講和条約への調印を拒否した。したがって山東問題は実質的には未解決のまま継続することになる。

制限を主な内容とするワシントン海軍軍縮条約、(71)中国の主権・独立の尊重と門戸開放・機会均等をうたった九ヵ国条約が締結される。これに太平洋での相互勢力範囲の現状維持を約束した四ヵ国条約をくわえて、一九二〇年代の東アジアの国際的枠組みであるワシントン体制が成立した。この結果、日本は山東省権益を中国に返還し、シベリア撤兵を実施し、また日英同盟が廃棄されて、大戦以来進められてきた日本の膨張政策にはおおきな制約が課されることになった。

関東大震災と都市化　一九二一（大正一〇）年から二二年にかけて、原敬首相の暗殺、山県有朋の死去という事態がおこり、政界には強力な指導者がいなくなった。原内閣のあとには、高橋是清(これきよ)を首相とする政友会内閣がつくられるが、政友会の内紛によって内閣は崩壊した。そのあとには、加藤（友三郎(ともさぶろう)）内閣、山本（権兵衛）内閣と官僚を主要基盤に一部政党と提携する内閣がつくられた。その山本内閣の組閣中の一九二三年九月一日、関東大震災が発生した。(72)震災後の混乱のなかで、「朝鮮人による暴動・放火」という流言がひろがり、各地の自警団によって六〇〇〇名と推計される朝鮮人虐殺がおこなわれ、また社会主義者・無政府主義者が軍隊によって殺害される事件も生じる。

　山本内閣は戒厳令・治安維持令、期限のせまった銀行手形についての支払い猶予(ゆうよ)令といった応急措置を実施、その後帝都復興計画(73)を作成した。土地区画整理事業が一九二四年から実施され、震災焼失区域の約九割で実行される。この結果、東京の景観は大きくかわり、近代都市の体裁をととのえはじめる。かつての煉瓦街(れんががい)が焼失した銀座には、アメリカ風のビルが立ちならびはじめて、モダニズムのただよう近代的盛り場が出現した。デパートでショッピングをする

(71)この結果、アメリカ・イギリスを五、日本を三、フランス・イタリアを一・六八とする比率に保有量は制限され、一〇年間は主力艦の建造を停止することになる。建艦競争は停止したが、対英米対等を主張する海軍軍人の中では条約への不満がくすぶることになる。

(72)相模湾を震源とするマグニチュード七・九の巨大地震。東京・横浜両市と神奈川県下は壊滅状態となり、被害は関東一円・山梨・静岡におよんだ。罹災者三四〇万、死者・行方不明者合計は一〇万を越え、被害総額は六〇億円以上といわれる。

(73)後藤新平内相は、買い上げ費五〇億円を投じ焼失地域全部を一度買い上げ、区画整理をおこなうという壮大な構想をたてた。しかし財政の制約で計画は縮小し、帝都復興審議会をへてできあがった復興計画の予算規模は六億円弱のものとなった。

人びとがあつまり、断髪・洋装のモダン・ガールも登場する。

また震災をきっかけに、サラリーマンなど「中産階級」が郊外へ住居を移したことを大きな要因とし、大都市近郊の宅地化が急速に進行した。[74] こうして都市化と都市文化の形成が、新たな段階を迎えはじめる。

人びとの生活様式のなかにもモダニズムがはいりこみながら、[75] マス・メディアが成立し、文化の大衆化・商品化も進行した。一九二五年に東京でラジオ放送がはじまり、急速に聴取者を増加させていった。新聞も『大阪朝日新聞』『大阪毎日新聞』をはじめとする四大紙が業界を制覇し、大資本による商業紙の時代となる。出版界では、講談社から「日本一面白い、日本一為(ため)になる、日本一大部数」をキャッチフレーズとして雑誌『キング』が刊行され、一〇〇万部をこえる発行数をほこった。一九二六年には改造社が「善(よ)い本を安く読ませる」という標語のもとに、『現代日本文学全集』の刊行をはじめ、一冊一円という廉価版(れんかばん)で「円本(えんぽん)ブーム」をうみだした。大衆娯楽においては「活動写真」とよばれた映画が観客を動員するようになっていった。銀座には、白エプロンをつけた女給(じょきゅう)がサービスするカフェが立ちならび、新たな歓楽文化が生まれる。大衆社会の状況とよばれる文化現象が生じてきたのである。

護憲三派内閣と普選・治安維持法　山本内閣は、議会開院式におもむいた摂政[76]が狙撃をうけた虎の門事件の責任をとり、総辞職する。あとには、枢密院議長の清浦奎吾(きようらけいご)を首相に、貴族院議員を主体とする内閣が一九二四年に組織された。非政党内閣が連続したうえ貴族院内閣が成立したことは、世論の反発をうける。政友会は、清浦内閣援助派と反対派に分裂、内閣援助派は脱党して政友本党を結成した。反清浦内閣で一致した憲政会・革新倶楽部(クラブ)[77]・政友会の三派は、

[74] 東京市の人口は、一九二〇年から三〇年にかけてほぼかわらなかったが、郊外部の人口は一一七万人から二八九万人へと二倍以上に増加した。

[75] 居間・食堂を椅子式にした「文化住宅」、ライスカレーやカツレツといった「洋食」、そして外出着としての洋装の普及、といった現象にしめされている。

[76] 大正天皇は精神疾患が悪化して政務にたえられないようになり、一九二一年に皇太子裕仁（ひろひと）が摂政に就任した。

[77] 一九二二年、普選派など「現状打破」を主張する代議士で結成。犬養毅（いぬかいつよし）を事実上の党首とし、議会内の自由主義的急進派として活動。一九二五年、治安維持法への賛否をめぐって分裂、解体する。

政党内閣制の確立を期すとして第二次憲政擁護運動を展開しはじめる。

議会解散となっておこなわれた総選挙では、普選の断行・貴族院令の改正・行財政整理の政策をかかげた憲政会が、一五二議席を獲得して第一党となり、政友会の一〇二議席、革新倶楽部三〇議席をあわせると、政府与党の政友本党一一一議席に大勝した。この結果、清浦内閣は総辞職し、憲政会総裁の加藤高明を首相とし、政友会・革新倶楽部の両党党首も入閣した護憲三派内閣が成立した。

護憲三派内閣の第一の政策課題は、普通選挙法の成立であった。すでに山本内閣の五相会議で、普選法作成の方針はうちだされていた[78]。枢密院、さらに議会での修正のすえに、一九二五（大正一四）年普通選挙法が成立した。二五歳以上の男子には、納税資格の制限なしに選挙権があたえられることになる。同時に選挙区制は中選挙区に改められた。

だが、この普選法の成立と同じ議会で、治安維持法が制定される。大戦後の社会運動の発展のなかで、無政府主義や共産主義の運動が影響を拡大すると、新たな治安立法が官僚によって構想される[79]。山本内閣で、普選と治安立法のだきあわせ成立の方向も、すでにでていた。制定された治安維持法は、国体・政体の変革または私有財産制度の否認を目的に、結社を組織したり加入した者を一〇年以下の懲役または禁錮に処する、としていた。「国体」というあいまいな観念をはじめて法律のなかに登場させることでこの法律は、のちの無限の拡大適用という猛威を準備していた[80]。

加藤高明内閣は、このほかに貴族院改革や社会政策の実施といった政策をかかげていた。だが貴族院改革は、伯子男爵互選議員定数の若干の削減という微温的改革に、社会政策の実地

⑱在郷軍人によって選挙権拡張運動が展開される状況まで生じており、挙国一致体制の構築のためにも普選の採用は必要と主張されるようになっていた。

⑲議会で審議未了という結果になったが、すでに一九二二年には過激社会運動取締法案が作成されていた。新たな思想統制や急進的運動への規制の集中強化が構想されていた。

⑳議会での説明などでは、国体変革＝無政府主義、私有財産否認＝共産主義というように、適用対象は限定されるとしていたが、一九三〇年代になると自由主義者に、さらには新興宗教にまで治安維持法は適用されていった。

は労働組合法・小作法を成立させないままでの小作調停法・労働争議調停法の制定の結果となる。行財政改革の中心とされた軍縮も、陸軍四師団を廃止したものの、そこで生じた財源は新兵器の充実にあてられた（宇垣（うがき）軍縮）。こうして護憲三派内閣の成立による政党内閣の確立は、普選と治安維持法を二本の柱とする政治体制の形成に帰結した。

三　アジア太平洋戦争

1　恐慌の時代と政党内閣制

戦後恐慌から金融恐慌へ　一九二〇（大正九）年の戦後恐慌、二三年の震災恐慌①などうちつづく不況に対して、政府は日本銀行の特別融資による事態の沈静化をはかってきた。これらの救済政策の特徴は、大戦景気のときに急速な経営拡大をはかった企業と、それに融資した銀行間に生まれた不良債権の表面化をふせぐという点にあった。

一九二六（昭和元）年、憲政会を与党として成立した第一次若槻（礼次郎）内閣は、いっこうにへらない震災手形②を整理するため翌年の議会に処理法案③を提出した。しかし審議途上、片岡直温蔵相の失言がきっかけとなって一部の銀行の不良な経営状態があばかれ取付け騒ぎに発展した結果、一九二七年三月からは大銀行もふくむ三一もの銀行があいついで休業においこまれる事態となった（金融恐慌）。ついで大口債務者のトップにあった鈴木商店④の経営がついに破綻し、鈴木商店に対する巨額の不良債権をかかえていた台湾銀行⑤も危機に瀕した。若槻内閣は台湾銀行救済緊急勅令案を枢密院に提出し危機を回避しようとしたが、枢密院は同案を否決したため内閣は総辞職した。

このあと政友会を与党として成立した田中（義一）内閣は、蔵相に高橋是清を起用して四月二二日三週間のモラトリアム（支払猶予令）を発し、日銀からの巨額の非常貸出しによって事態

①一九二三年九月一日の関東大震災を契機に発生した恐慌。東京・横浜の大部分の銀行は罹災し金融もマヒ状態となった。

②政府は日本銀行から四億三〇八二万円の特別融資をおこなったが、この時点で二億円以上が未決済のままこげついていた。

③この法案は日銀がかかえていた震災手形を政府が補塡する内容だったので、政府が鈴木商店と台湾銀行を救済するための法案であると、野党である政友会は批判したのである。

④約七二〇〇万円の債務があった。

⑤同銀行の震災手形の未決済分は一九二六年末で一億円をこえていた。

を収束させた。金融恐慌によって不良銀行が淘汰され、また政府による銀行合併推進策もあって、五大銀行（三井・三菱・住友・第一・安田）の優位が確定していった。こうして、独占資本・金融資本が日本経済のなかで支配的な地位をしめることとなった。

第一回普通選挙の実施と共産党への弾圧　一九二八（昭和三）年二月、田中内閣のもとでおこなわれた最初の普通選挙⑥は、政友会二一七、民政党二一六で、二大政党が伯仲する結果となるいっぽう、無産政党勢力からも八二名の立候補者中八名が当選した。普通選挙法成立後、労働組合・農民組合は議会をつうじての社会改造をめざして無産政党を結成するようになっていた。

これまで非合法活動を余儀なくされていた日本共産党は、この選挙にあたって機関紙『赤旗（せっき）』を創刊したり、労働農民党⑦候補として党員を立候補させるなど公然と活動を開始した。これに衝撃をうけた田中内閣は、選挙直後の三月一五日に共産党員の大検挙をおこない（三・一五事件）、死刑・無期刑をくわえた治安維持法を改正⑧した。本改正は、もともと同年六月の帝国議会で審議未了⑨となったものを、緊急勅令によって改正したものである。

世界恐慌と金解禁　一九二九年一〇月二四日のニューヨーク株式市場の大暴落にはじまった世界恐慌がしだいに世界に波及していった。ニューヨークの市場で国債を発行していた海外政府筋や企業はここから資金をえていたので、ただちに資金ぐりに困って深刻な影響をこうむったのである。

ところで日本は第一次世界大戦中の一九一七（大正六）年に金本位を離脱した。戦後他の国は金本位に復帰したが日本はいまだ復帰していなかった。⑩一九二九年七月に民政党を与党とし

⑥有権者は四倍の一二四〇万人に増えた。買収行為を防止するために戸別訪問を禁止し、選挙費用も制限した。

⑦一九二六年三月はじめての単一無産政党として、杉山元治郎らにより結成された。二八年四月結社禁止となる。

⑧内容は、国体変革の罪に対する最高刑を死刑とし（これまでは懲役・禁錮一〇年）、結社に関係した協力者も処罰可能にしたもの（目的遂行罪の追加）。

⑨与党政友会が衆議院の過半数を制していなかったので、審議未了、廃案となったのである。

⑩それまでの内閣が、国内の通貨発行量を比較的自由にして、国内の景気対策にあたってきたので、金本位にもどれなかったのである。

て成立した浜口（雄幸）内閣は井上準之助を蔵相に起用し、金解禁＝金本位制への復帰を計画していた。それは政府がかかげていた七大政綱⑪のなかでも重要な柱の一つだった。膨張した通貨量を財政緊縮によって縮小させ、国際的に割高な物価を引き下げて為替安定をはかり、そのあと金本位へ復帰するシナリオを描いていた。デフレ政策をとることによって生ずるある程度の規模の不況はおりこみずみではあった。しかし、金解禁後の日本をおそった不況の規模は巨大なものであった。

昭和恐慌と農村　浜口内閣は一九三〇（昭和五）年一月、金解禁を断行した。しかしアメリカに端を発した恐慌は、アメリカむけ高級衣料の需要にささえられていた生糸相場の大暴落というかたちで日本の農村を直撃した。三一年九月イギリスが金本位制を離脱すると、日本の経済界のなかに、おそらく日本も金本位を早晩離脱せざるをえないとの観測が流れた。今は政府が円の価値を高く維持しているが、金本位を離脱すれば貿易も逆調であるし経済力もつよくないので円の価値は下がるであろう、そうであれば円を売り、ドル建の債権を買っておくべきであるとの思惑が流れて、三井など財閥系銀行などもドル買い⑫をおこなった。

　さてドル買いを封じるには、できるだけ損失のすくないうちに金輸出再禁止・金兌換禁止・管理通貨制という一連の作業を一気に断行するか、あるいはドル買い側の資金源をたつために金利を引き上げて金融の引きしめをおこなうかの二つの途が考えられた。井上蔵相は後者を選んだ。不景気のなかでさらに金利を上げることは不景気の深刻化を意味していたが、金解禁を党是としてきた民政党としては、金本位離脱にふみきれなかったのである。そのあと実際に犬養（毅）内閣によって三ヵ月後に金輸出は再禁止され、財閥などは巨額の為替差益を獲得した

⑪日中関係の刷新、軍備の縮小、財政の緊縮、財界の整理合理化、国債の減額、金解禁、社会政策の確立、の七項目。

⑫日本が早晩、金本位を離脱するに違いないという思惑にたった内外の銀行筋・投機家による円売りドル買いは、七億円の規模に達した。

が、こうした行為は右翼による財閥非難をたかめることに結びついた。農村の状況は深刻で、物価でいえば二九年から三一年のあいだに綿糸が四割以上、生糸が五割以上、米が三割以上暴落した。三一年の冷害による凶作もくわわった結果農家の負債はかさみ、小作料の支払いも遅滞した。とくに東北地方の農村を中心に、娘の身売りや欠食児童が大量に発生した。小作料引き下げ要求や小作権をめぐる小作争議も激化していった。このような社会不安は井上日召(にっしょう)⑬などによるテロの潜在的原因をつくり、一部の軍人によって国家改造がさけばれる要因ともなった。

政党内閣期の政治　一九二四（大正一三）年の第一次加藤（高明(たかあき)）内閣から三二年の五・一五事件で犬養（毅）内閣が倒れるまでの八年間、政友会と憲政会・民政党の総裁が交代で内閣を組織する二大政党時代がつづいた。政友会は伝統的に鉄道・道路・港湾の整備や、産業の奨励などの積極政策をかかげて地域への利益誘導に熱心だった。中国政策では強硬な方針でのぞんだ。いっぽう憲政会は、普選実現・軍備縮小などデモクラシー色のつよい政策をかかげ、政友本党⑭との合併をへて民政党となったあとも「議会中心主義」を政綱とした。中国政策では不干渉主義、財政的には緊縮財政をかかげた。

明治後半期から天皇機関説の主要な担い手となった憲法学者の美濃部達吉(みのべたつきち)は、帝国議会・国務大臣の権限を重視する明治憲法の立憲主義的解釈をとり、明治憲法のもとで政党内閣は必然であるとの結論を導いていた。このような憲法解釈は、政党内閣の慣行をささえる理論的基礎としての役割をはたすことになった。

しかし、当時は議院内閣制ではなかったので、選挙結果と内閣組閣とが直接に連動していな

⑬日蓮宗の僧侶で、茨城県大洗海岸にあった護国堂の堂主をしていた。霞ケ浦の海軍飛行学生、農村青年、上杉慎吉の指導する東大七生社などの学生の支持を受けていた。

⑭第二次護憲運動のさい、高橋是清ら総裁派と意見を異にして政友会を脱党した床次竹二郎（とこなみたけじろう）らが組織した政党。清浦内閣の与党として護憲三派に対抗した。

かった。首相の選択は、元老西園寺公望（さいおんじきんもち）が天皇に対して次期首相を奏薦⑮するかたちをとっていた。よって反対党としては現内閣の失政を弾劾し総辞職においこめば次期首相が自党から選ばれると考えて、現内閣閣僚の失言をとらえたり、疑獄事件をあばくことなどによって倒閣に導くことがおおかった。しかしこのような作戦は、国民の政党政治への信頼喪失につながっていった。

2　協調外交から積極外交へ

帝国国防方針　戦前期の日本は世界の体制におおきな変化があるたびに、世界情勢や極東情勢を総合した国防についての情勢判断を軍部主導で作成していた。もちろん天皇・宮中を媒介して、内閣にその方針は伝えられてはいた。当時は、一九二三（大正一二）年に改定された（第二次）「帝国国防方針⑯」が国防方策の基本であった。これは、ロシア帝国の崩壊と、前年二月の日英米仏伊の五ヵ国間に締結された主力艦の保有制限を決めたワシントン海軍軍縮条約⑰という新事態をうけて新たに策定されたものであり、陸海軍共通の仮想敵国として第一にアメリカの名前をあげている点が注目された。安定的な日米関係をもたらすはずのワシントン体制⑱期のさなかに、なぜアメリカが第一の仮想敵国としてあげられたのだろうか。

「国防方針」では、中国をめぐるアメリカとの対立から日米戦となり、中国はアメリカと結んで日本に対抗し、日本がアメリカ・中国と戦っているあいだにロシア（ソ連）が参戦する、とのみとおしがたてられていた。この国防方針が策定されたころは軍閥同士の戦いや中国の財政破綻が盛んに論じられていたときでもあり、中国の鉄道の国際管理論ともあいまって、列強

⑮推薦という意味。明治憲法体制下では、この用語が使われた。元老のもつ機能の最も重要な点であった。

⑯一九〇七（明治四〇）年四月四日、山県有朋のもとで策定された国防方針・所要兵力・用兵綱領の三要素からなる文書。国際環境の大変動にあわせて、一九一八年、一九二三年、一九三六年の三度の改定をみている。

⑰二三三ページ脚注⑪参照。

⑱第一次世界大戦後の欧州と太平洋の平和を、アメリカの資本力に裏うちされた国際協調主義によって生みだそうとしたシステム。

による中国に対する国際管理を論ずるための国際会議が開催されるのではないかとみられていた。つまり中国の鉄道や財政問題という、列強の経済的権益に密接に関係する重要問題がワシントン会議以降も再討議されざるをえない状況が生まれるようなとき、日本とアメリカとの原理的な対立は必至であると判断されていた。

北京政府・軍閥・国民政府の三つ巴の内戦がつづくなかで、国民政府軍は広東から長江流域を北上し各地域を制圧していった（北伐）。国民革命軍総司令蒋介石（しょうかいせき）は一九二八（昭和三）年六月、首都北京にはいり全国制覇をはたした。

張作霖爆殺事件　この過程で田中（義一）内閣は同年五月三日、国民政府軍が二度目に山東省済南に北上してきたさい実力で同軍を撃退する挙にでた（第二次山東出兵）。満蒙を中心とした日本の特殊権益を維持する路線を選択した日本政府は、北伐軍の北上に危機感をおぼえてこのような対応をとったのである。田中内閣の方針であった張作霖（ちょうさくりん）をつうじた東三省⑲支配では満足せず、その張作霖を排除して直接支配を展開しようとするグループも関東軍のなかに生まれるようになる。その結果ひきおこされた謀略的事件が一九二八年六月四日の張作霖爆殺だった。本来は軍法会議⑳によって処断されるべき事件であったが、内閣としては犯人不明ということにして首謀者の河本大作（こうもとだいさく）を停職にしただけで一件落着とした㉑。これは天皇の不興をかい、不戦条約締結問題による政治力低下もあって、一九二九年七月二日田中内閣は総辞職した。

ロンドン海軍軍縮問題　ついで組閣した浜口（雄幸）内閣をゆさぶったのは、ロンドン海軍軍縮問題だった。一九三〇年四月二二日、五大海軍国（英米日仏伊）間に調印をみた補助艦保有量制限に関する条約について、政府の回訓決定が統帥権干犯（とうすいけんかんぱん）㉒にあたるとして、野党政友会や海

⑲満州に相当する地域を、ある時期の中国の行政区画でいうとこうなる。中国東北地区にある遼寧（奉天）・吉林・黒竜江の三省。

⑳軍人は通常裁判所の管轄に属していなかったので、その犯罪は軍法会議で裁かれることになっていた。

㉑張作霖爆殺事件は、関東軍高級参謀河本大作大佐が実行した謀略だったが、陸軍中央や関東軍、そして閣僚の大部分もが、事件の真相を明らかにすることに反対したため、満鉄線警備区域放棄責任を理由に行政処分にふしたのである。

㉒浜口内閣の行為が、憲法一一条「天皇ハ陸海軍ヲ統帥ス」を犯すものであるとの議論。条約上の兵力量を決定するのは、憲法一一条と一二条双方に関係する問題であり、内閣と海軍軍令部の協議をへてなされるものだったが、内閣を非難する側は、軍令部の反対をおして内閣が回訓したとして批判した。

軍軍令部が政府をはげしく批判したのである。軍縮会議がはじまるまえから海軍軍令部は、三大原則を実現しなければ国防は危機におちいると宣伝していた。三大原則とは、⑴補助艦の総トン数の対米七割、⑵一万トン級巡洋艦の対米七割、⑶潜水艦現有量七万八〇〇〇トンの三つである。日本の苦しい財政状態から考えて条約締結以外に選択肢がないとみた政府は、補助艦の総量を対米六割九分七厘五毛（大型巡洋艦は対米六割二厘）とする条約調印にふみきる。

同年一一月、浜口は統帥権干犯問題に刺激された右翼の青年佐郷屋留雄によって東京駅頭で狙撃され重傷を負った。そして、議会での政友会による内閣批判に答えるべく、無理に登壇して演説したこともたたって三一年死去した。

協調外交のたそがれ　浜口とともに条約締結に大きな影響をもったのは、外相の幣原喜重郎であった。幣原は一九二四年から二七年、二九年から三一年まで合計五年以上外務大臣をつとめた㉓。幣原は外相就任時に、権謀術数や侵略政策の時代はおわり、正義平和の大道をふんで外交をおこなわなければならないと演説した。幣原外交の特徴としては、経済重点主義的な外交、日本の経済権益が守られるかぎりでの中国への不干渉政策の堅持、ワシントン体制との協調があげられる。このように協調外交を推進してきた幣原であったが、その外交は中国情勢が安定し、ワシントン体制が有効に機能してはじめて成立するものだった。この二つの前提がくずれる三〇年代になると、協調外交はしだいに行きづまっていった。

モダニズムと社会主義　大正後半から昭和初年は不況にあえいだ時期であったが、第一次世界大戦後にパリでおこった、文学や美術を中心とするシュールレアリズムという運動の影響もあって、あたらしい表現方法も生まれた。たとえば古賀春江㉔の「海」（一九二九年作）などは、

㉓幣原は加藤高明・第一次若槻・浜口・第二次若槻の各内閣で外相をつとめた。いずれも憲政会・民政党を与党とする内閣であった。ワシントン会議当時の駐米大使で、会議の全権の一人でもあった。中国との関税会議においては非妥協的な意見をもっていた。

㉔大正後半期から昭和初期にかけて二科展を中心に活躍した前衛画家。ほかに「素朴な月夜」「動物園」などがある。

潜水艦、水着姿の健康的な女性、飛行船を配したモダンな絵画で、この時代の特徴をよくあらわしている。

思想としては、治安維持法㉕によるプロレタリア㉖運動弾圧にもかかわらず、社会主義思想が隆盛した。この時期、インテリあるいは知識階級などとよばれた高学歴者が青年層のなかで急増し、『改造』や『中央公論』などの総合雑誌、また小林多喜二の『蟹工船』（一九二九年）などのプロレタリア文学の読者層として成立していた。一九二八年から三五年にかけて、改造社から向坂逸郎・大森義太郎の編集によって世界最初の『マルクス・エンゲルス全集』三三巻が刊行されてもいる。

歴史学の分野では、津田左右吉が『古事記』『日本書紀』を研究して、これは史実ではなく皇室の支配の由来を示すための創作であるとして、科学的研究方法を提議した。農商務省官僚として出発し、のちに農政学者として各地を講演旅行した柳田国男㉗は、山間部の狩猟伝承や平野部に住む無名の農民である「常民」の生活史を明らかにして、日本における民俗学の確立に貢献した。近代史研究としては、明治維新以来の日本の資本主義的な発展段階を位置づけるため、一九三二年から三三年にかけて野呂栄太郎・大塚金之助・山田盛太郎らによる『日本資本主義発達史講座』㉘が刊行された。

一九二〇年から二五年にかけて、マルクスの大著『資本論』が高畠素之の手によって翻訳されたこともあり、マルクス主義は歴史・経済・哲学などのひろい分野にわたって影響力をもった。河上肇は一九一六（大正五）年に『貧乏物語』を新聞に連載し、人道主義的な立場から貧困の問題をとりあげるなど改良主義的な立場にたっていた。しかし、一九二八年から刊行さ

㉕治安維持法自体については、二三五ページ参照。第一回普選、三・一五事件に衝撃を受けた田中内閣は、全国のすべての府県に特高課を置くことにし、改正を緊急勅令の手続きでおこなった。

㉖マルクス主義の用語でいえば搾取される階級を意味し、一般的には労働者をさす。

㉗著書に『遠野（とおの）物語』（一九一〇年）、『民間伝承論』（一九三四年）などがある。民俗学の研究とともに、後進の指導・組織化につとめ、柳田民俗学を確立した。

㉘一九三二年五月から三三年八月にかけて岩波書店から出版された。七巻。基本的にはつぎにおこされるべき革命の性格を定義するために、コミンテルンがおこなっていた各国の資本主義の段階や支配の性格を評価した文書である「二七テーゼ」や「三二テーゼ」の影響を強く受けているが、こ

れはじめた『資本論入門』『経済学大綱』では、マルクス主義経済学の立場をとるようになった。

3　軍部の台頭

周到な計画　浜口遭難のあと第二次若槻（礼次郎）内閣が成立したが、井上財政への不人気から国民の支持をうることはできなかった。若槻内閣をつよく動揺させたのは、一九三一（昭和六）年九月一八日の満州事変の勃発だった。一九三〇年ころ、中国は過去の列強とのあいだに締結された条約の無効を一方的に宣言する、いわゆる革命外交とよばれる硬直した外交姿勢を示した。このような情勢をみた関東軍（かんとうぐん）㉙は、実力行使によって中国の国権回収運動の、満州への波及を阻止しようとした。日本は「中国の主権、独立ならびに領土的および行政的保全の尊重」をうたった九ヵ国条約と、自衛以外の戦争を否認した不戦条約㉚の締約国でもあったので、関東軍は形式的にこの二つの条約に抵触しないようなかたちで、武力で満蒙を中国から切りはなし、日本の勢力下におこうと計画した。

関東軍参謀石原莞爾（かんじ）は、張作霖爆殺で試みたような鉄道爆破を自作自演し、これを抗日勢力のしわざであるとして、それに対する自衛行為として関東軍が戦闘行為にはいるとの構想をたてた。このような方法で、不戦条約をクリアーできると認識していたのである。また満州民族が中心となって清朝最後の皇帝溥儀（ふぎ）を復辟（ふくへき）㉛させるというストーリーは、満州民族が民族自決のために立ち上がるという構図となり、九ヵ国条約違反という批判をもかわせるとしたのである。九月一八日奉天郊外柳条湖（りゅうじょうこ）で南満州鉄道線路を爆破した関東軍は、これを中国軍のしわざと

の時点で近代分析の一つの方法を確立している点で画期的であった。

㉙関東州防衛と、南満州鉄道沿線保護に任ずるための軍隊。満州事変までは基本的に独立守備隊（六大隊）と内地から交替で派遣される一個師団からなっていた。

㉚一九二八年八月二七日、パリで一五ヵ国間に調印。国家の政策の手段としての戦争を放棄するとの内容。田中内閣がこの条約を批准するにあたり、第一条の「人民の名に於て」の部分が、天皇の外交大権を干犯したものであると非難を受けた。

㉛辛亥革命によって倒れた清朝を再興しようとする計画。

して軍事行動を開始、内閣は不拡大方針を声明したが、関東軍は全満州を軍事的制圧下におくべくむしろ戦線を拡大していった。

若槻内閣が閣内の意見不一致で総辞職すると、一九三一年一二月一二日犬養内閣が成立した。蔵相には金の流失を最小限におさえつつ金輸出再禁止を断行し、同時に為替管理を早急におこなう力量が期待された。その点を考えれば、当時それにふさわしい人物は高橋是清をおいてほかにいなかった。政友会単独内閣として成立した犬養内閣は、一二月二六日に召集した議会を解散し、景気回復・産業立国というスローガンで選挙をたたかった。その結果、三二年二月二〇日の総選挙で、政友会は三〇三議席という空前の多数を獲得した。

上海事変と満州国の承認　しかし陸軍は列国の目を満州からそらすため、また満州事変以来再燃した日貨排斥運動㉜を軍事的威嚇で終熄させるため、列国の権益の集中する上海で戦闘をおこした。一九三二年一月二八日、一八〇〇名の海軍陸戦隊が抗日意識に燃える三万の中国第一九路軍と戦闘状態にはいった。

中国は満州事変を日本の侵略行動であるとして国際連盟に提訴したので、連盟は同年二月、リットン卿を代表とするリットン調査団㉝を派遣した。調査団は事件の発生現場だけでなく、日本・中国・中国東北部を広範に視察したが、ちょうど一行が上海におもむいたのは、上海事変の戦闘の余燼も冷めやらないときだった。また調査団は、日本国内でおきたテロも目のあたりにした。同年二月九日前蔵相井上準之助が、また三月五日三井合名理事長団琢磨（だんたくま）があいついで射殺されたこと（血盟団事件）は、日本のこれまでの緊縮財政政策や財閥について、国家主義的な思想をもつ人びとの不満がいかに根強いかを知らしめたし、老練な政治家であり首相でもあ

㉜日本商品の取りあつかい、売買に関する全般的なボイコット。はやいものでは、一九一五年、対華二十一ヵ条要求に反対しておこったものがあり、一九一九年のパリ講和会議で、山東の旧ドイツ権益還付問題で中国側の主張が入れられなかったことに抗議しておきた五・四運動の際のものが、大規模で長期的なものだった。その後も政治的な事件、軍事的な紛争のたびごとに発生した。

㉝英米独仏伊の五大国から調査団員が一名ずつ選ばれていた。一九三二年二月二九日、横浜に到着し半年以上にわたって、東京・大阪・神戸・上海・南京・漢口・北平・奉天・長春・ハルビンなどを視察した。

った犬養が少壮軍人によって殺害されたこと（五・一五事件）は、日本における二大政党制がおおきくゆらぎ、より強硬な大陸政策をおこなう内閣が成立することを予感させた。

日本側としては、リットン調査団による報告書が連盟に提出される前に、既成事実として満州国を建国させ（一九三二年三月一日）、日本側がこれを承認することで国家としての体面をととのえようとした。同年九月五日、斎藤（実（まこと））内閣は日満議定書㉞の調印にふみきった。

挙国一致内閣による相対的安定期　一九三三（昭和八）年二月二四日の国際連盟総会の採決で対日勧告案㉟が採択されると、同年三月二七日斎藤内閣は国際連盟を脱退した。常任理事国である日本がその有利な地位をすてるとは考えていなかった各国は衝撃をうけた。同年五月塘沽（タンクー）停戦協定が締結され、河北省東北部の冀東（きとう）地区から中国軍と日本軍双方が撤退し、そこに非武装地帯を設定し、治安維持には中国側の警察があたることになった。ここに満州事変以後の大規模な軍事行動はいったんは終熄した。

高橋財政と農村不況への対策　高橋是清は日本経済回復のための処方箋として、為替放任㊱による輸出拡大、低金利による公債発行増、財政支出拡大による金づまり状態の打破という三つの対策をたてた。そのなかでも注目されるのが財政支出拡大策の一環であった時局匡（きょうきゅう）救事業（農村経済更生運動）である。時局匡救事業費という財政費目は、高橋財政下ではじめて登場したものであり、農村救済のために農村で土木事業をおこした。

政府は、一九三二（昭和七）年からほぼ三年間に八億円相当の土木事業をおこなった。また農村の借金をかたがわりするために、大蔵省預金部の資金から八億円ほどを支出して農村に低金利で金を貸しつけた。こうして、おりからの満州事変の勃発による投資の拡大、輸出増加な

㉞傀儡国家満州国を全面的に援助していく方針を内外に示すため、日本と満州国のあいだに締結された基本条約。当初、関東軍は満蒙地域の併合を考えていたが、政府・陸軍中央の反対により、該地域を中国から切り離し独立国とする方針に切りかえた。

㉟リットン報告書に準拠した勧告案に対する投票は、賛成四二、反対一（日本）、棄権一（シャム）、欠席一二で勧告案は採択された。

㊱金解禁時に一〇〇円について約四九ドルだった相場は、約二五ドルまで下落した。この円安を利用してかねて合理化による競争力を高めていた綿業、ことに綿布の輸出が伸びた。

どの要因もあって、日本経済全体は不況から脱出し農村の窮状も回復にむかっていく。

このように高橋財政の一定の成功によって深刻な農村不況は回復にむかったが、このときの苛酷な農村疲弊の体験は満州への農業移民送出論を活性化させた。一九三二（昭和七）年一〇月から四年間にわたって、関東軍と拓務省の主導で試験的な移民が計画され、一九三六（昭和一一）年には広田（弘毅）内閣が国策として二〇年間に一〇〇万戸を送りだす決定をくだした。当初の移民計画は農村過剰人口のはけぐちを求めるためであったが、日中戦争が勃発し成人労働力が不足しはじめると、一六歳から一九歳の青少年層を送出するように政策は変化する。このように送りだされた青年たちは、満蒙開拓青少年義勇軍とよばれた。

広田外交　元老は斎藤内閣のあとの首相として、海軍長老であり穏健派と考えられていた岡田啓介をたてて、まずは少壮軍人たちを中心とする国家改造運動を沈静化することにつとめた。斎藤内閣に引きつづき岡田内閣においても外相に就任した広田弘毅は、中国とくに華北地方に対する日本の経済的進出を最重要課題とし、それ以外の点で中国と協調する方針をとった㊲。中国においても日本の侵略のため国民政府支配区域に空白地帯が生じ、各地で共産党の隆盛がみられるようになった。そこで国民政府は、国内の共産党との対決を優先させるために、親日的な関税の実施、中満通郵協定の締結、排日貨の取締りなどの諸方策をとり、翌年前半にかけて日中間にはこれまでの緊張関係の緩和がみられた。

4　二・二六事件と近衛新体制運動

天皇機関説事件と二・二六事件　斎藤実、岡田啓介と、二代の海軍長老内閣がつづいたこと

㊲広田三原則とよばれるものは、排日の取り締まり、満州国の事実上の承認、外蒙古の赤化防止への協力であった。関東軍のすすめる華北分離工作を抑止するために、日中間で合意可能な防共的側面を強調したものだった。

㊳天皇機関説、国家法人説とも。主権は天皇にあることは自明としながらも、統治権の主体を法人としての国家に帰属させ、天皇は国家の最高機関として憲法の

は、陸軍のなかに不満をつのらせることになった。かねてから美濃部達吉の憲法学説[38]を反国体的であると批判していた原理日本社の三井甲之・蓑田胸喜らの攻撃を背景に、一九三五（昭和一〇）年二月の第六七帝国議会の席上、貴族院の軍出身議員である菊池武夫と政友会議員がこの問題をとりあげて、岡田内閣の倒閣に利用しようとした。四月、内務省は美濃部の著書『憲法撮要』などを発禁とした。天皇機関説が葬られたことは、政党内閣制の理論的支柱がなくなったことを意味していた。

現状打破をのぞむ勢力、すなわち陸軍皇道派[39]・政友会の一部・民間の革新的右翼団体・在郷軍人会などは、全国的に機関説排撃運動を展開した。政府は二度の国体明徴声明[40]を発して、美濃部の憲法解釈を公的に否認することを余儀なくされた。運動の沈静化につとめるとともに、陸軍では永田鉄山陸軍省軍務局長などの統制派[41]が中心となって、皇道派の勢力をそぐような人事異動をおこなった。とくに真崎甚三郎教育総監が更迭されたことは、皇道派系青年将校を刺激し、同年八月一二日、永田軍務局長が陸軍省内で白昼暗殺されるという事件に発展した。

国内の政治改革をどのようにすすめるかという観点での対立を深めていた、皇道派と統制派の対立は頂点に達し、皇道派青年将校にひきいられた歩兵第一連隊・第三連隊を主力とする約一四〇〇名は、一九三六年二月二六日早朝蜂起した。叛乱軍は、斎藤実内大臣、高橋是清蔵相、渡辺錠太郎教育総監らを殺害し、鈴木貫太郎侍従長、牧野伸顕前内大臣を襲撃のうえ、警視庁・陸軍大臣官邸・陸軍省・参謀本部を占拠した。蹶起趣意書は「奸臣軍賊」をのぞくためとのべていたが、具体的には皇道派系の暫定内閣をつくろうとしていた。

クーデターは戒厳令下に鎮圧され、斎藤・岡田内閣で外相をつとめた広田弘毅に大命降下し

条項にしたがって統治権を行使する存在であると考える学説。憲法起草者の伊藤博文らの立憲政治に対する理解を発展させたもの。それに対して統治権は神聖不可侵の天皇にあり、それは無制限であるとする上杉慎吉らの議論と対立していた。

㊴元来は、長州閥の陸軍支配に対抗するため、非長閥の上原勇作のもとで形成され、のちに全国の隊付青年将校のレベルを中心として、真崎甚三郎・荒木貞夫を支持し国家改造を唱えた。

㊵政友会・在郷軍人会・皇道派・右翼から攻撃を受けた岡田内閣は、元来は天皇機関説に反対ではなかったが、「我が国の統治権の主体は天皇にあり」と機関説を排撃する声明をださざるをえなかった。

㊶陸軍省や参謀本部の若手幕僚層が中心となり、国家総動員計画の実現を第一にめざした。永田鉄山・渡辺錠太郎・東条英機など。

た。陸軍はこのあと皇道派を軍中枢から一掃し（粛軍）、全国でおこなわれていた青年将校運動を抑圧するいっぽう、軍部大臣現役武官制を復活し㊷、陸軍大臣をつうじた内閣への政治的圧力の強化をはかった。

さまざまな新党構想　広田内閣成立後、軍民協力をかかげるグループが陸軍中堅層を結節点として形成されつつあった。その背景には、本来政党制がはたしていた役割を挙国一致内閣でははたせないとの事情があった。予算の優先順位や政策のランクづけを決定するという点では、陸海軍と外務以外の閣僚を、政綱を同じくする同一の政党からだす政党内閣制はすぐれていたので、この政党制が崩壊すると全般的な政綱を準備して計画する母体が必要となってくる。そこで、いろいろなグループを網羅する新党構想がだされてきたのであった。これ以降も日中戦争勃発後の一九三八年初頭、近衛文麿を指導者とする強力新党運動、また、一九四〇年四月からの欧州でのドイツの快勝という戦況の変化をうけて、現状維持的な米内（光政）内閣を打倒し、革新的な内外の政策を実行できる体制をつくろうとした近衛新体制運動㊸などがあった。

5　日中戦争からアジア太平洋戦争へ

ソ連の動向と盧溝橋事件　石原莞爾ら満州事変を計画した軍人のもくろみは、ソ連が第一次五ヵ年計画を成功させ、いちじるしい軍備の近代化・重化学工業化に成功した結果、変更を余儀なくされた。ソ連の南下に抵抗するための前線基地として満州国を位置づけ、そこに重化学工業をおこして航空機産業を育成するという構図があらためて描かれた。一九三六（昭和一一）年六月の「帝国国防方針」の第三次改定では、想定敵国としてアメリカ・ソ連・中国、そして

㊷陸海軍大臣の就任資格を現役の大中将であるとする制度。一九一三年いったんは現役規定が削除されていたものを、二・二六事件後復活した。この規定により宇垣（一成）内閣は流産した。

㊸日本の自主外交への要求と、英米に依存した経済的基礎からの脱却、日中戦争の解決、これらを実現するためには、執行権力の一元化、天皇輔弼者（ほひつしゃ）の一元化が必要だとの考えのもとに近衛周辺ではじめられた運動。近衛のブレイン・社会大衆党・陸軍などがこれをバックアップした。具体的には既成政党を解党させ一国一党の組織を作り、その下に国民組織を形成しようとした。

あらたにイギリスがあげられ、陸軍はソ連を主目標とし、海軍はアメリカを目標として軍備をととのえる方針をかためた。そのためには、日本国内の重要産業の育成がまずはかられなければならなかった。陸軍統制派が財閥と比較的良好な関係を保とうとしていたのは、その支援を必要としていたからである。

本来、軍事バランスからみて、極東ソ連軍とのいちじるしい格差がなくなるまでは、中国との戦争は避けるべきであるとの考えを軍部ももっていた。しかし一九三七年にはいり、西安事件をきっかけに中国では国民党と共産党の抗日統一戦線⑷が実現していた。国民政府は蔣介石のもとに近代化を成功させ、それはドイツ軍事顧問団の援助による軍事面での国防体制の整備にもあらわれていた。中国は日本がさらに満州の重化学工業化・軍事基地化をはかり、華北分離工作をすすめるのに直面し、日本への本格的な抗戦を決意せざるをえなかった。いっぽう日本側は依然として対米作戦の後背地としての中国占領をイメージしていたので、対中国の全面的な作戦計画すら立案されていないような状況にあった。

七月七日夜の盧溝橋（ろこうきょう）での日中両軍の突発的衝突からはじまった日中戦争は、中国側の頑強な抵抗にあい、日本側の予想をはるかにこえて長期全面戦争化した。戦争に突入した日中両国にとって、アメリカの資金・物資の獲得と、友好的な外交関係は死活的に重要な問題であった。しかしアメリカでは一九三五年八月三一日に、一つには他国の戦争にまきこまれまいとする孤立主義的な発想から、また一つには戦争をアメリカの力で抑止・制裁しようとする発想から中立法が制定されていた。その内容はアメリカによって交戦中であると認められた国には兵器類を禁輸し、その国の責任において現金払い・自国船輸送でしか貿易品・物資を供給しなかった

⑷一九三七年九月二二日、第二次国共合作が成立した。その前年一二月の西安事件で張学良に軟禁されて以来、蔣介石は、共産軍との対決を避けて日本軍の打倒を第一にかかげざるをえなくなっていた。

り、金融上の取引きの制限、すなわち交戦国の債権や手形を市場で決済しないように制限を課するものだった。両国ともにアメリカ中立法の適用を避けるため、宣戦布告をおこなわないまま、実質的な戦争が戦われていた。

日本側は、華北と華中の一部を軍事的に制圧したあと、各地に傀儡(かいらい)政権を樹立[45]するかたちで中国を蚕食(さんしょく)していった。これに対して国民政府は南京から重慶(じゅうけい)に遷都（一九三七年一一月二〇日）しつつ抗戦を継続した。一九三八年一一月上旬の武漢(ぶかん)作戦が終了しても中国側の抗戦意思におとろえがみられないこと、また日本側としても作戦の限界点まで達したものと認めざるをえず、長期持久戦への移行を決意し相応の態勢をととのえることになった。この具体化が一九三八年一月の「国民政府を対手(あいて)とせず」声明[46]であった。日本はこれによって和平の可能性をみずから断ちきったことになる。

近衛声明　近衛文麿首相は、一九三八年一一月三日（東亜新秩序声明）と一二月二二日の二度にわたって、この戦争の目的が東亜新秩序の建設にあると意義づけて、近衛声明（善隣友好・共同防共・経済提携）を発表した。これはこの戦争を聖戦であると位置づけ、戦争終結後には中国からは賠償金もとらなければ、領土の併合も要求しないことなどをうたったものだった。また、汪兆銘(おうちょうめい)など親日派分子を国民政府から離脱させようとの意図にもとづいてなされたものであった。こうして汪を中心として、一九四〇年南京に傀儡政権(かいらいせいけん)である「国民政府」を樹立することになった。

元来、突発的にはじまった日中戦争の目的を、日本側が東亜新秩序というような思想的傾向をおびた言葉で語るようになったのは、一九三八年ころからイギリスの対アジア政策が軟化

[45]北支那方面軍は、一九三七年一二月一四日、北平に中華民国臨時政府（行政委員長王克敏〈おうこくびん〉）を、中支那派遣軍は、翌年三月二八日、南京に中華民国維新政府（行政院長梁鴻志〈りょうこうし〉）を樹立した。

[46]国民政府の首府であった南京を攻撃する作戦前、日本はドイツの仲介で蔣介石を相手とした「トラウトマン工作」をもすすめていた。しかし、作戦経過をみて強気になった日本側が和平条件を付加したため交渉は時間ぎれとなり、日本側は国民政府をすてて親日新政権を樹立するとの一方的声明をおこなった。

（同年九月三〇日ミュンヘン協定調印㊼）し、さらにドイツがこれまでの中国との友好関係をすてて日本に接近した（ドイツは同年五月一二日満州国承認）ために、日本としても中国内部の親日勢力を引きだし、そのグループと提携して東アジアでの日本を盟主とした新体制樹立をはかろうとしたからである。一九四〇年七月二二日の第二次近衛内閣の成立は、そのような意味で重要なターニングポイントとみなせる。

アメリカとの対立と第二次世界大戦の勃発　北太平洋とユーラシア大陸への自由な交通・貿易関係が確保されていること、これはアメリカにとってきわめて重要な安全保障上の一つの柱であった。その死活的な場所に東亜新秩序なるものが日本によって樹立されようとしているとの事態は、アメリカにとって深刻に受けとめられた。これが一九三九（昭和一四）年七月の日米通商航海条約廃棄通告㊽につながっていく。

同年八月、ドイツとソ連が独ソ不可侵条約を突然締結した。九月、この条約における密約（ポーランドなど東欧を独ソで分割）を背景にドイツはポーランドに宣戦布告した。これをうけて英仏がドイツに宣戦布告し、第二次世界大戦が勃発した。ドイツの電撃作戦の成功により翌年春には、フランス・オランダ・ベルギーがドイツに敗退㊾し、イギリスだけが抵抗をつづけている状態になった。

日本の南進　日本は米内内閣が「欧州戦争不介入」を声明したようにヨーロッパでの戦争を傍観していたが、英・仏・オランダなどが敗退したあとの南方植民地を影響下におくため南進政策をとるようになった。南進の理由としては、重慶の国民政府への援助物資の運びこまれるルートを封鎖し、日中戦争を最終局面に導くねらいもあった。対英米戦争を覚悟してもドイツ

㊼イギリス・フランス・ドイツ・イタリアの四ヵ国がミュンヘンに集まり、ズデーデン地方のドイツへの割譲に合意したこと。失地回復に燃えるヒトラーに対して、デモクラシーを標榜する陣営の英仏がどのような態度にでるか注目を集めていた。英仏が当面の戦争をさけ、ドイツに宥和的態度をとったものと判断された。

㊽本条約は一九一一年に締結されたもので、日米間の対等な政治的経済的関係の基礎となる条約。アメリカは日本の対中国政策、ドイツ・イタリアとの防共協定強化交渉に反対する態度を示すため、廃棄通告をおこなった。あらたな協定を締結しないかぎり、六ヵ月後の一九四〇年一月をもって廃棄されることになっており、実際に廃棄された。

㊾一九四〇年五月一五日オランダ降伏、同五月二八日ベルギー降伏。六月一四日ドイツ軍パリに無血入城。

と提携して南方に進出すべきだとの方針は、さきにのべた近衛新体制運動につながっていき、一九四〇年七月第二次近衛内閣が成立した。

同年九月、日本は北部仏印（フランス領インドシナ）に進駐し、日独伊三国軍事同盟を締結した。三国のうちいずれかがアメリカによって攻撃されたときは、同盟国はあらゆる政治的、経済的および軍事的方法により相互に援助する規定がもりこまれた。これによってアメリカの参戦を抑止しようとしたのである。これに対してアメリカは、くず鉄・鉄鋼の対日輸出禁止措置をとり、日本への経済制裁を本格化させた。

アメリカと決定的な対立を深めた日本だったが、軍部にはアメリカとの戦争に勝つみこみがあったのだろうか。日本側の考えでは、南進して仏領インドシナ地域を支配下におさめ、援蔣ルートを閉鎖することによって重慶の国民政府の屈服をはやめ、独伊との連携によってイギリスの抗戦意思をなくすことによって戦争を終末に導けると考えていた。つまり、アメリカとの戦いを自力で勝利できるとは考えていなかった。一九四一年の数字で日米の戦力を比較すれば、最も重要な指標の一つ粗鋼（そこう）生産でいえば、日本を一とした場合アメリカは一二・一、同様に航空機生産量では一対五・二という格差が厳然としてあった。これでは日本側が一九三七年から貿易および関係産業調整法や貿易組合法を施行し、また翌年の国家総動員法[50]の発動にともなう経済の分野での統制の強化、物資動員計画[51]など、いくら努力したところでアメリカの経済力に対抗するのは困難であったろう。

日米交渉　第二次近衛内閣の外相松岡洋右（ようすけ）はソ連と日本が提携することによってアメリカを牽制しようとし、一九四一年四月モスクワで日ソ中立条約を調印した。おなじころ、最悪の事

[50]四月一日公布（五月五日施行）。日中戦争の長期化が予想されるなかで、まずは国際収支の危機を統制によってのりきるため、第七三議会で成立。政府の裁量で、広範に経済・国民生活・労務などの分野への統制が「勅令ノ定ムル所ニ依」り可能となった。委任立法の範囲が広大なので、受権法との批判がなされた。

[51]企画院によって、一九三八年から策定された。外貨・輸出力・金準備から年間輸入力をまず策定し、そのうえで必要な輸入物品の量を、軍需・民需にわけて物品ごとの輸入量を決定した。

態をふせぐために日米交渉が開始されていた。同年四月から一一月にかけて、駐米大使野村吉三郎と国務長官コーデル＝ハルとのあいだに開かれたルートであった。外相の留守中にすすめられた日米交渉に松岡は反対したため、その松岡を更迭する目的で近衛は第二次内閣を総辞職し、七月、第三次近衛内閣を組織した。

　このころ日本は、北方では関東軍特種演習（関特演）を実施し、南方では南部仏印進駐[52]をおこなった。これに対してアメリカは在米日本資産を凍結し、対日石油輸出の禁輸の決定をおこなった。日本の新秩序建設の意図に対して、アメリカがそれに反対する意図を最も明確に示したものだった。

御前会議　一九四一年九月六日の御前会議[53]において、日米交渉の期限を一〇月上旬とくぎり、交渉が成功しなければ対米開戦にふみきるとの内容をもった「帝国国策遂行要領」[54]が決定された。近衛は近衛・ルーズヴェルト会談の実現による局面打開を期待したが、三国同盟の再検討、中国からの撤兵問題について東条英機陸軍大臣の同意をうることができず、内閣は一〇月一六日総辞職[55]する。木戸幸一内大臣は、九月六日の御前会議決定を再検討することを条件に、東条陸相を後継首班に推薦した。

　しかし、一一月二六日のハル・ノートの論調は、中国・仏印からの全面的無条件撤退、満州国・汪兆銘政権の否認、日独伊三国同盟の実質的廃棄など、日本に満州事変以前の状態にもどることを要求した強硬なものであった。一二月一日の御前会議は対米交渉を不成功とうけとめ、一一月五日の決定にもとづいて米英に対する開戦を決定した。

戦争の経過と大東亜会議　一九四一年一二月八日午前二時（日本時間、以下同じ）日本軍はマ

[52] 一九四〇年八月の北部仏印進駐につづき、日本は南方作戦基地確保のためにビシー政権との交渉にはいり、四一年七月二九日、日仏議定書に調印した。

[53] 天皇の出席のもとに国務大臣や軍の代表者が参集して、開戦・講和の可否、対外政策決定などにあたる会議。昭和戦前期にあっては、大本営政府連絡会議が御前会議となることがおおかった。出席者は首相・蔵相・外相・内相・陸海軍大臣・参謀総長・軍令部総長などが参加した。

[54] 一〇月下旬を目途に対米戦争準備を完了すること、同時に日米交渉も継続するとした、両論併記のかたちをとっている。別紙に、米国は日中戦争に干渉しないこと、日独伊三国同盟の参戦義務に対する解釈と行動は自主的におこなうなどの対米譲歩案をのせていた。対米交渉が期限付になった点が大事である。

[55] 一〇月一七日次期首相を

レー半島コタバルに上陸するいっぽう、午前三時一九分ハワイの真珠湾に停泊中の米戦艦主力を空襲した。攻撃の三〇分前に手渡されるはずの最後通牒は、日本大使館での翻訳の遅れから午前四時すぎとなり、攻撃は開始されてしまっていた。アメリカは太平洋と大西洋、アジアとヨーロッパの二正面戦争に参戦していく。ドイツもこれを受けてアメリカに宣戦布告した。

一二月八日に発せられた米英両国に対する「宣戦(せんせん)の詔書(しょうしょ)」では、欧米列強による経済的・軍事的脅威の増大は、東アジアの安定を目標とした日本の努力をふみにじるばかりか日本の存在をも脅かすものであり、日本は自存自衛のために戦争に訴えたのだと説明されていた。こうして本来は英米との対立から戦争が開始されたのであったが、しだいに大東亜共栄圏確立、アジアの解放というスローガン自体に日本自身が拘束され、戦域は拡大し戦争は長期化していく。

戦時体制の強化　戦争にむけて国家をまとめるために、政治と経済の二つの面から全体主義的な再編がすすんだ。一九三七年日中戦争開始後、「挙国一致・忠君愛国・堅忍持久(けんにんじきゅう)」をスローガンとする、戦争協力のための教化運動である国民精神総動員運動が組織された。新体制運動は、一つには近衛を首相とするための運動であったが、一つにはドイツのナチス党やロシアの共産党をイメージして、強力な指導政党を中心とする政治体制の樹立をめざすものだった（一国一党制）。複数政党の存在は戦争遂行の邪魔であるとして、一九四〇年七月から八月にかけて全政党が解党し、一〇月大政翼賛会(たいせいよくさんかい)が発足した。

しかし右翼からは、天皇の統治する国家にあってこのような一国一党の政治体制をとることは、幕府的存在をつくることと同じであるとの批判がなされ、できあがった大政翼賛会は当初めざしたようなものではなく公事結社[56]とされ、町内会・部落会・隣組などを下部組織とする上

選ぶための重臣会議が宮中で開かれた。若槻は宇垣を、木戸は東条をおし、御前会議の再検討と陸海軍の真の協調に努力させるべきだとした。

(56) 右翼勢力の一部は、大政翼賛会が一国一党的なもの、前衛党的なものではないかと攻撃をくわえていたので、政府側はこれは政治結社ではなくて、たとえば衛生組合のようなものであるとして、その批判をかわした。

意下達機関となった。

経済面についても統制が強化された。日中戦争勃発直後、軍需産業に資金を重点的に投入するための臨時資金調整法[57]と、貿易関係物資を全面的に統制する輸出入品等臨時措置法[58]を公布した。一九三八年の国家総動員法は、戦時の「人的及物的資源」の統制運用を勅令によって可能にした法律で一種の受権法であったことから、政府は議会の承認をへることなく総力戦のための経済統制をおこなうことができた。国家総動員法にもとづいて国民徴用令・価格等統制令など、おおくの勅令が発せられた。

戦況の悪化　連合国はドイツ打倒を第一の目標においたので、太平洋方面の軍事力投入は当初は抑制された。その結果日本は一九四二年春までに、シンガポール・フィリピン・ジャワ・ビルマなどをつぎつぎに占領し、予期以上の戦果をおさめて第一期の作戦を終了させた。日本側は連合軍の反攻を四三年以降とみつもり、長期持久に耐えられる態勢にはいろうとしていた。しかしアメリカの軍事的な優位の確保は予想以上にはやかった。一九四二年六月五日のミッドウェー海戦では、日本側は四空母を失うという大敗を喫した。また同年一二月三一日、大本営はガダルカナルからの撤退を決意せざるをえなかった。

戦域の正面が太平洋方面になってくると、日本側も戦略の再検討をせまられた。一九四三年九月三〇日の御前会議決定「今後執るべき戦争指導大綱」は、千島・小笠原・マリアナ・カロリン・西ニューギニア・ビルマの線に防衛のラインを後退させ、ここを「絶対確保すべき領域」とさだめた。予想以上にはやい米軍の反攻によってあらたな防衛態勢の確立をせまられた日本は、アジア占領地域の政治的結束と統治の安定化を、兵力をさくことなくおこなう方式を

[57]資金貸付や社債の発行などすべて政府の許可制とすることによって、不要不急産業への資金流入を制限できるようにした。このため繊維産業・食品産業などは平常の資金需要の一三パーセントしか供与されなかった。

[58]貿易依存度の高い日本では、ほとんどすべての商品が輸出入に関係する商品であったので、この法律はきわめて広範な影響を与えた。

採用する。このための調整もあって同年一一月五日、満州・タイ・ビルマ・フィリピン・中国汪兆銘政権の各代表者を集めて大東亜会議[59]をひらいた。しかし、一九四四年七月マリアナ失陥の責任をおって東条内閣は総辞職し、小磯（国昭）内閣が成立した。

戦時下の国民生活　戦争が長びくにつれて、生活必需品への統制が急速にすすめられた。一九四〇年には砂糖・マッチ・木炭の切符制が実施され、これはほとんどすべての日用品へと拡大された。米の配給もはやくも翌年からおこなわれた。「不要不急」の民需品の生産や輸入はきびしく制限され、生産資材は減少し、農産物を供給するための農村の労働力が動員や徴用によって激減したことによる減産などで、食料や日用品は劇的にへった。

政府は空母と航空機の生産を最重要視し、一九四三年にはさまざまな平和産業・中小企業の整理をおこなった。翌年には、労働力の根こそぎ動員がなされる。軍隊に動員された青壮年男子がすでに四〇〇万から五〇〇万になっていたので、中等学校以上の男子学生はもちろんのこと、女子学生も挺身隊（ていしんたい）[60]を組織させて軍需工場に動員した。また数一〇万の朝鮮人や占領下の中国人を日本に連行して炭鉱などで働かせた。

一九四五年七月の国民生活物資の量を、四一年を一〇〇としてくらべてみると、肉が二〇、魚が三〇、綿織物二、毛織物一、石鹸四、紙八という数字にまで落ちていた。政府による配給では生活の最低ラインさえ困難であった。ただ、それ以上に日本に占領された地域の困窮はひどく、これも四一年を基準としてインフレーションによる物価の倍率は、ビルマで一八〇〇倍、ジャワで三〇倍にものぼった。

植民地・中国占領地・南洋諸地域での動員強化　欧米の植民地支配からの解放をうたった大

[59]外相重光葵（しげみつまもる）などは、連合国の大西洋憲章に比肩するような構想を日本側ももつべきだと考えていた。会議に出席したものは、満州国からは張景恵（ちょうけいけい）国務総理、南京政府からは汪兆銘行政院長、フィリピンからはラウレル大統領、タイからはピブン首相代理としてワン＝ワイタヤコーン、ビルマからはバー・モウ首相、陪聴者として自由インド仮政府首班チャンドラ・ボースであった。

[60]一九四三年九月から組織され、同窓会・婦人会単位で軍需工場に動員された。翌年八月の女子挺身隊勤労令は、女子の勤労を強制的なものとした。

東亜共栄圏のスローガンは、戦局の悪化とともにその内実を露呈せざるをえなくなってくる。台湾(61)・朝鮮(62)は、中国大陸・東南アジアへの侵攻拠点・兵站基地として戦略的価値が高まり、人的物的資源の供給地として認識された。台湾からは砂糖と米が、朝鮮からは鉄鉱石・米などが内地に運ばれた。中国における占領地(63)からは、鉄鉱石・石炭・タングステン・綿花が運ばれた。いっぽう政治的には、植民地の人びとの自発的な戦争協力を引きだすためにさまざまな皇民化政策がすすめられた。創氏改名、国語の常用など、内地化がめざされた。朝鮮では一九四四年から、台湾では四五年から徴兵制も適用された。

香港・フィリピン・マレー・スマトラ・ジャワなどの占領地は陸軍が、蘭領ボルネオ・セレベス・ニューギニア・グァムなどは海軍が軍政を担当した。これらの地域は、日本にとっては戦争遂行のための資源の供給地であり、労働力を搾取する対象であった。ボーキサイト・生ゴム・石油・マニラ麻・リン・コプラなどが日本に運ばれた。

アメリカの対日侵攻計画と日本の敗戦　一九四四年末からは、アメリカ軍機による本土爆撃が激化した。当初は、航空機を生産する軍需工場などをねらった高度爆撃をおこなっていたアメリカ軍も、しだいに国民の戦意喪失をねらって人口密集地を焼夷弾によって空襲するようになった。アメリカの統合参謀本部は日本への接近ルートとして、陸軍の主張する南西太平洋からの北上ルートと、海軍の主張する中部太平洋から北西に進むルートの二つをともに採用した。しかし最終的に日本を降伏させるには、二つのルートからする接近作戦の成功後、本土上陸侵攻作戦（ダウンフォール作戦）が必要だと考えられ、この作戦もまた周到に計画された。一九四五年二月四日から一一日にかけて、米英ソ三国首脳によるヤルタ会談が開かれた。この会議で

(61)軍隊の南進基地として重要視され、戦争末期には台湾を要塞化するための莫大な資材と労働力が使われた。戦争末期には製糖というよりは、航空燃料の原料となるブタノールを砂糖から生産していた。

(62)朝鮮からの鉱産物は日本の軍需資源の相当部分をささえていた。外貨不足に悩んでいた日本にとって朝鮮における金増産は重要であった。また大規模な水力発電や化学工業の開発がすすめられ、大資本はカルテル統制のおよばない朝鮮で莫大な利益をあげた。

(63)国民政府の法幣との通貨戦・インフレ防止のため、日本は満州・華北など中国占領地間の貿易・送金に対してきびしい制限をおこなった。その結果、各地に生活必需品を供給することもせず、軍需産業用の原料・資材を収奪したことになる。

(64)対独戦終了後、二〜三ヵ月後にソ連が対日参戦することを定めたもので、その

注目されることは、ルーズヴェルトとスターリンのあいだで極秘裡に、ソ連の対日参戦と参戦の代価が協議された（ヤルタ秘密協定[64]）ことである。アメリカは、本土上陸作戦にともなう人員の損失について憂慮し、それを軽減するためにソ連の対日参戦を必要としていた。また、それ以外の選択肢としては原爆があった。一九四五年五月、国務陸海三省調整委員会において原爆を日本に投下する決定がなされた。こうして八月六日には広島に、九日には長崎に原爆が投下[65]された。

小磯内閣についで総理に就任していた鈴木貫太郎は、八月一四日の御前会議で、日本の戦後処理方針と日本軍隊の無条件降伏を勧告したポツダム宣言受諾を決定し、一五日天皇のラジオ放送によって戦闘は中止された。ここに戦争は終結した。降伏文書調印は、東京湾に碇泊中のアメリカ軍艦ミズーリ号上で九月二日におこなわれた。

みかえりとして、南樺太の対ソ返還、千島列島の対ソ引きわたし、外蒙古の現状維持、旅順口租借権の回復などが協定された。中国に関するものは、中国側の了解を必要とすると規定されてはいた。

[65] 一九四五年七月一六日、アメリカは最初の原爆実験に成功した。八月六日午前八時すぎ、テニアンから飛来したB29が広島に原爆を投下し、一四万に上る死者をだした。九日午前一一時ころには、長崎にも投下され、死者は約七万とみつもられている。

Ⅴ　現　代

第 4 回世界女性会議（ロイター・サン提供）

1995年 9 月に中国・北京市で開かれた国連主催・第 4 回世界女性会議の歓迎式典。月桂樹をくわえた白いハトの模型が会場を飛んだ。現代は女性の地位向上を求める運動が飛躍的に発展した時代であった。

一九四五年八月一五日、アジア太平洋戦争は日本の敗戦で幕を閉じた。戦後数年間はアメリカの占領軍の下、日本の非軍事化と民主化を柱とする戦後改革（戦後民主化政策）がおこなわれたが、その理念は四六年一一月に公布された、国民主権、基本的人権の尊重、戦争放棄などを内容とする日本国憲法に具現されていた。この、占領軍による戦後改革と日本国憲法の理念は長年の悲惨な戦争を体験した日本国民の思いと共通するものがあった。

米ソ冷戦の激化、とりわけ中華人民共和国の成立や、五〇年の朝鮮戦争の勃発は、アメリカの対日政策を大きく変更させ、五一年のサンフランシスコ講和条約と日米安全保障条約の締結により、日本はアメリカの軍事的世界戦略、「冷戦」体制に組込まれていく。こうして、その後の日本を規定する、日本国憲法と日米安全保障条約という相矛盾する理念が共存する体制ができあがったが、その下で、日本は驚異的な高度経済成長を遂げていった。

七〇年代の初頭に高度経済成長にピリオドが打たれるが、その後も、日本は安定成長の道を歩み、八〇年代には、日本はアメリカに次ぐ、第二の経済大国になった。それとともに政治的にも軍事的にも大国としての責任を果たそうと、憲法の改正など、「戦後政治の総決算」を目指す動きが強まっていったが、他方では新しい市民の活動も芽生えてきた。

九〇年代に入ってはっきりしてきた、豊かな社会の到来や国際化・情報化社会の急激な進展、科学技術の急速な発達、少子高齢化社会の到来、また、米ソ二大陣営による冷戦体制の崩壊や地球環境問題の深刻化は、これまでの日本人の考え方や社会・政治のシステムの在り方に大きな変容を迫っている。私たちは、アジア諸国民と共存できる、平和で豊かな文化を持つ社会を、また、自然環境とも共生できる社会を、どのようにつくりあげていくのか、大きな試練に立たされている。

一　戦後改革

1　敗戦の打撃

敗戦とその直接的影響　日本は、一九三七（昭和一二）年七月の日中戦争開戦からかぞえて八年間以上、一九四一年一二月の日米開戦からかぞえても三年九ヵ月のあいだ、戦争遂行を至上命令とする政治・経済・社会編成の下にあった。それが敗戦をもって終了したのであるから、その打撃は激甚であった。戦争による死者は三五〇万人前後に達し、労働能力を失って障害・病気を背負った者はそれ以上の人数であった。戦死者のおおくは一家をささえていた人びとであったから、生活の手立てのない孤児、寡婦、子供のない高齢者がのこされた。

敗戦時に海外には六六〇万人以上の日本人がいたが、この人びとの引揚げは苦難に満ちたものであり、中国東北部（旧満州）などでは多数の人びとが引揚げ途上で死去し、数千人とされる中国残留孤児らがのこされた。また、第二次大戦で二〇〇〇万人ともいわれる死者をだしたソ連は、侵略国の兵士を単純労働力として使役する方針をとったため、中国東北部・樺太・千島から日本人八六万人がシベリアへ抑留され、七万人近い死者をだしたといわれている。

同時に日本が侵略したアジア諸国では、殺戮や、日本軍による食糧調達の結果としての餓死をふくめて、日本兵の死者をはるかに上回る人びとが殺されたといわれており、日本に対するはげしい敵意が定着していた。戦前に捕虜に対する人道的待遇を定めた「捕虜の待遇に関するジュネーブ条約」を批准（ひじゅん）しなかった日本は、捕虜を虐待する傾向がつよく、イギリス・アメリカ人で日本軍の捕虜となった者のおおくが殺害され、あるいは死亡したために、欧米の世論も日本に対してきわめてきびしいものがあった。

こうして日本は、外地資産のすべてを失い、多数の引揚げ者をかかえ、軍需生産は停止し、輸入はまったく途絶して経済は破綻し、しかも国際的な支援は得られないという状況で国土の再建に向かわなければならなかった。これに対して、就業の自由もないままに炭坑などで働かされていた強制連行された朝鮮人などは、日本の敗戦によって強制労働から解放され、帰国の自由をえた。同時に戦前に日本に働きにきて世帯を持ち、出身地での生活基盤をすでに持たなくなっていた朝鮮出身者等のなかには、引き続き日本に居住する道を選択した者もおおかった。

日常生活の悪化　敗戦後の生活水準は戦前のレベルをおおきく下回ったが、それはとくに食料難と住宅難ではげしかった。家計費に占める食費の割合（エンゲル係数）は戦前には都市勤労者の場合、三割台であったが、敗戦後にはこれが六割前後にまで上昇した。戦前の日本は日本国内だけで食糧を自給することはできず、朝鮮・台湾から米を移入することによって食糧需要を満たしていた。日本の植民地という立場を脱することができた朝鮮・台湾では、民衆自身がその生産した米を消費して日本には輸出しなくなったし、日本は外国の農産物を購入するだけの経済力をまったく失っていたために、日本の食糧不足は一挙に表面化した。くわえて、戦争末期から敗戦直後における肥料の不足によって国内生産は低下し、一九四五年秋の収穫は著しい凶作であった上に、敗戦による国家の威信の低下は農家に対して食糧供出を強制する力をよわめていた。主要な食料はこの時期には自由な売買が許されず、生産者は政府の定めた公定価格①にしたがって、定められたルートで販売しなければならなかったが、農家や漁家が必要とする生産のための資材を政府は公定価格で提供することができなかったから、農家・漁家も公定ルート以外で生産物を販売してヤミ価格②で資材を購入せざるをえなかった。

食料を生産できない都市住民はわずかな財産を売りながら「たけのこ生活」（皮をはいでやせ細っていく生活）を余儀なくされたが、住居を焼けだされて売るべき物をもたない人びとは慢性的な栄養失調状態から抜けでることができなかった。通常の活動をする成人の一日の必要熱量が二一〇〇ないし二四〇〇キロカロリーといわれていた当時、一九四六年における国の配給量は一日一〇〇〇キロカロリーにすぎず、ヤミ・ルートで入手されていると推定された食糧をくわえても一四〇〇キロカロリーにすぎなかったと推定されている。

終戦直後には、侵略国の国民は戦勝国・被侵略国・独立した旧植民地の人びと以上の生活水準を与えられるべきではないという国際世論が支配的であったため、一九四六年半ばまでは、アメリカ政府も日本に食糧援助を与えることができなかった。こうして一九四五～四六年には食糧不足は戦時期よりも深刻化したのである。

住宅難は、空襲の対象となった都市においてきびしかった。東京都の人口は、空襲による住居の喪失によって、敗戦までの時期に急減した（一九四〇年一〇月の七三五万人から一九四五年一一月の三四九万人へ）。そのおおくは出身地の農村などに疎開③していたが、この時期には住居の十分な準備のないままにふたたび東京にもどった人がおおい（一九五〇年一〇月の六二八万人へ）。このため掘っ建て小屋で生活する者がおおかったし、一家族が一つの住居に住むことは困難であ

①②食料のような生活必需品が不足して価格が上昇すると一般庶民の生活はなりたたないから、政府としては物資統制をせざるをえなかった。しかし公定ルートを通じて入手できる公定価格の物資では必要量が得られなかったので、国民はそれ以外のルートからも購入せざるを得なかったが、そこで成立しているヤミ価格は公定価格よりはるかに高かった。

③太平洋戦争末期には空襲対策として都市住民が地方農村部に移住した。親類縁者を頼った縁故疎開が基本であったが、学童が集団的に移住した学童疎開も重要であった。敗戦後は空襲対策の意味はなくなったが、都市の食糧難・住宅難のために疎開生活者のうちの相当数がなお数年間は都市にもどれなかった。

り、同居・間借りが一般的であって、戦前よりもその水準は大きく落ちこんだのである。失業者として表面化する者はかぎられていたが、経済活動の大幅な落ちこみによって満足な仕事のない者が急増した。この人びとのなかには、農業・漁業などの食料生産に従事する者もあり、その結果、農業就業者は戦前期の約一四〇〇万人から一一六七万人（一九四四年）まで減少していた状況から一転して、一六一三万人（一九五〇年）に急増し、農家数は一九四〇年の五三九万戸から四九年の六二五万戸へ増加した。

緊急措置　国の経済が正常に機能せず、大部分の国民が飢えと仕事不足に苦しんでいる状況では、社会不安が高まらざるをえなかった。これに対して政府は一九四六年に各分野の緊急措置を採用して、平時には到底考えられない手荒な方法で危機の沈静化をはかろうとした。

特に一九四六年二月の金融緊急措置令、食糧緊急措置令④、三月の物価統制令⑤がその代表的措置であった。金融緊急措置令は従来のお金（旧円）を預金させ、新円で一ヵ月に世帯主は三〇〇円、他の世帯員は一人当たり一〇〇円しか引きだせない制度とした上で、預金されなかった旧円を無効にしたものである。預金はあってもおろせないあいだにはげしいインフレが進行したので、これは戦争中に国や銀行が国民からあつめた個人財産（国債、預貯金）を帳消しに近くする効果をもった。こうして政府は購買力を抑制してヤミ価格の上昇をおさえようとし、他方では警察力を用いた供出の強化、高級飲食店の休業措置などをとって食料が公定ルートで流通するようにしたのである。

しかし、消費物資が圧倒的に不足している下では、こうした強圧的措置によってもヤミ経済を根絶することはできなかった。ヤミ・ルートでの食料購入を拒否した裁判官が餓死した事実

④食糧難を打開するために、食糧管理法関係の諸法令の内容を強化した勅令。

⑤一九四六年三月に出された物価統制の強化のための緊急勅令。統制価格に違反した場合の罰則の強化をうたっている。

が大きく報道されたのは、敗戦後二年以上をへた四七年一〇月であった。

2　占領と戦後改革

占領政策の開始　ポツダム宣言の受諾によって、日本は連合国最高司令官総司令部（GHQ）の占領下におかれることになった。以後、五二年四月の占領の終了まで、事実上アメリカ政府の指示を受けたGHQの指令にもとづいて、日本の内閣が実際の政治をおこなうという間接統治のかたちがとられることになった。これに対して戦場となった沖縄はアメリカが直接軍政[⑥]をしき、日本政府の支配地域から除外され、日本国憲法は適用されず、ドル通貨の使用、日本への往来に際してのパスポートの必要性などの点で、日本との旧来の関係を切断され、アメリカの軍事基地として半ば封鎖されることになった。

最高司令官はこの間、マッカーサー元帥であった。最高司令官は連合国を構成した主要国が参加した極東委員会・対日理事会の助言を受けて意思決定をおこなうことになっていたが、事実上、アメリカ政府の指示の下で独裁的に行動することができた。

敗戦後のドイツはアメリカ・イギリス・フランスとソ連の占領地とに区分され、それがそのまま東西の国家の分立にいたったが、日本の占領は事実上アメリカ一国によってなされた。このことは日本の戦後政治・経済がアメリカによって左右されることを決定づけるものであった。GHQは、全国に八つの地方軍政部[⑦]をおき、その下に各府県軍政部をおいた。中央政府の政治はGHQによって、各府県の政策遂行は各府県軍政部によって指示・承認される体制であった。GHQの占領目的は、日本を「非軍事化」と「民主化」の方向で改造することであったが、

⑥米軍との戦闘によって約二〇万人の死者を出した沖縄は、戦後、日本本土から切り離され、米軍の琉球軍司令官による直接統治がなされ、日本国憲法・法律は適用されず、米軍の布告による統治が実施された。

⑦東京にあった連合軍総指令部の地方出先機関として全国八ヵ所に設置され、それぞれの管轄地域における日本側の行政機関に指示を発する機関であった。

そのうちの「民主化」の内容に関連して、マッカーサー司令官は四五年一〇月一一日に、戦後改革の基本方針として五項目の改革を指示した。「五大改革指令」といわれるこの内容は、(1)婦人の解放、(2)労働組合結成の助成、(3)教育の自由主義化、(4)圧政的諸制度の廃止と司法の民主化、(5)日本経済の民主的再編、であった。これらの改革は天皇主権の明治憲法とは相いれなかったから、ここに憲法改正が不可避の課題となった。また、「非軍事化」については軍隊の解体、戦争犯罪人の処罰、軍国主義者・戦争協力者と認定された二〇万人以上の公職からの追放、弾圧機構の解体（治安維持法の廃止、特別高等警察の解体とその構成員の解雇）がなされた。

天皇制の改変　戦犯処罰の問題に関連して、天皇個人および天皇制をどのように処理すべきかという問題は占領政策の難問であった。極東国際軍事裁判[⑧]にソ連・イギリス・オーストラリアが提出した戦争犯罪人リストの筆頭は天皇であったし、アメリカの世論調査では天皇を処刑ないし追放すべしとする意見が七〇%におよんだという。「国体護持」を絶対命題とした日本政府内部でも、昭和天皇は開戦責任を認めて退位・謹慎し、それと引きかえに天皇制の存続をGHQに認めさせるという構想が有力であった。

しかし、GHQは占領政策への抵抗を生じさせないためには、昭和天皇の国民に対する影響力を利用することが得策であると判断し、天皇および天皇制から政治的権限を剝奪した上でそれを存続させる方向を選択した[⑨]。皇室家族の財産の国有化と皇室費の国会での議決という方式もこの線にそって定められた。

この方針にしたがって四六年一月一日に天皇は「人間宣言」をおこない、天皇は神であり、日本は天皇の国としてアジアを指導する位置にあるとした戦前・戦中の天皇制の理念をみずか

⑧連合国による日本の戦争指導者の戦争犯罪を裁くための裁判。一九四六年五月に開始され、四八年一一月に終了し、その判決によって東条英機以下の七名が絞首刑に処せられた。

⑨このGHQの方針は、昭和天皇自身が退位の意思を持っていなかったこととも符合していた。

ら否定した。さらに同年二月から天皇の「全国巡幸」が開始され、軍隊の頂点としての天皇から、戦後平和の象徴としての天皇への衣更えがすすめられた。

憲法制定　日本国憲法は四六年一一月三日に公布、四七年五月三日に施行された。形式的には大日本帝国憲法（明治憲法）の改正のかたちをとっているが、内容的には、基本的人権の尊重・国民主権・恒久平和主義の三大原理を明示しており、さらに地方自治・象徴天皇制を規程し、自由権だけでなく社会権（生存権）も認めている点などにおいて、天皇主権の明治憲法とは根本的に異なっている。

憲法の制定作業はマッカーサーの指示を受けた幣原（喜重郎）内閣が憲法問題調査委員会を設置して草案を作成したが、その内容は明治憲法と大差がなかったため、GHQはこれを拒否して独自に憲法草案[⑩]を作成し、四六年二月にこれを政府に示した。政府はこれをもとにして内容を明治憲法と調和させる方向で改訂し、四月一七日に草案全文を発表した。六月から一〇月にかけて第九〇回帝国議会でこれが審議され、一部修正をへて一〇月に成立した。半年間にわたって国会内外でひろく議論が交わされて成立した点では、「欽定憲法」としての明治憲法とは根本的に異なっていた。

教育改革　戦前の平均的な日本人が、天皇制と軍国主義をささえ、アジア民衆を蔑視していた背景には、小学生のころから教えこまれた教育があった。占領軍は四五年一〇月に軍国主義的傾向の強い教員の追放指令を発し、教育からの神道教義の排除、修身・国史・地理の教育停止などの措置をとった。また文部省は、四六年一一月に戦前の教育の基本方針であった教育勅語を廃止し、自由主義的理念で教育改革を進めていった。四七年に制定された教育基本法がそ

⑩GHQは日本が自主的に憲法改正することを指示したが、日本政府がGHQに提出した憲法草案が明治憲法と類似していることに衝撃を受けたGHQは、独自に憲法草案を作成し、日本政府案作成のための参考意見とすることを求めた。

の法的表現であり、教育の機会均等、男女共学原則、教育の宗教的・政治的中立性などが規程されている。

教育制度はアメリカ方式にそって改訂され、義務教育が戦前の小学校六年制から小学校・中学校の九年制に延長され（四七年四月から）、その上に、三年間の高等学校、四年間の大学がおかれることになり、戦前の複雑な教育システムが単純化された。

また国家が教育の内容を一方的に定めるのではなく、国民の意向を反映させる趣旨に立って、四八年に、各地方自治体に教育委員会が設けられることになった。この委員は住民の公選で選出され、教職員の任命権、教育予算の編成権をもつ行政委員会であり、ふたたび国の都合で教育内容が歪められることがない制度的保証として位置づけられていた。

男女平等、家制度の廃止　ＧＨＱの五大改革の第一項目は、婦人の解放であったが、これにもとづいて四五年一二月に選挙法が改正され、はじめて女性に選挙権・被選挙権が認められた。女性が国政の投票権をはじめて行使したのは四六年四月に相次いで実施された参議院および衆議院選挙であったが、三九名の女性議員がこの時の衆議院選挙によって誕生したのである⑪。

戸主（こしゅ）の権限が強く、世帯員個々人の自由が大幅に制限されていた戦前の家制度は、こうした個人間の平等とは相いれなかったので、四七年には民法の親族編・相続編が改正された。これによって、夫婦間の男女平等が定められ、一子相続制が廃止されて均分相続制が採用され、戸主権によって世帯員の自己決定権限が制約される制度も廃止された。

労働改革　戦前の日本では資本家団体の反対によって労働組合法は制定されなかった。また工場法は年少労働者・女子労働者などの保護を要する工場労働者の労働条件だけを制限し、一

⑪一九四六年四月に実施された衆議院議員総選挙は、公職追放等のために前代議士の九割以上が立候補できなかったため、議員の構成がまったく一新された。初めて参政権を得た女性は七九名が立候補し、三九名が当選した。

⑫戦前には労働組合法案は内務省の中で何度か立案された。それは労働条件をめぐる労働者と企業との対立関係を、労働組合と企業との交渉のルールにのせ、過激な争議となることを避け

般の男子労働者の労働時間には制限をつけず、さらに解雇反対などの労働争議でも警察が労働者を逮捕・投獄するかたちで介入するなど、欧米の基準からはおおきくおくれていた。GHQは労働者のこうした無権利状況が、産業の発展にもかかわらず低賃金を持続させて国内市場を狭い状態にとどめ、日本企業の海外進出を不可避とさせ、その結果、軍隊による侵略をまねいたと認識していたので、労働改革の実施を強く要求した。戦前から労働組合法の制定努力を繰り返していた官僚層の構想⑫が、これによって結実することになった。

こうして四五年一二月に労働組合法が公布され、団結権・団体交渉権・争議権が認められ、争議行為の民事免責・刑事免責が明示された。四六年には労働関係調整法が制定されて、労働委員会⑬による斡旋・調停・仲裁の手続きが定められた。さらに四七年には労働基準法が制定され、労働条件の最低基準が明示され、八時間労働制がこれによってはじめて定められた。

この時期の労働組合は、GHQがその結成に対して好意的態度をとっていたことと対応して、職員・工員の両者をふくむ企業ぐるみの組合として結成されるものがおおかった⑭。

農地改革　小作農民の貧困を解消するために、地主から強制的に農地を買上げ、その土地を耕作していた小作人に売りわたした政策が農地改革である。これによって小作人は生産した農産物の約半分を借地料（小作料）として地主にとられてしまう状態から脱却し、すべての生産物を自分で処分できる立場にたつことができたのである。

農林官僚は戦前から、生産量の五割前後を小作料として取りあげてしまう地主制度⑮が、小作人の家計を貧困のままにとどめ、肥料や農機具を購入できなくしていること、その結果、農業生産の発展がおさえられていると判断しており、小作農民の耕作権を強化すること（地主の恣

ることを意図したものであったが、資本家団体の反対によって成立しなかった。

⑬労働委員会は労働組合法によって設けられた行政委員会であり、労働者・使用者・公益代表から構成される。

⑭労働組合は企業単位では、激しいインフレに対抗して生活防衛を図るための賃金引き上げ運動を中心にしていたが、労働組合の中央団体はそうした動きに支えられて労働政策の根本的改革を求めて政治的要求を掲げることがあった。一九四七年二月一日には官公庁の労働組合が中心になって「二・一ゼネスト」が計画されたが、GHQがその禁止を命令したため中止された。これによってGHQの労働組合運動に対する姿勢が抑制的になりつつあることがあきらかになった。

⑮田の一反あたりの米の収穫量は約二石（一石は約一五〇キロ）であったから、小作農家は一反の田の収穫

意によって小作人が農地から追い出されることがないようにすること）、小作料を引き下げること（小作農民の所得を増やして生活の向上、農業投資の積極化をはかること）を意図し、食糧増産が至上命令となった戦時期にその方向をある程度すすめていた[16]。

敗戦直後から農林省は、GHQの指令をまつことなく、農地改革を本格的におこなうことを決定し、四五年一二月にいわゆる第一次農地改革案を国会で成立させた。その内容は、小作人の申請によって、不在地主の全小作地と在村地主の五町歩をこえる部分を小作人に譲渡するとともに、残存する小作地については小作料を金納化するものであった。

この案に対しては、それがあまりに過激であるとして国会議員の反対が強く[17]、GHQの圧力によってようやく国会を通過したのであるが、対日理事会ではこれを微温的としてより徹底した案が必要とされ、これを受けて四六年一〇月に新たに政府が提出した第二次農地改革案が成立した。これは、小作人の申請の有無に関わりなく国が直接に地主から農地を買取る方式とし、対象農地は不在地主の全小作地と在村地主の一町歩をこえる小作地とされた。第一次案よりもはるかに徹底した内容となったのである。ただし買収の対象はすでに耕地になっている土地が中心であり、山林・原野・宅地は対象とされなかった。

実際の農地改革はこの第二次案の方式で実施されたが、その過程で進行したはげしいインフレにもかかわらず、地主からの買収価格、小作人への売渡価格がすえおかれたため、地主からみれば事実上、無償没収に近い状態になり、逆に小作人にとってはきわめて安価に農地を取得できたことになった。これによって地方社会において大きな力をもっていた地主層は、経済的にも社会的にも完全に没落したのである。

二石のうち一石を地主に小作料として払い、手元に残った一石から飯米、種籾を確保し、残りを販売して生活費、農業経費、税金等にあてなければならなかった。生活の苦しい小作人は凶作などに際して小作料の減少を嘆願することがあったが、しだいに意識的に小作料の減額をめざす小作争議を展開するようになっていた。

⑯戦争中には、食糧増産が至上命令となったため政府は農家が農業労働に精を出すように求め、その方向に誘導するために、小作農家の供出米の代金の大半を小作農家が入手できるようにした。この結果、地主の所得は戦時期に実質的に急減した。

⑰第一次農地改革では、小作人が小作地の購入を申請した場合にのみ、地主から小作人への農地売却がなされることになっていた。しかし、この仕組みでは、地主が小作人に圧力をかけて小作人がその申請を控え、

戦前期には小作料引下げ、耕作権獲得などをかかげてはげしくねばりづよい農民運動を展開した小作人たちは、農地改革によって農地という財産の所有者となり、地主という敵がいなくなったことによって、政治的に保守化する傾向をつよめ、その後の長期的な保守政権の基盤となっていった。

財閥解体　少数の財閥⑱が富を独占し、軍需産業の中心をにない、企業間競争が制限されたことが、戦争の一原因になったと考えたGHQは、アメリカの反トラスト法⑲の伝統もあって、つよい姿勢で財閥解体を実施するよう日本政府に指示した。

具体的には、財閥の中心となっていた持株（もちかぶ）会社⑳の解体、財閥同族の持ち株の強制譲渡、財閥家族の公職・大企業経営者からの追放などの措置であった。また、四七年には過度経済力集中排除法㉑が制定され、市場シェアの大きな大企業が分割されたし、同時に、企業の再結集がはかられないようにするために、独占禁止法㉒が制定され、その実施機関として公正取引委員会㉓が設置された。

ただし、大企業の分割が経済力の弱体につながることは回避され、逆に新しい企業成長が準備される方向で政策運営はなされた。たとえば銀行が分割をまぬがれたこと、財閥同族の追放が後に高度成長期の積極経営をになう戦後型の専門経営者の一斉の登用をもたらしたこと、株式を従業員にひろく分散させたこと（証券民主化）などはそのあらわれである。

3　経済再建への努力

傾斜生産方式　軍需生産中心に運営されていた戦時経済が、敗戦によって一切の軍需生産が

結果的に地主が小作地を買収されない場合がおおくなると予想された。このため、第二次農地改革では、小作人の意思表示に関わりなく、まず国家が地主から小作地を強制的に買収する方式がとられた。

⑱列強の圧力の下で経済発展を急いだ日本は、明治の初めにおいて当時の有力企業家を優遇し、政府資産の払い下げなどによってその育成政策をとった。これによって三井・三菱・住友などの有力企業家が成長し、一族が各産業部門に有力企業を保有することになり、基本的にこの財閥が戦前期を一貫して最も中心的な資本集団を形成することになった。

⑲アメリカの大企業グループはトラスト方式（株式の議決権を企業グループ内の一定機関に信託する）で結びついていたが、この結果、大企業がグループ内企業の利害のために反社会的行動をとっているという批判が

停止することになったのであるから、また貿易が停止し工業原料の輸入が不可能になったのであるから、工業生産の規模は大幅に縮小せざるをえなかった。一九四五年、四六年はこうして新たな生産がほとんどなされずに、現にある物を消費するだけの経済となり、国民経済の規模はしだいに小さくなっていった。

ここからの脱出方策として提唱され、四七年からの経済政策運営に生かされた方式が傾斜生産方式であった。これはかぎられた物資と資金とを経済の相互作用の中軸に位置する最重要部門に重点的に（「傾斜」的に）配分することによって拡大再生産をすすめようとする考えかたであった。具体的には、生産された鋼材を炭坑に重点的に投入して石炭の増産をはかり、その石炭を鉄工業に投入して鋼材の増産をはかるというかたちで、鉄鋼と石炭の相互の拡張をはかることを核とした方式であった。この方式は経済安定本部のつよい権限の下で一応の効果を発揮し、四七年後半から日本経済は生産を回復させる方向に進みはじめた。

ただしこの方式の副作用も小さくはなかった。老朽設備でつくられる石炭、鋼材はコスト高であるため、産出企業に対しては原価回収・利益確保を保証し、購入企業に対してはコスト低下をはかれるようにするために、価格差補給金方式㉔を採用し、かつ復興金融金庫㉕を創設して政府資金を重点産業に潤沢に融資する体制をとったため、財政資金・復興金融金庫融資の双方がインフレを急進させる原因の一つとなったのである㉖。

インフレ収束への強行策　一九四八（昭和二三）年には、内戦が展開されていた中国大陸で、農地改革を実施することによって農民の支持を獲得していた中国共産党が、アメリカの盟友の国民党政権を追いおとす可能性がつよくなった。このためアメリカは、社会主義ソ連に対峙す

強かった。こうした批判に促されて一八九〇年代以降、一連のトラスト規制の法律が制定された。

⑳三井合名、三菱合資といった持株会社は、傘下の企業群の株式を所有することによって、その経営を自らの思う通りに動かすことができた。GHQはこうした方式が、正常な競争を制限したとともに、戦時期に各財閥がグループ全体で戦争推進の方向に行動した根拠であると考え、持株会社を全面的に解体した。

㉑財閥解体の対象とならなかった大企業を解体して企業間の競争を展開させるための根拠法。

㉒㉓財閥解体の効果を一時的なものに終わらせないために、企業が競争を制限する独占行為を禁止した法律であり、その実施に当たる行政委員会が公正取引委員会である。

㉔経済統制の下で政府が価格を決定する場合、販売価格はその製品を製造した企

る国家として中国にかえて日本をあてざるをえなくなり、日本経済の復興と自立を急ぐことになった。

日本がアメリカの援助からはなれて貿易を通じて外貨を獲得し、国際社会のなかで経済運営を順調に進めていくためには、外国通貨と円との交換比率を確定する必要があり（単一為替レート設定）、その前提としてたえず通貨価値を低落させるインフレを収束させる必要があった。一九四四年から四九年までの卸売物価は九〇倍、小売物価は六〇倍であったといわれるが、これを短期間に終わらせるためには、財政・金融両面で緊縮政策をとる必要があった。

一九四八年一二月にGHQは経済安定九原則を日本政府に提示したが、それは単一為替レート設定のために、予算均衡・徴税強化・融資制限などを一挙に達成するというものであった。こうして金融と財政の両面からデフレ誘導的な政策がとられた結果、インフレは収束に向かい、四九年四月に一ドル＝三六〇円の為替レートが設定された。

しかしこのような強硬措置には、大きなマイナスがともなった。それは財政圧縮のために政府機関および企業から大量の人員を解雇したことであり、中小企業の相次ぐ破綻であった。これに対して労働組合は解雇反対闘争を展開せざるをえなかったが、GHQと政府は労働運動を抑圧する方向で一連の強硬策を展開したのである。

4　戦後政党政治の形成

選挙と政党の離合集散　東久邇（ひがしくに）（東久邇宮稔彦（なるひこ））内閣（一九四五年八月～一〇月）、幣原（喜重郎）内閣（四五年一〇月～四六年四月）は戦時内閣の継続として選挙にもとづかず、宮中勢力などによ

業が採算をとれる価格に、買入価格はその製品を買入れる企業が採算をとれる価格に定められる。このため、生産者販売価格が購入者買入価格よりも高くなる場合があり、そのときには、その差額が価格差補給金として、政府からその製品の製造企業に支払われる。

㉕経済復興を効率的に進めるためには長期資金を機敏かつ潤沢に企業に融通する必要があった。復興金融金庫は政府全額出資の特殊な金融機関であり、民間金融機関が融資しにくい分野の設備資金を貸し出した。

㉖復興金融金庫の発行する債券は事実上日銀に引き受けられたから、それは国が紙幣を増発して貸出したのと同じであった。物資の増産に先立って、物資の増産の程度をはるかに越える量の紙幣が流通したのであるからインフレになるのは当然であった。

㉗戦前からの政治家で一九三三年には文部大臣として

って決定された内閣であったが、四六年四月に実施された総選挙以降は、選挙による政党配置によって内閣が成立した。しかし、多数の政党が乱立したこの時期には、四九年一月の総選挙で民主自由党（吉田茂総裁）がはじめて過半数を獲得するまでは、単独で過半数をえる政党はなく、内閣は基本的に複数の政党・党派の連合内閣であり、各政党間の複雑な離合集散を通じて、一九五五年体制（自由民主党による長期保守政権）につながる政党配置がしだいに形成されていったのである。なお、戦後の新しい特徴の一つは、戦前において天皇制と戦争に反対したために非合法化されていた日本共産党が初めて合法化され、労働運動の中で強い影響力を持ったことである。

四六年四月の衆議院選挙では、自由党が第一党となったが、その総裁の鳩山一郎㉗がGHQにうとまれて公職追放となったため、GHQと強いパイプをもっていた前外相の吉田茂㉘が入党して進歩党との連立内閣を組織した（第一次吉田内閣＝一九四六年五月～四七年五月）。

つづく四七年四月の総選挙では日本社会党が第一党となり、民主党・日本協同党との連立内閣をつくった（片山〔哲〕内閣、一九四七年五月～四八年二月）。この内閣は日本ではじめての社会党首班の内閣であったが、保守政党との連立内閣であり、インフレ抑制のために賃金引上げ要求を抑えざるをえず、社会党左派の反対などにあって瓦解した。

つづく芦田内閣は片山内閣と同じ三党が、今度は民主党の芦田均（ひとし）を首相として組閣した内閣である（一九四八年三月～一〇月）。

この後は吉田茂の内閣がつづき（四八年一〇月～五四年一二月）、アメリカの極東政策にそいながら、世界経済に復帰し、軍備を備え講和＝独立を実現していった。第二次吉田内閣（一九四

滝川事件を起こした。戦後公職追放の対象となったが、一九五一年に追放が解除されて、代議士、首相（一九五四年一二月～五六年一二月）となった。

㉘戦前の外務官僚で対英米協調路線を主張し、対英米対決路線をとった軍部からうとまれた。こうした経歴が戦後には評価され、占領軍の支持を得て首相となった。

㉙トルーマン大統領は日本の賠償計画のための調査団を派遣した。団長ポーレーによって書かれたその報告書は、日本は平和国家として生きるために必要な水準より以上の工業力を有しているとみなし、機械設備などのおおくを取り去って、日本の侵略によって被害を受けた国々の生産復興に役立てるために、現物で賠償させるべきであるとのべていた。

㉚アメリカの対日占領政策の目的を「非軍事化」から「経済自立」に変更するこ

八年一〇月〜四九年二月）は民主自由党の少数内閣であったため短期間で解散し、戦後三回目の総選挙（四九年一月）で同党が過半数を獲得したことによって第三次吉田内閣が組織された（四九年二月〜五二年一〇月）。

この時期の内閣の特徴は、GHQの支配期であったことに対応して、首相のおおくが外務官僚出身者であったことである。幣原、吉田、芦田はいずれも戦前の外務省の役人であり、皇族ゆえに外務官僚ではなかった東久邇も一九二〇年代に七年間にわたって欧州に滞在していた経験をもっていた。アメリカとのつながりを何よりも重視する戦後政治が、こうしたにないての下で形成されたのである。

占領政策の転換と「逆コース」　占領政策は当初から民主化の理念とは相いれない、占領軍独裁という側面と、アメリカの利害の貫徹という側面をふくんでいた。たとえば憲法の表現の自由の規程にかかわらず、GHQ関係の記事が占領期を通じて検閲の対象とされた事実はその一例であるが、中国における内戦で共産党の勝利が濃厚になり、東ヨーロッパにおいても米ソ対立が深まると、GHQの占領政策の重点は日本をソ連・中国に対抗するアメリカ陣営の国として強化する方向にむけられていった。これにともなって日本の経済復興は日本が侵略した国の経済復興よりも遅くなければならないという占領初期のアメリカの方針（一九四五年一二月、賠償方針についてのポーレー報告㉙）が大幅に変更され、四八年一月にはロイヤル陸軍長官が日本の経済復興・自立を積極的に支援するというアメリカの方針㉚を表明した。

これ以後、占領政策の民主化措置の一部が、経済力の強化、対ソ政策の推進の方向で修正され、「逆コース」㉛とよばれる一連の動きとしてあらわれた。四八年七月における公務員からの

とをロイヤル陸軍長官が声明で発表した。

㉛占領政策の重点変化にともなう民主化措置の修正は、その後に起こった朝鮮戦争への対応をきっかけとする警察予備隊の創設（一九五〇年）とその自衛隊への改組（一九五四年）によって非軍事化措置の修正へとつながり、旧軍関係者のおおくが軍人として復活した。さらに占領の終了にともなって教育行政・労働行政などの分野において日本政府による占領施策の改変が広範になされた。こうした一連の動きは、敗戦にともなう日本の政治・経済・社会の諸改革の成果を大幅に改変するものとして、「逆コース」と総称された。

㉜共産主義者およびその同調者を公職・民間企業から解雇した措置。憲法・労働基準法などに違反した措置であったが、GHQの超憲法的権威を後ろ楯として強行された。

㉝戦争協力などの理由で追

争議権・団体交渉権の剝奪（政令二〇一号）、四九年における解雇反対の労働組合運動のにないての一斉解雇（レッド・パージ[32]）、逆に戦犯として公職追放された人びとの追放解除[33]などがその例である。レッド・パージによって解雇された者は一九四九～五〇年で約一万二〇〇〇人であったとされるが、組合運動の中心部分がねらいうちにされたために、以後、組合運動は政府・企業との対決を回避する傾向をつよめることになった。

放されていた人びとの追放解除が一九五〇～五一年に実施され、五二年における占領の終了によってかれらに対する追放措置そのものがなくなった。

二　復興と高度経済成長

1　朝鮮戦争と経済復興

朝鮮戦争と特需景気　一九四九（昭和二四）年のドッジ・ライン[①]は、いわゆるドッジ・デフレをもたらし、日本経済は戦後インフレ下の経済復興から、一転して不況に呻吟（しんぎん）するようになった。だがこうしたおり、とつじょ朝鮮戦争が勃発した。この特需（とくじゅ）によって、日本経済は不況を脱し、戦後最初の本格的好景気を現出した。朝鮮戦争は、五〇年六月二五日、朝鮮民主主義人民共和国軍の大韓民国への武力侵攻によってはじまった。戦争は、「冷戦」が深刻化する国際情勢のなかで、アメリカ・中国の参戦、ソ連の武器援助を引きおこし、国際的性格の戦争に発展した。五〇年九月の米軍（国連軍）仁川上陸、一〇月末中国軍参戦によって激化した戦闘は、翌五一年六月以降三八度線付近で膠着状態となった。同年六月米ソにより休戦協定が提案され、翌七月第一回の休戦会談が開かれたが、協定締結は長びき、結局五三年七月二七日に休戦協定が締結された。韓国軍・米軍、北朝鮮軍・中国軍あわせて約二〇〇〇万人もの兵力を投入した大戦争であった。

戦争の勃発とともに、日本は米軍の軍需物資やサービスの補給基地となった。これが朝鮮特需とよばれるものである。特需は休戦協定締結後もつづき、五〇年〜五六年の七年間で四〇億ドルにも達した[②]。特需は、調達の対象となった産業部門をうるおし、「金へン景気」「糸へン景

①一九四九年二月、アメリカ特別公使として来日したデトロイト銀行頭取ジョセフ・ドッジにより実施されたインフレ収束政策。均衡財政の実現、補助金カット、労使関係の安定、単一為替レートの設定などからなり、この政策実施により日本経済は急激に不況に陥った。

②この金額は、在日米軍の日本国内での消費もくわえた広義の特需額で、在日米軍兵站部調達額に限定すると、同期間の特需額は二一億ドルとなる。物資では兵器・トラック・有刺鉄線・ドラム缶・土嚢用麻袋・毛布などが、サービスでは、トラック・武器修理・物資運搬などが主要なものである。

気」を引きおこしただけでなく、国内産業にも波及し、鉱工業生産額、実質ＧＮＰ③、一人当たり国民所得、民間消費などの主要経済指標は、この過程でほぼ戦前水準を突破した。

特需は、それまで繊維産業中心だった民間設備投資を、重化学工業部門にふりむける役割を果たした。鉄鋼業では、五一年に第一次合理化計画がスタートし、技術設備の近代化投資がはじまった。自動車産業では、特需によるラインの大拡張がおこなわれ、トランスファーマシンの導入も開始された。海外の新鋭技術を導入・移植するかたちで、重化学工業の設備投資が再開されたのであった。

日米経済協力と再軍備　朝鮮戦争勃発直後の一九五〇年七月、マッカーサーは国家警察予備隊④の創設と海上保安庁の拡充を指示し、翌八月に第一回の警察予備隊隊員募集が開始された。日本再軍備のはじまりである。警察予備隊は、海上警備隊と統合されて五二年一〇月に保安隊となり、さらに五四年七月、防衛庁の発足とともに自衛隊となった。

日本再軍備の直接のきっかけは、このように朝鮮戦争であったが、アメリカ政府内部では、早くから再軍備をもとめる意見がつよまっていた。「冷戦」が進行するなかで、アメリカ側の日本に対する関心は、講和後も日本を軍事基地として自由に使用できること、アメリカの援助に依存しない日本経済の自立をはかることにあったからである。日本側も、援助打切り、朝鮮特需消滅後、どのように日本経済の自立を達成していくかを模索していた。そして、その鍵とされたのが、アメリカからの軍需品調達の継続であった。

五一年五月に日米間で合意された経済協力構想は、西側軍需生産への日本の協力、東南アジア経済開発への日本の経済力活用を柱とするものであった。アメリカは、前年の五〇年、日本

③国民総生産。一年間の国内経済活動によって新たに生み出された財・サービスの総額（付加価値総額）に、同期間の輸出入差額を加えたもの。この数値は価額表示され、物価変動による影響を受けるため、この影響を調整・除去したものが実質ＧＮＰとなる。

④五〇年七月八日、マッカーサー連合国総司令官は吉田首相宛書簡で、朝鮮戦争による在日米軍の朝鮮出動の空白を埋めるために、七万五〇〇〇人からなる国家警察予備隊の新設と海上保安庁の八〇〇〇人増員を指令、ポツダム政令によってこれを即時実現させた。また、同年一〇月には、警察予備隊幹部任命のために、旧職業軍人三二五〇人の追放解除を実現した。

に対して対中国貿易を禁じた。中国は、日本にとって鉄鉱石などの原料供給地として重要な位置にあり、合意はこの禁止措置の見返りという面もあった。経済協力は、講和後の五四年三月に、MSA協定（相互防衛援助協定）として具体化されたが、アメリカがヨーロッパ諸国へのマーシャル援助ほど熱意をみせなかったこと、東南アジア諸国の経済発展度がなお低く、また日本への警戒心もとけなかったこと、などのために、東南アジア開発と結びついた経済自立構想は挫折を余儀なくされた。しかし、日本の再軍備は、この日米経済協力の過程で、その取引き材料としての性格をもちながら進行した。

講和と国際社会への復帰　一九五二（昭和二七）年四月二八日、サンフランシスコ講和条約と日米安保条約が発効し、連合国軍（GHQ／SCAP）による対日占領は終結した。また、同年八月一四日、第五一番目の加盟国としてIMF[⑤]（国際通貨基金）に加盟、同日IBRD（世界銀行）への加盟も認められた。GATT[⑥]（関税および貿易に関する一般協定）加盟については、イギリスの反対もあってなかなか実現しなかったが、五三年に仮加盟、五五年九月に正式に加盟した。日本の国際社会への復帰は、GATT加盟によってほぼ完了した。

こうした日本の国際社会への復帰には、いくつかの特徴があった。第一に、講和は、「全面講和」ではなく「片面講和」であった[⑦]。五一年九月の講和会議は、五一ヵ国の参加で開催されたが、参加したソ連・チェコ・ポーランドは調印を拒否した。中国・インド・ビルマ・南北朝鮮は会議自体に参加しなかった。調印した国は四八とおおかったが、日本が直接交戦し支配した国のおおくは調印しなかった。また、同時に日米安保条約が調印され、日本はアメリカの軍事的世界戦略、「冷戦」体制にくみこまれた。このため、講和発効日に日台平和条約を締結し

⑤一九四四年七月アメリカのブレトン・ウッズにおいて、国際通貨制度再建のための連合国通貨金融会議が開かれ「国際通貨金融協定」が合意された。この合意にもとづいて翌四五年一二月にIMFが設立された。設立の目的は、国際貿易の均衡的拡大と雇用・実質所得の増大、為替の安定促進、経常取引の多角的決済制度の樹立と為替の自由化、などにおかれ、ドルを基軸通貨とすることによって国際通貨体制の安定と発展が図られた。日本は五二年八月IMFに加盟し、六四年四月、国際収支上の理由により為替制限をおこなわない八条国に移行した。

⑥金融面での国際協調を目的としたIMFと並び、貿易面での国際協力を目的とする機構。一九四五年一一月、アメリカは「世界貿易および雇用の拡大に関する提案」を発表し、これを前提として四八年「国際貿易機構憲章」（ITO Char-

て、台湾を正式の中国政府とし、大陸中国と敵対する道を選ぶことにもなった。

第二に、IMFやGATTへの加盟は、制限つきであった。IMFには一四条国、GATTには一二条国として、これらの国際機構に参加したのである。⑧しかも、GATTの場合、イギリス・フランスなど一四ヵ国が、わが国に三五条を援用して、差別的輸入制限をおこなうというおまけまでついた。六四年に、IMF八条国、GATT一一条国に移行するまで、わが国は毎年、日本の経済状態やその改善の進展度を査察するIMFのコンサルテーションを受けざるをえなかった。

「経済自立」への試みと五五年体制　講和後、戦後政治の再編成がはじまった。占領終結にともなう追放解除によって、多数の政治家が政界に復帰し、保守政党の離合集散がくりかえされた。一九五二年二月には改進党が結成（総裁重光葵（しげみつまもる））され、五三年四月には自由党が吉田（茂）自由党と鳩山（一郎）自由党に分裂、同年一一月、鳩山は自由党に復帰するが、三木武吉・河野一郎らが日本自由党を結成し、翌五四年一一月には、反吉田の改進党・日本自由党・自由党反主流派により日本民主党（総裁鳩山一郎、副総裁重光葵、幹事長岸信介）が結成された。社会党も、講和条約・安保条約の締結をめぐって、五一年一〇月に左派社会党と右派社会党に分裂していた。

五四年の造船疑獄⑨後、財界からの糧道をたたれた吉田内閣は総辞職し、一二月に第一次鳩山内閣が成立、翌五五年三月総選挙後に民主党は第一党となり、第二次鳩山内閣が成立した。鳩山内閣は、一方で「経済自立五ヵ年計画」⑩を決定して経済自立をめざすとともに、他方で「自主的国民外交」をかかげ、吉田の対米従属を批判して、ソ中国交回復・憲法改正・小選挙区制

ter）が連合国を中心とする諸国によって調印された。しかし、この内容がかなり厳格であったため、五三ヵ国が調印したにもかかわらず、アメリカ、イギリスはじめ大部分の国でこの憲章は批准されず、ITOは不成立に終ってしまった。このため憲章の内容の内、すでに協定として発効していた通商政策に関する部分のみが、GATTとして発足することになった。発足当初の参加国は二三ヵ国、日本はIMF加盟三年後の五五年にGATTに加盟した。

⑦当時、国内には、第二次大戦におけるすべての交戦国との間で平和関係を回復する「全面講和」を望む声も多く、アメリカに対する軍事基地提供反対の運動も展開されたが、朝鮮戦争と特需景気を絶好の契機として、日米両政府は、多くのアジア諸国を排除したまま講和条約の締結を強行した。

⑧IMF第一四条は、国際収支が悪化した場合に貿易

導入を主張した。しかし、翌五六年夏以降は景気の過熱で国際収支は赤字となり、五七年には外貨危機[11]が発生、五ヵ年計画はみなおしをせまられた。また、改憲をはかるべく五六年三月には小選挙区法案を国会に上程したが、反対もおおく、審議未了、廃案となった。なお、日ソ国交回復は五六年一二月に実現した。

この間、五一年以来、左右に分裂していた社会党では、造船疑獄を契機として政権担当の条件が形成されたとして、再統一の動きが活発化し、同年一〇月には統一大会が開催された。また保守政党の側も、鳩山小数与党体制は不安定であるとして合同の動きがつよまり、財界の要請や社会党再統一にも影響されて、五五年一一月、民主・自由両党の合同により自由民主党がスタートした。これが、以後長期にわたってつづく自民党二、社会党一という国会勢力配置のはじまりとなったため、五五年体制とよばれるようになった。

2　高度経済成長

高度成長の時代　朝鮮戦争による特需ブームにのって、日本経済は一九五〇年代はじめには一応戦前水準を回復したものの、引締め政策による「吉田デフレ」と一九五三（昭和二八）年の外貨危機のために、五四年には相当深刻な不況に陥っていた。しかし五五年以降、景気は劇的に転換し、造船・鉄鋼・電気機械・石油化学などの重化学工業を中心に、はげしい設備投資が開始された。『経済白書』が、「もはや『戦後』ではない」という有名な言葉をしるしたのはこの翌年のことである。もっとも当時は、後年のような楽観的な意味合いでこの言葉が使われたわけではなかった。復興による成長の時代はおわった、今後とも成長をつづけていくために

上の支払制限をおこないうることを認めた条項、GATT第一二条は、外貨準備がきわめて低い水準にある場合に必要最少限度の輸入制限をおこないうることを認めた条項である。

⑨一九五四年一月に発覚した計画造船や造船利子補給法に関連する造船業界から政治家・官僚への贈収賄事件。造船工業会会長・副会長ら七一人が逮捕され、収賄罪容疑で佐藤栄作自由党幹事長の逮捕請求が決定された。しかし、法相の「指揮権」発動により逮捕延期が暗示され、検察庁は逮捕の時機を失した。また、捜査の進行中、石川島播磨重工の重役、運輸省の課長補佐が自殺した。

⑩「経済自立五ヵ年計画」は、その後の「所得倍増計画」や「中期経済計画」など政府によって策定された経済計画の最初のもので、援助や特需に依存しないで国際収支の均衡をはかることと完全雇用を達成するこ

は苦痛をともなった自己改造が必要であり、その改造は日本経済の「近代化」以外にはないというのが、その趣旨であった。

ところが五五年からはじまった景気上昇の規模とテンポは、『白書』のこのような認識をはるかに上回っていた。予想をこえた大型景気の到来を、当時のジャーナリズムは有史以来の好景気という意味で「神武景気」と名づけた。当時は誰も予想すらしなかったのだが、この好景気が以後七三年秋の第一次石油ショックにいたるまで、二〇年近くつづいた高度成長のはじまりであった。神武景気（五五～七年）を起点として、途中何回かの不況をはさみながらも、岩戸景気（五九～六一年）、オリンピック景気（六三～四年）、いざなぎ景気（六六～七〇年）という大型の好景気がくりかえしあらわれた。この過程で産業構造の重化学工業化が奔流のごとくすすみ、大量生産＝大量消費社会の出現によって国民の生活様式も激変した。

しかもこの間、他の先進諸国の名目成長率が六～九％だったのに対し、日本のそれは一五％、実質成長率でも一〇％を維持した。この結果、五五年から七三年までの一八年間で、わが国の経済規模は五・八倍にも拡大し、六九年にはＧＮＰは、ヨーロッパ諸国を抜いて資本主義世界第二位となったのである。

重化学工業化と産業連関　高度成長期の重化学工業化は、それを推進する三つの主要な柱＝産業連関の三系列をもっていた。第一の系列は、鉄鋼・金属・窯業土石―建築・土木―不動産の連関である。高度成長は、産業関連施設整備を軸とする激烈な開発政策の展開――旧全総、新産都市、太平洋ベルト地帯、新全総、列島改造論――をともなうものであった。産業道路・産業港湾の建設・工業用水整備・臨海埋立工業用地の造成などが公共投資をベースに推進され、

とを目標とした。

⑪一九六〇年代初めまでは日本の貿易収支はほぼ赤字で、国際的な決済のための外貨は常に不足気味であった。このため戦後の日本は、政府の手による厳格な外貨管理と外貨集中の体制が取られていた。にもかかわらず、一九五三年、五七年には、輸入の急増、輸出の減退によって外貨保有高は危機的水準までに低下し、いずれもＩＭＦからの緊急引出しによって対処せざるをえなかった。

それが巨大企業の新たな技術水準と生産能力の実現＝新工場建設に一体化された。

第二の系列は、石油—化学・電力の連関である。この連関は、メジャーズ⑫の原油支配（原油の低価格かつ安定的供給）を起動力とするエネルギー基盤の全面転換、原料基盤の転換（化学・繊維）のインパクトを直接的に受けることによって戦後新たに形成され、高度成長期の革新投資の一方の牽引力となった。

第三の系列は、銑鉄・粗鋼—鉄鋼一次製品—一般機械・電気機械・輸送機械の連関である。この系列は、高度成長期重化学工業化の基本線をかたちづくった。この系列は、同一部門内需要の比率が著しく高いばかりでなく、最終需要における民間固定資本形成・輸出の牽引力となった。こうした重化学工業内部循環の確立、とりわけ機械工業部門の急拡大のもつ意味はきわめておおきかった。というのは、本来的労働手段部門としての機械工業部門の拡大は、他部門における活発な設備投資需要の存在によって可能となるものであったと同時に、その発展それ自体が他部門における新労働手段の導入を強制するからである。この機械工業部門の急拡大が、いわゆる革新投資の持続性を保証したのであった。

このように高度成長期の重化学工業化は、この三系列への主要な産業連関の集中、系列内内部循環の確立として進行し、三系列内部の相乗作用⑬が累積的に進行した。そして、国内の最終需要と輸出の拡大が、この過程をいっそう加速させた。高度成長期を通じて、生産の増大、雇用の拡大、新設備の導入が、たえることなくすすんだのである。

継続的な技術革新　こうした重化学工業化の進展は、革新的な技術と機械・装置の連続的導入によって特徴づけられていた。この技術革新と大規模な設備投資は、鉄鋼・電力などの素材

⑫国際石油資本のこと。ソーカル、テキサコ、エクソン、モービル、ガルフ、ブリティッシュ・ペトロリウム、ロイヤル・ダッチ・シェル、CFP（フランス石油公社）の八社（eight majorsと呼ばれる）をいう。なお、CFPを除いた七社をseven sistersと呼ぶ。

⑬たとえば、機械の増産が鉄鋼の需要をつくりだし、鉄鋼の増産が新しい製品市場をつくりだすといった、あるいは低価格の石油供給が火力発電所の増設ブームをつくりだし、それが送電線需要や電気機械市場を拡大させるといった相乗作用をいう。

産業からはじまり電気機械に移行し、新興の加工組立産業である自動車産業やエレクトロニクス産業へという順序ですすんだ。そしてそれは同時に、労働手段の変化と労働過程の高度化を生みだし、労働力編成と要求される労働力の質をおおきく変化させることになった。

たとえば鉄鋼業をみると、一九五六（昭和三一）年からの第一次合理化計画の過程で、製銑工程における高炉大型化・製鋼工程におけるＬＤ転炉⑭への転換、圧延工程におけるホット・ストリップ・ミルの導入が連続的におこなわれ、粗鋼年産一〇〇〜二〇〇万トン級の新鋭一貫生産の臨海製鉄所の建設が競ってすすめられた。⑮さらに、六一年からの第三次合理化過程では、高炉、転炉、ストリップ・ミルの一層の大型化がすすめられ、六〇年代後半には、六五年八幡・堺を皮切りに、粗鋼年産一〇〇〇〜一六〇〇万トンの世界最大級の新鋭一貫製鉄所の建設がつづいた。国産化の技術・設備も飛躍的に向上し、第二次合理化までの一方的な外国技術の導入から、この時期にはクロス・ライセンスがじょじょに増加するようになった。かくて一九七〇年には、わが国の粗鋼生産高は九三〇〇万トンと、アメリカの一億一九〇〇万トン、ソ連の一億一六〇〇万トンについで世界第三位となり、製鉄所規模では世界一〇大高炉のうち九基までを占め、システム・コンピュータによる生産工程・操業・品質・在庫管理などの総合管理システムが導入される（六八年君津）など、アメリカを抜いて世界最高水準を実現するにいたった。

職場と仕事の変化　このような主要産業における技術革新と大規模な設備投資の進展は、企業のなかでの仕事のあり方や職場の編成を大きく変化させた。とりわけ重化学工業分野では、それまでの熟練労働のおおくは無効となり、現場労働のあり方が大転換した。

⑭この過程での革新的技術の導入はすべて外国技術によるもので、圧延工程でのストリップ・ミル技術はアメリカから、製鋼工程でのＬＤ転炉技術はオーストリアから導入された。

⑮鉄鋼業では、一九五一年から五五年にかけての第一次合理化では、国際的にもっとも技術格差の目立っていた圧延工程の近代化が図られたが、五六年から六〇年の第二次合理化では、大型高炉、ＬＤ転炉（純酸素上吹転炉）、ストップ・ミル（自動連続圧延機）などをすべて備えた一貫大型生産体制の新鋭臨海製鉄所がつぎつぎに建設された。

たとえば鉄鋼業では、高炉の大型化にともなう計装化の進展は、従来肉眼にたよっていた高炉の操業を制御装置による遠隔操作にかえることを可能にした。ＬＤ転炉への転換は、炉前作業を大幅に簡素化し、従来の熟練をまったく異なった体系のものにかえてしまった。また、ストリップ・ミルへの転換は、従来の圧延機では一五〜二〇年の熟練期間を要していた技能をまったく不要とし、圧延労働はハンドル操作と監視労働を主体とする二〜三年で習熟可能の半熟練労働へと転換した。さらに、一九六〇年以降のコンピュータの導入、六〇年代後半のコンピュータ・オンライン・リアル・システムの導入は、主要工程間の作業量、作業速度のフレクシブルな「標準」化を促進し、生産の大幅なスピード・アップと連続操業を実現した。かくて鉄鋼業における基幹工程は、従来の粗放高熱重筋労働から工程管理労働・運転労働へと転換した。

仕事内容の変化は、それまでの労務管理のあり方も変化させた。鉄鋼業におけるライン・スタッフ制度の導入がその代表的なもので、これは従来の労務統轄体制（課長—掛長—監督技術員—組長—伍長—平作業員）のなかで基幹部分を占めていた組長層（旧型熟練工）を解体し、それまでこの層がになっていた職能を、技術管理・品質管理・工程管理などの専門管理機能をになう専門要員スタッフと、作業管理・労務管理を主要な職務とする新しい現場職制＝ラインとしての作業長の両者にはっきりと分割し、この両者を労働過程の中核とすることによって労務統轄機構の再編・強化をはかったものであった。

能力主義とＱＣサークル活動　こうした新設備・新技術の導入とそれにともなう労働内容の変化に適合するために積極的に推進されたのが、年功賃金体系の再編と生産性向上運動＝ＱＣ活動の展開であった。日本的労使関係ないし企業内協調的労使関係の確立過程である。技術革新の進展にもとづく労働の細分化と旧型熟練の解体は、勤続・年齢・学歴などを基準とした従来の年功賃金体系の改変を要請した。まず、年功賃金の職務給化が、ついで六〇年代後半には能力主義の名のもとに職能給体系が導入された。とくに後者はそれまでの年次別・属人的な「集合管理」から能力別の「個人管理」への転換をはかったもので、六六〜六八年には、鉄鋼大手各社をはじめ、大手企業にいっせいに資格制度が設けられ、職能給体系への移行が進んだ。

「能力主義」への移行は、労働者を相互に競争するアトム化した個人に分解し、労働者間の横の連帯を希薄化させることになるが、この面のみを追求すれば、集団意識の崩壊による労使関係の悪化やモラルの低下を引きおこし、企業―職場集団―従業員という組織秩序を弱体化させることになる。これを防ぐものとして位置づけられたのが、QCサークル、ZD運動などの小集団による自主管理運動で、日経連の調査では、六八年には企業の二六・一%がQCを、二三・二%がZDを導入するまでになった。[16]

農村から都市への人口移動　このような重化学工業における設備投資の進展と革新技術の導入による労働と職場の変化は、農村から都市への大規模な人口移動を引きおこした。[17]一九五五(昭和三〇)年から七〇年にかけて、農林部門の就業人口は六〇二万人減少したが、これは非農林部門の就業人口増一八八七万人の三分の一に達していた。この数字は、労働者が農林部門から非農林部門に流出したことを示しているようにみえる。だが農村から都市へと移動したのは、既存の労働者ではなく若い人びと、すなわち新規学卒労働者であった。高度成長前期には中卒が、後期には高卒が主力となった。[18]技術革新にともなう仕事の変容に適応しうるだけでなく、年功賃金体系の下層部分に位置しコスト低減をはかりうる労働力を、という経営側の要請が、

⑯戦後、SQC(統計的品質管理)として導入されたQCは、日本では、現場職長・組長層、オペレーター層をくわえた現場での品質管理運動として展開され、六〇年代後半には労務管理の一環として大企業に普及した。ZD運動は、六二年にアメリカの兵器メーカーで開発された管理手法であったが、日本では六五年に日本電気が本格的に導入したのを先駆けに、鉄鋼業(JK運動と呼ばれることがおおかった)などで急速に普及した。

⑰こうした農村からの大規模な人口移動の中で、一九六一年には、農業経営規模を拡大し、農業生産性を高め、農業所得を増大させうる「自立農家」を育成することを目的とする農業基本法が制定された。しかし、この政策は、自立農家の育成よりは兼業農家を急増させる方向に働き、七〇年には第二種兼業農家の離農を正面に掲げた「総合農政」

若年労働力の新たな市場をつくりだしたのである。

しかしこの労働力はその量的制約のゆえに、一定の時点で限界につきあたらざるをえない。六〇年代はじめには早くも若年労働力不足問題、新規学卒賃金の上昇がおきてくる。こうした問題の発生に対して、経営の側は一方では年功賃金体系への能力賃金の導入によって、のちにはさらに低コストの「縁辺労働力」＝中高年女子労働力⑲の動員によって対処した。

都市化と消費革命　地方や農村から吸収され、急増した若年新規労働者たちは、三世代同居といったそれまでの大家族からきりはなされ、寮生活そして核家族といったかたちで各個人の生活を形成していくことになった。都市へ転入してきた新規学卒者たちが結婚年齢に達したとき、従来のような三世代同居の生活を営むことは、望むと望まざるとにかかわらず不可能だった。親子の生活圏が遠くにへだたっているというだけではなく、都市の宅地価格が消費者物価上昇率をはるかにこえて、うなぎのぼりに上昇しつづけたからである。この核家族化に対応して2DKの鉄筋コンクリート中層アパート、すなわち「団地」が、日本住宅公団（現在の都市基盤整備公団）や地方自治体によって新たに供給されるようになった。ステンレスの流し台、水洗トイレ、内風呂、ダイニング・キッチン、テレビのある居間。「団地住民」は、新しいライフ・スタイルの先導的担い手となった。

ただ、この時期には、こうした生活ができる人は限定されていた。急激に膨張する都市生活者の住宅需要に「団地」供給はおいつかず、おおくの人びとは、間借り（まがり）か民間木賃（もくちん）アパート住まいを余儀なくされた。とはいえそこでも、「団地」的ライフ・スタイルは当面の目標とされ、テレビ・洗濯機・冷蔵庫（当時、「三種の神器」といわれた）が、六畳一間、風呂はなくトイレは共

を登場させることになった。

⑱新規学卒労働力の供給は、年々一一〇〜一四〇万人にのぼった。

⑲一九六〇年代半ばまで持続的に低下していた女子就業率は、六五年を底に上昇に転じた。この主たる理由は、女子の高学歴化による長期勤続の増大というより、子育てを終わった女性のパートタイマー就業の増大によるもので、就業先も、それまでの繊維産業から家庭電器、精密機械、鉄鋼などの金属・機械分野にまで広がった。

用という生活のなかに急速に普及し、食生活の洋風化、スーパーの躍進とインスタント食品の登場、喫茶店やレストランの急増と、生活環境はめまぐるしく変わっていった。⑳

こうして「望ましい消費生活」がさしあたりは実現され、核家族という新しい家族構成のもとで、男は仕事に邁進し、女は家事と消費と子供の保育を主要な役割とするという構図が定着したのであった。

「政治の季節」から「経済の季節」へ　高度成長の持続とそれにともなう産業構造の重化学工業化、職場と仕事の変化は、日本社会の政治的対抗関係の軸を、大きく旋回させていった。敗戦から一〇年、講和・独立から数年後の保守政党＝政権党の政治目標は、その内部にかなりの幅をふくみながらも、自立であり、改憲であり、旧体制への「復古」であった。対抗する側は、反戦平和であり、中立であり、民主主義的「進歩」であった。一九五二（昭和二七）年の内灘（うちなだ）にはじまる軍事基地反対闘争、五五年からの原水禁世界大会の開催、五四年の教育二法案、五六年からの教員勤務評定問題などの初中等教育をめぐる対抗、五八年の治安維持法復活とされた警職法改正問題、五九年の三池争議と、両者のあいだにははげしい対抗がつづいた。そうしたなかで、戦闘的な産別会議に対抗して五〇年に誕生した総評（日本労働組合総評議会）も、「ニワトリからアヒル」㉑へと転換し、しだいに戦闘化した運動を展開するようになった。

この対抗が頂点に達したのが、六〇年の安保改定反対闘争㉒であった。旧安保の片務性を解消し、日本防衛を日米共同の事業とする（第五条）、米軍に日本の施設・基地を提供する（第六条）ことで双務的条約とするというのが、改定の主眼であった。改定は「日本の軍事基地化」であり、極東の緊張を高めるというかたちではじまった改定反対運動はしだいにひろがり、五九

⑳一九六〇年時点での、家電製品の普及率は、テレビ（四七％）、洗濯機（三六％）、トースター（二八％）、電気炊飯器（二五％）、電気ゴタツ（二四％）、冷蔵庫（一三％）であったが、七〇年には、テレビ（九〇％）、電気洗濯機（九二％）、電気冷蔵庫（九二％）と三種の神器はほとんどの家庭にいきわたり、さらにこれと歩をあわせて、3C（カー・カラーテレビ・クーラー）が、新しい大衆消費の対象として登場した。

㉑一九五一年の第二回大会で総評は平和四原則を採択したが、この採択は総評の左旋回と取られ、GHQの総評に対する態度は、それまでの親和的なものから一変した。一九五一年三月に総評事務局長に就任した高野実は、これを揶揄して「鶏とおもってかえした卵が家鴨だったとすれば、彼ら（GHQ）の味覚には我慢がならなかったわけでも

〜六〇年には戦後最大の政治運動となった。国会をとりまくデモは未曾有の規模に達し、労組、学生だけでなく、一般市民や商店もデモにくわわった。自民党は五月一九日、新安保承認を単独強行採決し、一ヵ月後新安保条約は「自然成立」した。七月、岸信介にかわって登場した池田（勇人）内閣は、「寛容と忍耐」をかかげ、年末には一〇年間で国民所得を倍増するという「所得倍増計画」を発表した。六月には、貿易為替自由化計画大綱が決定されており、対外的にも一人前の経済国家への転換がはかられた。「経済」課題を前面におしだすことによって、政治的緊張を緩和しようとしたのである。かくて季節は政治から経済へとうつっていった。

高度成長の歪み　こうして六〇年代には、租税特別措置、人為的低金利政策、財政投融資などの財政金融政策を通じた戦略産業の育成、全国総合開発計画（六二年）、新全国総合開発計画（六九年）に代表される地域開発政策の展開㉓によって、成長と開発がおしすすめられていった。しかし、急激な成長と開発は、農村の過疎と都市の過密、公害、経済摩擦の発生など、さまざまな歪みを日本社会にもたらすことになった。一九六四（昭和三九）年に登場した佐藤（栄作）内閣は七二年までつづく史上最長政権となったが、対内的には成長の歪みの是正を、対外的には日米関係の強化を課題としつづけることになったのである。

六七年には公害対策基本法が、六八年には大気汚染防止法・騒音規制法が制定され、七一年には環境庁が発足したが、政府の対応はつねに遅れがちであった。また、佐藤は六五年にジョンソン米大統領に対し、沖縄・小笠原返還の希望を伝えたが、沖縄についてはアメリカの極東軍事戦略、すなわち核戦略との関連で交渉は長期化し、六九年からの日米繊維摩擦、繊維交渉もからんで、返還が実現されたのは七二年五月のこととなった。

あろう……」とのべた。

㉒一九六〇年一月に妥結した新安保条約は、五一年九月調印の旧安保条約に比べ、相互性が強まった反面、日米軍事協力が明記されるとともに、「極東における国際の平和および安全の維持」が新たに掲げられ、在日アメリカ軍のアジアでの軍事行動に日本が巻き込まれるという懸念を生んだ。しかし、政府与党は十分な審議を尽くさないまま、条約承認の強行採決をおこなったため、安保反対闘争は、民主主義擁護の全国闘争に発展、岸（信介）内閣は総辞職に追い込まれた。

㉓一九六二年一〇月に閣議決定された「全国総合開発計画」は、地域間格差是正と工業基盤拡充を二大目標とするはじめての全国的開発政策で、地方に大規模な工業拠点を育て、人口・産業の大都市集中を防ぎ、地方の振興を図ることを目的とした。そして、この目的を実現するために、同計画

革新自治体と繁栄のなかの反乱　佐藤内閣が「歪みの是正」を最大のスローガンとしたことからもわかるように、生活水準の向上と実質所得の上昇を実現した国民の意識は、公害や物価騰貴など成長にともなうマイナス面への批判へとむかった。㉔　一九六七（昭和四二）年四月の東京都知事選で、社会党・共産党のおす美濃部亮吉（みのべりょうきち）が当選したのにつづいて、七一年には黒田了一が大阪府知事に、七五年には長洲一二（ながすかずじ）が神奈川県知事に当選するなど、自民党の地方支配に大きな動揺が生じた。また、六八年以後、全国的規模で大学闘争＝紛争が発生した。この時期の学生闘争は日本だけの現象ではなく、アメリカ・フランス・ドイツでもあい前後して発生しており、大学民主化論と大学解体論を起点に、管理社会批判、社会革命・政治革命論へと展開したが、「新左翼」㉕諸党派による闘争の尖鋭化・少数化のなかで運動は沈静し、一部は内ゲバ、テロリズムなど退廃へと転落した。

3　通貨危機と石油危機

パクス・アメリカーナの動揺　二〇年近くつづいた高度成長は、一九七〇年代にはいって劇的に終焉した。七〇（昭和四五）年下期には、それまで一〇期つづいていた増益決算が減益決算に転じ、翌年上期には設備投資の急減、稼働率の低下、在庫の増大が明確となった。七三、四年には「狂乱物価」といわれたはげしいインフレーションが発現し、翌七四年には戦後初のGNPマイナス成長を記録した。七三年から七五年にかけて、わが国は「戦後最大の不況」に陥ったのである。その直接のきっかけとなったのは、七一年のニクソン・ショックと七三年の第一次石油危機であった。

の策定と平行して、地域開発促進に関連する「低開発地域工業開発促進法」（六一年）、「新産業都市建設促進法」（六二年）、「工業整備特別地域整備促進法」（六四年）などを制定し、地方の拠点開発をおこなった。しかし、この計画によって人口・産業の大都市集中を防ぐことはできず、また、地方に自然破壊と公害ももたらした。

㉔高度成長による環境問題、都市問題の深刻化、社会福祉の立ち遅れにもかかわらず、一九六〇年代後半に入っても、政府は経済活動優先、開発優先の姿勢をとりつづけた。この時期の革新自治体の拡大は、こうした問題に対抗しようとする新しい市民運動的要素と伝統的・左翼的要素とが結びついた過渡期の産物であった。

㉕一九六〇年代後半に先進資本主義諸国で登場した新しい急進主義的政治諸潮流を指す。その主張はさまざまであったが、従来の社会

これまでふれてこなかったが、高度成長は決して日本の専売特許ではなかった。一九五〇年代から六〇年代にかけて、西ドイツやイタリアも、日本にはおよばなかったとはいえ、「奇跡」の高度成長をつづけていた。このような資本主義諸国の持続的成長をささえてきたのは、パクス・アメリカーナといわれる体制㉖であった。アメリカが、巨額のドルを世界中に散布しこれを貿易の黒字で回収する、つまり同国の国際収支が安定的に黒字であり、金準備が豊富であることが、この体制維持の前提となっていた。しかしこの体制は、一方でのアメリカ自身の「軍事国家」的性格と、他方でのこのドル散布にも助けられたヨーロッパ・日本の成長によって、六〇年代にはいると急速にその基盤が掘りくずされていった。

まず、前者についてみると、アメリカの国防支出の対GNP比は、五〇年代はじつに一〇%以上、六〇年代でも八～九%に達していた。基軸産業としての重化学工業の軍需依存度は、航空機工業九四%、造船六一%、ラジオ・テレビ・通信機工業三八%、科学器具三〇%ときわめて高く、こうした軍需依存の結果として、民需産業の立ち遅れ、産業構造の歪みが生じてきた。また、後者についても五〇年代から六〇年代にかけての、日欧の成長は著しく、たとえば六三年から六九年にかけての西ドイツの相対的労働生産性は一割の上昇であったのに対し、日本のそれは四割も上昇し、アメリカの一割低下とは際立った違いをみせていた。また日本の輸出価格の相対水準は、六〇年から六九年にかけて一割近く低下し、競争力は非常につよくなり、日本の輸出は世界貿易の拡大テンポの二倍のスピードで拡大していった。この結果アメリカの国際収支は、六〇年代には慢性的に赤字となりドルが海外へ大量かつ恒常的に流出するようになった。この対策として、アメリカは六三年金利平衡税導入、六八年金プール停止と、一連のド

民主主義政党や共産党を、権威主義的・官僚的な「伝統的左翼」政党と批判する点では一致していた。しかし、その一部は、後に暴力主義的・破壊的な過激派となった。

㉖この体制は、経済的にはIMFおよびGATTという二本柱からなりたつ。IMFは貿易決済や国際資本移動はドルを基礎におこなわれる、各国は準備資産をドルで保有する、ドルはいつでも金と兌換される、という枠組みによって国際通貨秩序の維持をはかり、GATTは関税障壁をできるだけなくして、自由貿易を促進することを意図した。

ル防衛策を実行するが効果はあがらず、国際収支の悪化とインフレがしだいに顕在化してきた。

通貨危機と変動相場制への移行　こうした状況のもとで一九七〇年代にはいるとともに、日本に対する開放圧力、円切上げ圧力は急速に高まっていった。にもかかわらず政府・日銀・産業界は、ともに円切上げ絶対回避の立場を固執していた。

このさなかの一九七一（昭和四六）年八月一六日、ニクソン米大統領は、金ドル交換停止、一〇％の輸入課徴金賦課、九〇日間の物価・賃金凍結を主内容とする緊急経済政策を発表した。この声明は、日本だけでなく欧州諸国にとっても寝耳に水であったため、国際通貨不安は一挙に高まり、同年末のスミソニアン合意㉗に至るまで、調整のための国際会議が頻繁にくりかえされた。調整は難航したが、結局一二月一七日、一八日のG10（一〇ヵ国蔵相会議）でスミソニアン・レートが合意され、日本は一六・八八％切上げの一ドル三〇八円レートに移行することとなった。

しかし、この通貨調整によっても、国際収支の不均衡は改善されず、アメリカの貿易収支赤字は七一年の二七億ドルから翌七二年には六八億ドルに拡大、日本の黒字は逆に七八億ドルから九〇億ドルに増大し、対米出超のめだつ日本への風当たりは急速につよくなった。そして、七三年にはいってからのヨーロッパ通貨不安の再燃とアメリカのドル切下げ発表を契機に、同年二月、円は完全な変動相場制に移行、三月のEC六ヵ国共同フロート移行とあわせ、変動相場制の時代へと突入した。この間円は、七一年八月までの一ドル三六〇円から、七三年二月の二六四円まで、わずか一年半のあいだに一〇〇円近くも上昇したのであった。

第一次石油危機　このドル・ショックに追い打ちをかけたのが、一九七三（昭和四八）年秋

㉗一九七一年一二月一七日、一八日にワシントンのスミソニアン博物館で開催された先進一〇ヵ国蔵相会議（G10）における固定相場制復帰の合意。同年八月のニクソン・ショック以降、主要国の為替相場は一時的に変動相場制に移行していたが、これをドルの切り下げ、ドル以外の通貨の切り上げによって固定相場制に戻そうというものであった。

の第一次石油危機であった。六〇年のＯＰＥＣ（石油輸出国機構）の結成、六八年のＯＡＰＥＣ（アラブ石油輸出国機構）の発足によって、六〇年代に産油国の勢力はじょじょにつよまっていた。七三年一〇月、第四次中東戦争が勃発すると、アラブ産油国は対イスラエル制裁のために石油を武器とする手段をとり、原油公示価格の大幅引上げ、原油生産削減、非友好国への輸出禁止を実施した。

高度成長をへるなかで、日本経済は著しい石油依存・石油多消費型の体質となっていた。たとえば、第一次エネルギー供給に占める石油の比重七八％、エネルギー消費中の産業部門比率五六％という数値は、欧米先進諸国に比して著しく高く、また輸入依存度も突出していた。[28]それゆえ、この措置の日本に対する衝撃は甚大であった。すでに前年の田中角栄「日本列島改造論[29]」にあおられた土地投機によって、インフレは顕在化していた。石油危機はこれを一挙に加速する役割を果たした。灯油、プロパン、長靴、マットレス、トイレット・ペーパー、ちり紙、合成洗剤などの石油関連製品を筆頭に、数ヵ月のあいだに小売物価・卸売物価は急騰し、七四年二月には対前年比卸売物価上昇率三七％という「狂乱物価」が現出した。危機をあおられた消費者は、これらの商品の買いだめに走り、商社や商店の「買い占め」「売り惜しみ」が新聞の社会面を賑わせた。

こうした事態に対応して、政府は緊急石油対策推進本部を設置、官公庁における石油・電力の節約実施、百貨店・スーパーの営業時間短縮、深夜テレビの放映自粛、ネオン節約、エレベーター使用削減、マイカー自粛などの石油消費節約のキャンペーンをはった。しかし、実際には七三年一〇〜一二月の原油輸入量は前年同期比七％増であって、石油不足・モノ不足は「つ

㉘日本の原油輸入量は、六五年の八七〇〇万キロリットルから、七三年には二億八八〇〇万キロリットルへと激増し、輸入依存度もＯＥＣＤ諸国平均の六七・〇％に対し、九九・七％と突出していた。

㉙一九七二年六月に出版された田中角栄著『日本列島改造論』は発売直後から大ベストセラーとなった。その骨子は、工業再配置、新二五万都市の建設、高速交通手段の整備の三本柱からなり、組閣後、田中首相はこの構想を経済政策の中心に据えた。このため開発ブ

くられたもの」という側面がつよかった。

石油危機が日本経済にあたえた衝撃は、こうした短期的なものというよりは、もうすこし構造的なものであった。七二年から七四年にかけて、輸入価格の四倍値上げによって、輸入総額中の原油・石油製品の比率は一九％から三四％、金額では四・七倍へと激増し、これだけでGNPの三％に相当した。また、原油価格の値上りは、価格体系とコスト構造を大きく変化させ、石油依存・エネルギー多消費・素材型産業の後退の引き金となったのである。

ームと土地投機が引き起こされ、地価、物価は急上昇した。その後、インフレと公害の列島バラまきであるという批判も現れ、ブームは半年で終焉したが、その後遺症は長く尾を引いた。

三　現代の世界と日本

1　経済大国への歩み

安定成長への道　日本の経済は一九七六（昭和五一）年より石油ショックからの立ち直りをみせてきた。七四年には実質成長率が、戦後初のマイナス成長を記録したが、七五年からプラス成長に転じ、七六年以降、七〇年代後半にかけて平均五％を維持していった。深刻な世界同時不況のなかで、日本はいち早くこの不況から抜けだし、安定成長への道を歩みはじめた。

この不況からの脱出に大きな役割をはたしたのは、鉄鋼や自動車などの輸出の好調、とりわけアメリカ向けの自動車輸出であった。石油危機以降、低価格・低燃費・故障のすくない日本製小型車が注目をあつめ、七六年度の対米輸出は前年比で二倍余の伸びを示した。①変動相場制への移行によって、円は七八年の後半には一八〇円台と急上昇したにもかかわらず、輸出が伸びたのは「減量経営」＝人件費の削減を中心とするコストの削減と労働者の能力主義的競争の組織化による、輸出競争力の強化と製品の品質向上への努力であった。②

また、こうした「減量経営」の成功には、高度経済成長期の労働運動を主導してきた総評の決定的な地盤沈下、③それにかわる民間大企業を中心とする協調主義的組合（同盟）の影響力の増大があった。こうして第二次石油ショック（七九年）も比較的軽微な影響で乗り切った。

経済大国化とバブル景気　八〇年代にはいってからは、アメリカ政府のドル高政策（八三年

①七〇年代初期、アメリカがもっとも多く輸入する外車はドイツのフォルクスワーゲンであったが、まずトヨタにそして日産に追い越された。七〇年から八〇年にかけて日本の自動車輸出は一六・八倍になった。

②六〇年代後半から自動車産業や鉄鋼部門で導入されてきた、QC・ZD運動型小集団活動、提案制度、自己申告制度などはこの時期全産業に普及していった。その結果、企業＝生活の場とし、企業の論理が社会を覆う「企業社会」が形成されていった。

③マッカーサー書簡以来、禁止されてきた公務員の争議行為（スト権）の回復を目指し、国鉄を中心とする「公労協」は一九七五年一一月二六日から八日間に及ぶ、ストライキ（スト権スト）をおこなった。正当な要求であったが、国民の支持を得ることに失敗。目的は達成されず、総評の地盤沈下の大きな契機となった。

には一時二七〇円まで下がる）のもとで輸出は伸びつづけ、とくに日本の対米輸出依存度は、約四割という異常な高水準に達し、アメリカとの貿易摩擦が深刻なものになった。また、先端技術（ハイテクノロジー）による産業[4]が急成長し、日本の基幹産業の構造は資源多消費型の「重厚長大」産業から知識集約型の「軽薄短小」産業へと変化し、さらに第三次産業の比重が全体の五〇%を占めるようになった（産業構造の変化）。減量経営は自動車・鉄鋼などの輸出産業のみならず全業種で展開された。先端技術の急速な発展にともない機械設備更新・システム化がすすめられ、OA機器導入などの職場事務の効率化、情報処理の迅速化がはかられた。こうした流れを下からささえた協調主義的組合運動は、八九年には官公労働組織をもくわえた日本労働組合連合会（連合）になり、最大のナショナルセンターに発展、総評は解散した。[5]

一九八六年末ころからはじまった好景気は、旺盛な民間設備投資にささえられ、大型景気に発展していった。[6]この大型景気は、国民総資産の拡大をもたらし、八五年末で三九〇〇兆円余であった国民総資産額は、八九年には六八〇〇兆円余と二倍近くも伸びた。だがこれは土地価格と株価の異常な高騰が主な原因であった。東京都の土地の単価は八六年一月の一六七万円（三・三平方メートル）から翌年五月には五六八万円余と一年半に三・五倍にも値上がりした。東証平均株価も八八年一月の二万一二一七円から急上昇し翌年一二月には三万八九一五円と史上最高値（さいたかね）を更新した。この間、八〇年代後半の実質経済成長率は平均四・五%であった。つまり、名目的な資産が大幅に増えたのであった（バブル経済）。

また、この大型景気のなかで、とりわけ八五年のプラザ合意での円高誘導（えんだか）政策により円高が急速にすすむなかで（八五年の二五〇円台から八九年には一二〇円台に）、日本企業の海外進出・多国

④半導体などのエレクトロニクス産業、セラミックスなどの新素材、バイオテクノロジー（生命工学）など。
⑤これまでの総評・同盟など四つの全国組織で、八〇年代に入って、統一の動きが起こり、八二年全日本民間労働組合協議会（全民労協）が発足、さらに八七年には全日本民間労働組合連合会（連合）となって同盟・中立労連・新産別がこれに合流、八九年には最大の総評もこれに加盟して、（新）連合（組合員八〇〇万人）となった。これに対抗するものとして同年、全日本労働組合総連合（全労連、組合員一五〇万人）が結成された。
⑥対米協調のために円高による、日本の黒字減らし、内需拡大路線がとられ、そのために過度の金融緩和（低金利）政策がとられた。

籍企業化がすすんだ。海外進出企業は一九八七年の四二〇〇社から八九年には七五〇〇社と一気に二倍近く急増した。[⑦]こうして、日本はアメリカに次ぐ世界の経済大国に成長した。

バブル経済の崩壊と長引く不況　一九八六年にはじまった大型景気も九一年にはいり、はっきりと後退のきざしがあらわれた。九〇年一〇月には株価が二万二二一円に暴落し、九一年には倒産件数が過去最高を記録、実質経済成長率は九三年には〇・三%にまでに落込んだ。また、九四年には完全失業率が三%と戦後最悪の水準になった（「平成不況」）。

バブルの崩壊がもっとも目立ったのは、土地やマンションなど不動産価格の下落であった。東京都の土地単価は、九五年一月にはバブル期の半分以下の二五〇万円台に下落した。この間、銀行は土地を担保に過剰な融資をおこなったために、膨大な不良債権をかかえこむことになり、金融業界全体の業績悪化につながった。一般企業もバブル景気のもとでおこなった過剰な設備投資が重荷となり収益悪化を招いた。この不況は九四年にはいったん回復のきざしをみせたが、消費不況と金融不況がかさなり、九七年からふたたび深刻な不況に陥っていった。[⑧]

2　政治大国への歩み——戦後政治の総決算——

新冷戦と日米運命共同体　アメリカはベトナム戦争での敗北後、東アジアのなかで、日本がより積極的役割をはたすことをもとめてきた。また、日本においても、経済力にふさわしい軍事力をもって国際社会にのぞもうとする政治大国・軍事大国をめざす路線が台頭してきた。一九七五（昭和五〇）年八月の三木・フォード会談を受けて設置された、日米防衛協力小委員会[⑨]は七八年に「日米防衛協力のための指針」（ガイドライン）[⑩]をまとめ、福田（赳夫（たけお））内閣は同年一

⑦こうした日本企業の海外進出は他方で国内の生産や雇用が減る「産業の空洞化」現象をもたらした。

⑧この間、世界経済ではアメリカは九三年から拡大に転じ、ヨーロッパ先進諸国も九四年度から拡大に転じた。さらに東アジアNIES諸国やASEAN諸国は高度経済成長を続け、中国も一〇%を越える成長率で、ひとり日本だけが長引く不況を克服できないでいた。

⑨この小委員会には作戦・情報・後方支援の三分科会が設けられ、制服軍人レベルの具体的な日米共同作戦の検討が開始されることになった。

⑩ガイドラインは、(1)侵略を未然に防止するための態勢（平時）、(2)日本に対する武力攻撃にさいしての対処行動、(3)日本以外の極東における事態で日本の安全に重要な影響を与える場合の三部からなっている。

⑪八一年に就任したレーガ

一月の閣議でこれを承認した。これは、有事には自衛隊が米軍の指揮下にはいって共同作戦をおこなうというもので、日米安全保障条約の事実上の改訂という性格をもっていた。

七九年一二月のソ連のアフガニスタン侵攻などを契機に、新冷戦とよばれる米ソの新たな緊張関係が生まれ、⑪アメリカの日本に対する軍備増強の圧力はいっそう強まっていった。こうした圧力に主体的に応じ、日本の政治・軍事大国化への道を一挙にすすめたのが、八二年末から五年間にわたり政権の座にあった中曽根（康弘）内閣である。中曽根首相は就任早々の八三年一月にアメリカを訪問し、日米は「運命共同体」であるとの認識を示すとともに、防衛問題で日本が「責任分担を積極的に果たす」ことを約束した。⑫これまで、日本の外交政策の基本は建前だけであっても、ソ連をふくむ全方位外交であり、また防衛政策も集団的自衛権を禁止していた。こうした、戦後の外交・防衛政策の基本をおおきく転換させるものであった。

湾岸戦争とPKO法　新冷戦は八五年にはいると終焉にむかったが、⑬八〇年代の後半に、ソ連のゴルバチョフ書記長のもとでの「ペレストロイカ」（改革・立直し）が進むなかで、東ヨーロッパの社会主義諸国で、自由・民主化をもとめる声が噴出し、ついに八九年末共産党の一党独裁体制が相次いで打倒された（「東欧革命」⑭）。さらに、九一（平成三）年一二月にはソ連邦自体が解体した。ここに第二次世界大戦後の国際情勢を規定してきた、米ソ二大陣営による冷戦は終わりをつげた。

東ヨーロッパで激動がつづいている最中、一九九〇年八月から翌年一月にかけて湾岸戦争が勃発した。⑮この戦争のなかで、中東の石油に依存して経済大国となった日本も、多国籍軍への戦費の支出（総額一三〇億ドルが支出された）だけではなく、人的にも大国にふさわしい国際貢献

ン大統領は、多額の国防費支出をおこない、また西欧に中距離核ミサイルを配備した。

⑫具体的には「日本列島不沈空母化」「四海峡封鎖」「シーレーンの確保防衛」など、ソ連に対抗する戦略目標を示した。

⑬レーガン大統領の再選やソ連のゴルバチョフ書記長の就任（八五年）、また八二年の「第二回国連軍縮特別総会」などの世界的な反核運動を背景に、八五年に米ソ首脳会談が実現し、八九年のマルタ会談で冷戦の終結が宣言された。

⑭一〇月、東独のホーネッカー大統領が退陣し、翌月ベルリンの壁が実質的に撤廃された。また一二月にはルーマニアのチャウセスク大統領夫妻が処刑された。

⑮一九九〇年八月、イラク（フセイン大統領）は、クエートに侵攻してこれを併合。アメリカ軍を主力とする多国籍軍はイラクを攻撃して敗北させた。

をすべきだという声がたかまり、九二年六月宮沢（喜一）内閣は、「国連平和維持活動等に対する協力に関する法律」（ＰＫＯ協力法）を成立させた。[16] そして、この年の八月、自衛隊の第一陣が国連の下でおこなわれたカンボジアの総選挙の監視活動に参加するために出発した。創立以来はじめて自衛隊の正式な海外派遣が実施されたのである。

こうしたなかで、防衛費（国防費）は伸びつづけ、一九九三年には、イギリス・フランスをも抜き、日本はアメリカ・ロシアについで世界第三位の軍事費大国になった。

新しい国家主義の台頭　政治的・軍事的大国としての歩みは、天皇や国家の威信を高める一連の国家主義的諸政策を浮上させた。八五年、八月一五日の終戦記念日に、中曽根首相は靖国神社に公式参拝をおこなった。[17] 二月一一日の「建国記念の日」には、民間団体による復古色の濃い奉祝式典が開かれていたが、七八年、総理府がこの式典の後援をはじめ、八五年には中曽根首相がはじめて首相として出席した。また、戦後法的根拠を失っていた元号問題についても、七九年六月に元号法が成立した。さらに八九年二月の学習指導要領改訂で、学校儀式での国旗（日の丸）・国歌（君が代）の掲揚・唱歌が一層強化された。

そして、八九年二月、昭和天皇の葬儀「大喪（たいそう）の礼」が、[18] 翌年一一月には現（明仁）天皇の「即位の礼」が国家的行事としておこなわれた。[19] これには、海外から元首級をふくむ百数十ヵ国の代表が参加し、日本の国家および天皇の威信をおおいに高めた。

福祉国家から小さな政府へ　こうした、政治大国・軍事大国への道は、内政面では行財政改革の推進と平行しておこなわれた。政府は石油危機の七五年以降、赤字国債の発行を経常化させたため、八〇年末には公債の残額は国家財政の二年分を上回る、七〇兆円をこえてしまって

⑯ただし、武力行使を禁じた憲法との整合性を保つために、「停戦の合意、受け入れ国との合意、中立性」などのＰＫＯ参加五原則が定められ、また武力の行使をともなうＰＫＦ本体業務への参加は凍結された。

⑰戦前、戦死者等を祀った靖国神社は、戦後は政教分離により一宗教法人になったが、五〇年代より再びこれを国家護持しようという動きがでてきた。「公式参拝」もその一つ。「公式参拝」は中国を始め内外の批判を受け、翌年から中止されたが、閣僚や国会議員の集団参拝がつづいている。

⑱昭和天皇は八八年九月重体に陥り、翌年一月死去した。天皇の重体が発表されると、祭り等の「自粛ブーム」が日本列島を覆った。

⑲憲法の政教分離原則との関連から、宗教的性格の強い大嘗祭（だいじょうさい）の取扱いが議論されたが、公的性格を持つものとして実施された。

いた[20]。この問題に手をつけはじめた大平（正芳）首相は、財政再建のために、間接税である一般消費税の導入を主張した。次の鈴木（善幸）内閣は財政再建のための行財政改革に本格的に着手し、八一年、第二次臨時行政調査会（「第二臨調」）を発足させた。「小さな政府」をめざし、福祉・教育などの政府負担の軽減、食管会計の逆ざやの解消、公務員給与の削減と定員減などをうちだした。

　この行政改革を強力におしすすめたのも新保守主義[21]をかかげた中曽根内閣であった。第二臨調は中曽根内閣まで引き継がれ、国家による規制の緩和や、企業活動の活性化、各種の補助金の削減、国鉄などの国有事業の民営化などをもとめた。中曽根内閣はこれらの答申を受けて、国鉄の分割・民営化（八七年）など、国営事業の民営化を強力に推進した[22]。さらに、次の竹下（登）内閣のとき、一般消費税が導入され、八九年四月から消費税三％がスタートした。

3 「五五年体制」の崩壊

自民党単独政権の動揺　七〇年代後半以降の世界情勢の激変や、日本の政治・経済大国への歩みは、それまでの政治をになってきた、「五五年体制」に動揺をあたえた。

　二〇年近くの自由民主党の政権独占は、「政官財の癒着」を生み、それが政治腐敗・汚職事件として噴出した。一九七六年二月にロッキード事件[23]が発覚し、田中角栄前首相が逮捕されると、国民の金権政治に対する批判の高まりのなかで、河野洋平らは自民党を離党し、新自由クラブを結成した。そして、同年一二月におこなわれた総選挙では、自民党ははじめて過半数を割りこみ、多党化時代・保革伯仲時代の本格的な幕開けとなった。

⑳税収の減少の他、(1)自民党の選挙基盤を維持するための、多額の補助金支出や公共投資、(2)世論の高まりにより、社会保障費への支出が不可欠となった、(3)防衛費が年々増加をつづけたなどの要因があった。

㉑新自由主義ともいわれる。一九七〇年代後半に台頭した保守主義の新しい政治思想で、これまでの福祉国家に代わり、自由競争と規制緩和、小さな政府を目指す。米国のレーガン政権、英国のサッチャー政権などによって取り入れられた。

㉒この他、八五年四月には電電公社を日本電信電話会社（ＮＴＴ）に、専売公社を日本たばこ産業会社（ＪＴ）に移行させた。

㉓七六年二月アメリカ上院での、ロッキード社が日本での航空機売込みの工作資金として一〇〇〇万ドルを支払ったという証言に端を発した事件。丸紅・全日空の幹部だけでなく、前首相の田中角栄らが逮捕された。

また、田中逮捕後も田中派が政権に大きな影響力を行使している姿（「政治倫理」問題）や、鈴木内閣いらいの行財政改革、とりわけ一般消費税などの大衆課税の提起や急激な軍事大国への動きは国民の批判をつよめ、八三年一二月におこなわれた総選挙でも、自民党は過半数を下回り、新自由クラブとの連立で政権を維持した（第二次中曽根内閣）。

さらに、八九年七月の参議院選挙は消費税がスタートし、リクルート事件㉔の疑惑が拡大するなかでおこなわれたが、自民党は創立いらいの惨敗を喫し、過半数をおおきく割ることになった。㉕このように七〇年代後半から八〇年代にかけて、自民党の政権独占はおおきく動揺をみせはじめた。

社会党の転換と「保守化傾向」　「五五年体制」の他方の極である社会党もこの時期その性格を転換させ、また社会党を中心とする野党のあいだに亀裂が生まれた。保革伯仲時代が出現すると、自民党にかわる政権構想をめぐり、野党第一党の社会党内部の左右の対立が激化し、㉖また公明・民社両党が共産党排除の路線を明確にするなど、野党間にも亀裂がはいった。こうしたなかで革新自治体は七八年から翌年にかけてつぎつぎに崩壊していった。㉗

社会党の転換や野党間の亀裂は八〇年代にはいりいっそうすすみ、八〇年には社会党と公明党が連合政権構想で合意、㉘さらに社会党は八六年一月に「新宣言」をだし、基本路線を従来の社会主義的なものから社会民主主義路線に転換させた。

このような「五五年体制」の動揺の底流には、国民の「保守化傾向」をあげることができる。日本が政治・経済大国へと発展するなかで、「生活保守主義」が国民のなかに定着し、資本主義体制の枠のなかで、生活の維持・向上をはかっていく志向が増大した。政治腐敗や自分たち

㉔八八年六月、リクルートコスモス社の未公開株が、竹下登首相はじめ政治家・高級官僚・マスコミ幹部等広範囲に譲渡され、それが公開されて、多額の利益を得るという事件が発覚した。竹下首相は政治不信を招いたとして辞職した。

㉕社会党土井たか子委員長の人気にも支えられ、女性議員が大量に進出し「マドンナ旋風」といわれた。

㉖七七年三月、右派の江田三郎は社会党を離党して社会市民連合を結成した（翌年三月社会民主連合に）。

㉗七八年四月の京都府知事選挙での敗北を契機に、翌年四月の統一地方選挙で東京都・大阪府など、ほとんどの革新自治体が崩壊していった。

㉘公明党は八〇年一月の党大会で安保の存続を承認し翌年の党大会で自衛隊合憲の立場をあきらかにした。また、社会党も八四年二月、自衛隊の「違憲合法論」を提起した。

の生活や平和を脅かすと観念された、消費税や軍事力増強の問題がクローズアップされると、先に見たように自民党は議席を減らし自民党単独政権が動揺するが、それが薄れれば自民党が大勝して自民党政権が復活する。衆参同時選挙という特別な要素がはいっていたとはいえ、八〇年六月と八六年七月の選挙における自民党の大勝がそれである。

細川政権の誕生　こうした状況の結末が非自民党・細川政権の誕生とその崩壊である。バブル経済が崩壊するなか、九二年二月佐川急便事件㉙が発覚し、翌年三月金丸信元自民党副総裁が逮捕された。また、この事件が解明される過程で、ゼネコン汚職事件㉚なども発覚した。国民はつぎつぎに暴露される自民党の金権体質におおきな怒りを示した。

こうした国民的批判のなかで、「日本新党」（党首細川護熙）、「新生党」（党首羽田孜）、「新党さきがけ」（代表武村正義）と三つの政党が自民党から分立した。その結果、九三年七月におこなわれた総選挙で、自民党は過半数をおおきく割りこみ、八月、政権交替をもとめる世論やマスコミの声が高まるなかで、自民党と共産党をのぞく七党が連立して細川政権が誕生した。一九五五年以降はじめて、自民党が政権の座からすべりおちたのである（「五五年体制」の崩壊）。

細川（護熙）内閣は連立政党間の対立などで短命に終わり、あとを引き継いだ羽田政権をふくめても、非自民の連立内閣は一年ももたずに崩壊した。その後、社会党とさきがけが自民党と組み、社会党の村山富市委員長を首班とする三党連立内閣が九四年六月に成立した。一九五五年以来、三九年間にわたって日本の政界を保守と革新に二分して対抗してきた自民党と社会党との連立内閣であった。村山三党連立政権は、九六年一月まで約一年半存続するが、この村山政権や細川政権はアジア諸国に対する戦争責任について、侵略や植民地支配を認め、㉛戦後補

㉙九二年二月、佐川急便の社長が四九〇〇億円の不正融資をしたとして特別背任の容疑で逮捕された。事件が解明されるなかで、八七年一〇月の竹下登自民党総裁選出にあたって、右翼団体や広域暴力団が絡んでいたこともあきらかになった。

㉚総合建設会社（ゼネコン）が、年間一〇〇億円を越すヤミ献金を金丸信にしていたことがあきらかになったことをきっかけに、公共事業にからむ、ゼネコンと自治体首長との贈収賄事件がつぎつぎと明るみにでて、仙台市長、茨城県知事など四人の首長を含む七人が収賄の罪で逮捕された。

㉛細川首相は所信表明演説で「侵略行為や植民地支配」に「深い反省とお詫び」の意を表明、村山首相も九五年八月の戦後五〇年にあたる首相談話で「植民地支配と侵略につきアジア諸国にお詫びを表明」するなど戦争責任・戦後補償問題で一歩進めた。

償についても一歩すすめるなど、自民党政権との違いをあきらかにしたが、細川政権の小選挙区比例代表並立制の導入や米市場の部分開放、[32]村山政権の安保堅持・自衛隊合憲、自衛隊のザイールやシリア・ゴラン高原派遣など、従来の自民党政権の政策枠組みをおおきくかえることはなかった。[33]

4　国民の生活と意識

豊かさの実感　日本の経済大国としての歩みは、国民の生活と意識をおおきくかえていった。高度経済成長時代の「三種の神器」にかわる新しい耐久消費財トリオとしてのカー（車）・クーラー・カラーテレビ（3C）は、八〇年代を通じて、ほぼ全家庭に普及しただけではなく、それらの複数所有や電子レンジ・オーディオ装置などが普及し、九〇年代にはいるとワープロ・パソコン、携帯電話などの情報機器も各家庭に備えられるようになった。

こうした、モノのあふれる状況のなかで、他方でモノよりも心の豊かさを求める志向、[34]レジャー・余暇生活の充実[35]という志向も増えていった。海外旅行は八〇年代後半の円高のなかで急激に増加し、九〇年代には年間一〇〇〇万人をこえるようになった。さらに日本人の平均寿命も八〇年代半ばには男女とも世界一の長寿国となり、九五年段階では男七六・五七歳、女八二・九八歳と「人生八〇年」時代になりつつある。

こうしたなかで、生活程度意識では自分の暮らし向きを「中」と考える層が七〇年代後半から八〇年代にかけて一貫して九割前後を占め、生活満足度も「満足」が六五％前後を維持している。そしてこの傾向はバブル崩壊後も若干の変化を見せたが、基本的にはかわっていない。

[32]ガットの多角的貿易交渉で日本が迫られていた米市場の開放問題は、関税化を六年間猶予、代わりに国内消費量の四～八％を段階的に拡大しながら輸入するという形で決着をつけた。一九六五年前後には一〇〇〇万人いた農林業就業者は九〇年には四〇〇万人に減少。また、九三年段階でカロリー自給率は四六％、穀物自給率も二九％と世界的にも低い自給率となっている。

[33]ただし、「三党連立」の下で、後述のNPO法や情報公開法などにあらわれる市民参加型の政治の流れも芽生えていった。

[34]こうしたなかで新・新宗教の続発に見られるごとく、「霊」や占いなどの関心もたかまっている。

[35]ファミリー・レストランの急増やグルメブームに乗って外食産業が発達し、さらに東京ディズニーランドなど都市のなかのレジャー施設、旅行ブームに乗ったリゾート施設も発達した。

豊かさの内実　しかしながら、こうした「中流意識」の拡大も、その内実はいろいろな問題をはらんでいる。おおくの国民にとっての夢であるマイ・ホームの獲得も、急速に拡大し、その広さも「ウサギ小屋」㊱状態から脱しつつあるが、それでも欧米にくらべると二〜三割狭く、とくに大都市では六三平方メートル（東京・九三年）と依然として狭い。しかもその程度のものでさえ、莫大なローンを抱えこむなど、おおくの犠牲の上になりたっている。

労働時間は、安定成長期にはいっても実際の労働時間は減らず、このために「過労死」㊲の問題が八〇年代末にはおおきな社会問題となった。その後、労働時間はいくぶん改善されたが、なおフランスやドイツにくらべると三〇〇〜四〇〇時間の差がある（九五年段階）。

また、日本の長寿国入りは「寝たきり老人」の問題を生みだし、また従来の家族機能の衰退・家族形態の多様化は、将来の生活不安を増大させている。㊳さらに、校内暴力やいじめ問題㊴も引きつづき増加し、青少年をめぐるいたましい事件も続発している。㊵

こうして、生活程度意識や満足度の高さとはうらはらに、九七年には日本が「良い方向」に進んでいると感じている国民は一三％にまで落ちこみ、「悪い方向」に進んでいると感じる国民は七二％にまで増大するなど、日本の将来について不安感が増大している。㊶

国民意識の変化　日本の経済大国化、先進国化は国民の意識や運動にもおおきな変化をもたらした。中流意識の定着は「生活保守主義」「私生活主義」といわれるイテオロギーを定着させた。獲得した豊かな生活を維持するための「保守性」と、それが脅かされることに対する「批判性」という両面をもったイデオロギーである。政治意識の上では「無党派層」の急増というかたちであらわれ、各種選挙の動向をおおきく左右するようになった。

㊱七九年のEC委員会である委員が、日本人は「ウサギ小屋とさして変わらない住宅に住む働き中毒」にかかっていると発言した。

㊲働き過ぎから脳や心臓の健康障害を起こし死に至るもので、年間の死者は一万人に達し、karoshiとして世界に報道された。

㊳老後の不安を感じる人は八六年段階では四五％であったが、九八年では七三％と増加した。

㊴小中高校に通う子供たちが九七年度に起こした校内暴力は過去最多の二万九千件に、「いじめ」も約五万件となお高い水準にある。

㊵一九九七年の、神戸の中学生による小学生連続殺傷事件は犯行に及ぶ少年たちの「意識の変容」とその残忍さが注目を集めた。

㊶一九九五年一月の阪神・淡路大震災（死者五五〇〇人）と三月のオウム真理教による地下鉄サリン事件（死者一一名）は現代文明の危うさを浮きぼりにした。

また、七〇年代以降の円高や円安、さらに二度の石油危機などの体験は、豊かな生活が実は世界の政治・経済と直結していることを実感させた。さらに登録外国人の一〇〇万人台の突破（九三年一三〇万人）や、入国外国人数の四〇〇万人の突破（九七年四七〇万人）などの「見える国際化」「国際化の日常化」は、海外旅行者の急増とあいまって日本人に世界との比較の視点を与え、同質化社会で培われた日本人の意識に変化をもたらしはじめた。

さらに長らく日本人の目標であった「豊かな生活を」という目標の達成は、経済成長至上主義に対する懐疑の心理や、近代の諸価値への懐疑を生んだ（「ポスト・モダン」）。それに社会主義世界体制の崩壊もあって、価値観の多様化がすすんでいる。また、科学技術の発達は人間の生命観や死生観に大きな変容を迫っている。人工授精や体外授精などの生殖技術の発達、生体肝移植から九七年一〇月の臓器移植法の施行[42]、さらに遺伝子診断・治療の発達などがそれである。

新しい市民運動　こうしたなかにあって、国民のなかに、世界のなかの日本・大国に相応しい国際貢献という意識が定着し、日米安保や自衛隊の海外派遣などを肯定する、いわゆる「普通の国」意識や大国意識[43]を生んだが、他方で新しい市民運動を芽生えさせている。

八〇年代の中ごろから、環境や文化や暮らしの問題などすこしソフトな課題をあつかい、そして、その運動を通じて自己実現や市民同士の交流・連帯を大切にする運動、さらに国際的・地球規模のひろがりをもった運動が台頭してきた。自然保護運動やリサイクル運動などの環境保護運動[44]や反核運動が代表的なものである。また、世界との比較（人権のグローバル・スタンダード）は、これまで遅れていた女性[45]や障害者、外国人や在日外国人あるいは少数民族などの人権をめぐる諸運動を高揚させ、さらに従軍慰安婦問題など過去の戦争責任・戦後補償をもとめる

㊷一定の条件のもと、脳死と判定された患者の臓器の移植を認めたもの。

㊸過去の戦争の加害責任を問うのは、「自虐史観」だとして「自由主義史観研究会」が九五年に発足した。

㊹八〇年代になると地球温暖化など、地球環境に対する関心が急激に高まり、九二年の「国連環境開発会議」はその画期となった。

㊺国連は「国際婦人の十年」に当たる八五年に「ナイロビ女性会議」を開いた。これに呼応して大きな運動が起り、八五年以降、男女雇用機会均等法、父系優先の国籍法の改正など女性差別の撤廃が進んでいる。

㊻この他、家永教科書訴訟や政教分離訴訟、職場での思想差別をなくす訴訟など教育・宗教・思想をめぐる運動もたかまった。

㊼九六年八月新潟県巻町で原発建設を問う初の住民投票が、九月には沖縄で基地の縮小・整理をめぐり県民投票がおこなわれた。

諸運動も拡大させた㊻。また、この新しい市民運動は住民自治や地方分権の意識を高めた㊼。

以上のような特徴を持つ市民運動・住民運動はほぼ同じ時期に登場してきた、ボランティア活動の高揚とも接点をもっている。日本でこの活動が注目されるようになったのは、一九八〇年代にはいってきてからであり、とくに九五年の阪神淡路大震災はボランティア元年といわれた。それにともないＮＧＯ（非政府組織㊽）の活動も芽生えてきた。また、こうした市民の運動をささえる法として九八年三月ＮＰＯ法（特定非営利活動促進法㊾）が成立し、またそれらの活動に不可欠な情報公開法㊿も成立した（九九年五月）。

世界平和と日本の役割　一九九六年一月、自・社・さきがけの三党連立の枠を受けつぎつつも、自民党の橋本龍太郎が総理に就任、さらに同年一一月には第二次橋本自民党単独政権が成立した。しかしながら、経済不況が深刻化するなかでおこなわれた、九八年の参議院選挙において自民党は大敗、小渕（恵三）政権に交替した。自民党と連立政権を組んだ社会党も、九六年一月に社民党と改称したが党勢は大きく後退し、さきがけも敗北した。他方、社会党・さきがけをのぞく、細川連立諸党は村山内閣発足の直後に新進党に結集したが、その後、自由党・民主党・公明党にわかれた。九八年の参議院選挙では民主党がおおきく躍進して、野党第一党となり、また共産党は社民党にかわる批判勢力として一定の地歩をかためた。

経済の面では、橋本政権は高齢化社会・少子化社会を見すえて、財政構造改革路線(51)をとったが、国民の将来への不安をつよめ消費の低下を招いた。これとバブル崩壊後の不良債権問題による金融機関の破綻(52)とがかさなって、日本はふたたび深刻な不況に陥っている。

政治の面では、核をめぐる疑惑に端を発する、九四年のアメリカと北朝鮮との緊張の高まり

㊽環境や人権、貧困や難民、災害などに、国境を越えて活動する非政府組織。

㊾ボランティア活動や市民の社会貢献活動を促進するために、それらの団体が、一定の条件を満たしていれば法人になれるという法律。

㊿これまで非公開とされ、官僚支配の基盤となっていた、国の行政機関がもつ情報を原則公開にするルールを定めた法律。

(51)八〇年代後半に急激に減少した財政赤字はバブル崩壊後の政府の財政出動により、再び急増した。橋本首相は九七年度を「財政構造改革元年」にするために、国債発行高を三兆円減らし、公共事業予算を削減するとともに、三年間つづけてきた特別減税を打切り、他方で消費税率の引上げや医療保険改革などを実施した。

(52)九七年には大手証券会社の山一証券や北海道拓殖銀行、九八年には日本長期信用銀行や日本債券信用銀行などが相次いで破綻した。

を背景に、自衛隊のアメリカ軍支援の問題が急浮上し、七八年のガイドラインにかわる新ガイドラインが締結され（九七年）、その関連法案が政治日程にのぼっている。

日本は現在、経済的苦境に陥っているとはいえ、いぜんとして経済的にも政治的にも大国としての地位を保っている。その地位にふさわしい役割がもとめられているといえよう。米・ソの冷戦構造が崩壊した後、アメリカの一極支配の下で、アフリカや中東、ユーゴ(53)などでなお地域紛争がつづいている。平和憲法の理念を生かしつつ、世界の平和のために積極的に貢献していくことがもとめられている。とりわけ、アジアにおいてその役割はおおきな期待がよせられているが、そのためにもアメリカとの関係や過去の歴史の真摯な見直しがもとめられている。

また、現在アメリカ経済の繁栄のもとで、市場経済至上主義、効率主義、競争主義が世界をおおっているが、このようななかでどのようにして日本経済を立てなおし、アジア経済の回復(54)、ひいては世界経済の安定に貢献していくのか、これも大きな課題である。とくに日本の国内経済の面では、他の先進諸国とくらべても大きく遅れている、質のよい住宅の供給や都市のインフラの整備、学校や病院、老後を安心して暮すための施設、あるいは環境対策などの施設や雇用を作りだすことがもとめられているといえよう。

また、こうした、日本の針路を考える上で、新しい市民運動やボランテイアがどの程度の発展をとげることができるのか、また行政（国・自治体）や企業、さらには政党・労働組合が自己脱皮をとげ、それらとどのように有機的関係をもつことができるのか、本格的な少子・高齢化社会(55)を前にして憲法の理念を生かし自然環境と共生できる、平和で豊かな人間らしい社会＝成熟した社会をつくりあげていくうえでおおきな課題となっている。

(53)東欧革命でユーゴスラビア連邦が崩壊するなか、九二年三月に独立したばかりのボスニア・ヘルツェゴビナでボスニア内戦が勃発、九五年に和平合意が成立するまでに二〇万近い死者と大量の難民・避難民を出した。さらに九八年三月にはセルビアのコソボ自治州で内戦が始まった。

(54)九七年七月、タイ中央銀行がバーツを切り下げたことから、タイの通貨不安が一気に表面化、それが韓国・インドネシア・マレーシアなどにも波及、アジア経済は深刻な危機に陥った。

(55)九九年には六五歳以上の高齢者の割合いは、高齢化社会の指標である七％を大きく上回る一六・七％となった。また、人口規模を維持するのに必要な、女性一人が生む子供の数は二・〇八とされているが、九八年には一・三にまで下がった。日本の総人口は二〇〇七年を頂点に減少に転じると予想されている。

日本史参考文献

《概説・講座・辞典・年表・史料類》

『日本の歴史』全26巻、別巻5巻、中央公論社、一九六五〜七六
＊中公文庫にもあり
『大系日本歴史』全6巻、日本評論社、一九六七〜七一
『日本の歴史』全32巻、別巻1巻、小学館、一九七三〜八一
＊小学館文庫にも一部あり
『日本歴史大系』全5巻、別巻1巻、山川出版社、一九八四〜九〇
『大系日本の歴史』全15巻、小学館、一九八七〜八九
＊小学館文庫にもあり
『集英社版　日本の歴史』全21巻、別巻1巻、集英社、一九九一〜九三
『日本の歴史』全26巻、講談社、二〇〇〇〜二〇〇三
『日本の時代史』全30巻、吉川弘文館、二〇〇二〜二〇〇四
『岩波講座日本歴史』全23巻、岩波書店、一九六二〜六四
『岩波講座日本歴史』全26巻、岩波書店、一九七五〜七七
『岩波講座日本通史』全21巻、別巻4巻、岩波書店、一九九三〜九六
『講座日本歴史』全13巻、東京大学出版会、一九八四〜八五
『日本史講座』全10巻、東京大学出版会、二〇〇四〜
『国史大辞典』全15巻、吉川弘文館、一九七九〜九七
『日本史大辞典』全7巻、平凡社、一九九二〜九四
『日本史広辞典』山川出版社、一九九七
『岩波日本史辞典』岩波書店、一九九九
『日本史年表・地図』吉川弘文館、一九九五
『日本史年表』(増補版) 岩波書店、一九九三
『日本史総合年表』吉川弘文館、二〇〇一
『対外関係史総合年表』吉川弘文館、一九九九
『史料による日本の歩み』全4巻、吉川弘文館、一九五一〜六〇
『史料大系　日本の歴史』全8巻、大阪書籍、一九七七〜八一
『新版　史料による日本の歩み』近世編、吉川弘文館、一九九六〜
『日本史史料』中世・近代・現代、岩波書店、一九九七〜

《各章別参考文献》

I　古　代

一　古代国家の成立

石母田正『日本の古代国家』岩波書店、一九七一
井上光貞『日本古代国家の研究』岩波書店、一九六〇
今村啓爾『縄文の実像を求めて』吉川弘文館、一九九九
狩野　久『日本古代の国家と都城』東京大学出版会、一九九一

近藤義郎『前方後円墳の時代』岩波書店、一九八三
白石太一郎編『古代を考える　古墳』吉川弘文館、一九八九
西嶋定生『邪馬台国と倭国』吉川弘文館、一九九四
平野邦雄『大化前代政治過程の研究』吉川弘文館、一九八五
平野邦雄編『古代を考える　邪馬台国』吉川弘文館、一九九八
安田喜憲『環境考古学事始』日本放送出版協会、一九八〇

二　律令国家の形成と展開

青木和夫『日本律令国家論攷』岩波書店、一九九二
池田温編『古代を考える　唐と日本』吉川弘文館、一九九二
石上英一『律令国家と社会構造』名著刊行会、一九九六
笹山晴生『奈良の都―その光と影―』吉川弘文館、一九九八
佐藤　信『日本古代の宮都と木簡』吉川弘文館、一九九七
土田直鎮『平安京への道しるべ―奈良平安時代史入門―』吉川弘文館、一九九四
直木孝次郎『壬申の乱』（増補版）塙書房、一九九二
早川庄八『日本古代官僚制の研究』岩波書店、一九八六
義江明子『日本古代の祭祀と女性』吉川弘文館、一九九六
吉田　孝『律令国家と古代の社会』岩波書店、一九八三

三　摂関政治と地方社会

阿部　猛『摂関政治』教育社、一九七七
大津　透『律令国家支配構造の研究』岩波書店、一九九三
木村茂光『「国風文化」の時代』青木書店、一九九七
戸田芳実『初期中世社会史の研究』東京大学出版会、一九九一
橋本義彦『平安の宮廷と貴族』吉川弘文館、一九九六
福田豊彦『平将門の乱』岩波書店、一九八一
保立道久『平安王朝』岩波書店、一九九六
村井康彦『平安貴族の世界』徳間書店、一九六八
元木泰雄『武士の成立』吉川弘文館、一九九四
森田　悌『王朝政治』教育社、一九七九

II　中　世

一　中世社会の成立と展開

石井　進『鎌倉武士の実像』平凡社、一九八七
上杉和彦『日本中世法体系成立史論』校倉書房、一九九六
上横手雅敬『鎌倉時代―その光と影―』吉川弘文館、一九九四
海津一朗『蒙古襲来』吉川弘文館、一九九八
笠松宏至『徳政令』岩波書店、一九八三
川合　康『源平合戦の虚像を剝ぐ』講談社、一九九六
河内祥輔『頼朝の時代』平凡社、一九九〇
五味文彦『吾妻鏡の方法』吉川弘文館、一九九〇
佐藤進一『日本の中世国家』岩波書店、一九八三
永原慶二『荘園』吉川弘文館、一九九八

二　内乱と一揆の時代

網野善彦『日本中世の非農業民と天皇』岩波書店、一九八四

今谷　明『室町の王権』中央公論社、一九九〇
宇田川武久『鉄砲伝来』中央公論社、一九九〇
海保嶺夫『中世の蝦夷地』吉川弘文館、一九八七
勝俣鎮夫『一揆』岩波書店、一九八二
佐藤和彦『南北朝内乱史論』東京大学出版会、一九七九
高良倉吉『アジアの中の琉球王国』吉川弘文館、一九九八
村井章介『中世倭人伝』岩波書店、一九九三
藤木久志『豊臣平和令と戦国社会』東京大学出版会、一九八五
脇田晴子『中世に生きる女たち』岩波書店、一九九五

三　中世文化の展開

(1)　中世前期の文化

井原今朝男『日本中世の国政と家政』校倉書房、一九九五
大隅和雄・西口順子編『シリーズ女性と仏教』四、平凡社、一九八九
黒田俊雄『黒田俊雄著作集2　顕密体制論』法蔵館、一九九四
佐藤弘夫『日本中世の国家と仏教』吉川弘文館、一九八七
平　雅行『日本中世の社会と仏教』塙書房、一九九二
原田正俊『日本中世の禅宗と社会』吉川弘文館、一九九八
細川涼一『中世の律宗寺院と民衆』吉川弘文館、一九八七
山陰加春夫『中世高野山史の研究』清文堂出版、一九九七

(2)　中世後期の文化

奥田　勲『宗祇』吉川弘文館、一九九八
黒田日出男『謎解き　洛中洛外図』岩波書店、一九九六
瀬田勝哉『洛中洛外の群像』平凡社、一九九四
千々和到『板碑とその時代』平凡社、一九八八
鶴崎裕雄『戦国の権力と寄合の文芸』和泉書院、一九八八
広島県立歴史博物館編『遊・戯・宴』展示図録、一九九三
二木謙一『中世武家儀礼の研究』吉川弘文館、一九八五
横井　清『中世民衆の生活文化』東京大学出版会、一九七五

III　近　世

一　幕藩体制の確立

朝尾直弘『将軍権力の創出』岩波書店、一九九四
安良城盛昭『太閤検地と石高制』日本放送出版協会、一九六九
荒野泰典『近世日本と東アジア』東京大学出版会、一九八八
岩生成一『新版　朱印船貿易史の研究』吉川弘文館、一九八五
金井　圓『藩政』至文堂、一九六二
北島正元『江戸幕府の権力構造』岩波書店、一九六四
佐々木潤之介『幕藩制国家論』上・下、東京大学出版会、一九八四
辻　達也『享保改革の研究』創文社、一九六三
山口啓二『鎖国と開国』岩波書店、一九九三
脇田　修『織田信長』中央公論社、一九七五

二　幕藩体制の動揺と解体

青木美智男『百姓一揆の時代』校倉書房、一九九九
石井　孝『日本開国史』吉川弘文館、一九七二

加藤祐三『黒船前後の世界』岩波書店、一九八五
菊池勇夫『近世の飢饉』吉川弘文館、一九九七
斎藤善之『内海船と幕藩制市場の解体』柏書房、一九九四
佐々木潤之介『幕末社会論』塙書房、一九六九
遠山茂樹『明治維新と天皇』岩波書店、一九九一
藤田　覚『天保の改革』吉川弘文館、一九八九
宮地正人『天皇制の政治史的研究』校倉書房、一九八一
吉田伸之『近世巨大都市の社会構造』東京大学出版会、一九九一

三　都市と民衆の文化

大桑　斉『日本近世の思想と仏教』法蔵館、一九八九
衣笠安喜『近世儒学思想の研究』法政大学出版局、一九七六
熊倉功夫『寛永文化の研究』吉川弘文館、一九八八
倉地克直『近世の民衆と支配思想』柏書房、一九九六
今田洋三『江戸の本屋さん』日本出版放送協会、一九七七
柴田　一『近世豪農の学問と思想』新生社、一九六六
杉本　勲『近世日本の学術』法政大学出版局、一九八二
高尾一彦『近世の庶民文化』岩波書店、一九六八
尾藤正英『日本封建思想史研究』青木書店、一九六一
安丸良夫『日本の近代化と民衆思想』青木書店、一九七四

IV　近　代

一　近代国家の成立

色川大吉『明治の文化』岩波書店、一九九七
石井寛治『日本の産業革命』朝日新聞社、一九九七
大石嘉一郎『自由民権と大隈・松方財政』東京大学出版会、一九八九
大濱徹也『天皇の軍隊』教育社、一九七八
鹿野政直『日本近代化の思想』講談社、一九八六
遠山茂樹『明治維新と天皇』岩波書店、一九九一
田中　彰『「脱亜」の明治維新』日本放送出版協会、一九八四
中村政則『天皇制国家と地方支配』東京大学出版会、一九八五
原口　清『日本近代国家の形成』岩波書店、一九六八
藤村道生『日清戦争』岩波書店、一九七三

二　政党政治の発展と社会運動

生松敬三『大正期の思想と文化』青木書店、一九七一
大石嘉一郎『近代日本の地方自治』東京大学出版会、一九九〇
大江志乃夫『日露戦争と日本軍隊』立風書房、一九八七
鹿野政直『近代日本の民間学』岩波書店、一九八三
暉峻衆三編『日本農業一〇〇年の歩み』有斐閣、一九九六
坂野潤治『大正政変』ミネルヴァ書房、一九八二
升味準之輔『日本政党史論』第2〜4巻、東京大学出版会、一九六六・六七・六八
松尾尊兊『普通選挙制度成立史の研究』岩波書店、一九八九
三谷太一郎『新版　大正デモクラシー論』東京大学出版会、一九九五
安田　浩『天皇の政治史』青木書店、一九九八

三　アジア太平洋戦争

伊藤　隆『近衛新体制』中央公論社、一九八三
入江　昭『日本の外交』中央公論社、一九六六
加藤陽子『模索する一九三〇年代』山川出版社、一九九三
北岡伸一『日本の近代5　政党から軍部へ』中央公論新社、一九九九
酒井哲哉『大正デモクラシー体制の崩壊』東京大学出版会、一九九二
日本国際政治学会太平洋戦争研究部編『太平洋戦争への道　開戦外交史〈新装版〉』第1～7巻、朝日新聞社、一九八七
中村隆英『昭和経済史』岩波書店、一九八六
波多野澄雄『大東亜戦争の時代』朝日出版社、一九八八
原田熊雄述『西園寺公と政局』第1～8巻・別巻、岩波書店、一九五〇
藤原　彰『太平洋戦争史論』青木書店、一九八二
三谷太一郎『近代日本の戦争と政治』岩波書店、一九九七

V　現　代

一　戦後改革

粟屋憲太郎編『資料日本現代史』第2・3巻、大月書店、一九八〇・八一
五百旗頭真『20世紀の日本3　占領期』読売新聞社、一九九七
五十嵐武士ほか編『戦後日本―占領と戦後改革―』全6巻、岩波書店、一九九五
神田文人『昭和の歴史8　占領と民主主義』小学館（小学館ライブラリー）、一九九四
佐々木毅ほか編『戦後史大事典』三省堂、一九九五
テレビ東京編『証言　私の昭和史6　混乱から成長へ』旺文社、一九八五
東京大学社会科学研究所編『戦後改革』全8巻、東京大学出版会、一九七四～七五
中村政則編『近代日本の軌跡　占領と戦後改革』吉川弘文館、一九九三
歴史学研究会編『日本同時代史』1・2、青木書店、一九九〇

二　復興と高度経済成長

斎藤茂男『斎藤茂男　取材ノート』1～5、築地書館、一九八九～九〇
中村隆英『昭和史』II、東洋経済新報社、一九九三
坂野潤治ほか編『日本近現代史』4、岩波書店、一九九四
正村公宏『戦後史』上・下、筑摩書房、一九八五
宮本憲一『環境と開発』岩波書店、一九九二
森武麿ほか編著『現代日本経済史』有斐閣、一九九三
安場安吉・猪木武徳編『日本経済史』8、岩波書店、一九八九
山口　定『政治体制』岩波書店、一九八九
吉川　洋『二〇世紀の日本6　高度成長』読売新聞社、一九九七
歴史学研究会編『日本同時代史』3・4、青木書店、一九九〇

三　現代の世界と日本

安在邦夫ほか著『日本の現代―平和と民主主義―』梓出版社、一九九四
藤原彰ほか著『新版　日本現代史』大月書店、一九九五
山口二郎・生活経済政策研究所編『連立政治同時代の検証』朝日新

聞社、一九九七
歴史学研究会編『日本同時代史』5、青木書店、一九九一
渡辺　治『企業支配と国家』青木書店、一九九一
渡辺治・後藤道夫編『講座　現代日本』1〜4、大月書店、一九九六〜九七
歴史科学協議会編『日本現代史』青木書店、二〇〇〇
渡邊昭夫『日本の近代8　大国日本の揺らぎ』中央公論新社、二〇〇〇
後藤道夫・山科三郎編『戦争と現代4　ナショナリズムと戦争』大月書店、二〇〇四
渡辺治・和田進編『戦争と現代5　平和秩序形成の課題』大月書店、二〇〇四

参考系図

〈天皇家系図〉

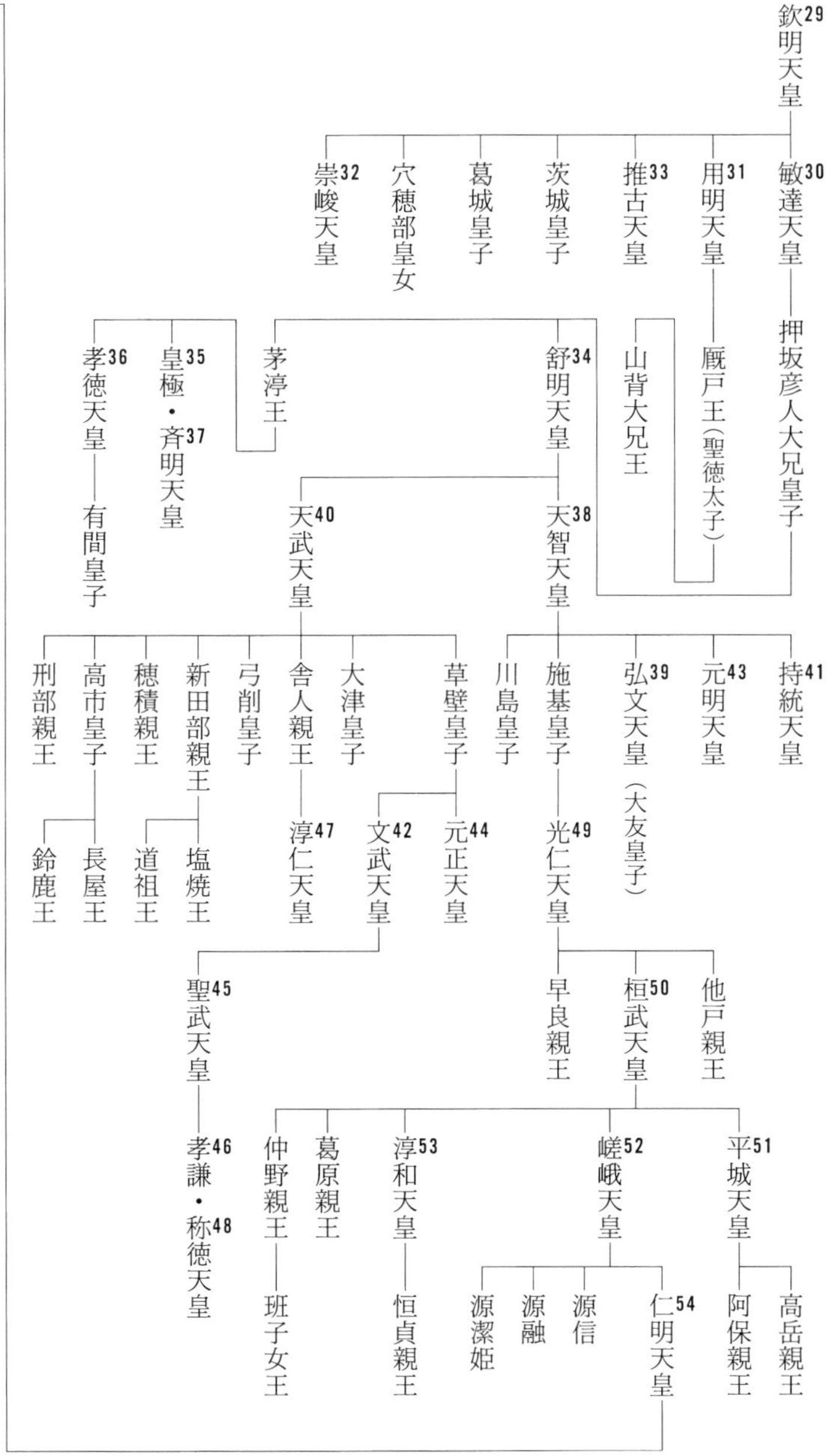

※数字は近代に作製された皇統譜による即位順。

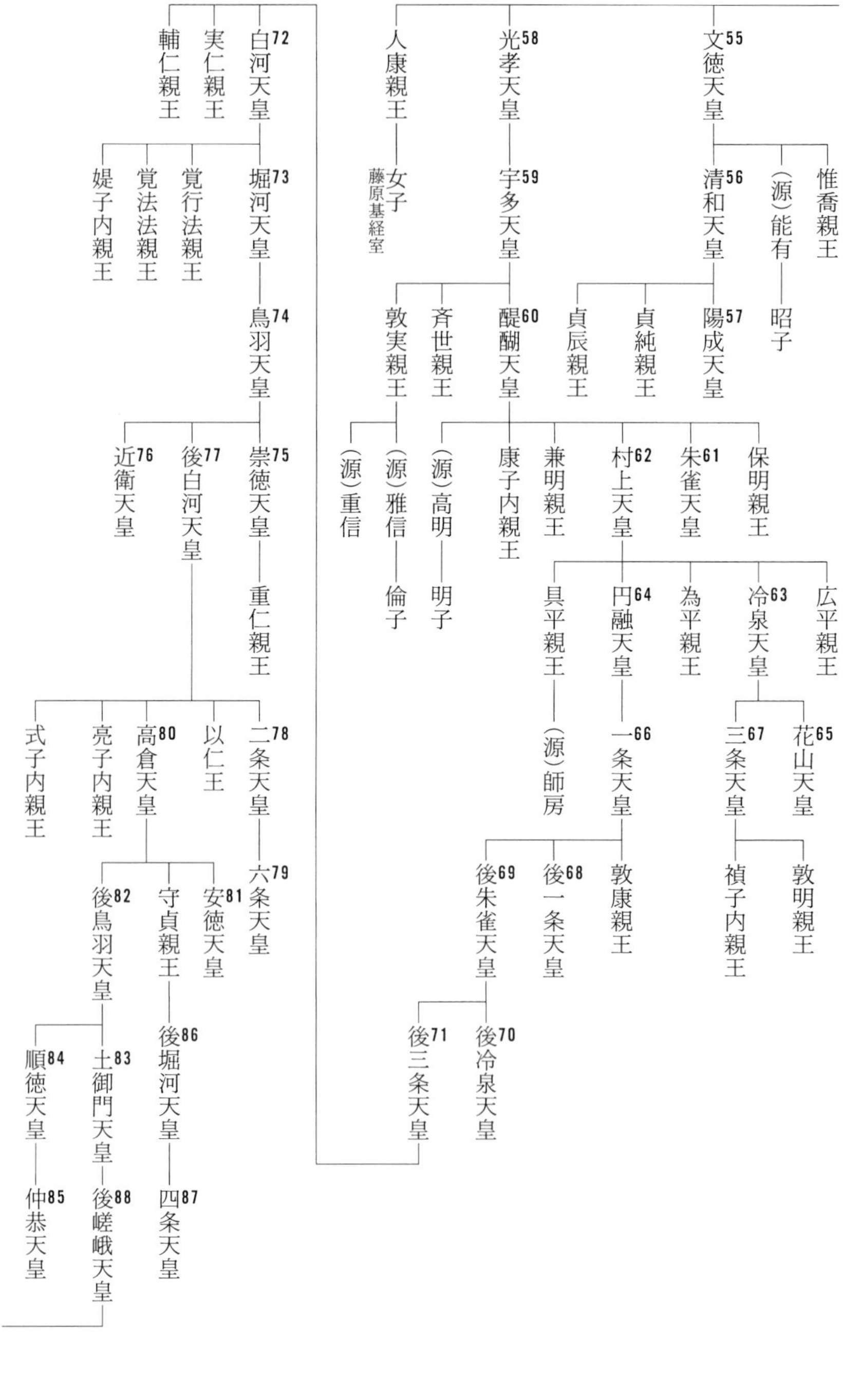
文徳天皇 55
惟喬親王
(源)能有
昭子
清和天皇 56
陽成天皇 57
貞純親王
貞辰親王
光孝天皇 58
宇多天皇 59
醍醐天皇 60
斉世親王
敦実親王
(源)雅信
倫子
(源)重信
人康親王
女子
藤原基経室
保明親王
朱雀天皇 61
村上天皇 62
兼明親王
康子内親王
(源)高明
明子
広平親王
冷泉天皇 63
為平親王
円融天皇 64
具平親王
(源)師房
花山天皇 65
三条天皇 67
敦明親王
禎子内親王
一条天皇 66
敦康親王
後一条天皇 68
後朱雀天皇 69
後冷泉天皇 70
後三条天皇 71
白河天皇 72
実仁親王
輔仁親王
堀河天皇 73
覚行法親王
覚法法親王
媞子内親王
鳥羽天皇 74
崇徳天皇 75
重仁親王
後白河天皇 77
近衛天皇 76
二条天皇 78
六条天皇 79
以仁王
高倉天皇 80
亮子内親王
式子内親王
安徳天皇 81
守貞親王
後堀河天皇 86
四条天皇 87
後鳥羽天皇 82
土御門天皇 83
後嵯峨天皇 88
順徳天皇 84
仲恭天皇 85

- 宗尊親王 — 惟康親王
- 後深草天皇 89
  - 久明親王 — 守邦親王
  - 伏見天皇 92〔持明院統〕
    - 尊円法親王
    - 花園天皇 95
    - 後伏見天皇 93
      - 珣子内親王
      - 光明天皇 II
      - 光厳天皇 I〔北朝〕
        - 後光厳天皇 IV — 後円融天皇 V — 後小松天皇 VI 100 — 称光天皇 101
        - 崇光天皇 III — 栄仁親王（伏見宮） — 貞成親王 — 後花園天皇 102 — 後土御門天皇 103 — 後柏原天皇 104 — 後奈良天皇 105 — 正親町天皇 106 — 誠仁親王
          - 智仁親王（桂宮）
          - 後陽成天皇 107
            - 好仁親王（高松宮）
            - 後水尾天皇 108
              - 霊元天皇 112 — 東山天皇 113
                - 直仁親王（閑院宮） — 典仁親王 — 光格天皇 119 — 仁孝天皇 120 — 孝明天皇 121 — 明治天皇 122 — 大正天皇 123 — 昭和天皇 124
                - 中御門天皇 114 — 桜町天皇 115
                  - 桃園天皇 116 — 後桃園天皇 118
                  - 後桜町天皇 117
              - 後西天皇 111 — 幸仁親王（有栖川宮）
              - 後光明天皇 110
              - 明正天皇 109
- 亀山天皇 90〔大覚寺統〕 — 後宇多天皇 91
  - 後醍醐天皇 96〔南朝〕
    - 懐良親王
    - 宗良親王 — 興良親王
    - 護良親王（大塔宮）
    - 後村上天皇 97
      - 良成親王
      - 後亀山天皇 99
      - 長慶天皇 98
    - 恒良親王
    - 尊良親王
  - 後二条天皇 94

〈藤原氏系図〉

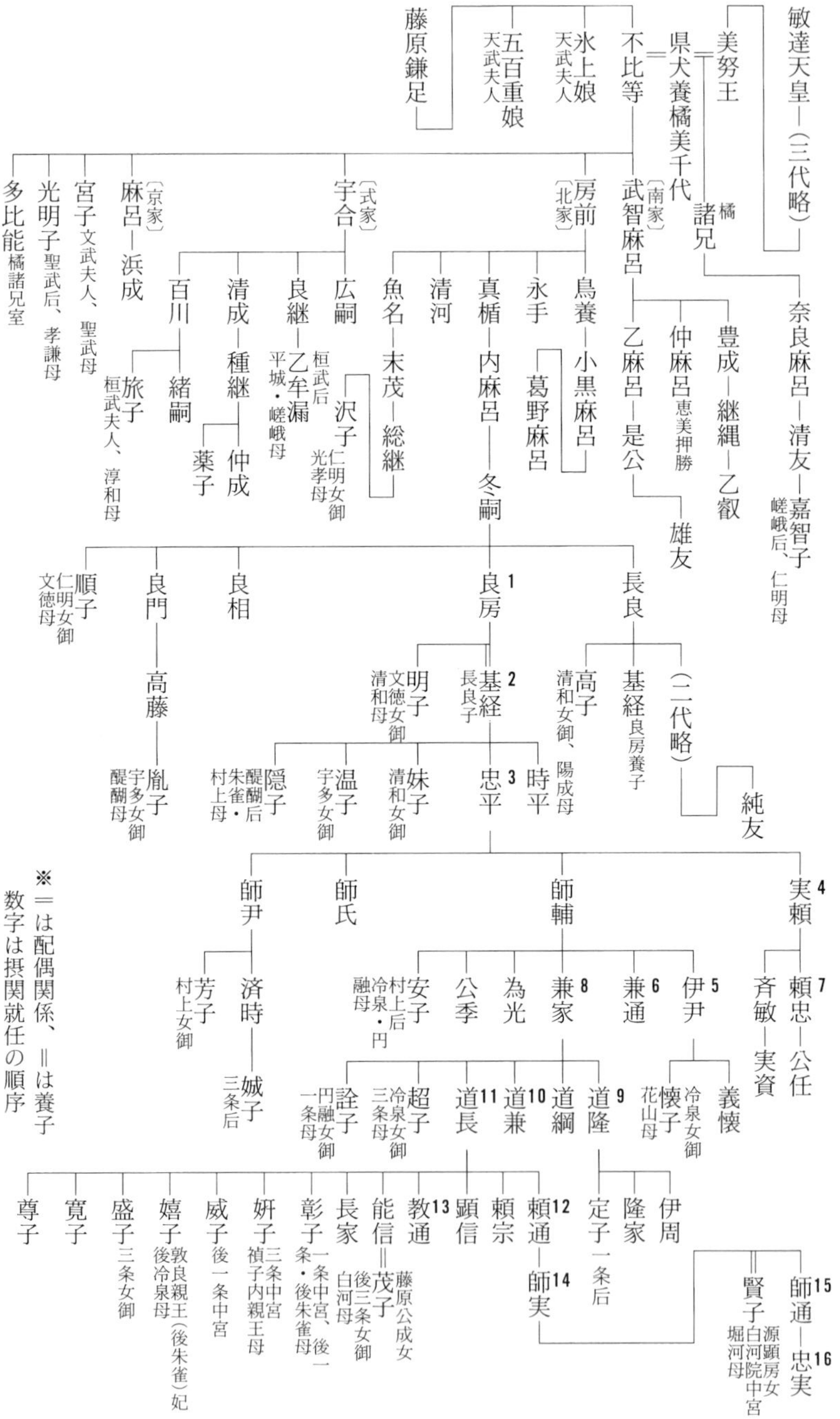

※＝は配偶関係、‖は養子
数字は摂関就任の順序

〈清和源氏系図〉

清和天皇―貞純親王―経基＊（賜源姓、六孫王）―満仲

- 満仲
  - 頼光―頼国
    - 頼綱
      - 明国―行国―頼盛―行綱―定綱―光綱
      - 仲政―頼政
        - 仲綱―宗綱―公綱―忠綱
        - 兼綱―頼茂―頼氏
        - 広綱（太田氏）
    - 国房―光国―光信（土岐氏）
  - 頼信―頼義
    - 義家
      - 義親―為義
        - 義朝
          - 義平
          - 朝長
          - 頼朝
            - 頼家
              - 一幡
              - 公暁
            - 実朝
          - 希義
          - 範頼
          - 全成
          - 義円
          - 義経
        - 義賢―（木曾）義仲―義高
        - 義憲
        - 頼賢
        - 頼仲
        - 為宗
        - 為成
        - 為朝
        - 為仲
        - 行家
      - 義国
        - 義重（新田氏）
        - 義康（足利氏）
      - 義忠
    - 義綱
    - 義光
      - 義業（佐竹氏）
      - 義清（武田氏）
      - 盛義（平賀）―義信―朝雅

＊『石清水田中家文書』頼信願文によると左のような系図となる。

清和天皇―陽成天皇―元平親王―経基
　　　　└貞純親王

〈桓武平氏系図〉

- 桓武天皇—葛原親王
  - 高棟王（賜平姓）—維範—時望—直材—親信—行義—範国—経方—知信
    - 時信
      - 時忠—時実
      - 時子 清盛室
      - 滋子 後白河妃 高倉母
    - 信範
  - 高見王—高望王（賜平姓）
    - 国香
      - 貞盛
        - 維将
        - 維時（維将子 北条氏祖）
        - 維衡—正度
          - 維盛
          - 貞季—範季—家貞—貞能
          - 季衡—盛光
          - 貞衡
          - 正衡—正盛
            - 忠盛
              - 清盛
                - 重盛
                  - 維盛—妙覚
                  - 資盛—親真
                  - 清経
                  - 有盛
                  - 師盛
                - 基盛—行盛
                - 宗盛
                  - 清宗
                  - 能宗
                - 知盛
                  - 知章
                  - 知忠
                  - 知宗—重尚
                - 重衡
                - 知度
                - 清房
                - 徳子 高倉中宮、安徳母
              - 経盛
                - 経正
                - 経俊
                - 敦盛
              - 教盛
                - 通盛
                - 教経
                - 業盛
              - 頼盛
                - 光盛
                - 保盛
                - 為盛
              - 忠度—忠行
            - 忠正
      - 繁盛
        - 兼忠
        - 維茂
    - 良兼—公雅—致頼
    - 良将
      - 将持
      - 将門—将国—文国
        - 頼望
        - 兼頼—（四代略）—義胤—胤綱—胤経—胤村
    - 良文—忠頼
    - 良茂—良正

〈源氏・北条氏・足利氏関係系図〉

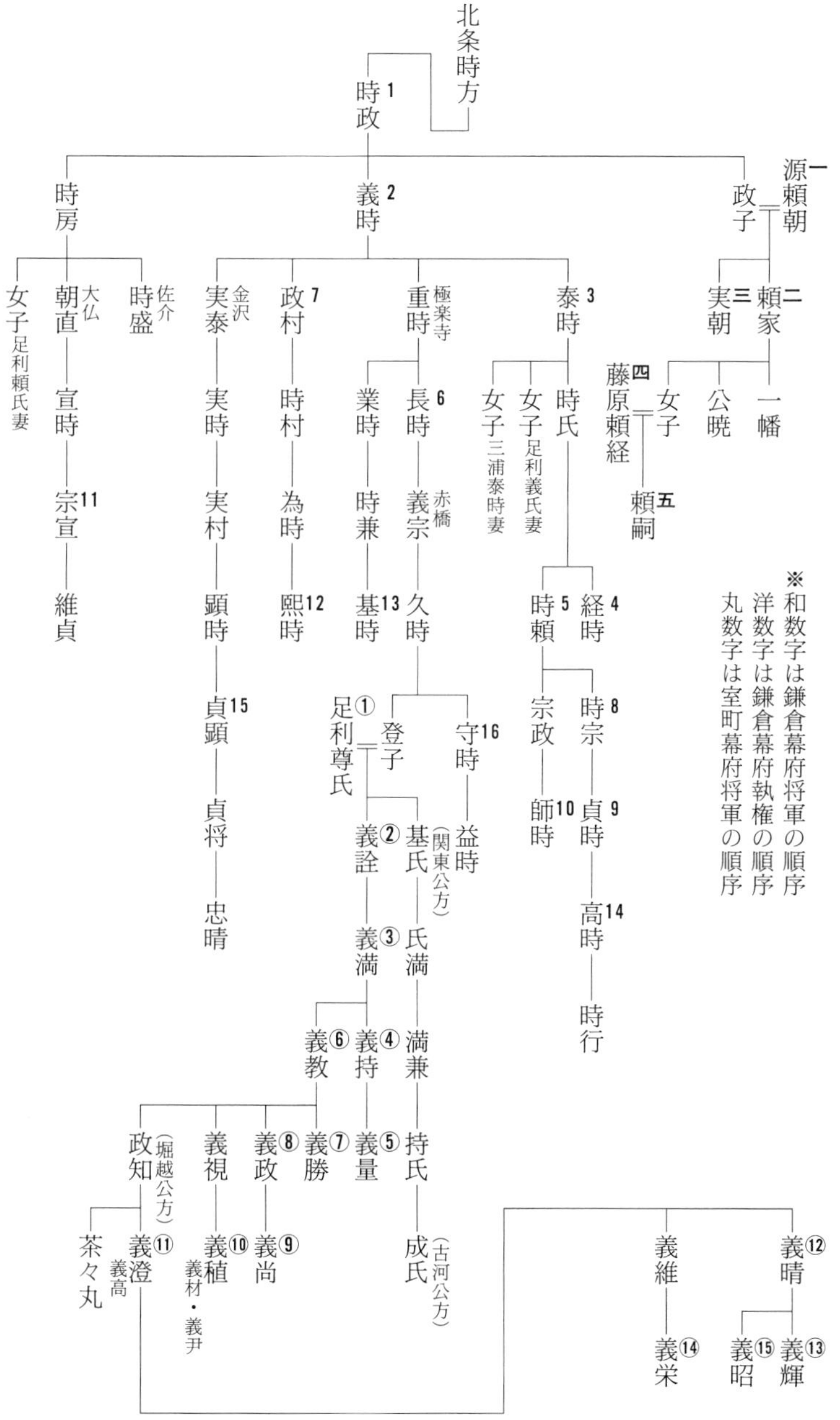

※和数字は鎌倉幕府将軍の順序
洋数字は鎌倉幕府執権の順序
丸数字は室町幕府将軍の順序

〈徳川氏関係系図〉

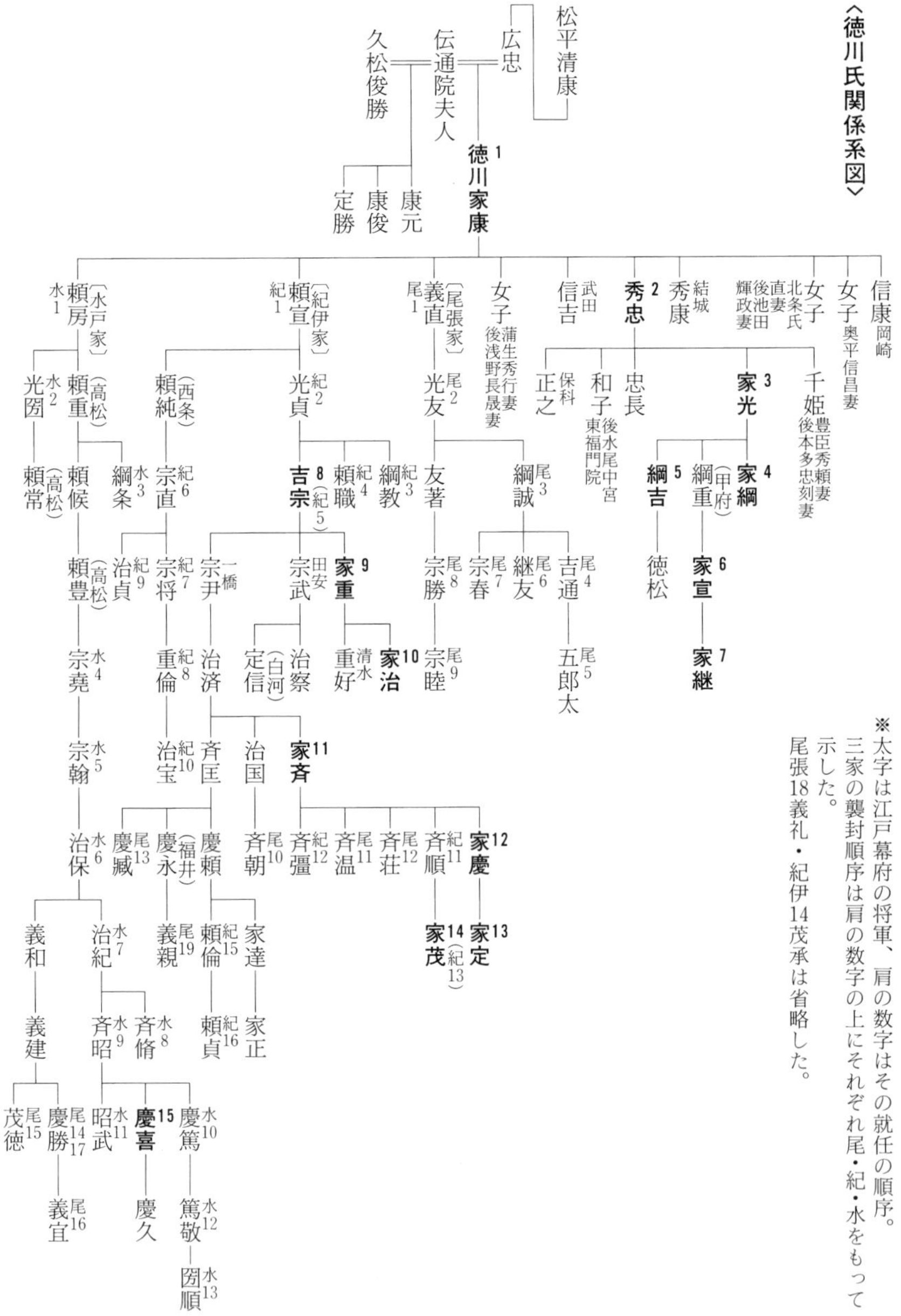

※太字は江戸幕府の将軍、肩の数字はその就任の順序。三家の襲封順序は肩の数字の上にそれぞれ尾・紀・水をもって示した。尾張18義礼・紀伊14茂承は省略した。

執筆者紹介（五十音順）

＊氏名の下は執筆項目名。

伊藤正直（いとう　まさなお）　復興と高度経済成長
一九四八年生まれ、東京大学名誉教授
主要著書―『戦後日本の対外金融』（名古屋大学出版会、二〇〇九年）
『戦後文学のみた〈高度成長〉』（吉川弘文館、二〇二〇年）

上杉和彦（うえすぎ　かずひこ）　中世社会の成立と展開
一九五九年生まれ、元明治大学教授、二〇一八年没
主要著書―『中世を考える　法と訴訟』（共著、吉川弘文館、一九九二年）
『日本中世法体系成立史論』（校倉書房、一九九六年）

榎本淳一（えのもと　じゅんいち）　摂関政治と地方社会
一九五八年生まれ、大正大学特遇教授
主要著書―『唐王朝と古代日本』（吉川弘文館、二〇〇八年）
『日唐賤人制度の比較研究』（同成社、二〇一九年）

加瀬和俊（かせ　かずとし）　戦後改革
一九四九年生まれ、元帝京大学教授、二〇二三年没
主要著書―『戦前日本の失業対策』（日本経済評論社、一九九八年）
『集団就職の時代』（青木書店、一九九七年）

加藤陽子（かとう　ようこ）　アジア太平洋戦争
一九六〇年生まれ、東京大学教授
主要著書―『天皇と軍隊の近代史』（勁草書房、二〇一九年）
『増補版　昭和天皇と戦争の世紀』（講談社学術文庫、二〇一八年）

倉地克直（くらち　かつなお）　都市と民衆の文化
一九四九年生まれ、岡山大学名誉教授
主要著書―『近世の民衆と支配思想』（柏書房、一九九六年）
『性と身体の近世史』（東京大学出版会、一九九八年）

佐々木潤之介（ささき　じゅんのすけ）　幕藩体制の確立

一九二九年生まれ、元一橋大学教授、二〇〇四年没
主要著書—『幕藩制国家論　上・下』（東京大学出版会、一九八四年）
『幕末社会の展開』（岩波書店、一九九三年）

佐藤　信（さとう　まこと）　古代国家の成立
一九五二年生まれ、東京大学名誉教授
主要著書—『日本古代の宮都と木簡』（吉川弘文館、一九九七年）
『古代の遺跡と文字資料』（名著刊行会、一九九九年）

平　雅行（たいら　まさゆき）　中世前期の文化
一九五一年生まれ、大阪大学名誉教授
主要著書・論文—『日本中世の社会と仏教』（塙書房、一九九二年）
「鎌倉仏教論」（『岩波講座　日本通史8』岩波書店、一九九四年）

千々和到（ちぢわ　いたる）　中世後期の文化
一九四七年生まれ、国学院大学名誉教授
主要著書—『板碑とその時代』（平凡社、一九八八年）
『牛玉宝印』（町田市立博物館、一九九一年）

中島三千男（なかじま　みちお）　現代の世界と日本
一九四四年生まれ、神奈川大学名誉教授
主要著書—『天皇の「代替わり儀式」と憲法』（日本機関紙出版センター、二〇一九年）
『「神国」の残影—海外神社跡地写真記録—』（共著、国書刊行会、二〇一九年）

藤田　覚（ふじた　さとる）　幕藩体制の動揺と解体
一九四六年生まれ、東京大学名誉教授
主要著書—『近世政治史と天皇』（吉川弘文館、一九九九年）
『近世後期政治史と対外関係』（東京大学出版会、二〇〇五年）

外園豊基（ほかぞの　とよちか）　内乱と一揆の時代
一九四三年生まれ、元早稲田大学教授、二〇〇九年没
主要著書—『中世古文書の散策』（教育出版、一九九三年）
『戦国期在地社会の研究』（校倉書房、二〇〇三年）

安田　浩（やすだ　ひろし）　政党政治の発展と社会運動
一九四七年生まれ、元千葉大学教授、二〇一一年没
主要著書—『大正デモクラシー史論』（校倉書房、一九九四年）
『天皇の政治史』（青木書店、一九九八年）

義江明子（よしえ　あきこ）　律令国家の形成と展開
一九四八年生まれ、帝京大学名誉教授
主要著書―『日本古代の氏の構造』（吉川弘文館、一九八六年）
『日本古代の祭祀と女性』（吉川弘文館、一九九六年）

渡辺隆喜（わたなべ　たかき）　近代国家の成立
一九三六年生まれ、明治大学名誉教授
主要著書―『大系　日本国家史　近代』（共著、東京大学出版会、一九七五年）
『明治国家形成と地方自治』（吉川弘文館、二〇〇一年）

索 引

— さ —

―す―

―せ―

— ほ —

— ま —

— み —

日本史略年表

西暦	年　号	事　　　項
		旧石器時代（約60万年前～）
		縄文時代（約１万2000年前～）
		弥生時代（B.C.３世紀ころ～A.D.３世紀）
		B.C.１世紀ころ、倭に小国分立
57		倭の奴国王、後漢に入貢、印綬をうける
107		倭国王、後漢に入貢
147		このころより倭国大いに乱れる
239		卑弥呼、魏に入貢、「親魏倭王」の称号をうける
391		倭、渡海して高句麗と交戦する（広開土王碑文）
400		倭、高句麗と戦う
478		倭王武、宋に遣使・上表、安東大将軍の称号をうける
527		筑紫国造磐井の乱
562		新羅、伽耶を滅ぼす
587		蘇我馬子、物部氏を滅ぼす
593		厩戸王（聖徳太子)、政治を担う
603		冠位十二階を制定
604		憲法十七条を制定
607		小野妹子を隋につかわす（遣隋使）
630		第１回遣唐使
645	大化元	乙巳の変（蘇我本家滅亡）
646	2	大化改新の詔
663		白村江の戦い
664		西国に防人を置く
670		庚午年籍を作成
672		壬申の乱。飛鳥浄御原宮へ遷宮
684		八色の姓を制定
689		飛鳥浄御原令を施行
694		藤原京遷都
701	大宝元	大宝律令完成
708	和銅元	和同開珎を鋳造
710	3	平城京遷都
712	5	『古事記』編纂
718	養老2	養老律令撰定

西暦	年　号	事　　　　項
720	4	『日本書紀』編纂
723	7	三世一身法施行
724	神亀元	多賀城を設置
729	天平元	長屋王の変
740	12	藤原広嗣の乱。恭仁京遷都
741	13	国分寺・国分尼寺建立の詔
743	15	墾田永年私財法。大仏造営の詔
752	天平勝宝4	東大寺大仏開眼供養
757	天平宝字元	橘奈良麻呂の乱
759	3	『万葉集』
764	8	恵美押勝（藤原仲麻呂）の乱
784	延暦3	長岡京遷都
792	11	諸国の兵士を廃し、健児を置く
794	13	平安京遷都
802	21	坂上田村麻呂の蝦夷戦勝利
805	24	最澄、唐から帰国、天台宗の創始
806	25	空海、唐から帰国、真言宗の創始
810	弘仁元	蔵人所を置く。平城太上天皇（藤原薬子）の変 弘仁年間に検非違使を置く
820	11	弘仁格式の施行
823	14	大宰府管内の諸国に公営田制を実施
842	承和9	承和の変
858	天安2	藤原良房、摂政となる
866	貞観8	応天門の変
878	元慶2	出羽俘囚の乱（元慶の乱）
887	仁和3	藤原基経、関白となる
894	寛平6	遣唐使の停止
901	延喜元	菅原道真、大宰権帥に左遷される
902	2	延喜の荘園整理令
905	5	『古今和歌集』の撰上
914	14	三善清行の意見封事十二箇条
927	延長5	延喜式の撰上
939	天慶2	天慶の乱（平将門・藤原純友の乱、～41年)。このころ『土佐日記』なる
969	安和2	安和の変
985	寛和元	『往生要集』なる

西暦	年　号	事　　　　項
988	永延 2	尾張の郡司・百姓ら、国守を訴える（尾張国郡司百姓等解文）
1001	長保 3	このころ『枕草子』なる
1010	寛弘 7	このころ『源氏物語』なる
1017	寛仁元	藤原道長、太政大臣になる
1019	3	刀伊の入寇
1028	長元元	平忠常の乱（～30年）
1051	永承 6	前九年の役（～62年）
1069	延久元	延久の荘園整理令。記録荘園券契所設置
1083	永保 3	後三年の役（～87年）
1086	応徳 3	白河上皇、院政を始める
1156	保元元	保元の乱
1159	平治元	平治の乱
1167	仁安 2	平清盛、太政大臣となる
1175	安元元	法然、浄土宗を開く
1177	治承元	鹿ケ谷の謀議
1180	4	以仁王・源頼朝・源義仲の挙兵
1185	文治元	平家の滅亡。国地頭が置かれる
1191	建久 2	栄西、宋より帰国し、臨済宗を伝える
1192	3	源頼朝、征夷大将軍となる
1213	建保元	和田合戦
1219	承久元	源実朝、暗殺される
1221	3	承久の乱。六波羅探題設置
1224	元仁元	北条泰時、執権となる。親鸞、『教行信証』を著す
1225	嘉禄元	評定衆設置
1231	寛喜 3	諸国大飢饉（寛喜の大飢饉）
1232	貞永元	御成敗式目（貞永式目）の制定
1247	宝治元	宝治合戦
1249	建久元	引付衆設置
1253	建長 5	北条時頼、蘭渓道隆を開山に建長寺を建立、以後、禅宗が盛行。日蓮が鎌倉で法華宗を広める
1274	文永11	文永の役。一遍、時宗をたてる
1281	弘安 4	弘安の役
1285	8	霜月騒動
1297	5	永仁の徳政令
1317	文保元	文保の和談
1321	元亨元	院政をやめ、後醍醐天皇親政とし、記録所を再興

西暦	年　号	事　　　項
1324	正中元	正中の乱
1331	元弘元	元弘の乱
1333	3	鎌倉幕府滅亡。建武の新政はじまる
1335	建武 2	中先代の乱
1336	3	足利尊氏、建武式目を定める（室町幕府の成立）。後醍醐天皇、吉野へ逃れる（南北朝の対立）
1338	暦応元 延元 3	足利尊氏、征夷大将軍となる
1349	貞和 5 正平 4	足利基氏、鎌倉公方となる
1350	観応元 正平 5	観応の擾乱。このころ、倭寇さかんに活動する
1352	文和元 正平 7	半済令
1391	明徳 2 元中 8	明徳の乱
1392	明徳 3 元中 9	南北朝合一
1397	応永 4	足利義満、北山に金閣をつくる
1399	6	応永の乱
1401	8	足利義満、遣明船派遣
1404	11	勘合貿易開始
1416	23	上杉禅秀の乱
1419	26	応永の外寇
1428	正長元	正長の土一揆
1429	永享元	琉球王国の成立
1438	10	永享の乱
1439	11	足利学校再興
1440	12	結城合戦
1441	嘉吉元	嘉吉の乱。嘉吉の土一揆
1454	享徳 3	享徳の乱（～82年）
1467	応仁元	応仁・文明の乱（～77年）
1482	文明12	足利義政、東山に銀閣をつくる
1485	17	山城国一揆
1488	長享 2	加賀一向一揆
1491	延徳 3	北条早雲（伊勢新九郎）、伊豆侵攻
1510	永正 7	三浦の乱
1522	大永 2	嘉靖の大倭寇（～66年）

西暦	年　号	事　　　　項
1523	3	寧波の乱
1526	6	今川氏親「今川仮名目録」制定
1536	天文 5	伊達稙宗「塵芥集」制定
1543	12	ポルトガル人、種子島に漂着、鉄砲を伝える
1549	18	ザビエル、鹿児島に来航、キリスト教を伝える
1560	永禄 3	桶狭間の戦い
1568	11	織田信長、足利義昭を奉じて入京
1573	天正元	室町幕府滅ぶ
1575	3	長篠の戦い
1582	10	天正遣欧使節。本能寺の変。山崎の戦い
1585	13	羽柴秀吉、関白となる
1586	14	秀吉、太政大臣就任、豊臣姓を名のる
1588	16	刀狩令。海賊停止令
1590	18	秀吉、小田原を平定、徳川家康を関東に移封。奥羽仕置（全国統一を完成）
1592	文禄元	文禄・慶長の役（～98）
1600	慶長 5	関ヶ原の戦い
1603	8	徳川家康、征夷大将軍となり、江戸に幕府を開く
1604	9	糸割符制はじまる
1613	18	慶長遣欧使節
1614	19	大坂冬の陣
1615	元和元	大坂夏の陣、豊臣氏滅ぶ。一国一城令。武家諸法度・禁中並公家中諸法度・諸宗諸本山法度発布
1620	6	桂離宮できる
1629	寛永 6	紫衣事件
1631	8	奉書船以外の渡航禁止
1635	12	参勤交代の制度化
1636	13	日光東照宮落成
1638	15	島原の乱
1639	16	ポルトガル船の来航を禁ずる
1643	20	田畑の永代売買禁止
1657	明暦 3	明暦の大火
1669	寛文 9	シャクシャインの蜂起
1673	延宝元	分地制限令
1676	4	このころ、松尾芭蕉が新風の俳諧をはじめる
1687	貞享 4	生類憐みの令発布（～1709年）

西暦	年　号	事　　　項
1692	元禄 5	井原西鶴『世間胸算用』を著す
1697	10	元禄国絵図・郷帳の作成を命じる。『農業全書』なる
1703	16	近松門左衛門『曽根崎心中』を著す。元禄地震
1709	宝永 6	新井白石を登用（正徳の治）
1715	正徳 5	海舶互市新例（長崎新例）
1716	享保元	徳川吉宗、将軍となる（享保改革、〜47年）
1722	7	上米令（〜31年）
1742	寛保 2	公事方御定書完成
1769	明和 6	田沼意次、老中となる（田沼時代、〜86年）
1783	天明 3	浅間山噴火。天明の大飢饉おこる
1787	7	松平定信、老中となる（寛政改革、〜93年）
1789	寛政元	棄捐令を発す
1790	2	人足寄場の設置。寛政異学の禁
1792	4	ロシア使節ラクスマン、根室へ来航
1801	享和元	志筑忠雄、『鎖国論』を著す
1804	文化元	ロシア使節レザノフ、長崎へ来航
1808	5	フェートン号事件
1825	文政 8	異国船打払令発布
1837	天保 8	大塩平八郎の乱。モリソン号事件
1839	10	蛮社の獄
1841	12	天保改革はじまる（〜43年）
1842	13	天保の薪水給与令
1853	嘉永 6	アメリカ使節ペリー、浦賀へ来航
1854	安政元	日米和親条約締結
1858	5	日米修好通商条約締結。安政の大獄
1860	万延元	桜田門外の変
1864	元治元	禁門の変。第一次長州征討
1866	慶応 2	薩長盟約成る。第二次長州征討
1867	3	大政奉還。王政復古の大号令
1868	明治元	鳥羽・伏見の戦い（戊辰戦争開始）。五箇条の誓文発布
1869	2	東京奠都。版籍奉還。箱館五稜郭の戦い
1871	4	廃藩置県。日清修好条規締結。岩倉使節団派遣
1872	5	田畑永代売買解禁。学制公布。新橋・横浜間に鉄道開通
1873	6	徴兵令制定。地租改正条例。明治 6 年政変
1874	7	民撰議院設立建白。台湾出兵
1875	8	千島・樺太交換条約締結

西暦	年　号	事　　　項
1876	9	日朝修好条規締結。神風連・秋月・佐賀の乱
1877	10	減租の詔書。西南戦争
1879	12	琉球処分、沖縄県設置
1881	14	明治14年政変。自由党結成
1882	15	立憲改進党結成。壬午事変。福島事件
1884	17	自由党解党。加波山事件。秩父事件。甲申事件
1885	18	天津条約の締結。内閣制度発足
1887	20	三大事件建白運動
1889	22	大日本帝国憲法発布
1890	23	第一回総選挙。第一回帝国議会開会。教育勅語発布
1894	27	日清戦争（～95年）。日英通商航海条約調印
1898	31	地租増徴法案可決
1900	33	義和団の蜂起（北清事変）。立憲政友会結成
1902	35	日英同盟
1904	37	日露戦争（～05年）
1910	43	大逆事件。日韓併合条約
1913	大正 2	大正政変。憲政擁護運動
1914	3	第一次世界大戦に参戦。対華二十一ヵ条要求
1918	7	シベリア出兵。米騒動
1919	8	ベルサイユ条約締結。三・一独立運動。五・四運動
1920	9	新婦人協会設立
1922	11	全国水平社設立。ワシントン海軍軍縮条約調印
1923	12	関東大震災
1925	14	治安維持法制定。普通選挙制度開始
1927	昭和 2	金融恐慌
1930	5	金解禁。昭和恐慌。ロンドン海軍軍縮条約調印。浜口首相狙撃事件
1931	6	満州事変
1932	7	満州国建国宣言。五・一五事件
1933	8	国際連盟脱退
1935	10	天皇機関説事件
1936	11	二・二六事件。日独防共協定調印
1937	12	盧溝橋事件（日中戦争勃発）
1938	13	国家総動員法
1940	15	日独伊三国同盟締結。大政翼賛会発会
1941	16	日米開戦（～45年）

西暦	年　号	事　　　項
1945	20	広島・長崎に原爆投下。ポツダム宣言受諾。連合国最高司令部（GHQ）設置。降伏文書調印。GHQ「五大改革」の指示。財閥解体始まる。労働組合法公布
1946	21	天皇の「人間宣言」。金融緊急措置令。極東国際軍事裁判（東京裁判）開廷。（第二次）農地改革。日本国憲法公布
1947	22	復興金融金庫開業。二・一ゼネスト中止。教育基本法公布。独占禁止法公布。片山哲内閣成立
1948	23	（第二次）吉田茂内閣成立。GHQ、経済安定九原則の指示
1949	24	ドッジ・ラインの指示。シャウプ勧告。レッド・パージ始まる
1950	25	朝鮮戦争勃発。警察予備隊設置。「総評」結成
1951	26	サンフランシスコ平和条約調印。日米安保条約調印
1952	27	占領終結。GHQ 廃止。日本、IMF・世界銀行に加盟
1954	29	第五福竜丸事件。防衛庁・自衛隊法発足。MSA 協定調印
1955	30	社会党の統一。自由民主党の結成。原水爆禁止世界大会始まる
1956	31	日ソ共同宣言（国交回復）。日本、国際連合に加盟
1959	34	「岩戸景気」本格化。安保改定阻止国民会議結成。明仁皇太子結婚
1960	35	三井三池争議。六十年安保闘争。政府、国民所得倍増計画発表
1961	36	農業基本法公布。ソ連、地球一周有人飛行に成功
1962	37	政府、全国総合開発計画を決定。東京都の人口1000万人を突破。キューバ危機
1965	40	日韓基本条約調印。「いざなぎ景気」始まる。米、ベトナム「北爆」開始
1967	42	東京都知事に美濃部亮吉当選。公害対策基本法公布
1968	43	エンタープライズ佐世保入港。東大・日大闘争始まる。この年、GNP、西独を抜き、米についで第 2 位となる
1971	46	沖縄返還協定調印。環境庁発足。ニクソン・ショック
1972	47	浅間山荘事件。田中角栄、『日本列島改造論』出版。日中国交回復
1973	48	円、変動相場制に移行。（第一次）石油危機。物価急上昇
1976	51	ロッキード事件。新自由クラブ結成。南北ベトナム統一
1978	53	日中平和友好条約調印。「ガイドライン」決定。成田空港開港
1979	54	（第二次）石油危機。東京サミット。ソ連アフガニスタン侵攻
1980	55	社会・公明「連合政権構想」で合意。衆参同時選挙で自民大勝
1982	57	中曽根康弘内閣成立。反核署名2700万人を突破
1983	58	中曽根首相「日米は運命共同体」と表明。「第二臨調」最終答申
1985	60	男女雇用機会均等法公布。プラザ合意で円高に
1987	62	国鉄の分割民営化。防衛費の GNP 比 1 %突破。「連合」発足

西暦	年　号	事　　　　　項
1988	63	リクルート事件。消費税導入決定。天皇重体、「自粛」ブーム
1989	平成元	昭和天皇死去。参院選与野党逆転（マドンナ旋風）。東欧革命
1991	3	湾岸戦争。バブル経済破綻。「太平洋戦争犠牲者遺族会」提訴
1992	4	佐川急便事件。日本新党結成。PKO 協力法公布
1993	5	細川護熙内閣成立。首相、「太平洋戦争は侵略戦争」と明言。米市場部分開放
1994	6	村山富市内閣成立。小選挙区比例代表制施行
1995	7	阪神・淡路大震災。オウム真理教事件。戦後50年の「首相談話」
1997	9	新「ガイドライン」締結。消費税５％になる。山一証券自主廃業
1998	10	金融制度改革始まる。参院選で民主党躍進。小渕恵三内閣成立
1999	11	情報公開法・ガイドライン関連法・国旗国家法・通信傍受法成立
2000	12	九州・沖縄サミット。三宅島噴火。生命保険の破綻あいつぐ
2001	13	小泉純一郎内閣成立。国内初の狂牛病の牛確認。米アフガン攻撃
2002	14	日朝首脳会談、拉致被害者５人帰国。失業率5.5％
2003	15	米英イラク攻撃。有事関連３法成立。りそな銀行に公的資金投入
2004	16	陸上自衛隊イラク派遣。イラクで日本人拘束。新潟中越地震

概論 日本歴史

2000年(平成12)5月1日 第1刷発行
2025年(令和7)4月1日 第16刷発行

編 者 佐々木潤之介(ささきじゅんのすけ) 佐藤信(さとうまこと)
中島三千男(なかじまみちお) 藤田覚(ふじたさとる)
外園豊基(ほかぞのとよちか) 渡辺隆喜(わたなべたかき)

発行者 吉川道郎

発行所 株式会社 吉川弘文館
〒113-0033 東京都文京区本郷7丁目2番8号
電話03-3813-9151〈代〉
振替口座00100-5-244
https://www.yoshikawa-k.co.jp/

印刷=藤原印刷株式会社
製本=ナショナル製本協同組合
装幀=清水良洋

ISBN978-4-642-07710-1

索　引

（末年は改元の年を含む）

年号	よみ	西暦
	じょうきゅう	1219～1222
	しょうきょう	1332～1333
	じょうきょう	1684～1688
	しょうげん	1259～1260
	じょうげん	1207～1211
	じょうげん	976～978
	しょうじ	1199～1201
	じょうじ	1362～1368
	しょうたい	898～901
	しょうちゅう	1324～1326
	しょうちょう	1428～1429
	しょうとく	1711～1716
	じょうとく	1097～1099
	しょうへい	1346～1370
	じょうへい	931～938
	じょうほ	1074～1077
	しょうほう	1644～1648
	しょうりゃく	990～995
	じょうりゃく	1077～1081
	しょうわ	1312～1317
	しょうわ	1926～1989
	じょうわ	834～848
	じょうわ	1345～1350
	じんき	724～729
護景雲	じんごけいうん	767～770

年号	よみ	西暦
	たいえい	1521～1528
	たいか	645～650
	だいじ	1126～1131
	たいしょう	1912～1926
	だいどう	806～810
	たいほう	701～704

年号	よみ	西暦
	ちあん	1021～1024
	ちしょう	1177～1181
	ちょうかん	1163～1165
	ちょうきゅう	1040～1044
	ちょうきょう	1487～1489
	ちょうげん	1028～1037
	ちょうじ	1104～1106
	ちょうしょう	1132～1135
	ちょうとく	995～999
	ちょうほう	999～1004
	ちょうりゃく	1037～1040
	ちょうろく	1457～1460
	ちょうわ	1012～1017

年号	よみ	西暦
治暦	ちりゃく	1065～1069

て

年号	よみ	西暦
天安	てんあん	857～859
天永	てんえい	1110～1113
天延	てんえん	973～976
天応	てんおう	781～782
天喜	てんぎ	1053～1058
天慶	てんぎょう	938～947
天元	てんげん	978～983
天治	てんじ	1124～1126
天授	てんじゅ	1375～1381
天正	てんしょう	1573～1592
天承	てんしょう	1131～1132
天長	てんちょう	824～834
天徳	てんとく	957～961
天和	てんな	1681～1684
天仁	てんにん	1108～1110
天平	てんぴょう	729～749
天平感宝	てんぴょうかんぽう	749
天平勝宝	てんぴょうしょうほう	749～757
天平神護	てんぴょうじんご	765～767
天平宝字	てんぴょうほうじ	757～765
天福	てんぷく	1233～1234
天文	てんぶん	1532～1555
天保	てんぽう	1830～1844
天明	てんめい	1781～1789
天養	てんよう	1144～1145
天暦	てんりゃく	947～957
天禄	てんろく	970～973

と

年号	よみ	西暦
徳治	とくじ	1306～1308

に

年号	よみ	西暦
仁安	にんあん	1166～1169
仁治	にんじ	1240～1243
仁寿	にんじゅ	851～854
仁和	にんな	885～889
仁平	にんぴょう	1151～1154

は

年号	よみ	西暦
白雉	はくち	650～654

ふ

年号	よみ	西暦
文安	ぶんあん	1444～1449
文永	ぶんえい	1264～1275
文応	ぶんおう	1260～1261
文化	ぶんか	1804～1818
文亀	ぶんき	1501～1504
文久	ぶんきゅう	1861～1864
文治	ぶんじ	1185～1190
文正	ぶんしょう	1466～1467
文政	ぶんせい	1818～1830
文中	ぶんちゅう	1372～1375
文和	ぶんな	1352～1356
文保	ぶんぽう	1317～1319
文明	ぶんめい	1469～1487
文暦	ぶんりゃく	1234～1235
文禄	ぶんろく	1592～1596

へ

年号	よみ	西暦
平治	へいじ	1159～1160
平成	へいせい	1989～2019

ほ

年号	よみ	西暦
保安	ほうあん	1120～1124
宝永	ほうえい	1704～1711
保延	ほうえん	1135～1141
宝亀	ほうき	770～780
保元	ほうげん	1156～1159
宝治	ほうじ	1247～1249
宝徳	ほうとく	1449～1452
宝暦	ほうりゃく	1751～1764

ま

年号	よみ	西暦
万延	まんえん	1860～1861
万治	まんじ	1658～1661
万寿	まんじゅ	1024～1028

め

年号	よみ	西暦
明応	めいおう	1492～1501
明治	めいじ	1868～1912
明徳	めいとく	1390～1394
明暦	めいれき	1655～1658
明和	めいわ	1764～1772

よ

年号	よみ	西暦
養老	ようろう	717～724
養和	ようわ	1181～1182

り

年号	よみ	西暦
暦応	りゃくおう	1338～1342
暦仁	りゃくにん	1238～1239

れ

年号	よみ	西暦
霊亀	れいき	715～717
令和	れいわ	2019～

わ

年号	よみ	西暦
和銅	わどう	708～715